U0793897

100 Years
1920-2020

武汉大学信息管理学院百年纪念丛书
丛书主编　方卿　傅兴荣

教育部世界一流学科“图书情报与数据科学”资助：“文华图专史料整理与研究”项目成果

文華圖專存留文獻書目集編

主　编　严　红
副主编　黄椰曼　刘子辰
参编人（以姓名拼音为序）
丁　静　高晓文　寇继虹　李　玮　李青青
李瑞龙　李书振　李　玮　田　月　王沛铱
夏春姊　杨兴飞　张　丽　周禾深　朱晓婉

WUHAN UNIVERSITY PRESS
武汉大学出版社

School of Ir

管理学院
Management
摄影　傅玲

武汉大学信息管理学院百年纪念丛书
编　委　会

顾　问　彭斐章　马费成　陈传夫

主　编　方　卿　傅兴荣

副主编　（以姓氏笔画为序）

王　华　李良俊　陆　伟　周耀林　胡　伟　黄如花

编委会　（以姓氏笔画为序）

王　华　王晓光　方　卿　邓胜利　代　茜　江尧林
严　红　李　纲　李良俊　肖希明　肖秋会　吴　丹
吴　江　陆　伟　陆　泉　周力虹　周耀林　居森林
胡　伟　徐丽芳　黄如花　彭敏惠　董有明　傅兴荣

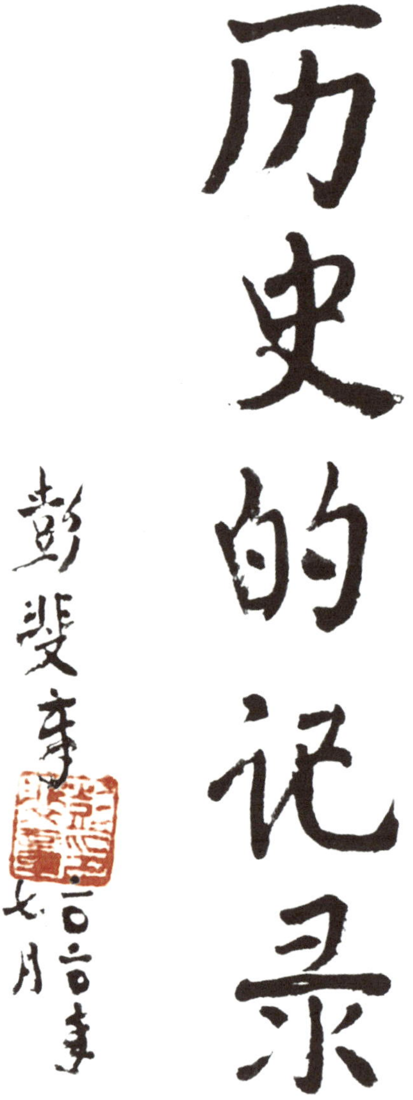

彭斐章先生题字：历史的记录

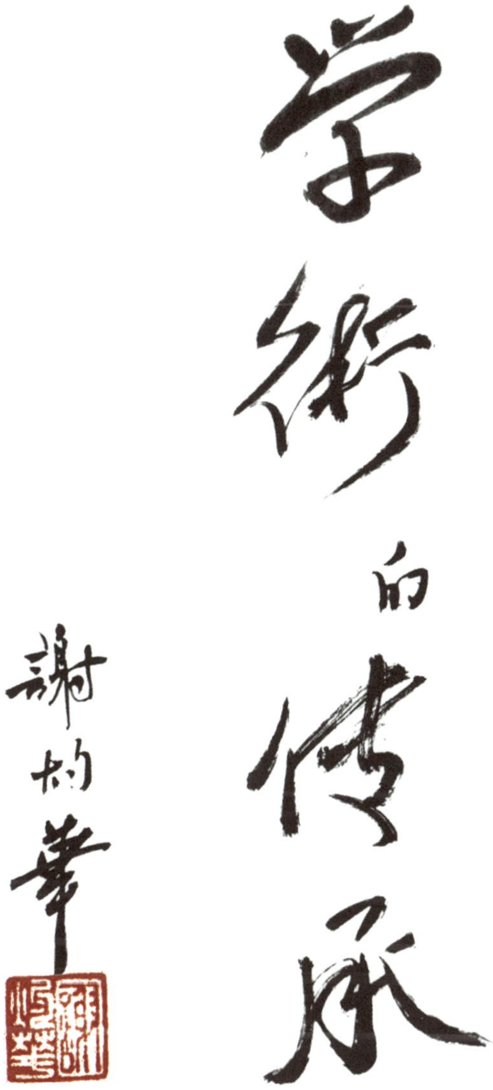

谢灼华先生题字：学术的传承

百年信管　盛世华章

——从昙华林到珞珈山

2020年，对于武汉来讲，注定是不平凡的一年。当人们还沉浸在成功主办“军运会”、喜迎庚子鼠年春节的欣喜之时，一场突如其来的新冠疫情肆虐全城。一时间，曾经繁华的都市陷入了不安与惶恐之中。然而，英雄的城市、英雄的人民并没有被疫情所吓倒，而是立即行动起来，精诚团结，众志成城，奋力抗疫。4月8日，在经历76天的“战疫”后，江城迎来初胜，得以“重启”。然而，不幸的是，这场灾难旋即在全球降临，世界又因此陷入停滞。

正是在这样一种凝重的氛围中，武汉大学信息管理学院迎来了她的百年华诞。虽然国内抗疫初胜，人心甫定，但全球疫情形势严峻，前景堪忧，“人类命运共同体”面临巨大挑战。面对此情此景，我们无心“院庆”，唯有全力以赴，共同抗疫，方为学人本分。原本规划的各种“院庆”纪念活动，选择了“让路”，转而以一种特别的方式、以抗疫实际行动为“院庆”献礼。

疫情期间，我们信管人秉承“智慧与服务”的文华精神，始终坚守岗位，各尽所能，服务抗疫大局。教师们坚守教学一线，停课不停教，同学们克服重重困难，坚持学习，停课不停学，199门课程如期保质保量在线完成教学任务。21位在校在汉干部教师，积极响应号召，踊跃参与社区“值守”72天，守望相助，服务社区居民。一些离汉干部教师，立足家乡，积极主动参加当地志愿者活动，服务社区抗疫工作。不少干部教师以及院友们，积极奉献爱心，慷慨捐款捐物。一些教师利用自己的所学所长，积极主动开展抗疫科研，发表抗疫研究论文，提交抗疫咨政研究报告，开设抗疫学术讲座。同学们更是以自己的方式服务抗疫大局，如联合发起“共抗疫情、爱国力行”主题宣传教育活动，联合开展“共饮一江水，抗疫两院情”“同心抗疫”主题党日活动，发表“同心抗疫，青年有责”致全国图书情报与档案管理学科青年学子的倡议书等。这些行动，为抗疫中的江城增添了一抹亮色，为处于困境中的人们带来了温暖和希望。在这样一个非常时期，我们信管人用自己的行动、以这些特别的方式纪念我们的“院庆”，有一种别样的意义。

阳光总在风雨后，经历劫难的江城终将迎来新生。武汉的重启，意味着生活和工作秩序的逐步恢复。学院的各项工作也将陆续恢复常态。然而，由于前期抗疫工作和当前全球疫情形势的影响，原本规划的系列“院庆”纪念活动，大多难以按原计划进行，或者改变方式举行，或者推迟，或者取消。如四场国际学术研讨会，两场以虚拟会议的形式在网上召开，一场推迟，一场取消。但是，规划中的“武汉大学信息管理学院百年纪念丛书”仍将如期付梓。丛书包括《世纪华章——信息管理学院教师代表性学术论文专辑(上)》《世纪筑梦——武汉大学信息管理学院百年纪念文集》《世纪历程——武汉大学信息管理学院百年院史(1920—2020)》《世纪映象——武汉大学信息管理学院百年图册》《文华图专珍稀史料图录》《文华图专存留文献书目集编》《武汉大学信息管理学院校友名录(1920—2020)》共七本。我们谨愿借此机会对学院和学科的发展历程做一个简要回顾，并向广大院友和关心学院发展的各界朋友简要汇报学院与学科目前的建设和发展成就。由于时间跨度长，涉及内容多，不足甚至错误在所难免。不妥之处，敬请批评。

一、从文华图专到武大信管

百年信管，缘起于昙华林，成长壮大在珞珈山。从文华大学的一个专业到独立建制的专科学校再回归到综合性大学的二级建制，从教会大学到私立学校再到公立大学，从专科到本科再到本硕博结构完整的人才培养体系，从图书馆学单一学科到“图书情报与数据科学”学科群。就这样一路走来，从一颗不起眼的幼苗得以跻身科学殿堂。期间的点点滴滴，无不诉说着学院初创、成长与发展历程中的种种艰辛和努力。

学院百年发展历程，粗线条地大致可以分为三个阶段：1920—1949年，即从专业的建立到中华人民共和国成立前为第一阶段。这一时期，从文华大学首开图书科，到建设独立的私立武昌文华图书馆学专科学校，再到抗战“西迁”的坚持与坚守，文华先贤筚路蓝缕，开拓山林，为成就学科之百年伟业奠定了坚实基础。1949—1977年，即中华人民共和国成立到恢复高考这段时期为第二阶段。这一时期虽然学科专业没有领域上的拓展或规模上的扩张，但其办学性质从私立到公立、从独立建制的专科学校到并入武汉大学的转变，却是学院百年发展史上最值得纪念的事件。没有学院性质的改变、没有融入实力雄厚的武汉大学，其后期的发展将会是一种完全不同的态势。1977—2020年，从恢复高考到成立一百周年为第三阶段。这是学院高速高质量发展的一个重要时期，学院的学科专业领域大大拓展、规模或体量迅速扩张、办学条件极大改善、学术影响和声誉不断提升。百年信管，业已初步建成具有较大国际学术影响力的知名学科和学院。

正如习近平总书记所指出的，“一个时代有一个时代的主题，一代人有一代人的使命”。百年信管，从无到有、从小到大、从弱到强，正是一代代信管人的不懈努力和开拓进取的结果。他们以实际行动践行总书记讲话的精神。百年信管之盛世华章，正是一代代信管人亲手谱写而出的！

以下是百年信管发展历程中学院建制演变的一些重要时间节点：

1920年3月，美籍学者韦棣华(Mary Elizabeth Wood)女士和中国学者沈祖荣先生、胡庆生先生等，于武昌昙华林文华大学创办图书科，开启我国图书馆学高等教育之先河。

1924 年，文华大学改组为华中大学。文华大学文华图书科随之更名为华中大学文华图书科。

1927 年夏，华中大学停办，文华图书科单独继续办学。1929 年文华图书科以“私立武昌文华图书馆学专科学校校董会”名义向南京国民政府教育部提出立案申请，同年 8 月获准立案。1929 年 9 月，华中大学复办，文华图书科仍为华中大学之一科。1930 年 6 月，校董事会决议，“本校已于国民政府教育部立案，为办事便利起见，应行独立”。同年 12 月，正式启用“私立武昌文华图书馆学专科学校”印章，并于 1931 年正式脱离华中大学，成为一所独立的图书馆学专科学校。

1938 年秋，为避战乱西迁重庆。1947 年，抗战胜利后回迁武昌。

中华人民共和国成立后的 1951 年 8 月，人民政府接管了文华图书馆学专科学校，并改私立为公立。私立武昌文华图书馆学专科学校，相应更名为武昌文华图书馆学专科学校。

1953 年 8 月，武昌文华图书馆学专科学校正式并入武汉大学，迁入武昌珞珈山，成为武汉大学图书馆学专修科。1956 年，图书馆学专修科改制为图书馆学系。1966—1971 年，因“文化大革命”停办。1972 年恢复办学，学制改为两年。1977 年，恢复高考招生，学制恢复为四年。1984 年，经原教育部批准，成立图书情报学院。1999 年，图书情报学院与新闻学院及中文系编辑学专业合并，更名为大众传播与知识信息管理学院。2000 年，新武汉大学成立，原新闻学院被剥离，原武汉水利电力大学信息管理与信息系统专业加盟，学院更名为信息管理学院。

二、从图书馆学到图书情报与数据科学

百年信管，源于文华图专初创时的图书馆学专科，期间学科专业领域逐步拓展，至今已发展成为以“图书情报与档案管理”一级学科为主体，同时涵盖“管理科学与工程”和“新闻传播学”部分二级学科的“图书情报与数据科学”学科群。学院的学科领域和人才培养范围已大大拓宽，学科影响也不再限于“图书情报与档案管理”一级学科。

目前，学院现有图书馆学、信息管理与信息系统、档案学、编辑出版学、电子商务和数字出版 6 个本科专业；图书馆学、情报学、档案学、信息资源管理、出版发行学、管理科学与工程、电子商务、保密管理和数据科学 9 个科学学位硕士点；图书情报硕士、出版硕士、工程硕士和工程管理硕士 4 个专业学位硕士点；图书馆学、情报学、档案学、信息资源管理、出版发行学、管理科学与工程、电子商务和数据科学 8 个二级学科博士学位点；图书情报与档案管理、管理科学与工程两个一级学科博士学位授权点；图书情报与档案管理、管理科学与工程两个一级学科博士后流动站。

学科建设是高校安身立命之本。只有建设一流的学科，才能建设一流的学校和学院。

信管百年，正是一部以图书馆学为起点和核心的“图书情报与数据科学”学科建设史。学院的“图书情报与数据科学”学科群，不仅是图书馆学自然发展、开枝散叶的结果，更是一代代信管人以图书馆学为核心、为起点，守正出新，开疆拓土的必然产物。曾经名噪一时的哥伦比亚大学、芝加哥大学“图书馆学院”，落下一个“关张”的结果，恰好从反面印证了百年信管学科建设的成就。正是百年来一代代信管人应时代变化与社会需求，对图书馆学学科内涵的深挖和外延的拓展，武大信管才得以傲立学科之林、立于不败之地，才能成就学科伟业，谱写盛世华章。

以下是百年信管发展历程中各学科专业建立与发展的一些重要时间节点：

图书馆学：1920 年，武昌文华大学开设图书科，仿美国纽约州立图书馆学校办学制度，招收大学毕业和肄业学生学习图书馆学；1956 年，升格为本科；1978 年，开始招收硕士研究生；1992 年，开始招收博士研究生；2005 年，获图书情报与档案管理一级学科博士学位授权。

情报学：1978 年，开设科技情报学本科专业，后更名为情报学专业，本科层次现名为信息管理与信息系统专业；1980 年，开始招收硕士研究生；1991 年，开始招收博士研究生。

档案学：1934 年，文华图书馆学专科学校开设档案管理特种教席；1940 年，开设档案管理科；1984 年，重建档案学本科专业；1999 年，开始招收硕士研究生；2005 年，开始招收博士研究生。其中，20 世纪 90 年代，在图书馆学专业曾招收过档案学方向的博士研究生。

编辑出版学：1983 年，开设图书发行学本科专业，后更名为编辑出版学。2002 年，正式招收出版发行学专业硕士和博士研究生。2012 年，新增数字出版本科专业。其中，20 世纪 90 年代，图书馆学专业陆续以“文献与出版”“现代出版”和“出版发行学”等方向招收编辑出版发行学领域的硕士和博士研究生。

电子商务：2001 年，开设本科专业，2006 年，开始招收硕士和博士研究生。

保密管理：2016 年，组建武汉大学国家保密学院，挂靠信息管理学院。同年开始招收硕士研究生。

信息资源管理：2002 年，开始招收硕士和博士研究生。

管理科学与工程：2004 年，开始招收硕士和博士研究生。

数据科学：2019 年，开始招收硕士和博士研究生。

专业学位：2004 年，开始招收工程硕士和工程管理硕士（软件工程方向）研究生；2010 年，开始招收图书情报硕士和出版硕士研究生。

三、从默默无闻到荣誉加身

百年信管，从一株幼苗已长成参天大树。学院的声誉或口碑，获得学界及社会的广泛认同，学院和学科也因此获得了无数荣誉。这些年来，学院主流学科在国家“211 工程”“985 工程”和“双一流”计划等国家高等教育重大建设战略工程或计划、教育部学科评估、国家重点学科建设、教育部“双一流”计划、各级各类教学和科研奖励计划以及各级各类人才支持计划中，均有上佳表现，取得不俗成绩，可谓“从默默无闻到荣誉加身”。

学院主流学科，连续入选国家高等教育重大建设战略工程或计划。1995 年，学院“图书情报与档案管理”学科入选国家“211 工程”重点建设学科；1998 年，学院“图书情报与档案管理”学科入选国家“985 工程”重点建设学科；2019 年，学院“图书情报与数据科学”学科入选国家“双一流”计划之世界“一流学科”建设计划。入选这些重大战略工程或计划，既是促进学院和学科更好发展的动力，也是国家对学院和学科建设的重视与肯定。

学院“图书情报与档案管理”一级学科在教育部学位与研究生教育发展中心所组织的四轮学科评估中，均取得了骄人的成绩。在 2001 年、2006 年和 2012 年的前三轮学科评估中，学科排名均为全国第一；2016 年第四轮评估结果为 A+学科。教育部学位中心组织的学科评估，涵盖“师资队伍与资源”“人才培养质量”“科学研究水平”和“社会服务与学科声誉”四大一级指标，是学科综合实力的全面反映。连续四次获得理想的骄人成绩，表明我们的学院和学科建设得到了学界和社会的高度认可。

学院国家重点学科建设，成效卓著。2002 年，图书馆学和情报学两个学科同时被评为国家二级学科重点学科。2006 年，国家增设一级学科国家重点学科，学院的“图书馆、情报与档案管理”学科被认定为国家一级学科重点学科。国家重点学科是国家根据发展战略与重大需求，择优确定并重点建设的培养创新人才、开展科学研究的重要基地，在高等教育学科体系中居于骨干和引领地位。入选国家重点学科，是对学院和学科教学与科研实力的最好诠释或印证。

学院在教育部“双万计划”建设中旗开得胜。2019 年，图书馆学和编辑出版学两个本科专业，双双入选首轮国家级“双万计划”本科专业建设点。双万计划，也称“双一流”计划，是教育部以建设面向未来、适应需求、引领发展、理念先进、保障有力的一流专业为目标，实施的一流本科专业建设计划。入选“双万计划”，是学院本科专业人才培养质量的见证。

学院在各级各类教学和科研成果奖励评选中都有不俗表现，曾多次斩获包括“国家科技进步”一等奖、“国家教学成果”一等奖、“国家教委高等学校优秀教材”一等奖、“教育部人文社会科学优秀成果”一等奖、“教育部科技进步”一等奖、“中国出版政府奖”、“湖北省社会科学优秀成果”荣誉奖和一等奖、“湖北省教学成果”一等奖等在内的各级各类教学和科研成果奖励数百项。高水平教学与科研成果奖励，无疑是学院和学科教学与科研水平的最好反映。

学院教师中 30 多人次先后入选各级各类高层次人才计划。其中，国家级教学名师、武汉大学人文社会科学资深教授、“万人计划”等国家级人才计划入选者 18 人次，省部级人才称号获得者 20 人次。一流的师资，既是保证学院和学科高水平发展的关键资源，同时也是学院凝聚力和向心力的见证。

百年信管，桃李芬芳。数以万计的信管学子在各自的岗位上勤奋工作，取得了骄人的业绩，为学院和学科带来了无限荣光。武大信管学子的这种影响，不仅体现在全国，而且在全球；不仅在本行业，而且在更广阔的领域；不仅在业界、学界，而且在政界、商界。学子们用自己的行动兑现了入学时的豪迈誓言，“今天我为你骄傲，明天你为我自豪”。

学院和学科发展所取得的成就得到了相关部门和产业界的肯定和认同，不少单位因此为学院发展给予无私的支持。1983 年，国家科委支持学院建设经费 140 万元以及学院办公大楼建设用地指标和部分建材。同年，新华书店总店无偿捐赠学院建设经费 287 万多元。2013 年，高等教育出版社、长江出版传媒股份有限公司、湖北三新书业、安徽时代出版发行有限公司和电子工业出版社等出版单位无偿捐赠学院建设和发展经费 700 余万元。2016 年，武汉新七建设集团有限公司余宝琳董事长无偿捐赠学院建设经费 500 万元。这些无私的支持，是建立在对学科和学院发展的肯定和认同基础之上的，自然也是武大信管所获得的宝贵荣誉。

学院和学科的国际影响和声誉不断提升。学院是国际顶级信息学院联盟(iSchools)首个发展中国家成员和核心领导小组成员、国际图书馆协会与机构联合会(IFLA)会员单位、美国图书馆协会(ALA)的国际成员单位，与联合国教科文组织、国际图联、美国图书馆协会等国际组织建立了长期稳定的合作关系，同美国、加拿大、德国、法国、英国、丹麦、日本等 10 余个国家(地区)的信息管理学院建立了良好的学术交流关系。学院的国际交流频密，近几年学院每年出访和来访教师或科研人员不低于 50 人次。其中，学院曾两次承办本学科领域的重要国际学术会议，即“全球顶级信息管理学院联盟年会 iConference 2017”和 ACM/IEEE“数字图书馆联合会议年会 JCDL 2020”。这两类学术年会，均是首次由发展中国家高校主办。这两次国际学术会议的成功主办，很好地展示了学院的国际形象，扩大了学院的国际学术影响力，提升了学院的学术声誉，在全球产生了非常好的学术影响。学院教师中，有国际学术期刊编委 6 人，同行评审专家 13 人。在 2020 年 QS 全球学科排名中，我校“图书馆与信息管理”学科位列全球 35 位，是入围 50 强为数不多的发展中国家高校之一，位列发展中国家第一名。

四、一点感悟

都说“十年树木，百年树人”，学科建设更是百年大计，需要守正笃实，久久为功。没有一代代信管人坚持不懈的努力，武大信管也难以成就今天的影响和声誉。图书馆学，本乃西来之学，在西方也仅是一个小众领域，影响也相对有限。然而，我们武大信管人却能将之发扬光大，守正出新，在小领域做成大学问。

图书馆学进入我国的初期，文华学人立足中华传统文化，结合我国传统的文献、版本、目录、档案之学，建构本土化的学科体系，给这门西来之学注入了强大的生命力，也充分体现了“中学为体，西学为用”的治学理念。这应该是图书馆学进入中国且得到绵延发展和不断发扬光大的关键所在。

20世纪七八十年代，信息技术的发展对于图书馆学科的影响初露端倪。当时的图书馆学系和图书情报学院又敏锐地捕捉到这一契机，及时增设学科专业，拓展学科范畴，重构学科体系。学科得以从单一图书馆学发展到更具生命力的图书情报学。这可以看作百年信管历史上的一次“华丽”转身。没有这一次转型，很难有学科今天的发展。

世纪之交，西方图书情报学院纷纷改走技术路线，学科更名、专业调整、内容重建、课程重构，图书情报学科危机四伏，甚至面临存亡危机。正是在这种极端背景下，学院完成了从“图书情报学”到“信息管理学”的“惊险一跃”，跳出了危机，为学院创造了更为广阔的发展空间。

进入21世纪，新一代信管人不忘初心、不辱使命，同心协力，将学院和学科发展推向了新的高度，初步实现了在“图书情报与数据科学”这一更大更高的学科平台上的更好发展。

我们完全有理由相信，经过广大信管人的不懈努力，武大信管的明天将会更好！

2020年5月1日

于珞珈山

文华图专藏书简史（代前言）

文华图书馆学专科学校(Boone Library School，简称“文华图专”)是中国第一所独立的图书馆学高等学府，现代图书馆教育由此引入中国，并开创了中国近现代档案学教育的先河。它也是近代中国所办各类图书馆学教育机构中唯一没有中缀的一家，送出了中国获美国图书馆学博士学位第一人桂质柏，美国首位华裔图书馆馆长裘开明，等等。研究中国图书馆教育，文华图专是丰碑和宝藏。继老一代图书馆学家彭斐章、谢灼华、白国应之后，图书馆学界程焕文、姚乐野、彭敏惠等学者对文华图专现象递有系统研究，近年来的近代文献整理热潮对此亦有推动作用，有关文华图专的研究文献力作不少，从全方位历史叙述、定性，到深层的专题研究，在人物评传、办学资金、开放服务、建筑特色、课程设计等诸多方面都有论述。如彭敏惠《藏书公世　坚守不移——文华公书林性质考辨》(载《图书馆建设》2019 年第 9 期)从建立初衷、馆舍利用、资金来源、图书印章等多角度论证；彭敏惠《从文华公书林到武汉大学信息管理学院图书分馆》(载《图书与情报》2015 年第 6 期)则是对文华公书林以降递次变迁、承继的文华“图书馆”的全面记述；朱茗《一份 70 年前图情调研报告带来的启示》(载《图书馆建设》2018 年第 11 期)中介绍了调研报告对图书馆的考察两个重要指标：一是馆员从业资质，二是馆藏保有量；刘大伟、李刚、杜京容《社会资本：解读文华图专的新视角》(载《图书馆理论与实践》2016 年第 3 期)对文华图专的募资捐书、图书分编、民众教育、送书上门等多有介绍；秦然《私立文华图书馆学专科学校生存和发展的原因探析》(载《图书馆理论与实践》2012 年第 7 期)清晰整理了相关档案中记载的文华图专办学、购书等的经费来源及各年数额。这些研究从不同侧面对文华图专藏书皆有涉及，惜非专门考证与论述。藏书与利用向来是社会文化发展的重要标志，文化图专的藏书历程，无疑是中国近代图书馆史、教育史不可忽视的组成部分。梳理文华公书林筹建至 1953 年文华图专并入武汉大学止这一时期的图书收藏、利用情况，从藏书及利用变迁史的视角来窥探文华图专对中国近代图书馆理念、模式，图书馆学教育内容、目标所做的奠定、塑造、推动与转型作用，将再次验证藏书的事业规模、育化功能等的兴衰强弱，与社会经济、文化发展水平，与图书藏用观念、技术水平同命运，同频率。

一　前文华图专时期——中国近代图书馆事业播种期的拓荒与引领

了解文华图书馆学专科学校的藏书，就必须先了解它的源头文华公书林，文华公书林是文华精神与理念的源头所自，它的创办者、主持者与文华图专的是同一人。无可否认，文华图专这所体量小影响巨的图书馆学校，其藏书建设及图书馆服务，因了开创者的美国基督徒和十年图书馆馆长的身份而一开始便独具特色，这位开创者便是被民国第二任大总统黎元洪称为“中国现代图书馆运动之皇后”的韦棣华女士(Mary Elizabelh Wood，1861—1931)。

韦棣华女士于1899年12月从美国来华，看望作为传教士的弟弟，到武昌后做了美国圣公会开办的文华书院(后升级更名文华大学)的英文教员。来华前曾担任理奇蒙德纪念图书馆馆长的她，敏锐注意到不但学校图书资料匮乏，而且整个武昌也没有一座可供大众阅读的图书馆。于是她一边到处搜集并自掏腰包购买书刊，一边动员书院的教员捐献图书，在学校设立了一个小小图书阅览室，大受师生欢迎。她于此一发不可收拾，为中国图书馆事业奔波30年，成为改写中国图书馆发展史的人物。

早在1903年，韦棣华女士便写信向美国妇女援助会(Women's Auxiliaries)和教会期刊俱乐部(Church Periodical Club)募集新旧书籍和款项，将文华书院校园东区的一个小八角亭改造成为阅览室，主要向该校师生开放。这个被学生们形象地称为“报房”的小小阅览室，陈列着韦女士通过各种不同途经搜集而来的书刊、小册子等英文书籍，约3000册①，其中有二手图书资料，也有筹资新购图书。这便是后来文华图专藏书最早的基础。由于八角亭位于校园内，市民难以知晓，况时人原本不知何为“公书林”“图书馆”，这样的免费阅读室于文华校园也是新鲜之事，因而初期的读者门可罗雀。即便如此，亦给当时的师生留下了深刻印象。这正预示着，这个看似不起眼的基础，因韦棣华女士带来、引入的彼时世界最新图书馆办馆理念和技术而注定更有作为。

又经数年筹募和建设，韦棣华女士在学生沈祖荣的协助下，终使文华公书林在武昌昙华林文华校园(Boone Compound)开馆，当时号称“十万元之建筑，三万册之藏书”②。它被后人誉为近代中国第一个真正意义上的公共图书馆，大门朝向校外的大街，对公众免费开放，并实行开架借书，送书上门……这在中国藏书楼大门深锁、与大众无缘的当时，是一个非常了不起的创举。是年1910年，巴黎卢浮宫被洪水包围造成上亿美元损失；美国铺设第一条海底电缆；广州新军起义失败；中国的图书馆事业随西学东渐、国门打开，援官私精英对民众教育不断呼吁、努力，以文华公书林“恰当其时”出现而进入了新时代。

在此之前，已有1902年徐树兰在浙江绍兴设立的古越藏书楼，为“阁邦人士之观摩，府县学堂之辅翼”；1904年8月由湖广总督张之洞、湖北巡抚端方联合奏请清廷设立的湖北省图书馆开馆(利用武昌兰陵街博文书院改建而成)；湖南图书馆亦于同年开馆。他们的作用与影响十分深远，然考其建藏、服务等，时与新式公共图书馆功能略有一定距离。

---

① 陈碧香. 韦棣华生平考辩[J]. 大学图书馆学报，2013(6)：112-122.

② 校闻[J]. 武昌文华图书馆学专科学校季刊，1936(4)：599-605.

1931年，著名教育学家蔡元培在《文华图书科季刊》上这样评价："集多数图书于一处，予民众以阅览之便利，辅助文化进步，实惟图书馆之功……而韦女士之创办公书林，恰当其时……文华公书林于众图书馆中乃如老成先进，弥负重望。"

韦棣华女士用一个圣徒之心，热诚推行和实践现代图书馆理念。她"之所以要把自己的后半生毫无保留地奉献给中国图书馆事业，完全是因为人生理想的追求。这种人生理想的追求首先是良知与道德的自觉与弘扬，然后是生命与理想的归属与倾注……有感于武汉民众生活的疾苦和教育程度的低下，韦棣华女士颇有救济之意，遂决定暂时留在中国以尽个人的微薄之力去帮助武汉的民众"，及至办理公共图书馆，使普通民众均有学习和受教育的机会，"韦棣华女士就已经立志通过献身于中国的图书馆事业来实现其服务中国民众的人生理想。"①她从一开始便以标准公共图书馆要求来办文华公书林，想尽各种办法来吸引读者。在图书资源方面，1907年她回美国，参加美国图书馆协会第二十九届年会，首次将中国的图书馆运动介绍给美国，同时为中国的图书馆事业募捐。此次回国，共约募集1万美元、3000册图书。在读者服务方面，文华公书林在韦女士主持下，举办公开演讲、读书会、音乐会、故事会，在平民教育、开启民智、宣传图书馆理念、鼓励大众走进图书馆方面，取得了良好的社会效果和民众口碑。在藏书利用方面，文华公书林的开架借阅在当时十分前卫，图书亦难免丢失，但韦女士顶住包括文华大学校长翟雅各在内的保守人士反对，甚至校方停止经费支持，她以个人资金支撑，也要坚持为公众服务，开放办馆。到1914年，文华公书林更开设巡回文库，将服务遍及武汉三镇，惠及职员、小贩、妇孺、儿童所有民众。这一活动有力推动了1917年由学成归国的沈祖荣创始的"新图书馆运动"，最终带动了全国各公共图书馆、民众图书馆的巡回文库活动。

二　文华图专前十八年——服务教学与服务大众为两翼的实践与辉煌

韦棣华女士并未止于建一个新式图书馆，她富有远见地认识到，必须为中国培养自己的图书馆员。1914年和1917年她先后派沈祖荣先生和胡庆生先生赴美国图书馆学校学习，沈祖荣(Samuel Tsu-Yung Seng，1884—1977)1916年毕业于纽约公共图书馆学校，为华人获得图书馆学学位第一人。胡庆生(Thomas C. S. Hu，1895—1968)1919年毕业于哥伦比亚大学。文华图专后来继有多人留学海外，回国后或做图书馆学教学，或投入图书馆实际工作，有力推动了中国近现代图书馆事业的转型与飞跃。

1920年，韦棣华女士带领学成归国的沈祖荣和胡庆生在文华大学创办了中国第一个图书馆学教育机构——文华图书科(Boone Library School)，韦棣华女士担任图书科主任，仿照美国纽约公共图书馆学校制度办学。主要课程有中国目录学、中国图书馆史略、西

① 程焕文. 跨越时空的图书馆精神——"三位一体"与"三维一体"的韦棣华女士、沈祖荣先生和裘开明先生[J]. 中国图书馆学报，2002(6).

洋图书馆史略、中文参考书举要、西文参考书举要、图书馆行政学、图书馆经济学、中文书籍编目法、西文书籍编目法、西文书籍分类学等。教学内容汇集中西图书馆学，教学方法侧重方法训练与实际操作技能，附设实习图书馆——文华公书林——它同时也是文华大学资源、设备的一部分，由学生协助管理。据武汉大学信息管理学院图书分馆所藏、记录时间始于 1914 年 5 月 5 日的图书财产登记册(英文)所载，截至 1920 年 12 月 31 日，文华公书林入藏西文图书为 11669 册(中文图书和期刊未见文献记录)。这些图书无疑便是文华图专开办时的藏书家底。

1921 年，为适应日益增长的教学与读者服务需要，韦女士与沈祖荣、胡庆生默契合作再筹资，将文华公书林大楼扩建了 1/3，内设编目室、参考室、阅览室、报纸杂志室、书库、孙公纪念室、罗瑟纪念室、司徒氏纪念厅等，其中的两个纪念室分别专藏商学、关于中国事物的西文图书；文华图专的课堂、实习室、图书馆学研究室、办公室悉数设于此楼内；楼内还专设博物古物陈列室一间，其标本收藏 1100 多件，与馆内的参考书、模型、卡片、幻灯机、电影机等一并供读者修习、参考。

1923 年，为退回庚子赔款事，尤其是让此款能用于中国的文化教育事业，韦棣华女士赴北京及全国各地，征得美国驻华大使和国内 150 多名流支持签名；同年 9 月专程赴美，在华盛顿持续数月奔走、宣传，与 435 位参、众议员面谈；最终于 1924 年 5 月促成美国第二批庚子退款用于中国的文化教育乃至图书馆事业，对中国近代图书馆事业发展起到了至关重要的作用，其中 50 万元用于建 7 个图书馆，并支持图书馆学教育。由于韦女士在其中的卓越贡献，文华图专从此得到了一笔较固定的运营资金，1926 年到位的第一笔资金为 1 万元/年。

随着时局的变化和文华图专自身的发展特点与理念坚守，1929 年 8 月，经南京国民政府教育部核准，“私立武昌文华图书馆学专科学校”成为一所具有独立法人地位的高校，沈祖荣先生任文华图专校长，受教育部直接监管和扶持。是年秋，沈校长组织文华图书科学生成立编目股，对文华公书林旧有中文书籍 40 余箱进行分类整理。可惜目前未能见到当时的书目。

独立办校的文华图专经费来源除中美庚款补助，还有国内外公私赞助。在早年为文华公书林奠定基础的美国圣公会补助金、韦棣华基金等的基础上，1930 年，文华图专从文华大学彻底独立出来时，作为学校董事会最大资金来源的美国庚子退款补助额度已提升为 13500 元/年，而 1934 年起，由国库拨款的教育部补助费是另一项稳定经费来源，第一年 5000 元，逐年递增。每年，教育部派员视察后，都颇为肯定学校的办学水平，并发给补助，供添聘教师及购置仪器和专业书籍。正是这年秋天，文华图专设立档案管理特种教席，开设中、英文档案管理课程，分别由美籍费锡恩女士、毛坤先生讲授。我国档案教育由此肇始。教务主任毛坤结合欧美档案教育的经验，设计了适合当时中国档案工作的较为完备的课程体系。所设课程和使用教材，基本上是仿照纽约州立图书馆学校加以变通而成的。文华图专的教学、科研、图书馆服务在自身影响力和经费支持的良性互动中进入了发展的高峰期。

据《私立武昌文华图书馆学专科学校一览(二十四年度)》所载，1935 年文华公书林藏书计有中文普通各科书籍 20797 册，专门图书馆学及目录学书籍 935 订册；英文普通各科书籍 27411 册，专门图书馆学书籍 1435 册；普通英文杂志 151 种，共有 2673 订册；专门图书馆学中英文杂志 36 种，共有 548 订册。①

文华公书林存世计有 28 年(1910—1938 年)，1938 年武汉沦陷，文华公书林被毁坏，不复存在。因此，文华图专的前十八年，在图书馆办馆理念、图书馆人才培养理念，及教学、开馆服务实践上，与文华公书林完全同气同求，共存共辉。在韦棣华女士、沈祖荣先生的带领下，文华图专和公书林在对中国图书馆事业、学术、人才诸方面多所贡献的同时，亦令自身获得了许多支持和骄人发展，藏书数量速增、特色明显。

一方面，因应学校教学需要，借助与美国、教会方面的关系，作为学校实习图书馆，文华公书林对图书馆学、目录学图书的收藏数量与质量是国内其他任何图书馆都不能比拟的。截至 1937 年，“文华公书林藏书总计有中文普通各科书籍一五三四八册，专门图书馆学及目录学书籍一二一五订册；英文普通各科书籍二七四七八册，专门图书馆学书籍一八一一册；又普通英文杂志三九五种，共有三六七二订册；专门图书馆学中英文杂志六三种，共有六四六订册。”②与 1935 年相比，专业英文期刊的涨幅最大。

另一方面，文华公书林所藏外文图书所占比例相当高，据 1922 年统计③，中文图书 13272 册，西文图书 13122 册(总收藏 26394 册，西文图书占 49.72%)；据 1936 年统计④，中文图书 21732 册，西文图书 28846 册(总收藏 50578 册，西文图书占 57.03%)；而 1937 年高达 63.74%(总收藏 45952 册，英文图书 29289 册)⑤。在武汉大学信息管理学院图书分馆现存结构相对完整的图书馆学类文华藏书中，英文图书比例依然相当高，约占种数的 39%。这与文华公书林、文华图专引进美国现代图书馆体系、实行中西结合的教学模式、韦女士美籍身份并从美国募捐、学校教师多有外籍或留学背景，以及早期合作共体的文华大学的教会背景等直接相关。

最令人称道的是文华公书林坚持公共图书馆的性质，其服务对象除了师生及他们的教学所需，更有社会大众的男女老幼。如前述文华巡回文库，至 1922 年已达 5 省 22 个点。而成立于 1933 年的文华图专学生服务团继续巡回文库服务，其规模到 1936 年已有 1500 余册书。他们将各种适用书籍，每 50~100 册，装箱分送各个有借阅意向的学校、机构等点上。学生们采购图书主要依据读者的需要，对了解读者需求，他们有两种调查方法：一是面向借书用户直接调查，口头询问与填写“调查单”相结合；二是间接调查，对

① 私立武昌文华图书馆专科学校一览(二十四年度)[M]. 8-9.

② 湖北省档案馆(LSF2. 1-99)[D]// 唐秀. 文华公书林研究(1910-1938). 湖北大学，2011：13.

③ 沈祖荣. 调查报告：中国各省图书馆调查表[J]. 新教育，1922，5(1-2)：207-216.

④ 文华图书馆学专科学校一览[M]. 1935—1936 学年度.

⑤ 陈闯. 武汉近代公共图书馆史研究(1840—1937)[D]. 武汉大学，2017.

每次巡回的报告、登记卡等进行分析。这样，不但对热门图书需求类目心中有数，同时对读者的性别、年龄、职业构成也了然于胸，“每次巡回出纳书籍在五六百以上”①，十分有效率。这一服务在后来的全面抗战中亦未中断，为战时的重庆民众、医院送去精神食粮。而这其实正是文华图专教育特色的体现：“强调实习，重在操作……把学生培养成能从事图书馆工作的专门人才。”②再如，沈祖荣校长1937年呈报1938年度文华图专经费预算，对9403.50元预算进行了报告，除了中英文图书馆学、档案学书报费，还列明了“实验儿童图书馆”的书报、设备用品，共支出1996.10元，占到当年补助费的21.2%③，所定制书架、桌椅等设备，可一次接待48名儿童读者。这就解释了我们今天整理文华图专存留藏书中仍能看到一些低幼、科普类图书的现象及原因。

三　文华图专后十五年——百折不挠　走向涅槃

正当文华公书林发展蒸蒸日上之时，中日战事危急，1937年年底南京沦陷，日军直逼武汉，文华图专奉命西迁。1938年6月，沈祖荣校长与教务主任汪长炳、教授毛坤一起去重庆考察并选址，文华图专仅用2个月时间，便于8月迁落重庆曾家岩求精中学内。匆促之下，只带走了2000多册图书。虽有之前华中大学西迁云南时先行带走四五千册图书，惜其于1946年迁返武昌时已散佚殆尽④。尚有4万多册图书，包括仪器设备、博物收藏留在武昌昙华林的公书林楼中，虽派1人值守，终不能逃过战火洗劫，在武汉沦陷后，文华公书林中未迁走的图籍仪器散佚无存，房舍亦遭损坏，令人扼腕不已。至此，文华公书林在实体上退出了历史舞台，但它的人员、图书等为文华图专自然承继，尤其是开放、公平、服务、求实的精神已深植并融汇于文华图专的方方面面、内外气质中。

在重庆，文华图专以有限的资金和藏书资源继续开办巡回文库和儿童图书室，亦有新的购进和受赠，作为中华图书馆协会的中坚力量，毫无气馁。然而，战争对人类文明的破坏是灾难性的，文华图专便是一个缩影，其所在校区因数遭空袭，许多图书、仪器随之湮灭。如1940年6月28日轰炸时损失256种图书，合290册；1941年5月9日、7月7日的轰炸，造成新建的康宁楼中弹全毁，图书室等办公处皆在其中，一并被毁的有：小手提书箱6个，书桌7个，卡片盒7个，书架2个，图书186种、279册，杂志26种、104册。学校之后不得不购买江对岸的香国寺唐家桥附近廖家花园为新校址，图书馆所在房舍靠近防空洞。⑤ 那时，重要图书资料靠“男生提箱、女生背袋”⑥及时转移防空洞始得

---

① 吴尔中. 校闻：(九)巡回文库概况[J]. 文华图书馆学专科学校季刊，1936，8(4)：601-605.

② 彭斐章，谢灼华. 七十年历程——从武昌文华大学图书科到武汉大学图书情报学院[J]. 图书情报知识，1990(3)：2-6.

③ 彭敏惠. 文华图专办学资金来源考[J]. 国家图书馆学刊. 2013(2)：96-105.

④ 继往开来 与时俱进——华中师范大学图书馆溯源与展望[J]. 高校图书情报论坛，2005(2)：62.

⑤ 教育部1941年关于文华图专呈报本校办公处被炸报告的指令及空袭损失救济的指令[B]. 武汉大学档案馆，7-1941-4.

⑥ 沈祖荣. 私立武昌文华图书馆专科学校近况[J]. 中华图书馆协会会报，1942，16(3-4).

保存下来。艰难困苦中，文华图专多次发表募捐启示，也收到国内外包括政府、团体和个人的许多回应。如1941年校舍被炸毁后内政部紧急援助搬迁新址费、1943年教育部拨给礼堂和图书馆建设费；较有传奇色彩的是1944年5月，美国副总统华莱士访华，专门带来ALA赠给文华图专的4种图书，沈祖荣校长在其中*Making Books Work：A Guide to the Use of Libraries*一书的扉页用中、英文手书题志："本书乃美国图书馆协会赠送并承美国副总统华莱士先生携带来华于三十三年转交给本校者"，此书现珍存于武大信管院院史陈列馆中。正是国际和国内、政府和民间的这些物资和道义上的支持，使文华图专坚持下来。可惜其藏书规模再也没有恢复到战前水平，直到合并入武汉大学，在20世纪后期改革开放的热潮中"重生"。

1947年1月文华图专趁寒假时间迁返，"并于同年3月将文华图专的图书、档案及器材等押运回武昌"①，在战争废墟上重谋生存与发展。其时原校址已被先期返汉的华中大学所用，沈祖荣校长与市政府等多方沟通，才得重新安定，教学虽未因之停摆，但其所带回图书资料情况，暂无得考。令人敬佩的是，《大公报》1947年11月27日便有报导："武昌文华图书馆专科学校为供应学生实习研究，新设之实验图书馆已公开开放。"图书科专科第十届学生王肖琴写道："烽火余生，校内所剩书籍真少得可怜，但我们仍然是不藏拙的对社会开放了这一部分残旧的书籍，创立了服务社会的机构——实验图书馆。它的董事会是同学们自己组织，编目、阅览、典藏、总务、采访、推广等工作也是同学们分别担任。同学们是主人，也是仆人。他们将课内所学得的知识全应用在实际的工作上，将课外的时间完全化在热诚的服务上，每周星期日下午，看见阅览室中黑压压的人群，这些忙碌的工作者才展开了愉快的微笑。"②

1949年，历经战后各种困顿的沈祖荣校长没有参加任何组织的"应变"会议，平静地选择留在武汉办学。当年的学校一览在"教学设备"一节言："抗战以前，本校搜藏中西文图书馆学书籍至为完备，各种著名图书馆学期刊概均入藏全套，洵足珍贵。并曾置有示范性质之钢质书架、各式卡片，图表、器具、模型等设备，籍供学生修习特之参考，所惜上项设备均于抗战时期损失。本校迁渝期间及复员以后，无时不积极致力于恢复工作，而美国图书馆协会、英国文化协会、美国国会图书馆与本校这中西友人等，皆曾热心捐赠，以期恢复旧有书藏。"其中没有提供具体藏书数据，可见其时学校因旧有重要基金到期中断，仍未走出困难境地。而他们对图书馆教育与服务的积极追求，真如他们自己评价的："自民国九年创立以来，无论环境如何艰难，曾无一时一刻之停顿。"③前文提到的韦棣华"美国基督徒"身份，并不是提示文华图专的教会背景，而是强调韦女士毕生不渝

---

① 彭敏惠. 从文华公书林到武汉大学信息管理学院图书分馆[J]. 图书与情报，2015(6)：134-139.

② 王肖琴. 文华图书馆专科学校近讯. 教育通讯(汉口)[J]. 1948(复刊)，4(12)：29.

③ 私立武昌文华图书馆学专科学校一览(民国卅八年度)[M]/ 王余光. 清末民国图书馆史料汇编第二册，北京：国家图书馆出版社，2014：445-460.

的奉献与服务精神、对中国公共图书馆职责的坚守，从而带给文华图专守业者并文华学人在人格规定上润物无声的影响，这样的精神涵养，使文华图专的凝聚力令人刮目，且体现在许多细节中。如《文华图书馆学专科学校季刊》每一期对校友工作、生活的追踪报道；如1950年文华三十周年校庆时，全武汉市的校友返校，除带了珍贵礼品，又各捐献给实验图书馆书籍共数百册；等等。

1951年8月，文华图专改为公立学校。这期间适应时代需要，采购了大量时事政治类图书。1953年9月，文华图专及其历经战火、迁变流离的文献收藏并入武汉大学，时为图书馆学专修科，亦即现在的信息管理学院前身。

文华图专为中国近现代图书馆、档案馆事业培养了大批专门人才，学生毕业后在国内外图书馆和图书馆学校任职，把文华图专"智慧与服务"精神播向各地。由于文华图专师生、校友令人惊讶的才华、勤勉、敬业，近代中国教育中绝对小型的文华图专可谓完美实现了图书馆学教育、图书馆公共服务、编撰出版学术著述三重职能，文华图专群体对近现代中国图书馆迅速摆脱封建藏书楼的框框走向现代化的贡献只有"杰出"二字。其具有影响力的学术研究成果主要为：一是"文华图专丛书"的二十余种著作，如沈祖荣译《简明编目法》(1929年)、毛坤译《西洋图书馆史略》(1933年)、章新民译《民众图书馆的行政》(1933年)、皮高品编《中国十进分类法及索引》(1934年)、沈祖荣编《标题总目》(1937年)等。二是发表于《文华图书馆学专科学校季刊》及其他刊物上的论文。这些文华学者的论文或以期刊形式分藏于全国乃至世界各地的图书馆、档案馆中，在主要学术数据库存中也能查到大部分；而图书的大部分亦与其他藏书一起保存下来了。据笔者统计，当年的一本手抄中文图书交接清册，载中文图书2576种(含249部)，5387册(英文图书未得史料可以统计)。这些图书应该包括1938年西迁2000册中没有被炸毁的、重庆坚持办学过程中采购及受赠的、复员回汉后继续采购及受赠的。

四　百年致敬

回眸间，时光已去百年。斯人已远，圣火在传。

2020年，是文华公书林开馆110周年，也是私立武昌文华图书馆学专科学校暨国立武汉大学信息管理学院成立100周年。早在2018年中，武汉大学信息管理学院便开始动议筹办百年院庆，而经过前几年对学院图书分馆(亦即学院资料室)旧藏文献的清点、整理，"文华图专教育史料整理与研究"工作获得学院认可，正式获批列入教育部世界一流学科"图书情报与数据科学"资助项目。项目相关研究成果如《文华图专存留文献书目集编》《文华图专珍稀史料图录》《武昌文华图书馆学专科学校教育与学术史事长编(1920—1953)》等将陆续出版，向百年院庆献礼。

本着鉴史开来的初衷，信管院领导始终关注整理进展，图书分馆每年上报整理数据，经过持续7年全面清理、整序，现在已经基本完整发掘出了历百年而现存于武大信息管理学院的文华图专时期藏书的总体样貌。与1953年合校时相比，由于经过"文化大革命"六年的停招停学，期间藏书库被盗，以及当年与今天统计口径的不甚一致等因素影响，现在的收藏所见情况，又有了变化。本书作为整理工作和资助项目的一个成果，著录统计情况为：中文图书 10838 册，西文图书 556 册；其中，文华公书林时期图书 85 册，图书馆学专业图书 829 册，档案学专业图书 48 册，期刊 342 册，毕业论文及实习作业 48 册。

面对历经百年变迁留下的文献，可以感受甚至触摸韦棣华女士、沈祖荣先生及所有文华图专前辈们曾经的筚路蓝缕、矢志不渝、科学遗产、社会贡献，这些都是我们继立于此学科的骄傲。藏书的一时规模与社会经济、文化的发展水平密不可分，藏书的育化功能强弱很大程度取决于它的利用方式，藏书的事业兴衰最离不开人的敬业经营，文华图专的藏书兴衰史和前辈们的奋斗史为此做了证明。

武汉大学信息管理学院图书分馆　严红

2020 年 9 月 10 日

编 辑 说 明

一、武汉大学信息管理学院所藏文华图书馆学专科学校(简称“文华图专”)时期图书资料收录标准为：出版时间为1953年(含)及以前，书刊资料上盖有凡文华图书馆学专科学校有史以来各印章者。对于校友赠书，若做了专门书目的，为便今后管理与利用，或有不受此一标准限制者。

二、归类原则。文华图专时期书刊资料目前已全部作为学院史料档案保存。为便学者利用，并提高百年文献的清点、整理速度，在清理、整序之初所订之原则，即为采用《中国图书馆图书分类法》(简称《中图法》)的大类设置与文华图专时期文献收藏既有特质相结合的方式进行分类、著录和上架；现有31类之下，各著录表不再细分，皆以字顺排列，先外文后中文。

三、本书目集编的体例设置上，首先是为珍贵历史阶段或独特历史贡献所做的特藏，如文华公书林专藏、杜定友先生专藏等；并将图书馆学、档案学单独列藏。其次是按《中图法》大类设置的基本学科顺序排列，可以较清晰地看出当时藏书的学科分布。最后是按文献类型对一些可能史料参考价值较大、较集中的收藏，视为特藏专列书目，如期刊、讲义、毕业论文、线装书。

四、另有所藏文华图专时期图书的具体书目，因故没有被收入本书。一是时事政治类图书1106册，由于随政权时代、政治人物及政治事件的风云变化，对这批图书逐一准确判断其政治正确性及是否合乎现行国家出版政策，是件头等重大的事情，于主编者个人而言，难以胜任，故仅记藏书数量。二是尚有俄文图书195册，因其书后当年的中文标签失落(或本不存在)，又因我们只是抢救性对其作了字母照录式著录，暂未找到合适人士校对并翻译图书相关信息，为严谨起见，本次出版亦仅记藏书数量。

五、本书书目著录表格的表头(著录项目)亦未尽一致。因为，文华图专专藏已列为信息管理学院珍贵史料，不再通过武汉大学图书馆智能系统对外开放，而是作为特色档案进行重新整理、保藏和利用。基于此，文献的整理过程及形成相关的书目，更注重其中不同类型文献的各自特点，包括既有特色、历史印迹、国家的对古籍整理规范等；那么，既突出这些特点信息，又全面反映收藏状况，则不同书刊文献的信息著录就必然在著录项目上产生差异，如普通文史哲图书、特藏书，我们在信息著录中，就没有一刀切。

关于著录表格的一些细节说明：

1. 备注栏记载丛书名，以及图书的其他现存状况细节，如残破、缺损情况，借书卡有无等。“有卡”表示此书的借书卡依然保留，时常能在卡上看到图书借还时间、借书人签名等真实历史信息。

2. 印章栏尽量记录了每本书中所钤印章的类型、印文、数量(阿拉伯数字)，有助了解所藏图书资料的收藏历史等。

3. 出版时间、定价信息，基本照抄原书表述方式，因而在纪年、数字使用上多有形式上的不统一，然有便一窥原貌。尤其是定价，大洋、法币、美元、人民币(包括20世纪50年代新旧币更迭)，需要有研究清末民初以来货币史的专家才能正确换算，故以“历史真实”为标准载录，未能刻守“编校统一”标准。

目　录

现存文献书目

一、特别收藏

（一）文华公书林专藏

现存 91 种，84 册（因当年改装图书，数种图书合订为一册造成册数比种数少）。

序号	书　名	作者	出版者	出版时间	分类号/索书号	印章	复本	价格	备注	类号
1	A List of Books for College Libraries	Charles B.Shaw	Chicago: American Library Association	1931 年	R/016/C215	椭圆:私立武昌文华图书馆学专科学校图书馆+1;武昌昙华林·文华公书林+6	1	¥61800	书将散	Z
2	A Manual of Library Routine	W.E.Doubleday	New York: Charles Scribner's Sons	1933 年	37.6/D743	椭圆:私立武昌文华图书馆学专科学校图书馆+1;武昌昙华林·文华公书林+2;钢印:私立武昌文华图书馆学专科学校+1	1	¥20800	有卡	Z
3	A Student's Manual of Bibliography	Arundell Esdaile, M. A	New York: Charles Scribner's Sons	1931 年	37.656/E22	椭圆:私立武昌文华图书馆学专科学校图书馆+4;武昌昙华林·文华公书林+2	1	¥23040	有卡	Z

序号	书　名	作者	出版者	出版时间	分类号/索书号	印章	复本	价格	备注	类号
4	A.L.A Catalog 1904	Melvil Dewey etc.editor	Washington: Gov't printing office	1904年	R/91.33/Am35/1904	椭圆:华中大学文华公书林+2	1	￥236200（5本）	A. L. A 目录1904;有卡	G
5	A.L.A Catalog, 1926: An Annotated Basic List of 10000 Books	Isabella M.Cooper	Chicago: American Library Association	1926年	91.33/A512	椭圆:华中大学文华公书林+1;私立武昌文华图书馆学专科学校图书馆+1;武昌昙华林·文华公书林+1	1		有卡	G
6	An Introduction to Bibliography for Literary Students	Ronald B.Mckerrow	Oxford at the Clarendon Press	1927年	37.68/M199	椭圆:华中大学文华公书林+2	1	￥21960	有借期单	Z
7	Book Selection	F.K.W.Drury	American Library Association	1930年	025.21/D796	武昌昙华林·文华公书林+1	1		残本:前言~p. 368;出版社为国图查得	Z
8	Books and Libraries and Other Papers	James Russell Lowell	Houghtox Mifflin Company	1886年	37.647	文华图书馆学专科学校+2;椭圆:华中大学文华公书林+2;武昌昙华林·文华公书林+2	1			Z
9	Catalog Rules Author and Title Entries		American Library Association Publishing Board Boston	1908年	37.645/A512/e.2	文华图专图书馆+2;椭圆:华中大学文华公书林+1	1		有卡	G
10	Circulation Work in Public Libraries	Jennie M.Flexner	Chicago: American Library Association	1927年	025.6/F639;37.653/f639	椭圆:华中大学文华公书林+1;文华公书林钢印:+1;椭圆:私立武昌文华图书馆学专科学校图书馆+2;钢印:私立武昌大学图书馆学专科学校+2;武昌昙华林·文华公书林+3	1	￥20000	有卡	Z

序号	书　名	作者	出版者	出版时间	分类号/索书号	印章	复本	价格	备注	类号
11	Code for Classifiers	William Stetson Merrill	Chicago: American Library Association	1928 年	025.4/M552	武昌昙华林·文华公书林+2;椭圆:私立武昌文华图书馆学专科学校图书馆+4;钢印:私立武昌文华图书馆学专科学校+1	1	¥6550	有卡	Z
12	Colon Classification	S.R.Ranganathan, M.A., L.T., F.L.A.	London: Edward Goldston, Ltd.	1933 年	025.4/R196	武昌昙华林·文华公书林+3	1	币 20000	有卡	G
13	Directory of Museums in South American	Laurence Vail Coleman	Washington, D. C.: The American Association of Museums	1929 年	069/C674d	武昌昙华林·文华公书林+3;钢印:私立武昌大学图书馆学专科学校+2	1	¥8500	有卡	G
14	Indexing and Filing—A Manual of Standard Practice	E.R.Hudders	New York: The Ronald Press Company	1916 年	029.5/H866	椭圆:华中大学文华公书林+2;钢印:私立武昌文华图书馆学专科学校+1;武昌昙华林·文华公书林+1	1	¥17520	有卡	G
15	Instruction in the Use of Books and Libraries (Second Edition)	Lucy E.Fay, M.A., B.L.S., Anne T.Eaton, B.A., B.L.S	Boston, Mass: The F. W. Faxon Company	1919 年 10 月	027.8/F29	椭圆:文华大学校公书林+7;椭圆:私立武昌文华图书馆学专科学校+2	1	¥27600	有卡	G
16	Manual of Practical Indexing	Archibald Leycester Clarke	London: Library Supply Company	1905 年	029.5C55	武昌文华图书馆学专科学校图书馆+4;椭圆:文华大学校公书林+2	1	¥9200	有卡	Z

序号	书　名	作者	出版者	出版时间	分类号/索书号	印章	复本	价格	备注	类号
17	National Libraries and Foreign Scholarship	Douglas Waples & Harold D.Lasswell	Chicago.Illinois: The University of Chicago Press	1936 年 4 月	37.696/W252; 025.21/W252	武昌昙华林·文华公书林+2	1		有卡	Z
18	Reference Library Methods	John Warner, F. L. A	London: Grafton & Co	1928 年	37.65/W245; O25.5/W245	武昌昙华林·文华公书林+2;文华公书林钢印+2;椭圆:私立武昌文华图书馆学专科学校图书馆+2	1	¥17200	有卡	Z
19	School Library Management	Martha Wilson	Now York: The H. W. Wilson Company	1929 年	37.663/W693a(4); O27.8/W695	武昌昙华林·文华公书林+7;椭圆:私立武昌文华图书馆学专科学校图书馆+2	1		有卡	Z
20	Teaching the Use of Books and Libraries: A Manual for School Librarians and Classroom Teachers, to Accompany the Library Key	May Ingles and Anna Mccague	New York: The H. W. Wilson Company	1930 年	37.656/I51	钢印:文华公书林+1;椭圆:私立武昌文华图书馆学专科学校图书馆+2	1	¥15800	有卡	Z
21	The Bookman's Manual	Bessie Graham	New York: R. R. Bowker co.	1925 年	37.5/G76	椭圆:华中大学文华公书林+1;椭圆:武昌文华图书馆专科学校图书馆+2;武昌昙华林·文华公书林+5	1		有卡	Z

序号	书　名	作者	出版者	出版时间	分类号/索书号	印章	复本	价格	备注	类号
22	The College Library Building ITS Planning and Equipment	James Thayer Gerould	New York: Charles Scribner's Sons	1932 年	O22/G319; 37.664/G319	文华图书馆学专科学校+1;武昌昙华林·文华公书林+2	1	￥13200（2）	有卡	Z
23	The Junior College Library	Ermine Stone	Chicago: American Library Association	1932 年	O27.7/S878; 37.664/S878	武昌昙华林·文华公书林+9;椭圆:武昌文华图书馆专科学校图书馆+1	1	￥4900	有卡	Z
24	The Librarians Guide	Mark Meredith	The Literary Year Books Press	1927 年	37.658/L615	椭圆:华中大学文华公书林章+2;武昌昙华林·文华公书林+1	1	￥7300	有卡	Z
25	The Library in the School	Lucile F.fargo	Chicago: American Library Association	1930 年	O27.8/F223	武昌昙华林·文华公书林+6	1	￥45400	有图片;有卡	Z
26	The Library Key——An Aid in Using Books and Libraries	Zaidee Brown	New York: The H. W. Wilson Company	1929 年	37.658/B812	武昌昙华林·文华公书林+8	1		缺封面封底	Z
27	The Reference Shelf	Julia E.Johnsen	New York: The H.W.Wilson Company	1930 年	808/R332	椭圆:华中大学文华公书林+2;武昌文华图书馆学专科学校藏+1;钢印:武昌文华公书林+1	1		有卡	Z

序号	书　名	作者	出版者	出版时间	分类号/索书号	印章	复本	价格	备注	类号
28	The Sectection and Acquisition of Books for Libraries	Francis K.W.Drury	Chicago: American Library Association	1928 年	025.2/D845	椭圆:私立武昌文华图书馆学专科学校图书馆+3;武昌昙华林·文华公书林+3	1		缺封底	Z
29	United States Government Publications	Anne Morris Boyd	New York:The H.W.Wilson Company	1931 年	025.173/B789	钢印:私立武昌文华图书馆学专科学校+1;钢印:文华公书林+2;椭圆:武昌文华图书馆学专科学校图书馆+1	1	¥40560	有卡	G
30	What People Want to Read About	Douglas Waples & Ralph W.Tyler	American Library Association & the University of Chicago Press	1931 年	37.651/W252	钢印:文华公书林+4;钢印:私立武昌文华图书馆学专科学校+2	1	¥18720	有卡	Z
31	比较图书馆学	程伯群编著,杜定友校订	世界书局	民国二十四年七月(1935 年)	37.603/C386	钢印:私立武昌大学图书馆学专科学校+2;武昌昙华林·文华公书林+1;椭圆:武昌文华图书馆学专科学校图书馆+1	1	大洋一元	有卡	G
32	藏书纪事诗	叶菊裳撰,江标校刻	苏州:振新书社	光绪二十三年丁酉十一月刊成于长沙学使署(1897 年)	010.9/Y398	椭圆:华中大学文华公书林+8	1	精装,十册合订:¥45600	宣纸竖排	G

序号	书　名	作者	出版者	出版时间	分类号/索书号	印章	复本	价格	备注	类号
33	磁石和磁力	李宗法著，徐应昶校	商务印书馆发行	民国二十二年十二月（1933年）	081.8/S427/005		1	大洋壹角	小学生文库第一集（物理类）合订为一本	O
34	电	徐应昶编	商务印书馆发行	民国二十三年二月（1934年）				大洋壹角		
35	光	陆仁寿著，周建人校	商务印书馆发行	民国二十二年十二月（1933年）				大洋壹角伍分		
36	简单的机械	李宗法著，邹尚熊、徐应昶校	商务印书馆发行			武昌县华林·文华公书林+1		大洋壹角		
37	燃烧	周建人编	商务印书馆发行	民国二十三年二月（1934年）				大洋壹角		
38	热	陆仁寿著，周建人校	商务印书馆发行	民国二十二年十二月（1933年）				大洋捌分		
39	声	陆仁寿著，周建人校	商务印书馆发行	民国二十二年十二月（1933年）				大洋壹角		
40	水	徐应昶编	商务印书馆发行	民国二十三年二月（1934年）		武昌县华林·文华公书林+2		大洋壹角		
41	丛书集成初编目录	王云五主编	商务印书馆	民国二十四年九月（1935年）	91.561/W223	武昌县华林·文华公书林+1	1	¥14600	将散	Z

序号	书　名	作者	出版者	出版时间	分类号/索书号	印章	复本	价格	备注	类号
42	杜氏图书分类法(下册)索引	杜定友	中国图书服务社	民国二十四年,民国二十五年增订再版(1935年,1936年)	37.6441/D553;O23.3/T634;37.b441/D3872	长方:武昌文华图书馆学专科学校+1;武昌昙华林·文华公书林+3;钢印:私立武昌文华图书馆学专科学校+2;小方印:杜氏丛书+1	1	布面精装三册:国币七元		G
43	仿杜威书目十类法	沈祖荣、胡庆生编辑	武昌文华公书林	民国十一年一月(1922年)	37.6441/S443	钢印:私立武昌文华图书馆学专科学校+3;武昌昙华林·文华公书林+1	1	大洋两角五分		G
44	古今伪书考	(清)姚际恒著	苏州文学山房聚珍版印	光绪三年春(1877年)	018.97/Y282/A1	椭圆:华中大学文华公书林+22	1			G
45	古书读法略例	孙德谦著	上海商务印书馆	1936年	028.5/S836	武昌昙华林·文华公书林+2	1	CNY1.54	残缺;作者出版社出版年价格为武图查得	H
46	古文旧书考 四卷附访余录	[日]岛田翰撰	藻玉堂印	民国丁卯年(1927年)	R010.97/T248	椭圆:华中大学文华公书林+2	1	¥17000	四卷,附访余录;有卡	Z
47	国立北平图书馆善本书总目	赵万里撰集		民国廿二年十月(1933年)	019.1/C414	武昌昙华林·文华公书林+3	1	¥21100	宣纸竖排;有卡	Z
48	国立北平图书馆中文舆图目录	王庸、茅乃文编	国立北平图书馆	民国二十二年四月(1933年)	91.22/B482;G91.3321/W223	武昌昙华林·文华公书林+4	1	1元	将散	Z
49	汉字形位排检法	杜定友著	上海中华书局	1932年	37.6891/D434	文华图专学生课本+1;武昌昙华林·文华公书林+5	1	银七角	有卡	H

序号	书　名	作者	出版者	出版时间	分类号/索书号	印章	复本	价格	备注	类号
50	嘉业堂善本书影 五卷	刘承干编	吴兴刘氏嘉业堂	民国己巳年(1929年)	R010.37/L635; 014.7/L935	椭圆:华中大学文华公书林+1;翰怡持赠+1	1		宣纸竖排;有卡	G
51	留真谱(六册)	杨守敬编	宜都杨守敬观海堂		R010.39/Y225	武昌昙华林·文华公书林+7	1		出版者查自国图	G
52	民众图书馆学	徐旭	世界书局	民国二十四年四月(1935年)	37.661/X644; 37.603/X461	椭圆:私立武昌文华图书馆学专科学校图书馆+1;文华图专学生课本+2;武昌昙华林·文华公书林+5;钢印:私立武昌文华图书馆学专科学校+2	1	大洋一元二角	有卡	G
53	普通图书选目	杜定友编	中华书局	1935年6月	91.13/D553 O11T634C.1	武昌文华图书馆学专科学校+1,武昌昙华林·文华公书林+2	1	银一元三角	有卡	Z
54	生活全国总书目	平心	上海生活书店发行	民国二十四年十一月初版(1935年)	91.89/P516	武昌昙华林·文华公书林+1	1	精装:四角	有卡	Z
55	说郛 一百卷	陶宗仪纂	商务印书馆	民国十六年十一月(1927年)	44.535/T254	椭圆:华中大学文华公书林+6	1	每部大洋二十四元	第八本止:卷八十六至一百;宣纸竖排;有卡	Z
56	四库全书大辞典	杨家骆	中国图书大辞典编辑馆	1932年	R/013.197/Y195/V.1	武昌昙华林·文华公书林+2	1		竖排;有卡	Z
57	四库全书提要总目(第八)	(清)纪昀	上海大东书局		91.216/S757	椭圆:华中大学文华公书林+4	1		宣纸竖排,有卡	Z

序号	书　名	作者	出版者	出版时间	分类号/索书号	印章	复本	价格	备注	类号
58	四库全书提要总目(第二)	(清)纪昀	上海大东书局		91.216/S757	椭圆:华中大学文华公书林+4	1		宣纸竖排,有卡	Z
59	四库全书提要总目(第九)	(清)纪昀	上海大东书局		91.216/S757	椭圆:华中大学文华公书林+8	1		宣纸竖排,有卡	Z
60	四库全书提要总目(第六)	(清)纪昀	上海大东书局		91.216/S757	椭圆:华中大学文华公书林+10	1		宣纸竖排,有卡,缺封底	Z
61	四库全书提要总目(第七)	(清)纪昀	上海大东书局		91.216/S757	椭圆:华中大学文华公书林+4	1		宣纸竖排,有卡	Z
62	四库全书提要总目(第三)	(清)纪昀	上海大东书局		91.216/S757	椭圆:华中大学文华公书林+6	1		宣纸竖排,有卡	Z
63	四库全书提要总目(第十)	(清)纪昀	上海大东书局		91.216/S757	椭圆:华中大学文华公书林+4	1		宣纸竖排,有卡	Z
64	四库全书提要总目(第四)	(清)纪昀	上海大东书局		91.216/S757	椭圆:华中大学文华公书林+4	1		宣纸竖排,有卡	Z
65	四库全书提要总目(第五)	(清)纪昀	上海大东书局		91.216/S757	椭圆:华中大学文华公书林+4	1		宣纸竖排,有卡	Z
66	四库全书提要总目(第一)	(清)纪昀	上海大东书局	民国十五年秋七月(1926年)	91.216/S757	椭圆:华中大学文华公书林+4;武昌昙华林·文华公书林+2	1		宣纸竖排;有眉批有卡	Z
67	四库简明目录标注二十卷附录一卷	(清)邵懿辰撰		清宣统三年(1911年)	R013.197/S.337/v.1	椭圆:华中大学文华公书林+4	1	¥42500	十一卷(卷一至卷十一)有卡	Z

序号	书　名	作者	出版者	出版时间	分类号/索书号	印章	复本	价格	备注	类号
68	四库简明目录标注二十卷附录一卷	(清)邵懿辰撰		清宣统三年(1911年)	R013.197/S.337/V.2	椭圆:华中大学文华公书林+6	1	¥42500	九卷(卷十二至卷二十)+附录一卷,有卡	Z
69	宋元本行格表两卷	(清)江標辑		清光绪二十三年(1897年)	R010.45/D266;014.7/D266	椭圆:华中大学文华公书林+38	1		两卷+附录+补遗;宣纸竖排	Z
70	天禄琳琅书目十卷	(清)于敏中、王际华、梁国治等编校	长沙王氏刊刻	光绪甲申季夏	R/019/Y675/v.1	椭圆:华中大学文华公书林+40	1	洋装伍元伍角	宣纸竖排;有卡	Z
71	钦定天禄琳琅书目后编二十卷	(清)彭元瑞等	长沙王氏刊刻	光绪十年甲申闰五月(1884年)	91.51/Y392;O17.1/P354	椭圆:华中大学文华公书林+38;武昌昙华林·文华公书林+5	1	洋装伍元伍角	宣纸竖排	Z
72	图书馆利用法	勃朗著,吕绍虞译	商务印书馆	民国二十四年五月(1935年)	37.6/B392	武昌昙华林·文华公书林+4;椭圆:私立武昌文华图书馆学专科学校图书馆+1	1	大洋叁角	图书馆学丛书;有卡	G
73	图书馆组织与管理	洪有丰	商务印书馆	民国二十二年五月印行(1933年)	37.62/H389	武昌昙华林·文华公书林+2	1	大洋壹元肆角	精装;有卡	G
74	文学论文索引续编	刘修业编	中华图书馆协会出版	民国二十二年(1933年)	R800.3/L655;800.036/L642;036.81/L642	武昌昙华林·文华公书林+1;武昌文华图书馆学专科学校(反)+2;私立武昌文华图书馆学专科学校图书馆+3	1	大洋一元六角	中华图书馆协会丛书第六种;有函套,线装;有卡	Z

序号	书　名	作者	出版者	出版时间	分类号/索书号	印章	复本	价格	备注	类号
75	五年计划的故事	M.Ilin(伊林)原著,William Kermode 绘图,吴朗西重译	新生命书局	民国二十年十二月(1931 年)	351.938/Y318	椭圆:私立武昌文华图书馆学专科学校图书馆+1;长方:武昌文华图书馆学专科学校+2;武昌昙华林·文华公书林+1	1	九角	翻译文学;书已散;有卡	F
76	五十世纪中国历年表	刘大白编	商务印书馆发行	民国十八年(1929 年)	951.002/L657;22.15/L652	椭圆:华中大学文华公书林+3;武昌昙华林·文华公书林+3	1	大洋叁元	精装;异开本:38×20cm	K
77	续校雠通义(二册);校雠述林	刘咸炘撰	双流刘氏 尚友书塾	民国十七年(1928 年)	010/L642	武昌昙华林·文华公书林+1	1		推十书之一,三本合订为一本,宣纸竖排;出版社为国图查得	Z
78	行为主义的心理学	John B.Watson 著,臧玉淦译,唐钺校	商务印书馆	民国十五年二月再版(1926 年)	150.197/H554	椭圆:华中大学文华公书林+2;武昌昙华林·文华公书林+2	1	大洋 2 元	心理学丛书;有卡	B
79	行政效率(第一卷合订本)	行政效率研究会筹备处编	行政院行政效率研究会筹备处	民国二十三年七月至十二月(1934 年)	R373.005H.373V.1	武昌文华图书馆学专科学校+1;长方:武昌文华公书林+6	1	每册 5 分全年 24 册一元	不定期;赠阅	D
80	行政效率(第二卷合订本)	行政效率研究会筹备处编	行政院行政效率研究会筹备处	民国二十四年一月至六月(1935 年)	R373.005H.373V.2	长方:武昌文华公书林+6	1	每册 8 分全年 24 册一元五角	半月刊;有卡	D

序号	书　名	作者	出版者	出版时间	分类号/索书号	印章	复本	价格	备注	类号
81	行政效率（第三卷合订本）	行政效率研究会筹备处编	行政院行政效率研究会筹备处	民国二十四年七月至十一月（1935年）	R373.005H.373V.3	长方：武昌文华公书林+6	1	每册8分全年12册八角	有卡	D
82	辅轩语	（清）张之洞撰	濠上书斋减版 湖南省益雅书局发兑	清光绪丁丑年（1877年）	R011/C278	椭圆：华中大学文华公书林+8；武昌昙华林·文华公书林+10	1		精装，宣纸竖排；	C
83	郑堂读书记七十一卷	（清）周中孚撰	嘉业堂校刊	民国辛酉年（1921年）	R010.9/C669/V.2	椭圆：华中大学文华公书林+9	1		二十五卷（卷二十四至卷四十八）	Z
84	郑堂读书记七十一卷	（清）周中孚撰	嘉业堂校刊	民国辛酉年（1921年）	R010.9/C669/V.3	椭圆：华中大学文华公书林+5	1		三十三卷（卷四十九至卷七十一）	Z
85	中国地方志综录	朱士嘉	陈乃乾发行，国光印书局印刷	民国二十五年四月（1936年）	22.6071/Z7672	椭圆：私立武昌文华图书馆学专科学校图书馆+12；武昌昙华林·文华公书林+7	1	精装：国币一元	初版；宣纸竖排，上中下合订；有卡	K
86	中国历代艺文志（上篇）	上海书报合作社编	上海书报合作社		91.2121/S375	武昌昙华林·文华公书林+3	1			G
87	中国图书编目法	裘开明著	商务印书馆	民国二十年二月初版（1931年），民国二十二年三月印行国难后第一版（1933年）	G254.3；37.6452/Q625	文华图专学生课本+3；私立武昌文华图书馆学专科学校图书馆+2；武昌昙华林·文华公书林+4；钢印：私立武昌文华图书馆学专科学校+1	1	大洋伍角	有卡	G

序号	书　名	作者	出版者	出版时间	分类号/索书号	印章	复本	价格	备注	类号
88	中央大学区立苏州图书馆图书分类法	陈子彝	中央大学区立苏州图书馆	1929 年	37.644/C358	椭圆：华中大学文华公书林+3；椭圆：私立武昌文华图书馆学专科学校图书馆+1；武昌昙华林·文华公书林+2；文华图专学生课本+2	1		竖排；有卡	G
89	重整内阁大库残本书影初编(二册)	故宫博物院文献馆	故宫博物院文献馆印行	民国二十二年(1933 年)	R010.37/K568；014.7/K542	武昌昙华林·文华公书林+4	1	¥24000	宣纸竖排；有卡	B
90	周秦诸子考(上册)	刘汝霖	北平：文化学社	民国十八年六月(1929 年)	111.109/7239；13.1/L339	椭圆：私立武昌文华图书馆学专科学校图书馆+1；武昌昙华林·文华公书林+3；钢印：私立武昌文华图书馆学专科学校+2	1	大洋六角	书散；有卡	B
91	周秦诸子考(下册)	刘汝霖	北平：文化学社	民国十八年六月(1929 年)	111.109/7239；13.1/L339	椭圆：私立武昌文华图书馆学专科学校图书馆+2；武昌昙华林·文华公书林+3；钢印：私立武昌文华图书馆学专科学校+1；方阴印：刘汝霖+1	1	大洋六角	有卡	B

(二)杜定友先生专藏

杜定友先生是我国近代著名图书馆学家，现代图书馆事业的开拓者之一，原名定有，笔名丁又等。曾被聘请为文华图专的特约讲师。

杜定友先生分别有两次赠送。一次是 1956 年向武汉大学图书馆学专修科赠送了一批个人收藏的图书；第二次是 1962 年借谢灼华(时为已更名为武汉大学图书馆学系的教师）去广州探访他的机会，再赠一批图书和珍贵个人手稿、纪念章等。因杜先生的赠送时间已是文华图专合并入武汉大学的1953年之后，其时文华图专已成为历史，原拟考虑本书不收入这一专藏。但由于一是杜先生所赠图书，多数为文华图书馆学专科学校存在时期的出版或非出版物，正属本书收录时间范围；二是，我们做“杜定友专藏”，是基于杜先生在近现代图书馆事业、图书馆学研究和图书馆教育中的巨大贡献，以及他与文华图专的渊源与情感，因而这一专藏不仅有他所赠书刊资料，也集中了我院收藏的他的所有著作。三是，杜先生的第一次捐赠，正是起于他听说文华图书馆学专科学校并入武汉大学之时。可见，中国近现代图书馆历史绕不开杜先生，文华图专的发展史也绕不开杜先生，则本书目何可绕开欤。

现存202种，303册。

序号	书　名	作者	出版者	出版时间	分类号/索书号	印章	复本	价格	备注	类号
1	Internationae Kinder Buchausstel Lung 1956/1957	Katalog	Berlin：Deutsche Staats Bibliothek	1957年	91.19/I61	武汉大学图书馆学系图书室+3	1		手书“杜先生赠送”	G
2	版本通义	钱基博	商务印书馆	民国二十二年一月初版（1933年）	37.685/Q226	杜方+5；杜随+5①；小方阴印+3（涂祝颜），武汉大学图书馆专修科图书室+1	1	大洋贰角伍分	百科小丛书；有卡	G
3	皕宋楼藏书源流考	［日］岛田翰撰	京师武进董氏	光绪丁未年（1907年）	025.1/276.4/C.1；37.687/W316	杜随5；武汉大学图书馆学专修科图书室+1	1		线装书；有卡	G
4	编目法	杜定友			37.645/D434	小方阳印：杜氏丛书+2；大方：交通部南洋大学图书馆之章+1；武汉大学图书馆专修科图书室+1	1		精装；有卡	G

① 杜方、杜随为杜定友藏书章的简称，大部分杜定友赠书中都钤有此二章。杜方代表高宽3.4×3.4cm的方形章，杜随代表最大高宽4×3cm的随形章，印文为不同形式的篆字“杜氏圕学圕”。“圕”字是杜定友先生创制的“图书馆”的简化形式，在很长时期为图书馆界接受并使用。

序号	书　名	作者	出版者	出版时间	分类号/索书号	印章	复本	价格	备注	类号
5	补三国艺文志	侯康	商务印书馆	民国二十六年十二月初版(1937年)	91.2124/H412	杜方+5;杜随+1;武汉大学图书馆专修科图书室+1	1		丛书集成初编;有卡	Z
6	补元史艺文志	钱大昕	商务印书馆	民国二十六年十二月初版(1937年)	CS91.2149/Q196	杜方+1;杜随+1	1			Z
7	出版月刊(第四期)	许达年编辑	中华书局发行所	民国二十六年七月五日出版(1937年)	37.5/C447	杜随+2	1	每册定价三分	杂志/期刊,无借书证	G
8	丛书集成初编目录	商务印书馆	商务印书馆	民国廿四年九月1日(1935年)	97.2/C531	杜随+1;小方阳印:方克刚印+2	1		有卡	Z
9	档案管理与整理	何鲁成	商务印书馆	民国二十七年二月初版(1938年)	37.84/H274	杜随+6;武汉大学图书馆专修科图书室+1;小方阳印:黎景齐+1	1	国币壹元壹角	有卡	G
10	档案十进分类法	国防部	国防部印发	民国三十七年七月(1948年)	37.64039/G772	杜随+4;武汉大学图书馆藏+1;武汉大学图书馆学专修科图书室+4;仅供参考概不借出+2	1		赠阅;有卡	G
11	东林著述考	朱	广州学报第一卷第一期		91.72/Z695	杜方+4;杜随+4;武汉大学图书馆学专修科图书室+1;武汉大学图书馆藏+1	2		有卡	G
12	东西南沙群岛资料目录	杜定友	西南沙志编撰委员会	民国三十七年五月一日(1948年)	22.574/D553	武汉大学图书馆藏+2;文华图专实验图书馆藏书+4;图书馆学系+1	1	¥4100	杜定友赠;有卡	Z

序号	书　名	作者	出版者	出版时间	分类号/索书号	印章	复本	价格	备注	类号
13	独立出版社 图书目录	独立出版社	独立出版社	民国二十七年十二月(1938年)	91.1/D535	杜随+18	1			Z
14	读资本论第一卷	黄炎培		1954年	02/H686	武汉大学图书馆学系图书室+1	1		杜老赠书;有卡	A
15	杜定友著作选辑(二)(中华人民共和国成立前)	北京大学图书馆学系	北京大学图书馆学系	1960年6月	37.6083/D553	武汉大学图书馆学系图书室+1	3		有卡	C
16	杜定友著作选辑(一)(中华人民共和国成立后)	北京大学图书馆学系	北京大学图书馆学系	1960年6月	37.603083/D434	武汉大学图书馆学系图书室+1	2		有卡	C
17	杜氏图书分类法(下册)索引	杜定友	中国图书馆服务社	民国二十四年(1935年)	37.6441/D553	1本:杜随+10;小方阳印:杜氏丛书+1;武汉大学图书馆藏+2;武汉大学图书馆学专修科图书室+1	2		有卡	G
18	杜氏图书分类法(中册)	杜定友	中国图书馆服务社	民国二十四年(1935年)	37.6441/D434	国立中山大学图书馆编目部+1;国立中山大学图书馆藏+1;武汉大学图书馆藏+2	1		赠阅;有卡	G
19	杜氏著者号码表	杜定友	中国图书馆服务社	民国二十二年八月(1933年)	37.6441/D434	杜方+1;杜随+1;小方阳印:杜氏丛书+1	2			G
20	革命文库分类法	杜定友、蒋径三合编	中山大学图书馆研究会出版	民国十六年六月初版(1927年)	37.6441	小方:杜氏丛书+1;武汉大学图书馆藏+2;武汉大学图书馆学专修科图书室+2	1	定价四角	钱亚新赠	G

序号	书　名	作者	出版者	出版时间	分类号/索书号	印章	复本	价格	备注	类号
21	购求中国图书计划书	顾颉刚编，杜定友跋	国立中山大学图书馆研究会出版	民国十六年六月初版(1927年)	37.686/D434	武汉大学图书馆藏+1；武汉大学图书馆学专修科图书室+2	1	定价三角	有卡	G
22	古文辞类纂解题及其读法	钱子泉	上海中山书局印行		44.1/Q321	杜随+3；杜方+3；武汉大学图书馆藏+2；武汉大学图书馆学专修科图书室+2	1		已散落；赠阅；有卡	I
23	关于地志博物馆科学研究、收集、陈列与文化教育工作基本条例	中央人民政府文化部社会文化事业管理局编印	国立文化教育出版局	1950年9月	37.8/Z676	武汉大学图书馆学系图书室+1	1		杜先生赠送；有卡	G
24	广东方志目录	广东人民图书馆	广东人民图书馆	1953年	91.2274/G625	武汉大学图书馆学专修科图书室+1	1		杜先生赠送	K
25	广东国民大学图书馆图书分类法	蔡光聆	广东国民大学图书馆印行	1947年11月	37.6441/C125	杜随+3；武汉大学图书馆藏+2；武汉大学图书馆学专修科+1	1		赠阅；油印	G
26	广东人民图书馆工作总结(1952年)	广东人民图书馆	广东人民图书馆	1953年	37.6/D434	武汉大学图书馆学系图书室+1	1		杜先生赠送；油印；有卡	G
27	广东人民在三元里抗英斗争简史	杜定友执笔，广东省文史研究馆近代史研究会三元里人民抗英史料研究组编	未定稿，内部研究资料	1955年	22.271/D434	武汉大学图书馆学系资料室+1	1		杜老赠书；有卡	K

序号	书　名	作者	出版者	出版时间	分类号/索书号	印章	复本	价格	备注	类号
28	广东省立图书馆复员三年卅五——卅七年度工作报告		广东省立图书馆	1948年	37.6612/G492	杜随+2	1		有卡	G
29	广东省立图书馆工作报告	馆长杜定友		民国三十二年度(第三年)(1943年)	37.6/D434	私立武昌文华图书馆学专科学校图书馆+2	1		有卡	G
30	广东省立图书馆馆刊	杜定友	广东省立图书馆	民国三十一年一月(1942年)		杜方+3;杜随+4	2		有卡	G
31	广东省立图书馆一览	广东省立图书馆编	广东省立图书馆	民国三十年九月(1941年)	37.662/G625	杜方+3;杜随+3;小圆:粤圕+1	1		赠阅;油印	G
32	广东省人民图书馆1950工作简报	杜定友执笔	广东省人民图书馆(内部交流)	1950年12月31日	37.6612/D434	武汉大学图书馆学系资料室+1	1		杜老赠书;有卡	G
33	广东省图书馆协会圕学进修班讲义	杜定友等		1947年	37.6/G424	武汉大学图书馆藏+2	1		油印竖排;附师生名单、结业证明书	G
34	广东省中山图书馆	广东省中山图书馆印	广东省中山图书馆印(内部交流)	1959年9月	37.662/G625	武汉大学图书馆学系图书室+1;广东省中山图书馆赠送+1	1		手书:“杜先生赠送”	G
35	广东省中山图书馆藏广东杂志目录(1949年以前部分)	广东省中山图书馆	广东省中山图书馆	1956年12月	91.598/G492	武汉大学图书馆学系图书室+1	1	成本一元一角	手书:杜先生赠送;油印;有卡	G

序号	书　名	作者	出版者	出版时间	分类号/索书号	印章	复本	价格	备注	类号
36	广东省中山图书馆一九五六年工作总结报告	广东省中山图书馆	广东省中山图书馆	1957 年 1 月	37.6612/G492	武汉大学图书馆学系图书室+1	1		杜先生赠送;油印;有卡	G
37	广东图书馆通讯(第 3 期)	广东省中山图书馆,广州市图书馆工作者联谊会	广东省中山图书馆,广州市图书馆工作者联谊会	1957 年		武汉大学图书馆学系图书室+1	1		杜先生赠送	G
38	广东文化论丛	杜定友编	广东省立图书馆	民国卅八年五月初版(1949 年)	37.603/D434	杜随+4;武汉大学图书馆藏+1;武汉大学图书馆学专修学校图书室+2	1		赠阅;有卡	G
39	广东文物(中册)	广东文物展览会编印	中国文化协进会刊行		37.7/G497	武汉大学图书馆学系图书室+1	1		杜先生赠送;有卡	K
40	广东文物展览会出品目录	中国文化协进会	中国文化协进会主办	民国廿九年二月廿二至廿六日(1940 年)	91.595/8623	杜方+7;杜随+6	1			Z
41	广西教育研究(第一期二卷)	广西教育研究所	广西教育研究所	民国三十年七月十五日(1941 年)	38.2/G516	杜随+3	1	全年五元,半年二元五角,零售五角	赠阅;有卡	G
42	广西省政府图书馆抗战参考书目录暨论文索引	广西省政府图书馆		民国二十七年一月编(1938 年)	91.622/G628	杜随+16;武汉大学图书馆藏蓝章+2;武汉大学图书馆学专修科图书室+2	1		封面、封底掉落;有卡	K

序号	书　名	作者	出版者	出版时间	分类号/索书号	印章	复本	价格	备注	类号
43	广州地区图书馆所藏水稻文献选目	华南农学院图书馆	广东省中心图书馆委员会	1963 年 8 月	91.12/H572	武汉大学图书馆学系资料室+1	1		杜先生赠送;有卡	S
44	广州市市立中山图书馆特刊	广州市市立中山图书馆	广州市市立中山图书馆	1930 年	37.6612/G536	杜随+22	1		有卡	G
45	广州市政府文书处理办法				37.841/G536	杜随+3;武汉大学图书馆学系图书室+2	1		有卡;赠阅	C
46	国立北平图书馆概况	国立北平图书馆	国立北平图书馆	民国十八年十月(1929 年)	37.661/G631	杜方+6;杜随+4	1		有卡	G
47	国立兰州大学图书馆概况	何日章编,张治中题	国立兰州大学图书馆	民国卅七年元月(1948 年)	37.664/H316	杜随+3	1		有卡	G
48	国立中山大学图书馆概览	国立中山大学图书馆	国立中山大学图书馆	民国廿四年十月(1935 年)	37.664/G788	杜方+8、杜随+6	1		有卡	G
49	国立中山大学图书馆工作报告	主任杜定友报告	中山大学图书馆	民国廿五年度(1936 年)	37.664/D434	杜随+8	3		油印;有卡	G
50	国立中山大学图书馆工作报告	主任杜定友报告	中山大学图书馆	民国廿六年度第三次(1937 年)	37.6641/D434	杜随+2;武汉大学图书馆藏+1;武汉大学图书馆学专修科图书室+1	1		缺封面;有卡	G
51	国立中山大学图书馆工作报告	主任杜定友报告	中山大学图书馆	民国三十六年度(1947 年)	37.664/D434	小方阳印:中大圕+3;杜随+3;武汉大学图书馆藏(其中一本有 1 个,另一本有 2 个)	2		油印;有卡	G

序号	书　名	作者	出版者	出版时间	分类号/索书号	印章	复本	价格	备注	类号
52	国立中山大学图书馆工作简报	中山大学图书馆	中山大学图书馆	民国卅六年八月至卅八年六月（1947—1949年）	37.664/D434	杜随+1	2		油印；缺封面和封底；有卡	G
53	国立中山大学图书馆周刊第四卷汇订本	国立中山大学图书馆	国立中山大学出版部	1928年7月29日—8月21日	37.6087/G788	杜随+11；武汉大学图书馆学系资料室+1	1	一期本埠八仙，外省五分		G
54	国立中山大学图书馆学讲义（民国三十六年度）	杜定友编		民国三十六年（1947年）	37.603/D434	武汉大学图书馆藏+1；武汉大学图书馆学专修科图书室+2；小方印：中大圕+1；椭圆：广东省立文理学院教务处+1	1		附校历一张；赠阅；有卡	G
55	国难杂作	杜定友		1938年	37.6041/D434	1本：杜随+8；武汉大学图书馆学专修科图书室+3；武汉大学图书馆藏+1；杜方+9；1本：杜随+9；武汉大学图书馆藏+1；武汉大学图书馆学专修科图书室+2	2		附战时图书目录、战地地名索引；赠阅（其中一本）	I
56	国学常识	曹朴	国文杂志社	民国卅二年十月初版（1943年）	96.4/C157	武汉大学图书馆藏+1；武汉大学图书馆学专修科图书室+1；杜方+10；杜随+1	1		赠阅；有卡	Z

序号	书　名	作者	出版者	出版时间	分类号/索书号	印章	复本	价格	备注	类号
57	国学常识问答	冯都良	上海珠林书店	民国二十七年八月初版（1938年）	071/3143	杜方+8；杜随+1；武汉大学图书馆学专修科图书室+2；武汉大学图书馆藏+1	1	每册一角五分	赠阅；有卡	Z
58	国音字汇及电码书	周辨明	厦门大学语言学系刊行	民国二十六年四月（1937年）	37.6892/Z661	武汉大学图书馆藏+1；武汉大学图书馆学专修科图书室+2；杜方+6；杜随+5	1	每册国币伍角	赠阅，缺封底；有卡	H
59	国字自然排检法概要	丁德先	青岛劳山学会	民国三十七年三月十日（1948年）	37.6897/D431	杜随+3；武汉大学图书馆藏+2；武汉大学图书馆学专修科图书室+2	1		赠阅；有卡	H
60	哈尔滨市图书馆专业俄文教材（初稿）	哈尔滨市图书馆编	哈尔滨市图书馆	1953年11月	41.65/H117	杜小方：杜定友印+1	1		杜先生赠送；有卡	H
61	汉学师承记	江藩著	商务印书馆	民国二十三年十一月初版（1934年）	13.216/J333	武汉大学图书馆藏+2；武汉大学图书馆学专修科图书室+2；杜随+6	1	每册大洋叁角	国学基本丛书；有卡	K
62	汉学师承记	周予同选注	商务印书馆	民国二十三年七月初版（1934年）	13.6/Z773	杜随+11；武汉大学图书馆藏+2；武汉大学图书馆学专修科图书室+2	1	每册大洋壹元捌角	王云五、朱经农主编：学生国学丛书；赠阅；有卡	K
63	汉字形位排检法	杜定友著	上海中华书局印行	民国二十一年七月（1932年）	37.6897/D434	武昌文华图书馆学专科学校；私立武昌文华图书馆学专科学校图书馆；文华图专学生课本；一本：武汉大学图书馆学资料室	11	银七角	文华图专学生课本；有卡	H

序号	书　名	作者	出版者	出版时间	分类号/索书号	印章	复本	价格	备注	类号
64	汉字形位排检法	杜定友	中华书局	民国二十一年七月(1933年)	37.6897/D434;37.6897/D387h	武汉大学图书馆藏;武汉大学图书馆学专修科图书室;钢印一本:私立武昌文华图书馆学专科学校+1	3	银七角	2本赠阅;2本没有封底;1本装订散落	H
65	汉字形位排检法	杜定友	中华书局	民国二十一年七月(1934年)	37.6897/D434	武昌县华林·文华公书林;文华图专学生课本		银七角	放入“文华公书林”类	H
66	稽瑞楼书目	陈揆编	商务印书馆	民国二十八年十二月初版(1939年)	91.42/C331	杜随+7;武汉大学图书馆学专修科图书室+2;武汉大学图书馆藏+2	1		赠阅	Z
67	集美学校图书馆概况	集美学校编	集美学校	民国卅六年七月(1947年)	37.663/J191	杜随+3	1		有卡	G
68	江苏省县图书馆工作人员训练班学习讲义	南京图书馆编印	南京图书馆编印	1956年5月	37.623/N181	武汉大学图书馆学系图书室+1	1		杜先生赠送;缺封底;有卡	G
69	校雠学	胡朴安、胡道静著	商务印书馆	民国二十年四月初版(1931年),民国二十八年十二月简编(1939年)	W37.682/H326	杜方+6,小方印:文华+1	1		有卡	G
70	校雠新義十卷(上下册)	杜定友撰	上海中华书局印行	民国二十年十一月再版(1931年)	B013.198/4434;37.682/D553	著作权证;武汉大学图书馆藏+2(上下册各一)	1	银一元	古籍;有卡	G
71	教育杂志索引(第一卷至第二十三卷合订本)	陈东原、吴保障、蒋元卿等主编	商务印书馆	民国二十五年一月初版(1936年)	37.6441/J451	杜随+4	1	国币壹元	分类索引	G

序号	书名	作者	出版者	出版时间	分类号/索书号	印章	复本	价格	备注	类号
72	教育杂志索引(第二十四卷至第二十五卷合订本)	教育杂志社	商务印书馆	民国二十五年五月初版(1936年)	37.6441/J451	杜随+8	1	国币二角五分	分类索引、篇名索引、著者索引	G
73	景堂图书馆指南			民国二十二年一月(1933年)	37.6699/J633	杜随+4;武汉大学图书馆学专修科+1;武汉大学图书馆藏+1	1		赠阅;附新会城全图,缺封底;有卡	
74	经义知新记及其他二种	汪中等著	商务印书馆	民国二十六年十二月初版(1937年)	96.4/W178	杜随+1;杜方+11;武汉大学图书馆藏+2;武汉大学图书馆学专修科图书室+1;小方阳印:文华	1		王云五主编:丛书集成初编;赠阅;有卡	Z
75	孔子的再认识:孔子二千五百年祭后感	杜定友	未出版		13.123/D434	武汉大学图书馆学系资料室+1	1		杜老赠书(三批)	B
76	朗诵法	黄仲苏著	开明书店	民国二十五年七月初版(1936年)	41.218/H687	杜方+1;杜随+6;武汉大学图书馆藏+1;武汉大学图书馆学专修科图书室+2	1	国币肆角	赠阅	H
77	联合目录(省市图书馆工作人员进修班讲稿)	钱亚新	省市图书馆工作人员进修班印	1957年5月	37.6465/Q214	武汉大学图书馆学系图书室+1	1		杜先生赠送;有卡	G
78	列宁论图书馆工作	中央人民政府文化部社会文化事业管理局编印	中央人民政府文化部社会文化事业管理局	1954年	04.4/L483	武汉大学图书馆学系图书室+1	1		杜先生赠送;有卡	G

序号	书　名	作者	出版者	出版时间	分类号/索书号	印章	复本	价格	备注	类号
79	论苏联图书分类法草案	奥·普·杰斯林科著,中华人民共和国文化部社会文化事业管理局编印	中华人民共和国文化部社会文化事业管理局	1955年3月	37.6441/J473	武汉大学图书馆学系图书室+1	1		杜先生赠送;有卡	G
80	民众图书馆实际问题	徐旭著	上海中华书局印行	民国二十四年四月(1935年)	37.661/X461	杜随+8;武汉大学图书馆藏+2;武汉大学图书馆学专修科图书室+2	2	银四角五分	赠阅;有卡	G
81	民众阅报处	蒋建白编著	商务印书馆	民国二十六年六月初版(1937年)	37.648/J397	杜随+6	1		社会教育小丛书;有卡	G
82	民众阅报处	蒋建白编著	商务印书馆	民国二十六年六月初版(1937年)	37.648/J397	武汉大学图书馆藏+2;武汉大学图书馆学专修科图书室+2;杜随+6	1	国币贰角伍分	赠阅;有卡	G
83	明见式编目法	杜定友著	中国图书馆服务社发行	民国廿五年七月(1936年)	37.645/D1936	武汉大学图书馆藏+2;武汉大学图书馆学专修科图书室+2;国立中山大学图书馆图书馆学研究室+1	1	国币二角五分	国立中山大学藏书;上海图书学校丛书;有卡	G
84	目录学丛考	程会昌著	中华书局印行	民国二十八年(1939年)	37.68/C343	杜方+6;杜随+5;武汉大学图书馆藏+1;武汉大学图书馆学专修科图书室+1	1		赠阅;有卡	G

序号	书　名	作者	出版者	出版时间	分类号/索书号	印章	复本	价格	备注	类号
85	普通圕图书选目	杜定友	中华书局	民国二十四年六月(1935年)	91.3/D434	杜方+13;杜随+12;武汉大学图书馆学专修科图书室+1;国立中山大学图书馆藏书印+2;国立中山大学图书馆工学院分馆+7	2	银一元三角	有卡	G
86	普通圕图书选目	杜定友编	中华书局印行	民国二十四年六月印刷、发行(1935年)	91.3/D434	武昌文华图书馆学专科学校+1;武昌昙华林·文华公书林+5	1	银一元三角	放入文华公书林(红脊一本);有卡	G
87	青年读书指导	潘文安	上海大东书局	1931年	37.651/P199	杜随+5;武汉大学图书馆藏+2;武汉大学图书馆学专修科图书室+2	1	二角五分	赠阅	G
88	区图书馆工作计划	恩·姆·梅捷庚著,张琪玉译	中央人民政府文化部社会文化事业管理局编印	1954年11月	37.6613/M241	武汉大学图书馆学系图书室+1	1		杜先生赠送;有卡	G
89	日报索引	中山文化教育馆编	中山文化教育馆发行	民国二十四年二月二十八日出版(1935年)	91.93/Z512	杜随+4;方印:广州市市立×(字被遮挡)山图书馆藏+1	1	每月一册四分	廿四年一月份学术类史料索引,廿四年一月份自然类史料索引	Z
90	三大系统图书馆的协调工作	汪长炳讲	省市图书馆工作人员进修班印	1957年5月	37.66/W174	武汉大学图书馆学系图书室+1	1		杜先生赠送;有卡	G

序号	书　名	作者	出版者	出版时间	分类号/索书号	印章	复本	价格	备注	类号
91	三订国学用书撰要	李笠	楼社出版	民国二十年四月再版（1931年）	98.071/L315	杜随+6；杜方+6；武汉大学图书馆藏+1；武汉大学图书馆学专修科图书室+2	1	大洋伍角	赠阅	Z
92	三民主义化图书分类法（简本）	杜定友编	广东省立图书馆	民国卅二年（1943年）		中方：广东人民图书馆图书+3；武汉大学图书馆学系资料室+1	1		附三民主义化图书分类系统表	G
93	三民主义中心图书分类法	杜定友编	国立中山大学图书馆印行	民国卅七年（1948年）	37.6441/D434；37.6441/D553；37.6441/D434a	武汉大学图书馆藏；1本：武汉大学图书馆学专修科图书室；2本：文华图专图书馆；1本：文华图专实验图书馆藏书；2本：武汉大学图书馆学系资料室	6		其中一本残缺；油印，赠阅；有卡	G
94	上海市立图书馆指南			民国三十六年六月（1947年）	37.6612/S337	杜随+6	1			G
95	省市图书馆工作人员进修班学员实习报告选编	省市图书馆工作人员进修班编印	省市图书馆工作人员进修班编印	1957年5月	37.6612/S471	武汉大学图书馆学系图书馆+1	1		杜先生赠送；缺封面和封底；有卡	G
96	世界学典通讯 第一号	世界学院通讯组编	世界书局	1946年9月	92.2/S548	杜随+3	1		有卡	Z
97	书林扬觯	方东树撰	仪卫轩藏	道光辛卯冬刊（1831年）	22.39/F213	杜方+7；杜随+7；武汉大学图书馆藏+2；武汉大学图书馆学专修科图书室+2	1		手钞本，赠阅；有卡	G

序号	书　名	作者	出版者	出版时间	分类号/索书号	印章	复本	价格	备注	类号
98	书目治要	张文治编	文明书局	1930年	37.68/L141a	杜随+7;小方阳印:养拙楼藏+2;小方阳印:徐民生堂+1;武汉大学图书馆学专修科图书室+3;图书馆学图书+1;大家风采+1	1		封底残缺;有卡	G
99	暑期学术演讲集	金蕴琦	青年协会画报部	1929年	96.2/S821	杜方+9;杜随+7;武汉大学图书馆藏+1	1		缺封面	C
100	说书小史·谜史	陈汝衡	中华书局	民国二十五年二月(1936年)	44.71/C488	杜随+8;长方阳印(未识,肖形印?)+2;武汉大学图书馆藏+2;著作权证+1	1	银叁角	赠阅;有卡	I
101	四角号码检字法教学法	王云五、赵景源	商务印书馆	民国二十年七月初版(1931年)	37.6897/W322	杜随+4;武汉大学图书馆藏+1;武汉大学图书馆学专修科图书室+2	1	大洋壹角	赠阅;有卡	H
102	四角号码检字法 附检字表	王云五主编	商务印书馆	民国二十四年一月国难后第二版(1935年)	37.6897/W322	武汉大学图书馆藏+1;武汉大学图书馆学专修科图书室+1;杜随+6	1	大洋贰角	百科小丛书;赠阅;有卡	H
103	宋会要研究	汤中著	商务印书馆	民国二十一年四月初版(1932年)	22.241/T796	杜方+12;杜随+11;武汉大学图书馆藏+2;武汉大学图书馆学专修科图书室+2	1	大洋壹元	赠阅;有卡	D
104	苏联七年制学校和中等学校图书馆技术基本规程	苏俄教育部国立教科书出版社教育学编辑部编,刘瑞祥译	时代出版社	1954年	37.664/L596	武汉大学图书馆学系图书室+1	1	1500元	杜先生赠送;有卡	G

序号	书　名	作者	出版者	出版时间	分类号/索书号	印章	复本	价格	备注	类号
105	苏联新分类法	北京图书馆译	北京图书馆		37.6441/B348	武汉大学图书馆学系图书室+1	1		杜先生赠送;油印	G
106	孙子兵法书目汇编	陆达节,杨言昌	军训部军学编译处	民国二十八年(1939年)	91.636/S844;91.636/1886	杜方+3;杜随+3;武汉大学图书馆藏+1;武汉大学图书馆学专修科图书室+1	2		精装竖排刻印;赠阅;有卡	E
107	特勤学校初级班第一期图书合作日课计划	特勤学校	特勤学校	民国三十七年四月(1948年)	37.663/T292	杜随+4	1			G
108	铁道图书分类法	杜定友编	中国圕服务社	"引言"落款:民国二十二年十二月(1933年)	37.6441/D1935	小长方阳印:定友珍藏+1;武汉大学图书馆藏+1;武汉大学图书馆学专修科图书室+1	1		手书"定友编";有卡	G
109	同行月刊(第四卷第十一期)		商务印书馆上海发行所出版	民国二十五年十一月二十五日(1936年)		杜随+3	1	非卖品		G
110	童子军良伴	杜定友	商务印书馆	1928年初版	38.64/D434	1本,长方阳印:广东省立圕藏+1;武汉大学图书馆藏+2;武汉大学图书馆学专修科图书室+2;1本,大方:广东省立图书馆图章+3,广东文献	2	大洋伍角	赠阅;有卡	D
111	圕表格用品说明	杜定友	商务印刷所图书用品部	1954年	37.63/D553S	武汉大学图专业务参考资料+2	1		有卡	G

序号	书　名	作者	出版者	出版时间	分类号/索书号	印章	复本	价格	备注	类号
112	圕表格与用品（附商务印刷所图书部目录）	杜定友	商务印刷所图书部发行	民国二十三年一月再版（1934年）	37.633/D434;37.63/D553	1本:申报流通图书馆编目部印章+1;1本:申报流通图书馆藏书室+2;1本:武汉大学图书馆学系图书室+2;1本:人民出版社图书资料室+1;文华图专实验图书馆藏书+3	2	大洋壹元	有卡	G
113	圕表格与用品	杜定友	商务印刷所图书部发行	民国二十二年四月初版（1933年）	37.633/D434	小方:杜氏丛书+2;武汉大学图书馆藏+1;武汉大学图书馆学专修科图书室+2	1	大洋壹元	有卡	G
114	图书分类编目例证（图书学讲义附篇）	学游、恩泽合编			37.641/E131	杜随+4	1		油印	G
115	图书分类法	杜定友	上海总商会图书馆	民国十四年十一月十五日（1925年）	37.6441/D434	1本,小方:杜氏丛书+1;武汉大学图书馆藏+2;武汉大学图书馆学专修科图书室+2	2	平装大洋一元六角八分，精装大洋二元	上海图书馆协会丛书;赠阅	G
116	图书分类法（上册）	商务印书馆函授学校图书馆学科编	商务印书馆函授学校图书馆学科印		37.6441/S314	杜随+4;杜方+4;武汉大学图书馆藏+1;武汉大学图书馆学专修科图书室+2	1		已散落;赠阅	G

序号	书　名	作者	出版者	出版时间	分类号/索书号	印章	复本	价格	备注	类号
117	图书分类法(中册)	商务印书馆函授学校图书馆学科编	商务印书馆函授学校图书馆学科印		37.644/S314	武汉大学图书馆+1;武汉大学图书馆专修科图书室+1;杜方+4	1		有卡	G25
118	图书馆	杜定友著	商务印书馆发行	民国二十九年二月初版(1940年),民国三十年四月再版(1941年)	37.6039/D1940	武汉大学图书馆藏+2;武汉大学图书馆学专修科图书室+2;广东文献+1;广东省立图书馆藏+1	1	国币贰角	有卡	G
119	图书馆	杜定友著	商务印书馆	民国二十九年二月初版(1940年)	37.603/D434	广州培正中学校图书馆+2;中方;广东省中山图书馆图书+1	1	国币贰角	有卡	G
120	图书馆表格与用品简明图书馆管理法合订本	杜定友、吕绍虞合编	商务印刷所图书馆部	民国二十四年一月再版(1935年)	37.62/W467	文华图专图书馆+2;文华图书馆学专科学校藏书+1	7	每册定价大洋壹元	有卡	G
121	图书馆参考资料(二)图书加工工作	杜定友	商务印刷所图书馆用品部	1954年	37.64/D434	武汉大学图专业务参考资料+2	3		有卡	G
122	图书馆参考资料(附卡片用品说明)	商务印刷所图用品部	商务印刷所图用品部		37.64/S294a;37.633/S293	武汉大学图书馆学系图书室+1	2		手书:杜先生赠送	G
123	图书馆参考资料(三)图书馆借书法	杜定友	商务印刷所图用品部	1954年	37.652/D434	武汉大学图专业务参考资料+2	1		有卡	G
124	图书馆参考资料(五)图书馆设备与用品图说	刘子亚	商务印刷所图用品部	1955年	37.63/L613	武汉大学图书馆学系图书室+1	1		手书:杜先生赠送;有卡	G

序号	书　名	作者	出版者	出版时间	分类号/索书号	印章	复本	价格	备注	类号
125	图书馆藏书的组织	尤·弗·格里科尔耶夫著，杜定友朱镇海合译	中华书局	1955 年 4 月初版	37.644/G344；37.641/G334	1 本：武汉大学图书馆藏+2，图专+1；1 本：武汉大学图书馆学系资料室+1，徐家麟印	2	人民币一元一角五分		G
126	图书馆管理程序	杜定友编			37.64/D553	武汉大学图书馆学专修科图书室+2；武汉大学图书馆藏+1	1		油印；赠阅	G
127	图书馆简说	蔡莹编	中华书局	民国二十四年四月八版（1935 年）	37.6039/C142	杜随+5；武汉大学图书馆藏+1；武汉大学图书馆学专修科图书室+2	1	银一角五分	教育丛书；赠阅；有卡	G
128	图书馆利用法	勃朗著，吕绍虞译	商务印书馆	民国二十四年五月初版（1935 年）	37.651/B391	杜随+6；武汉大学图书馆藏+1；武汉大学图书馆学专修科图书室+2	1	大洋三角	图书馆学丛书；赠阅；有卡	G
129	图书馆通论	杜定友	上海商务印书馆	民国十四年十二月初版(1925年)，民国十七年七月再版(1928 年)	37.6/D287t；37.6/D387t；37.6039/D1925	小方：杜氏丛书+1；1 本：杜随+7；德明中学高州分校图书馆；武汉大学图书馆藏；武汉大学图书馆学图书室；武汉大学图书馆学专修科图书室；武昌文华图书馆学专科学校藏+3；国立女子师范学院；文化学院图书馆藏书	4	大洋贰角五分	上海图书馆协会丛书；赠阅(2 本)	G
130	图书馆学概论	杜定友著	商务印书馆	民国十六年十月初版(1927 年)	37.603/D434b	1 本：武昌文华图书馆学专科学校藏+2	2	大洋贰角	王云五主编：百科小丛书；16 × 9cm，有卡	G

序号	书　名	作者	出版者	出版时间	分类号/索书号	印章	复本	价格	备注	类号
131	图书馆学概论	杜定友著	商务印书馆	民国二十年四月初版(1931年)	37.6/D387tx	武汉大学图书馆藏+1;大馆+1	1		王云五主编:万有文库;小32开	G
132	图书馆学概论	杜定友著	商务印书馆	民国二十三年五月国难后第一版(1934年);民国二十四年六月第二版(1935年)	37.6/D387tx;37.603/D434	3本:杜随+1;1本:文华图专实验图书馆藏书+3;3本:文华图书馆学专科学校藏书+3;武汉大学图书馆学系图书室+2;文化学院图书馆藏书+1;1本:文化学院图书馆注销图书+1;陈同昶赠+1;1本:武汉大学图书馆藏+2;武汉大学图书馆学专修科图书室;2本:杜随+3	8		王云五主编:百科丛书;32开;有卡	G
133	图书管理学	杜定友编	上海中华书局	民国二十一年八月初版(1932年)	37.6/D434;37.6039/D553;37.603D434	小方:杜氏丛书+1;长方:定友珍藏+1;武汉大学图书馆藏+2;武汉大学图书馆学专修科图书室+2;4本:私立武昌文华图书馆学专科学校图书馆;5本:武昌文华图书馆学专科学校;4本:文华图专学生课本,钢印:私立武昌文华图书馆学专科学校,长方1本:广东省立图书馆藏+3	11	银一元四角	高级中学师范科用;赠阅(1本);有卡	G

序号	书　名	作者	出版者	出版时间	分类号/索书号	印章	复本	价格	备注	类号
134	图书馆学讲义大纲	杜定友			37.603/D434	杜随+3;武汉大学图书馆藏+1;武汉大学图书馆学专修科图书室+1	1		油印;缺封底	G
135	图书馆学九国名词对照表	徐能庸编译	商务印书馆	民国十九年十二月初版（1930年）	37.6072/X619	杜随+4;武汉大学图书馆藏+1;武汉大学图书馆学专修科图书室+1	2	大洋陆角	缺封面	G
136	图书馆用品说明书		商务印刷所图书用品部		37.633/T444	武汉大学图书馆学系图书室+2	1		杜先生赠送;有卡	G
137	图书馆与成人教育(大三十二开横排)	杜定友	上海中华书局	民国二十二年三月(1933年)	37.6/D387ts;37.658/D434;37.65/D1933	1本:杜随+6;著作权证+1;武汉大学图书馆藏+1;武汉大学图书馆学专修科图书室+1;1本:广东人民图书馆辅学部+2;1本:武汉大学图书馆学系资料室+2	7	银七角	赠阅(5本);有卡	G
138	图书馆与成人教育(小三十二开竖排)	杜定友	上海中华书局	民国二十二年三月(1933年)	37.65039/D?	杜随+7;武汉大学图书馆藏+2;武汉大学图书馆学专修科图书室+2	1		中华文库 民众教育第一集;缺封底,封面残缺;赠阅	G
139	图书馆员之训练	佛里特尔著,杨昭悊、李燕亭译	商务印书馆	民国十八年六月初版(1929年)	37.623/F517y	杜随+3;尚志学会之章+1;武汉大学图书馆藏+1;武汉大学图书馆学专修科图书室+1	1	大洋柒角	尚志学会丛书;装订散落,缺封面	G

序号	书　名	作者	出版者	出版时间	分类号/索书号	印章	复本	价格	备注	类号
140	图书馆重要法规	教育部社会教育司编印	教育部社会教育司编印	民国廿八年九月(1939年)	37.62/J458	杜方+4;杜随+1	1			G
141	图书馆组织与管理	洪有丰著	商务印书馆	民国二十九年一月国难后第三版(1940年)	37.6/H275	杜随+9;武汉大学图书馆藏+2;武汉大学图书馆学专修科图书室+2	1	国币壹元肆角	有卡;赠阅	G
142	图书汇报(新九号)	商务印书馆	商务印书馆	民国二十九年(1940年)	91.1/S314	杜方+6;杜随+6	1			G
143	图书汇报(渝一号)	商务印书馆	商务印书馆	民国三十二年十二月(1943年)	91.1/S314	杜方+5;杜随+1	1			G
144	图书流通法	俞素昧	上海商务印书馆	民国二十五年三月初版(1936年)	37.65/Y526	杜随+11;武汉大学图书馆藏+2;武汉大学图书馆学专修科图书室+2	2	国币叁角伍分	有卡;赠阅	G
145	图书目录学	杜定友	商务印书馆	民国十五年七月初版(1926年)	37.68/D434	1本,小方:杜氏丛书+1;1本:杜方+6;1本:杜随+6;武汉大学图书馆藏+2,武汉大学图书馆学专修科图书室+2	2	大洋四角	上海图书馆协会丛书,赠阅;有卡	G
146	图书选择法	杜定友	商务印书馆	民国十五年二月初版(1926年)	37.64/D434	小方:杜氏丛书+1;武汉大学图书馆藏+2;武汉大学图书馆学专修科图书室+2	1	大洋贰角伍分	上海图书馆协会丛书;封面手书"定友";赠阅;有卡	G

序号	书　名	作者	出版者	出版时间	分类号/索书号	印章	复本	价格	备注	类号
147	图书选择法(上册)	杜定友著	商务印书馆	民国(缺)	37.64/D434	杜随+4;武汉大学图书馆藏+1;武汉大学图书馆学专修科图书室+2	1		商务印书馆函授学校图书馆学科;竖排小字;赠阅;有卡	G
148	图书学大辞典(上册)	卢震京著	商务印书馆			杜随+5;武汉大学图书馆藏+1;武汉大学图书馆学专修科图书室+1	1		封面封底散落;赠阅	G
149	圕学进修班讲义	广东省图书馆协会		1949年	37.6/G424	杜定友先生赠	1		油印;有卡	G
150	文字改革与图书馆工作	商志馥			37.6/S297	小方:杜定友;武汉大学图书馆学系资料室+1	1		油印;缺封面与封底;杜老赠书(三批)	G
151	我的读书经验	海上学社	海上学社	1931年10月	39.49/Z373	杜随+5;武汉大学图书馆藏+1;武汉大学图书馆学专修科图书室+1	1		缺封底	G
152	五十年来的德国学术(中德文化丛书之六(第一册))	中德学会编译	商务印书馆发行	民国二十六年三月初版(1937年)	37.69518/Z512	武汉大学图书馆藏+2;武汉大学图书馆学专修科图书室+2;杜随+5	1	每册国币贰元	杜先生赠送	B
153	西北工业大学图书馆图书分类表	西北工业大学图书馆	西北工业大学图书馆	1958年9月	37.6441/X117	武汉大学图书馆学专修科图书室+1	1		杜先生赠送;油印;有卡	G
154	先秦经籍考(上)	江侠庵	商务印书馆	民国二十六年三月二版(1937年)	13.1/J280	杜随+7;武汉大学图书馆藏+1;武汉大学图书馆学专修科图书室+1	1		赠阅;有卡	Z

序号	书　名	作者	出版者	出版时间	分类号/索书号	印章	复本	价格	备注	类号
155	先秦经籍考(下)	江侠庵	商务印书馆	民国二十六年三月二版(1937年)	13.1/J280	杜随+8;武汉大学图书馆藏+1;武汉大学图书馆学专修科图书室+1	1		赠阅;有卡	Z
156	先秦经籍考(中)	江侠庵	商务印书馆	民国二十六年三月二版(1937年)	13.1/J280	杜随+8;武汉大学图书馆藏+1;武汉大学图书馆学专修科图书室+1	1		赠阅;有卡	Z
157	县政府档案管理法	程长源	商务印书馆	民国二十五年十一月再版(1936年)	37.841/C592	杜随+8;武汉大学图书馆藏+2;武汉大学图书馆学专修科图书室+1	1	国币伍角	赠阅;封面封底掉落;有卡	G
158	现代图书馆经营论	马宗荣著	中华学艺社出版商务印书馆发行	民国十七年(1928年)	37.62/M268	杜随+8;武汉大学图书馆藏+1;武汉大学图书馆学专修科图书室+2	2	大洋壹元	学艺汇刊,18;其中一本为小开本	G
159	乡村巡回文库经营法	赵建勋著	商务印书馆	民国二十四年八月初版(1935年)	37.6614/Z325	杜随+4;武汉大学图书馆藏+2;武汉大学图书馆学专修科图书室+2	1	大洋一角五分	师范小丛书;赠阅;有卡	G
160	小学教师进修书籍专号(小学问题第二十九期第四卷)	小学问题社	同生印刷局	民国二十六年三月出版(1937年)	91.596/X274	杜随+2	1	国币壹角	有卡	G
161	小学图书馆管理法大纲	杜定友讲		民国十四年五月(1925年)	37.663/D434	小方:杜氏丛书+1;武汉大学图书馆藏+2;武汉大学图书馆学专修科图书室+3	1		赠阅;有卡	G

序号	书　名	作者	出版者	出版时间	分类号/索书号	印章	复本	价格	备注	类号
162	新书手册	杜定友	中华书局	1951 年 3 月初版	37.603/D434a;37.6073/D434	2 本:文化学院图书馆注销图书;方印:西南师范学院图书馆藏+3(2 本);西南师范学院图书馆藏书+3(2 本);2 本,钢印:西南师范学院+1;2 本:武汉大学图书馆学专修科图书室+2;5 本:文华图专图书馆+2;9 本:文华图书馆学专科学校藏+4	17	人民币 7600 元	有卡	G
163	学校图书馆学(大开本)	杜定友著	商务印书馆	民国十七年九月初版(1928 年)	37.664/D434;37.663D553	1 本:杜随+6,武汉大学图书馆藏+2,武汉大学图书馆学专修科图书室+1;武昌文华图书馆学专科学校+1;武昌文华图书馆学专科学校图书馆+2;1 本:文华图专学生课本+1	2	大洋捌角	1 本精装	G
164	学校图书馆学(小开本)	杜定友著	商务印书馆	民国二十二年四月国难后第一版(1933 年)	37.664/D434	武汉大学图书馆藏+2;武汉大学图书馆学专修科图书室+3;国立中山大学图书馆藏+2;广东文献+1;1 本:广东省立图书馆藏+1;1 本:杜随+3	2	大洋捌角	1 本国立中山大学馆藏;1 本赠阅	G

序号	书　名	作者	出版者	出版时间	分类号/索书号	印章	复本	价格	备注	类号
165	业余艺术(上册)	杜定友	时代图书服务社	民国三十二年十月初版(1943年)	48.42/D434	武汉大学图书馆学系资料室+1	1		杜老赠书(三批)	J
166	英文教育基本书目	庄泽宣编	中华书局	民国二十八年一月印刷、发行(1939年)	91.18/Z834	杜方+5;杜随+5;武汉大学图书馆藏+2;武汉大学图书馆学专修科图书室+2;坪石八一三图书公司上街四十八号+1	1	国币两角五分	赠阅;有卡	Z
167	幽雅的小书房	王人路	中华书局			杜随+3;武汉大学图书馆学专修科图书室+1	1		赠阅;缺封底,封面掉落	I
168	輶轩语(地)	(清)张之洞撰			91.561/Z346;011/1133/V.2	杜随+9;杜方+10;武汉大学图书馆学专修科图书室+1	1		赠阅;线装书	G
169	輶轩语(人)	(清)张之洞撰			011/1133/V.3;91.5611/Z346	杜随+1;杜方+1;武汉大学图书馆学专修科图书室+1	1		线装书	G
170	阅读与写作	夏丏尊、叶绍钧合著	开明书店	民国廿九年一月四版(1940年)	41.238/X221	杜方+8;杜随+7;武汉大学图书馆藏+2;武汉大学图书馆学专修科图书室+2	1	国币伍角	赠阅	G
171	云南省立昆华图书馆概况			丁丑春印	37.662/Y932	杜方+9;杜随+6	1			G
172	怎样利用图书馆	洪焕椿著	开明书店	民国卅六年三月再版(1947年)	37.651/H273	杜随 8;武汉大学图书馆藏 1;武汉大学图书馆学专修科图书室+1	1	国币二元二角	赠阅	G

序号	书　名	作者	出版者	出版时间	分类号/索书号	印章	复本	价格	备注	类号
173	怎样写毕业论文	杜定友		约 1936 年后	37.685/D434	武汉大学图书馆藏 2;3 本;武汉大学图书馆学专修科图书室+2;1 本;杜随 3;1 本;杜随+2;杜方+2	5		其一手书"定友赠 卅.六." 3 本赠阅;4 本有卡	H
174	浙江省立图书馆概况	浙江省立图书馆编印	浙江省立图书馆编印	民国二十三年四月(1934 年)	37.6612/Z364	杜方+3;杜随+3	1		赠阅; 缺封底;有卡	G
175	浙江省立图书馆通讯(第二卷第十一期)	浙江省立图书馆	浙江省立图书馆	1951 年 11 月	37.6612/Z364	武汉大学图书馆学系资料室+1	1		缺封面和封底; 赠阅; 杜老赠书(三批);有卡	G
176	浙江省立图书馆通讯(第三卷第五期)	浙江省立图书馆	浙江省立图书馆	1952 年 9 月	37.6/D434	武汉大学图书馆学系资料室+1	1		杜先生赠送;有卡	G
177	浙江图书馆馆刊(第二卷 第五期)	浙江省立图书馆	浙江省立图书馆	民国二十二年十月(1933 年)	37.608/Z419	杜方+16;杜随+15	1	每期一角八分		G
178	浙江图书馆通讯	许绍棣	浙江省立图书馆	民国三十年十二月(1941 年)	37.6612/Z365	杜随+4	1	一元六角	有卡	G
179	浙江图书馆图书分类新表(草稿)	浙江图书馆	浙江图书馆	1956 年 8 月	37.6441/Z364	武汉大学图书馆学系资料室+1	1		杜先生赠送;油印;有卡	G
180	纸张标准	常存真、沈耀奎合编	江西省政府建设厅编印	约 1936 年后	82.68/J368	杜方+6; 杜随+5; 武汉大学图书馆藏+1	1		封面散落;赠阅;有卡	T

序号	书　名	作者	出版者	出版时间	分类号/索书号	印章	复本	价格	备注	类号
181	中大图书馆十七年度年报(图书馆周刊第三卷第六册)	国立中山大学图书馆	国立中山大学出版部	1928 年 7 月 22 日	37.664/Z512	杜随+3	1	本埠一期八分,全年 52 期二元二角		G
182	中国兵学现存书目	陆达节	珠海大学出版,清华印书馆印刷	民国卅八年五月再版(1949 年)	91.636/L886	杜随+6;武汉图书馆学专修科图书室+1;武汉大学图书馆藏+1	1		附历代兵书概论;赠阅	E
183	中国雕版源流考	孙毓修	商务印书馆	民国二十三年二月二版(1934 年)	37.685/S737	杜随+5;武汉大学图书馆藏+1;武汉大学图书馆学专修科图书室+2	1	大洋贰角伍分	国学小丛书	G
184	中国检字问题	杜定友编	中华书局	民国二十年十一月(1931 年)	37.6897/D434	小方:杜氏丛书+1;武汉大学图书馆藏+2;武汉大学图书馆学专修科图书室+2	2	贰角	2 册合订,封底附杜氏丛著书目;赠阅;有卡	H
185	中国教育学术团体联合年报	中国教育学术团体联合办事处编印	中国教育学术团体联合办事处编印	民国三十三年四月(1944 年)	38.1/Z514	杜方+5;杜随+5	1		有卡	G
186	中国科学院图书馆图书分类法(自然科学部分)初稿	中国科学院图书馆	中国科学院图书馆	1957 年 4 月	37.6441/Z556	武汉大学图书馆学系图书室+1	1		杜先生赠送;油印;有卡	G
187	中国历史研究法	梁启超	商务印书馆	民国二十四年四月四版(1935 年)	22.03/L314	杜随+6;武汉大学图书馆藏+1;武汉大学图书馆学专修科图书室+1	1	大洋肆角伍分	国学小丛书;有卡	K

序号	书　名	作者	出版者	出版时间	分类号/索书号	印章	复本	价格	备注	类号
188	中国史部目录学	郑鹤声编	商务印书馆	民国二十四年三月国难后第二版(1935年)	37.64313/Z5452	杜方+8;杜随+9;武汉大学图书馆藏+1;武汉大学图书馆学专修科图书室+1	1	大洋捌角		G
189	中国图书编目法	裘开明著	商务印书馆	民国廿二年三月国难后第一版(1933年)	37.6452/Q621	武汉大学图书馆藏+1;武汉大学图书馆学专修科图书室+2;1本:南华大学图书馆+3;私立武昌文华图书馆学专科学校图书馆+2;1本:文华图专学生课本+1;杜随+8	3	大洋伍角	1本缺封面	G
190	中国图书编目法(小开本)	裘开明著	商务印书馆	民国卅三年十二月国渝第一版(1944年)	37.6452/Q621	杜随+6;武汉大学图书馆藏+1;武汉大学图书馆学专修科图书室+2	1	国币一元七角	赠阅	G
191	中国图书分类之沿革	蒋元卿	中华书局	民国二十六年五月(1937年)	37.6441/J418	杜方+13;杜随+10;武汉大学图书馆学专修科图书室+2;武汉大学图书馆藏+2	1	国币壹元伍角	赠阅;有卡	G
192	中国形声字母商権	杜定友拟	非出版物	民国廿一年(1932年)	41.24/D434	武汉大学图书馆学系资料室+1	1		民国二十一年困居南翔时作;油印竖排	H
193	中国字	吕叔湘	开明书店	1950年3月	41.24/L796	杜随+4;武汉大学图书馆藏+1;武汉大学图书馆学专修科图书室+2	1	一元五角	赠阅	H

序号	书　名	作者	出版者	出版时间	分类号/索书号	印章	复本	价格	备注	类号
194	中华书局图书目录	中华书局编	中华书局印行	民国二十八年一月(1939年)	91.1/Z664	杜方+8;杜随+8	1		有卡	Z
195	中华文化学院图文专科学校图书馆藏书目录	中华文化学院图文专科学校图书馆	中华文化学院图文专科学校图书馆	民国卅三年六月(1944年)	91.34/Z612	杜随+6;圆形:中华文化学院藏珍藏书+1;长方:中华文化学院主办 国文专科学校藏书+1	1		油印;有卡	G
196	中日战事史料征辑会集刊(第二期)	中日战事史料征辑会	中日战事史料征辑会	民国二十九年六月(1940年)	22.1252/Z634	杜随+3	1	国币叁角	有卡	K
197	中山文献(第二期)	广东中山图书馆	中山县文献委员会	民国三十七年五月一日(1948年)	37.7/Z635	椭圆:中山县文献委员会+1;武汉大学图书馆学系图书室+1	1	廿万元	手书:杜先生赠送	K
198	中外图书统一分类法	王云五	商务印书馆	民国十七年十二月初版(1928年)	37.6441/W322	杜随+11;武汉大学图书馆藏+1;武汉大学图书馆学专修科图书室+2	1	大洋壹元	赠阅;有卡	G
199	中文编目规则草案(初稿)	上海图书馆编目部	上海图书馆编目部	1957年	37.6452/S377	武汉大学图书馆学系图书室+1	1		手书:杜先生赠送;油印	G
200	中文图书标题法(亦名资料档案排检法)	程长源	商务印书馆	1951年5月再版	37.64633/C574	杜随+8;武汉大学图书馆藏+2;武汉大学图书馆学专修科图书室+2	1	16000元	赠阅;缺封底	G
201	中心图书分类法		国立中山大学图书馆	民国卅七年(1948年)	136/187	杜随+3;武汉大学图书馆藏+1;武汉大学图书馆学专修科图书室+2	1		已散落	G
202	重修兴宁县志拟分门目说略	罗翔云拟,萧惠长参订,罗献修审			37.6641/L853	杜随+3;杜方+3	1		受赠	K

（三）校友沙鸥赠书

沙鸥又名沙讱言，是文华图专讲习班第一届（1930. 9—1931. 6）的学生，根据《文华图书馆学季刊》所载，她毕业后供职于南京金陵女子大学图书馆，1933 年转去国立北京大学图书馆。她毕业不久即参与建筑韦氏中国美术博物馆的捐赠，是位始终眷恋、支持母校的热心校友。这些赠书从出版时间上看，是她在中华人民共和国成立后捐赠给母校的。历史跨越近 50 年，我们单独整理出她的赠书，作为所有向文华图专捐赠图书、钱物，关心图书馆和图书馆学教育的人士的一个代表。文华精神走过沧桑百年仍在闪耀，与师生、校友及社会各界对文化、对教育、对图书馆事业的支持与眷顾息息相关。

除了“杜定有先生专藏”和“校友沙鸥赠书专藏”，文华图专其他受赠图书的捐赠者情况，可以从本《书目集编》的各著录表格印章列、备注列了解到。

现存 185 种，362 册。

序号	书　名	作者	出版者	出版时间	分类号/索书号	印章	复本	价格	备注	类号
1	China's Feet Unbound	W.G.Burchett	Word Unity Publication	1952 年		校友沙鸥捐赠文华图书馆学专校+2	1			K
2	Constitution of the Union of Soviet Socialist Republics	Soviet Union	Foreign Languages Publishing House	1947 年		校友沙鸥捐赠文华图书馆学专校+2	1			D
3	Friends and Foes	Irina Zhukhovitskaya	Foreign Languages Publishing House	1952 年	PG3476.S53	校友沙鸥捐赠文华图书馆学专校+2	1			I
4	Histroy of the Communist Party of the United States	William Z.Foster	International Publishers CO.,INC.	1952 年		校友沙鸥捐赠文华图书馆学专校+2	1			K
5	On the Battlefronts of the Liberated Areas	Chu Teh	Foreign Languages Press	1952 年		校友沙鸥捐赠文华图书馆学专校+2	1			K

序号	书　名	作者	出版者	出版时间	分类号/索书号	印章	复本	价格	备注	类号
6	The Culture of Kievrus	B.D.Grekov	Foreign Languages Publishing House	1947 年		校友沙鸥捐赠文华图书馆学专校+2	1			I
7	The Foundations of Leninism	J.Stalin	Foreign Languages Publishing House	1950 年		校友沙鸥捐赠文华图书馆学专校+2	1			D
8	辩证唯物论是米丘林学说底哲学基础	鲁巴雪夫斯基著，李芜筝译	新农出版社	1953 年	58.1021/L837	校友沙鸥捐赠文华图书馆学专校+3	1		有卡	Q
9	布尔什维克报刊·资产阶级报刊	萨丘柯夫、萨斯拉夫斯基著，翟松年、王勋、罗婉华译	人民出版社	1953 年	37.4/S134	校友沙鸥捐赠文华图书馆学专校+3	3		有卡	G
10	布尔什维克党的集中制与民主制	д.巴贺什耶夫著，葆和甫译	新华书店	1950 年	33.13/B166	校友沙鸥捐赠文华图书馆学专校+3	2		有卡	D
11	布尔什维主义的土地纲领	柳波什茨著，郭从周译	人民出版社	1953 年	29.312/L437(g)	校友沙鸥捐赠文华图书馆学专校+3	1		有卡	F
12	彻底揭露美帝国主义的细菌战计划（被俘美国高级军官许威布尔和布莱的供词）	人民出版社	人民出版社	1953 年	33.8163/R148	校友沙鸥捐赠文华图书馆学专校+2	1		有卡	D
13	初级俄文文法	韦光华	五十年代出版社	1953 年	41.657/W372	校友沙鸥捐赠文华图书馆学专校+2	3		有卡	H
14	初级俄语教程	龙在田	开明书店	1951 年	41.657/L775	校友沙鸥捐赠文华图书馆学专校+3	3		有卡	H

序号	书　名	作者	出版者	出版时间	分类号/索书号	印章	复本	价格	备注	类号
15	初级俄语教程	龙在田著	开明书店	1950年5月初版	41.657/L768	校友沙鸥捐赠 文华图书馆学专校+3	3	8500元（旧币）	捐赠;有卡	H
16	创作的甘苦	薇拉·潘诺娃等著,移模译	新文艺出版社	1953年	42.33/P184	文华图书馆学专科学校+2	1		校友沙鸥捐赠;有卡	I
17	大转变的一年	斯大林著,唯慎译	人民出版社	1953年	05.3/1929.11.3	校友沙鸥捐赠文华图书馆学专校+3	3		有卡	A
18	德意志民主共和国在重建中	来比锡大学地理研究组编,朱立人译	人民出版社	1953年	25.1518/L152	校友沙鸥捐赠文华图书馆学专校+2	2		有卡	K
19	地雷阵	邵子南著,孙信插图	人民文学出版社	1953年	44.572/S354	校友沙鸥捐赠文华图书馆学专校+2;文华图专图书馆	1		有卡	G
20	地租与资本主义在农业中的发展	奥斯特罗维强诺夫著,何匡、陆宝槐译	三联书店	1953年	27.1053/Z567	校友沙鸥捐赠文华图书馆学专校+2	1		有卡	F
21	斗争钱文贵	丁玲著,司徒乔插图	人民文学出版社	1953年	44.572/D438	校友沙鸥捐赠文华图书馆学专校+2	1		有卡	I
22	敦煌图案选	许良工	万叶书店	1953年	48.42/L666	校友沙鸥捐赠文华图书馆学专校+3	1		有卡	J
23	俄华对照译名手册	俄文教研室编	哈尔滨外国语专业学习	1952年	41.6595/H119;H355.9	校友沙鸥捐赠文华图书馆学专校+2	11		字母索引	H
24	俄文单字变格变位例解	陈鸿翔	五十年代出版社	1953年	41.652/C428	校友沙鸥捐赠文华图书馆学专校+2	2		有卡	H

序号	书　名	作者	出版者	出版时间	分类号/索书号	印章	复本	价格	备注	类号
25	俄文读本	贺青	中华书局	1952 年	41.657/H318	校友沙鸥捐赠文华图书馆学专校+2	1		有卡	H
26	俄文读本	柯席乌洛夫,顾用中编	时代出版社	1953 年	K355	校友沙鸥捐赠文华图书馆学专校+3	3		有卡	H
27	俄文读本	朱谱萱编译	中华书局出版	1952 年 12 月		校友沙鸥捐赠+2	1		封皮脱落封底缺失	H
28	俄文读本(上册)	刘媛娜	五十年代出版社	1953 年	41.657/L703	校友沙鸥捐赠文华图书馆学专校+2	1		有卡	H
29	俄文津梁(第二册)	吴索福	五十年代出版社	1951 年	41.65054/B638	校友沙鸥捐赠文华图书馆学专校+3	1		有卡	H
30	俄文津梁(第三册)	吴索福	五十年代出版社	1951 年	41.65054/B638	校友沙鸥捐赠文华图书馆学专校+2	2		有卡	H
31	俄文津梁(第一册第二分册)	吴索福	五十年代出版社	1953 年	41.65054/B638	校友沙鸥捐赠文华图书馆学专校+3	2		有卡	H
32	俄文津梁(第一册第一分册)	吴索福	五十年代出版社	1952 年	41.65054/B638	校友沙鸥捐赠文华图书馆学专校+3	1		有卡	H
33	俄文前置词	王玉符	中华书局	1953 年	486.21018/C.5	校友沙鸥捐赠文华图书馆学专校+3	3		有卡	H
34	俄文速成读本(上册)	莎拉杜娃、慧文合编	真理书店	1953 年	41.657/S267	校友沙鸥捐赠文华图书馆学专校+2	1		有卡	H

序号	书　名	作者	出版者	出版时间	分类号/索书号	印章	复本	价格	备注	类号
35	俄文速成读本（下册）	莎拉杜娃著，慧文译	真理书店	1953 年		校友沙鸥捐赠文华图书馆学专校+2	1			H
36	俄语初阶	八杉贞利著，刘执之译	三联书店	1950 年	41.65/B239	校友沙鸥捐赠文华图书馆学专校+3	2		有卡	H
37	俄语读本（第一册）	刘光杰	北京市中苏友好协会，北京人民广播电台	1953 年	41.657/L664	校友沙鸥捐赠文华图书馆学专校+2	1		有卡	H
38	俄语会话	刘媛娜	北京市中苏友好协会，北京人民广播电台	1953 年	41.657/B714	校友沙鸥捐赠文华图书馆学专校+3	1		有卡	H
39	俄语课的词条工作	A. Φ. 博依佐娃著，孔柯嘉译	五十年代出版社	1953 年	41.652051/B816	校友沙鸥捐赠文华图书馆学专校+3	1		有卡	H
40	法兰西阶级斗争	马克思著，柯柏年译	山东新华书店	1949 年	02.33/I850.2	校友沙鸥捐赠文华图书馆学专校+3×2	2		有卡	A
41	法西斯地缘政治学与美帝国主义	谢明诺夫著，允白译	中华书局	1951 年	31.243/X427	校友沙鸥捐赠文华图专图书馆+3	1		有卡	D
42	反对党八股	毛泽东	人民出版社	1953 年	06.33/1942.28	校友沙鸥捐赠文华图书馆学专校+3	1		有卡	A
43	反对文学批评中的庸俗化	“真理报”专论著，齐思闻译	新文艺出版社	1952 年	42.2/S158	校友沙鸥捐赠文华图书馆学专校+3	1		有卡	I
44	反对文学中的思想歪曲（第一辑之三）	“真理报”专论著，齐思闻译	新文艺出版社	1952 年	42.2/Q158	校友沙鸥捐赠文华图书馆学专校+3×2	2		有卡	I
45	风及风力的利用	加尔米新著，唐维先译	商务印书馆	1953 年	72.89/J263	校友沙鸥捐赠文华图书馆学专校+3	1		有卡	S

序号	书　名	作者	出版者	出版时间	分类号/索书号	印章	复本	价格	备注	类号
46	改造我们的学习	毛泽东	人民出版社	1953 年	19.41/C1	校友沙鸥捐赠文华图书馆学专校+2	1		有卡	A
47	高尔基与社会主义美学	契图诺娃著,王令译	新文艺出版社	1952 年 9 月第一版		校友沙鸥捐赠文华图书馆学专校+3	2		文艺理论学习小译丛;有卡	I
48	高级俄文选	弗柳奥芙、葛列亨高兹 合编	时代出版社	1952 年	41.65/F514	校友沙鸥捐赠文华图书馆学专校+2	1		俄文;有卡	H
49	工会图书馆的群众工作	伏耳柯娃等著,林秀译	时代出版社	1951 年	37.668/F521	校友沙鸥捐赠文华图书馆学专校+3×11	14		有卡	G
50	工业用低压锅炉水处理手册	古尔维奇、沙普金著,徐绪瑗译	燃料工业出版社	1953 年	72.55/949X	校友沙鸥捐赠文华图书馆学专校+2	1		有卡	T
51	古丽雅的道路(第四高度)	伊林娜著,任溶溶译	时代出版社	1953 年	42.52/45.15	校友沙鸥捐赠文华图书馆学专校+2	1		有卡	I
52	故乡	鲁迅	人民文学出版社	1953 年	44.57/L857	校友沙鸥捐赠文华图书馆学专校+2	1		有卡	I
53	关于纠正党内的错误思想	毛泽东著,中共中央俄文编译局译	中华书局	1953 年		校友沙鸥捐赠文华图书馆学专校+2	1			A
54	关于领导方法的若干问题	毛泽东	人民出版社	1953 年	06.3/1943.6.1	校友沙鸥捐赠文华图书馆学专校+3×2	2		有卡	A
55	关于若干历史问题的决议(1945 年 4 月 20 日中国共产党第六届中央委员会扩大的第七次全体会议通过)	中国共产党中央委员会	人民出版社	1953 年	33.124/Z526	校友沙鸥捐赠文华图书馆学专校+3	1		有卡	D

序号	书　名	作者	出版者	出版时间	分类号/索书号	印章	复本	价格	备注	类号
56	关于十年内战	陈伯达	人民出版社	1953 年	33.1233/C374	校友沙鸥捐赠文华图书馆学专校+3	5		有卡	K
57	滚轮练习法	王鸿正	青年出版社	1952 年	39.947/W226	校友沙鸥捐赠文华图书馆学专校+2	1		有卡	G
58	过渡到共产主义的几个问题与文学(第二辑之七)	苏联"十月"杂志专论,高叔眉译	新文艺出版社	1953 年	42.2/G241	校友沙鸥捐赠文华图书馆学专校+3	1		有卡	I
59	海洋	鲍戈洛夫、安吉译	商务印书馆	1952 年 1 月	53.383/B432A	校友沙鸥捐赠文华图书馆学专校+2	1		有卡	P
60	红角——苏联工厂里的文化俱乐部	高希金娜等著,周若予译	中华书局	1952 年	37.993/Z745	校友沙鸥捐赠文华图书馆学专校+3×4	5		有卡	G
61	华语字音俄译法概论	鲁布烈夫编著	中华书局	1953 年	41.651/L837	校友沙鸥捐赠文华图书馆学专校+3	3		有卡	H
62	火烧赤壁	罗贯中	人民文学出版社	1953 年	44.565/L964	校友沙鸥捐赠文华图书馆学专校+2	1		有卡	I
63	基本俄文 俄文夜校讲义(下册)	刘祖勋	中苏友好协会总会出版	1951 年	41.657/L717	校友沙鸥捐赠文华图书馆学专校+3	1		有卡	H
64	基本俄文(下册)		中苏友好协会;五十年代出版社	1951 年 8 月初版，1951 年 11 月再版	488/7236	校友沙鸥捐赠 文华图书馆学专校+3	1		捐赠;有卡	H
65	加里宁论文艺	波哥洛夫等著,辛清译	新文艺出版社	1953 年 3 月		校友沙鸥捐赠·文华图书馆学专校+3	1		有卡	I

序号	书　名	作者	出版者	出版时间	分类号/索书号	印章	复本	价格	备注	类号
66	卡尔·马克思	恩格斯等著，何封等译	三联书店	1950年	027/E125	校友沙鸥捐赠文华图书馆学专校+2	1		有卡	A
67	科尔沁草原的人们	玛拉沁夫	人民文学出版社	1950年	44.57/M122	校友沙鸥捐赠文华图书馆学专校+2	1		有卡	I
68	克服戏剧创作的落后现象	“真理报”专论著，蔡时落译	新文艺出版社	1950年	42.24/C139	校友沙鸥捐赠文华图书馆学专校+2	1		有卡	I
69	老红区行	西虹	中南人民文学艺术出版社	1953年	44.62/X126	校友沙鸥捐赠文华图书馆学专校+2	1		有卡	I
70	历史知识挂图·世界历史组（上古之都说明书及索引）		大中国图书局			校友沙鸥捐赠文华图书馆学专校+1	1		有卡	K
71	联共和党是怎样建设的	Л·巴赫西也夫著，阳光译	作家书屋	1953年	33.153/B166127	校友沙鸥捐赠文华图书馆学专校+2	1		有卡	D
72	辽远的乡村	袁文殊	中华书局	1953年	44.48/Y877	校友沙鸥捐赠文华图书馆学专校+3	1		有卡	I
73	列宁、斯大林论文化和文化革命	斯米尔诺夫、阿勃罗申科著，慧文译	平明出版社	1953年	04.4/S655	校友沙鸥捐赠文华图书馆学专校+3	4		有卡	A
74	列宁斯大林论美帝国主义反动本质	巴里索夫著，李燕等译	大众书店	1953年		校友沙鸥捐赠文华图书馆学专校+2	2			A
75	论农村中的工作	斯大林	人民出版社	1953年	05.3/1933.1.11	校友沙鸥捐赠文华图书馆学专校+3×4	5		有卡	A

序号	书　名	作者	出版者	出版时间	分类号/索书号	印章	复本	价格	备注	类号
76	论社会发展学说史	亚历山大洛夫著，梁香译	时代社	1953 年	21.09/Y1511	校友沙鸥捐赠文华图书馆学专校+3	3		有卡	K
77	论社会主义现实主义的基本特征（第一辑之五）	缅斯尼柯夫著，田森译	新文艺出版社	1953 年	42.2/M5211	校友沙鸥捐赠文华图书馆学专校+3	2		有卡	I
78	论诗的秘密（第一辑之十）	依萨柯夫斯基著，磊然译	新文艺出版社	1952 年	42.23/Y522	校友沙鸥捐赠文华图书馆学专校+3×2	2		有卡	I
79	论苏联经济状况和党底政策	斯大林	人民出版社	1953 年	05.3/1926.4.13	校友沙鸥捐赠文华图书馆学专校+3	2		有卡	A
80	罗才打虎	李南力著	人民文学出版社	1953 年	44.57/L332	校友沙鸥捐赠文华图书馆学专校+2	1		有卡	I
81	略论党内的意见分歧	斯大林	解放社	1950 年	05.3/1905.4	校友沙鸥捐赠文华图书馆学专校+3×4	5		有卡	A
82	马列主义教育论文选译（第六辑）	正风出版社编委会	正风出版社	1953 年	38.1083/Z432	校友沙鸥捐赠文华图书馆学专校+3	2		有卡	G
83	马列主义教育论文选译（第五辑）	正风出版社编译部	正风出版社	1952 年	38.1083/Z432	校友沙鸥捐赠文华图书馆学专校+3	2		有卡	G
84	美帝国主义经济侵华史论丛（Ⅰ）	史学周刊社	三联书店	1953 年	28.28S564	校友沙鸥捐赠文华图书馆学专校+3	2		有卡	F
85	美帝国主义论	蒲尔罗著，陈羽论译	五十年代出版社	1953 年	31.254/P545c	校友沙鸥捐赠文华图书馆学专校+3	2		有卡	D

序号	书　名	作者	出版者	出版时间	分类号/索书号	印章	复本	价格	备注	类号
86	美国的文明	王青著	劳动出版社		41.2473/W195	校友沙鸥捐赠文华图书馆学专校+3	1		北方话新文字读物;有卡	H
87	美国侵略下西欧农业的破产	拉甫里钦柯著,文建译	中华书局	1952 年		校友沙鸥捐赠文华图书馆学专校+2	1			F
88	美术工作丛书之四——统计图讲话	少白、凤仪编著	教育书店	1953 年	29.93/S236	校友沙鸥捐赠文华图书馆学专校+3	2		有卡	J
89	农村新文艺运动的开展	荒煤	武汉人民艺术出版社	1949 年	43.2/H564	校友沙鸥捐赠文华图书馆学专校+3	1		有卡	I
90	奇妙的曲线	马库希维奇著,高徹译	开明书店	1953 年	51.561/M193G	校友沙鸥捐赠文华图书馆学专校+3	1		有卡	O
91	奇妙的正方形	柯尔捷姆斯基著,毕云译	中华文化事业社	1953 年	57.059/K3543	校友沙鸥捐赠文华图书馆学专校+3	1		有卡	O
92	亲人	北京市中苏友好协会编	时代出版社	1951 年	45.57/S477B	校友沙鸥捐赠文华图书馆学专校+3	1		有卡	I
93	人民的呼声	爱伦堡著,刘韦等译	上海出版社	1950 年	145.62/A334	校友沙鸥捐赠文华图书馆学专校+3	1		有卡	I
94	荣誉属于创造性劳动的人们	青年出版社	青年出版社	1953 年		校友沙鸥捐赠文华图书馆学专校+3	1			I
95	如何办理图书馆	李继先	中国图书杂志公司	1951 年	37.6/L195	校友沙鸥捐赠文华图书馆学专校+3×2	3		有卡	G

序号	书　名	作者	出版者	出版时间	分类号/索书号	印章	复本	价格	备注	类号
96	三千里江山	杨朔	人民文学出版社	1953 年	44.572/Y319	校友沙鸥捐赠文华图书馆学专校+3	1		有卡	I
97	商业经济俄文选读	赵铁厂编译	上海文化图书社	1952 年	41.657/Z390	校友沙鸥捐赠文华图书馆学专校+3	1		有卡	F
98	社会主义工业累积与个人费用节约	C.塔杜尔著，赵铁厂译	上海大路出版社	1953 年	29.231/T113	文华图专图书馆 4；校友沙鸥捐赠文华图专图书馆+3	2		有卡	F
99	胜利冲昏头脑	斯大林著，唯真译	人民出版社	1953 年	05.3/1930.3.2	校友沙鸥捐赠文华图书馆学专校+3×5	5		有卡	A
100	胜利者	波齐斯柯夫著，高亚天、付克、高莽译	人民文学出版社	1953 年	45.47/Q1334	校友沙鸥捐赠文华图书馆学专校+3	1		有卡	I
101	十月	亚·雅各武莱夫著，鲁迅译	人民文学出版社	1953 年	42.52/Y115L	校友沙鸥捐赠文华图书馆学专校+3	1		有卡	I
102	十月革命底国际性质	斯大林著，唯真译	人民出版社	1953 年	05.3/1927.11.6	校友沙鸥捐赠文华图书馆学专校+3×4	5		有卡	A
103	实践论的学习和运用	顾前	泥土社	1953 年		校友沙鸥捐赠文华图书馆学专校+3	4		有卡	A
104	实用俄文文法 第二册	戈绍龙编	中华书局出版	1953 年 4 月	41.653/G285	校友沙鸥捐赠文华图书馆学专校	1			H
105	世界知识丛书之六十二——自由越南纪行	斐盖尔著，陈占元译	世界知识出版社	1952 年	32.451/F324c	校友沙鸥捐赠文华图书馆学专校+2	1		有卡	K

序号	书　名	作者	出版者	出版时间	分类号/索书号	印章	复本	价格	备注	类号
106	世界知识手册	世界知识手册编辑委员会编	世界知识出版社	1953 年	94/S423s	校友沙鸥捐赠文华图书馆学专校+1	1			D
107	斯大林传略	亚历山大洛夫、加拉克梯昂诺夫等合编	人民出版社	1953 年	05.7/Y151	校友沙鸥捐赠文华图书馆学专校+2	1		有卡	A
108	斯大林底社会主义国家学说	维辛斯基著，徐芝廷、刘舒译	人民出版社	1953 年	05.5/W384x	校友沙鸥捐赠文华图书馆学专校+3	1		有卡	A
109	斯大林发展了马克思列宁主义的民族问题理论	卡马里著，孙岷译	人民出版社	1952 年	33.702/K165	校友沙鸥捐赠文华图书馆学专校+3	2		有卡	A
110	斯大林论列宁主义基础——论列宁主义底几个问题		人民出版社	1953 年	05.37/1924.4	校友沙鸥捐赠文华图书馆学专校+2	4			A
111	斯大林论语言学的著作与苏联文艺学问题	B.维诺格拉陀夫等著，张孟恢等译	时代出版社	1953 年	05.5/W379Z	校友沙鸥捐赠文华图书馆学专校+3×2	2		有卡	A
112	斯大林与历史科学	葛利科夫著，余元鑫译	人民出版社	1953 年	21.03/G352y	校友沙鸥捐赠文华图书馆学专校+3	3		有卡	A
113	斯大林与文化	啻莫悲·罗可托夫编，曹葆华译	人民出版社	1951 年	05.3/L960C	校友沙鸥捐赠文华图书馆学专校+3	2		有卡	A
114	斯大林在第一次全苏联斯达汉诺夫工作者会议上的演说		人民出版社	1953 年	05.3/1935.11.17	校友沙鸥捐赠文华图书馆学专校+3×4	4		有卡	A

序号	书　名	作者	出版者	出版时间	分类号/索书号	印章	复本	价格	备注	类号
115	四角号码新词典	赵廷为等	商务印书馆	1952 年	G41.25/Z335	校友沙鸥捐赠文华图书馆学专校+1	1			H
116	苏联财政制度	H.H.洛温斯基著,慎微译	作家书屋	1953 年	29.71213/L989	校友沙鸥捐赠文华图书馆学专校+3	1		有卡	F
117	苏联大百科全书选译:越南	华西里耶娃著,刘丕坤、何思源、李延栋译	人民出版社	1953 年	S24.516/H336	校友沙鸥捐赠文华图书馆学专校+3×2	2		有卡	K
118	苏联的公共卫生事业	维诺格拉陀夫著,殷炎麟译	上海出版公司	1953 年	61.2/W381	校友沙鸥捐赠文华图书馆学专校+3	1		有卡	R
119	苏联的社会主义建设	思慕	华东人民出版社	1953 年	28.38/S789	校友沙鸥捐赠文华图书馆学专校+3	1		有卡	F
120	苏联的图书馆事业	舒翼翠编译	中华书局	1952 年	37.693/S483	校友沙鸥捐赠文华图书馆学专校+3×7	11		有卡	G
121	苏联的职工会	徐庄・若柳	永祥出版社	1951 年		校友沙鸥捐赠文华图书馆学专校+2	1			D
122	苏联革命史话	秦良编译	上海火星出版社	1953 年	23.23/L481	校友沙鸥捐赠文华图书馆学专校+2	1		有卡	K
123	苏联集体农庄中的妇女	Л・卡拉肃娃著,徐亚倩译	中华书局	1953 年	33.573/K149x	校友沙鸥捐赠文华图书馆学专校+3	1		有卡	D
124	苏联经济地理(上册)	H.H.巴朗斯基著,贡洗文译	中华书局	1953 年	28.39/B195	校友沙鸥捐赠文华图书馆学专校+3	1		有卡	F

序号	书　名	作者	出版者	出版时间	分类号/索书号	印章	复本	价格	备注	类号
125	苏联劳动立法原理	柏修斯德尼克著，高祁孙译	时代出版社	1951 年	399.3/4624	校友沙鸥捐赠文华图书馆学专校+3	1		有卡	K
126	苏联内河航运事业		人民交通出版社	1953 年 3 月	29.6583/R151	校友沙鸥捐赠文华图书馆学专校+2	1		有卡	F
127	苏联人民教育制度Ⅵ	麦丁斯基著，张雪帆译	正风出版社	1951 年 8 月沪初版，1953 年 1 月沪三版	38.263/M276z	校友沙鸥捐赠文华图书馆学专校+3	2		有卡	G
128	苏联文学艺术问题	曹葆华等译	人民文学出版社	1953 年 3 月	45.01/C157	文华图书馆学专科学校+1；校友沙鸥捐赠+1	1		有卡，	I
129	苏联戏剧创作理论的若干问题	叶尔米洛夫著，张挚译	新文艺出版社	1953 年		校友沙鸥捐赠文华图书馆学专校+2	1			I
130	苏维埃工业化方法	K.A.彼得罗相著，彭菊人 译	作家书屋	1952 年 5 月初版	29.293/B553P	校友沙鸥捐赠 文华图书馆学专校+3	1		苏联工业化方法及其工业化史	F
131	苏维埃文学发展的几个问题（第二辑之三）	苏尔科夫著，蔡时济译	新文艺出版社	1953 年 3 月第一版	45.02/S817	校友沙鸥捐赠文华图书馆学专校+3	3		文艺理论学习小译丛；有卡	I
132	统计图表制作法	陶荫培绘著	上海春明出版社	1953 年 2 月初版	29.919/T276；341.5/774	校友沙鸥捐赠文华图书馆学专校+3	4		有卡	C
133	统计图讲话	少白、凤仪合编	教育书店	1953 年 3 月初版	29.93/S236	校友沙鸥捐赠文华图书馆学专校+2	1		美术工作丛书之四	C

序号	书　名	作者	出版者	出版时间	分类号/索书号	印章	复本	价格	备注	类号
134	图书怎样分类	刘国钧	开明书店	1953 年	37.644/Z667	校友沙鸥捐赠+1;文华图书馆学专科学校藏书+2-3×18;文华图专图书馆+2-3×20	44		有卡	G
135	维汉俄词典	鲍尔汉编	民族出版社	1953 年	41.655/B441	校友沙鸥捐赠文华图书馆学专校+2	1		有卡	H
136	伟大的方志敏同志	叶坪著	江西人民通俗出版社	1953 年	26.12677/F252y	校友沙鸥捐赠文华图书馆学专校+3	1		有卡	K
137	伟大的斯大林改造自然计划	陈凤桐撰	中华全国科学技术普及协会	1953 年 3 月	50.1/C432	校友沙鸥捐赠文华图书馆学专校+3	2		有卡	F
138	文化工作社未名译丛:苏联五作家	斐定等著,韦丛芜译	文化工作社	1953 年 3 月	45.04/F324W	文华图书馆学专校+2;校友沙鸥捐赠+2	1		有卡	I
139	文教工作者的思想改造问题(下册)	中国民主同盟南方总支部宣传委员会编	人间书屋	1952 年	33.283/Z582	校友沙鸥捐赠文华图书馆学专校+3	1		有卡	D
140	文学初步读物:一架弹花机	马烽著,何惟志插图	人民文学出版社	1950 年 2 月	44.572/M152	文华图书馆学专科学校藏书+1;校友沙鸥捐赠+1	1			I
141	文学评论集	陈涌	人民文学出版社	1953 年	43.25/C531	校友沙鸥捐赠文华图书馆学专校+3×2	2		有卡	I

序号	书　名	作者	出版者	出版时间	分类号/索书号	印章	复本	价格	备注	类号
142	文学与艺术	刘慧義译	五十年代出版社	1953年	01.3/L953	文华图书馆学专科学校+3;武汉大学图书馆学系资料室+2;校友沙鸥捐赠+2	1		马克思恩格斯原著选集;有卡	A
143	文学语言中的几个问题	刘辽逸译	新文艺出版社	1953年	42.4/L679	校友沙鸥捐赠文华图书馆学专校+3	1		苏联"文学报"专论;有卡	I
144	我的学习道路	甦旅著	上雑出版社	1953年	39.49/S831	校友沙鸥捐赠文华图书馆学专校+3	1		有卡	G
145	我们会见了彭德怀司令员	巴金	人民文学	1953年	44.652/B187	校友沙鸥捐赠文华图书馆学专校+3	1		有卡	I
146	我们伟大的祖国向着和平建设的大道前进	中国新民主主义青年团天津市工作委员会宣传部编	天津通俗出版社	1952年	28.241/Z540	校友沙鸥捐赠文华图书馆学专校+3	2		有卡	D
147	我们怎样建立了集体农庄	齐亚什柯著,桴鸣、乌蓝汗译	东北人民出版社	1953年	29.34393/Q196	校友沙鸥捐赠文华图书馆学专校+3	1		有卡	F
148	箱根风云录	高仓辉著,萧萧译	文化生活出版社刊行	1953年4月	46.352/G272X	文华图书馆学专校,校友沙鸥捐赠+2	1		有卡	I
149	小学教师业务学习讲座(重订本)	张腾霄	大泉书店	1953年	38.6/Z323	校友沙鸥捐赠文华图书馆学专校+3	1		有卡	G

序号	书　名	作者	出版者	出版时间	分类号/索书号	印章	复本	价格	备注	类号
150	新民主主义论讲授补充参考文件	中央人民政府高等教育部西南高等教育管理局	重庆市人民出版社	1953 年		校友沙鸥捐赠文华图专图书馆+3	1			D
151	新文学教程	维诺格拉多夫著，以群译	新文艺出版社	1953 年	42.2/L379	校友沙鸥捐赠文华图书馆学专校+3	2		有卡	I
152	学生成绩平时考查和怎样克服留级现象	卡西明等著，范钦安等译	正风出版社	1953 年	38.15/K188	校友沙鸥捐赠文华图书馆学专校+3	2		有卡	G
153	学习"实践论"（第一辑）	西南人民出版社	西南人民出版社	1952 年	065/S364xz	校友沙鸥捐赠文华图书馆学专校+3	1		有卡	A
154	学习"实践论"（增订本）	李达等	新建设杂志社	1952 年	065/S364xz	校友沙鸥捐赠文华图书馆学专校+3×2	4		有卡	A
155	血缘	刘白羽	人民文学出版社	1953 年		校友沙鸥捐赠文华图书馆学专校+2	1			I
156	岩波版 露和辞典	八杉贞利著	国内据日本岩波书店			校友沙鸥捐赠文华图书馆学专校+3×2	2		日文辞典	N
157	忆列宁	高尔基著，蒋路译	时代出版社	1953 年	04.7/G156	校友沙鸥捐赠文华图书馆学专校+3	1		有卡	A
158	英国共产党三十年	高兰等著，符家钦等译	人民出版社	1953 年	31.15/L113	校友沙鸥捐赠文华图书馆学专校+3	1		有卡	D

序号	书　名	作者	出版者	出版时间	分类号/索书号	印章	复本	价格	备注	类号
159	英国走向社会主义的道路	李同译	人民出版社	1953 年	33.151/R148	校友沙鸥捐赠文华图书馆学专校+3	1		有卡	D
160	在毛主席的亲切教导下把青年工作更加推向前进	青年出版社	青年出版社	1953 年	33.1824/Z587	校友沙鸥捐赠文华图书馆学专校+3	2		有卡	D
161	在延安文艺座谈会上的讲话	毛泽东	人民出版社	1953 年	06.3/1943.6.1	校友沙鸥捐赠文华图书馆学专校+3×2	3		有卡	A
162	怎样建立治安保卫委员会	西北行政委员会公安局编著	西北人民出版社	1953 年	32.284/X120	校友沙鸥捐赠文华图书馆学专校+3	1		有卡	D
163	怎样做报告	格里沙宁·罗吉诺夫著,杨慕之译	五十年代出版社	1953 年	39.18L959y	校友沙鸥捐赠文华图书馆学专校+3	3		有卡	D
164	战后美国经济剖视	陈原编译	生活·读书·新知三联书店	1949 年 8 月上海初版	28.563/C313	校友沙鸥捐赠文华图书馆学专科学校+3	1		有卡	F
165	战后美国经济剖视	陈原编译	三联书店	1950 年	28.563/C313	校友沙鸥捐赠文华图书馆学专校+2	1		有卡	F
166	赵小兰	金剑著,萧野画	人民文学出版社	1953 年	44.472/J559	校友沙鸥捐赠文华图书馆学专校+2	1		有卡	I
167	真正的人	[苏]波列伏依(Б. Н. Полевой)撰;磊然译;磊然译	时代出版社	1952 年		校友沙鸥捐赠文华图书馆学专校+3	1	10100 元	俄文;彩图	I

序号	书　名	作者	出版者	出版时间	分类号/索书号	印章	复本	价格	备注	类号
168	政治经济学大纲（上册）	沈志远著	生活·读书·新知三联书店	1953年2月在北京修订重排四版	27.1/S2944	校友沙鸥捐赠文华图书馆学专校+3	1		有卡	F
169	政治经济学教程（第七分册）资本积累与产阶级贫困化	马罗佐夫著，富澜译	三联书店	1953年		校友沙鸥捐赠文华图书馆学专校+3	1		有卡	F
170	治淮歌曲集	中央音乐学院编	万叶书店	1953年	48.952/Z576	校友沙鸥捐赠文华图书馆学专校+3	1		有卡	J
171	中国地质学	李四光著，张文佑编译	正风出版社	1953年	56.5/L351Z	校友沙鸥捐赠文华图书馆学专校+3	1		有卡	P
172	中国革命初学读本	韦力编	东北人民出版社	1953年	32.209054/w357	校友沙鸥捐赠文华图书馆学专校+3	2		有卡	D
173	中国共产党领导着国家建设	陈云著，中国中央俄文编译局编译	中华书局	1952年	41.65/Z522	校友沙鸥捐赠文华图书馆学专校+3	1		有卡	D
174	中国近代史（上编第一分册）	范文澜	人民出版社	1953年		校友沙鸥捐赠文华图书馆学专校+3	1			K
175	1950年中国经济论文选 第一辑	中国经济论文选编辑委员会编	三联书店	1951年	28.2083/Z554	校友沙鸥捐赠文华图书馆学专校+3	1		有卡	F
176	中国人民的民族解放斗争纪略			1951年		校友沙鸥捐赠文华图书馆学专校+3	1	6.45元	俄文；有卡	K

序号	书　名	作者	出版者	出版时间	分类号/索书号	印章	复本	价格	备注	类号
177	中国社会各阶级的分析	毛泽东著，中共中央俄文编译局编译	中华书局出版社	1953 年	06.3/1926.3	校友沙鸥捐赠文华图书馆学专校+3	1		有卡	A
178	中国戏剧史（下册）	周贻白编著	中华书局		44.404/Z794	校友沙鸥捐赠；文华图专图书馆+4	1		有卡	J
179	中国戏剧史（中册）	周贻白编著	中华书局	1953 年	44.404/Z794	校友沙鸥捐赠；文华图专图书馆+4	1		有卡	J
180	1950 年中国语文问题论文辑要	杜子劲编	大众书店	1952 年	42.2083/D577	校友沙鸥捐赠文华图书馆学专校+3	1		有卡	H
181	中学俄文读本（第一册）	古列士著，陆钦颐译	中华书局	1952 年		校友沙鸥捐赠文华图书馆学专校+2	1			H
182	周铁汉	徐光耀	人民文学出版社	1953 年	44.572/X591	校友沙鸥捐赠文华图书馆学专校+2	1		有卡	G
183	资产阶级道德是帝国主义反动派的武器	A.ф.席石金著，何清舜译	中华书局	1953 年		校友沙鸥捐赠文华图书馆学专校+3	1		有卡	B
184	组织起来	毛泽东	新华书店	1953 年	6.33/1943.11.29	校友沙鸥捐赠文华图书馆学专校+3	3		有卡	A
185	祖国西北地区三年来的伟大成就	西北人民出版社编	西北人民出版社	1953 年	08.293/x117	校友沙鸥捐赠文华图书馆学专校+2	1		有卡	F

二、首开近代教育

(一)图书馆学

现存 299 种，829 册。

序号	书 名	作者	出版者	出版时间	分类号/索书号	印 章	复本	定价	备注
1	A Basic Book Collection for Elementary Grades	A Joint Committee of the American library Association, National Eolucation Association and National Council of Teachers of English.	Chicago: American Library Association	1943 年		武昌文华图书馆学专科学校藏+3	1		
2	A Bibliographical Guide to Materials on American Spanish	Manaline W.Nichols	Cambridge: Massachusetts Harvard University Press	1941 年	R/016.46/N517	武昌文华图书馆学专科学校藏+4	1	¥10100	有卡
3	A Classified Catalogue of the National Wu-han University Library 1928-1934	Wuhan da xue. Tu shu guan	Wuchang Hupeh: National Wu-Han University Press	1935 年	91.34/C28/V.2	圆形:国立武汉大学图书馆+6	1		手书:文体图专备考 特赠 1950.10.31;有卡
4	A Classified List of Reference Books in the Reading Rooms of the National Library of Peiping		The National Library of Peiping	1932 年		武汉大学图书馆学系图书室+2	1		

序号	书　名	作者	出版者	出版时间	分类号/索书号	印　章	复本	定价	备注
5	A Life with Men and Books	Arthur E.Bostwick	The H.W.Wilson Company	1938年	920.2/B657	武昌文华图书馆学专科学校+5；钢印：私立武昌文华图书馆学专科学校+3	1	￥22460	有卡
6	A.L.A.Catalog，1932-1936：An Annotated List of Approximately 4000 Titles	Edited by Marion Horton	Chicago：American Library Association	1938年	016/AM35	武昌文华图书馆学专科学校+3；钢印：私立武昌文华图书馆学专科学校+1	1		有卡
7	A.L.A.List of Subject Headings	A Committee of the American Library Association，3rd Edition Revised by Mary Josephne Briges	Chicago：American Library Association Publishing Board	1911年	025.3/Am35/C1，C2，C3，C6，C7	武昌文华图书馆学专科学校藏+4-5	5		THIRD EDITION；有卡
8	A.L.A.List of Subject Headings		Chicago：American Library Association Publishing Board	1905年	025.3/Am35/C1，C2，C3，C5，C6	武昌文华图书馆学专科学校藏+5	5		SECOND EDITION，REVISED；有卡
9	Abridged Readers' Guide to Periodical Literature	Alice M.Dougan 等	The H.W.Wilson Company	1943年		COLUMBIA UNIVERSITY（藏书票）	1		
10	Administering Library Service in the Elementary School	Jewel Gardiner，Librarian	Chicago：American Library Association	1941年	027.82/G16	武昌文华图书馆学专科学校藏+4	1	￥9720	有卡
11	中国参考书目解题 An Annotated Bibliography of Selected Chinese Reference Works	Ssu-yu Teng（邓嗣禹），M.A. Yenching and Knight Biggerstaff，PhD Harvard	The Harvard-Yenching Institute Peiping Office Yenching University	1936年		文华图专图书馆+2	1		有卡

序号	书　名	作者	出版者	出版时间	分类号/索书号	印　章	复本	定价	备注
12	Annual Report of the Librarfirian of Congress for the Fiscal Year Ended		United States Government Printing Office	1945 年	025.123/Un4	武昌文华图书馆学专科学校藏+3	1		有卡
13	Archives and Libraries	A.F.Kuhlman 等	American Library Association	1939 年		American Library Association(藏书票);文华图书馆学专科学校藏书+3	1		有卡
14	Basic Reference Books:An Introduction to the Evaluation, Study, and Use of Reference Materials, with Special Emphasis on Some 200 Titles	Louis Shores	Chicago: Illinois American Library Association	1939 年	025.5/Sh78	武昌文华图书馆学专科学校+2	1	¥28200	有卡
15	Bibliography of Librarianship	Margaret Burton, M. A., F. L. A. & Marion E. Vosburgh, B.A.	The Library Association, Chaucer House, W.C.1	1934 年	37.69563/B955	私立武昌图书馆学专科学校图书馆+3;钢印:私立武昌文华图书馆学专科学校+1;Caroline Marsh Kinsey(藏书票)	1	¥14600	有卡
16	Book Review Digest December 1938, Vol. 34, No.9		New York: The H. W. Wilson Company,	1938 年 12 月		武昌文华图书馆学专科学校+2	1		
17	Book Review Digest 1948, Vol.44, No.3	H. W. Wilson Company	The H.W.Wilson Company	1948 年 5 月		武昌文华图书馆学专科学校藏+1	1	one year $8.00	Vol.44 No.3

序号	书　名	作者	出版者	出版时间	分类号/索书号	印　章	复本	定价	备注
18	Book Review Digest January 1948, Vol. 44, No.6		The H.W.Wilson Company	1948 年 9 月		武昌文华图书馆学专科学校藏+2	1	one year $8.00	
19	Book Review Digest October 1947, Vol. 43, No.7		New York: The H.W.Wilson Company	1947 年 10 月		武昌文华图书馆学专科学校藏+2	1	one year $8.00	
20	Book Review Digest September 1941, Vol. 37, No.6		New York: The H.W.Wilson Company	1941 年 9 月		武昌文华图书馆学专科学校+3	1	one year $8.00	
21	Book Review Digest September 1948, Vol. 43, No.10		The H.W.Wilson Company	1948 年 1 月		武昌文华图书馆学专科学校藏+2	1	one year $8.00	
22	Boone University Library Catalogue			约 1910—1911 年	91.34/B644	椭圆:文华大学校藏书室+1;文华大学校公书林+1	2		其中一本仅剩封面和第 1 页;有卡
23	Bulletin De L'Unesco à l'Intention des Bibliothèques	UNESCO	UNESCO(法文见下条)	1947 年		武昌文华图书馆学专科学校藏+2	1		英法双语 Vol.1, No.4
24	Bulletin De L'Unesco à l'Intention des Bibliothèques	UNESCO	Paris: Organisation des Nations Unies Pour L'éducation la Science et la Culture	1947 年		武昌文华图书馆学专科学校藏+2	1		英法双语 Vol.1, NO.9
25	C. A. Cutter's Three-figure Alfabetic-order Table					文华图书馆学专科学校藏书+1	2		硬壳,共 26 页;其中一本仅剩后 9 页。

序号	书　名	作者	出版者	出版时间	分类号/索书号	印　章	复本	定价	备注
26	Catalog of Phonoraph Records	Recording Laboratory	The Library of Congress Reference Department Division of Music	1943 年 1 月		武昌文华图书馆学专科学校藏+2	1		书略散
27	Catalogers' and Classifiers' Yearbook Number Two 1930	Editorial Committee, Catalog Section	Chicago: American Library Association	1931 年	37.645/Am35	武昌文华图书馆学专科学校藏+4	1		缺封面、封底
28	Cataloging Rules: with Explanations and Illustrations	Dorcas Fellows	The H.W.Wilson Company	1922 年	37.645/F336	武昌文华图书馆学专科学校藏+2	1		精装;有卡
29	Circulation Work in College and University Libraries	Charles Harvey Brown And H.G.Bousfield	Chicago: American Library Association	1933 年	025.6/B812; 37.664/B182/1933;	武昌文华图书馆学专科学校+3;私立武昌文华图书馆学专科学校图书馆+1;钢印:私立武昌文华图书馆学专科学校+2	1	¥6500	精装;有卡
30	College and University Library Buildings	Edna Ruth Hanley	Chicago: American Library Association	1939 年		武昌文华图书馆学专科学校+2;钢印:私立武昌文华图书馆学专科学校+1	1	¥25920	大 16 开精装,多图;有卡
31	Columbia University Bulletin of Information School of Library Service 1941-1947		York: Morningside Heights New	1941 年 3 月 22 日—1947 年 6 月 30 日	G639.712/C56(E)	武昌文华图书馆学专科学校(反)+3;武昌文华图书馆学专科学校藏+7	1		六期合订:缺封底
32	Cooperative Cataloging Manual	The Librang of Congress	Washington D. C: United States Government Printing Office	1944 年		武昌文华图书馆学专科学校藏+4	2		

序号	书　名	作者	出版者	出版时间	分类号/索书号	印　章	复本	定价	备注
33	Decimal Clasification and Relativ Index	Melvil Dewey	Forest Pres Lake Placid Club Essex Company	1927 年 12th ed.	025.4/D515/C.8	武昌文华图书馆学专科学校藏+1;文华图专学生课本+1	1		16 开精装;17×25cm;有卡
34	Decimal Classification and Relative Index	Melvil Dewey	Forest Pres Lake Placid Club Essex Co	1927 年 12th ed.	R/025.4/D515/C.1	武昌文华图书馆学专科学校藏+3	1		16 开精装,17×25cm;有卡
35	Decimal Classification and Relative Index	Dewey Melvil	Forest Pres Lake Placid Club Essex Co	1927 年 12th ed.	025.4/D515/C.10	武昌文华图书馆学专科学校藏+1;私立武昌文华图书馆学专科学校图书馆+3	1		缺内封、版权页;16 开精装,17×25cm;有卡
36	Decimal Clasification and Relativ Index 1927	Melvil Dewey	Forest Pres Lake Placid Club Essex Co.	1927 年 12th ed.		私立武昌文华图书馆学专科学校图书馆+4	2		16 开精装,17×23cm,红色封面
37	Encyclopedias How to Use and Evaluate Them	Adelene Jessup Pratt	F. E. Compton & Company	1933 年	37.656/P888	武昌文华图书馆学专科学校藏+8	1	¥5600	16 开精装;有卡
38	English-Chinese and Chinese-English List of Subject Headings (Based on the Third Edition of the Library of Congree Subject Headings)	Samuel Csuyung Seng(沈祖荣)	Boone Library School	1937 年	025.3/S56	钢印:武昌文华图书馆学专科学校+3;武昌文华图书馆学专科学校图书馆+1;武昌文华图书馆学专科学校+1	2		Boone Library School Series;英汉对照;其中 1 本破损、缺封底,无印章

序号	书　名	作者	出版者	出版时间	分类号/索书号	印　章	复本	定价	备注
39	Essay and General Literature Index	Dorothy Herbert West, Lucille Pickens Lee	The H.W.Wilson Company	1947 年	R/42.071/E78/1933-/1900-	COLUMBIA UNIVERSITY(藏书票);电子打孔:Columbia University	1		16 开精装
40	Essentials in Library Administration	Lutie Eugenia Stearns	Chicago: American Library Association	1922 年		武昌文华图书馆学专科学校藏+3	1		Third Edition
41	Guide to Reference Books	Isadore Gilbert Mudge	American Library Association	1929 年	37.656/M884	圆形:国立山东大学图书馆藏+3	1		有卡
42	Handbook of Card Distribution (Seventh Edition)		The Library of Congress. Card Division	1944 年 7th ed.	37.645/Am35	武昌文华图书馆学专科学校藏+4; THE LIBRARY OF CONGRESS DUPLICATE +1	1		
43	Helping Adults to Learn: The Library in Action	John Chancellor	American Library Association	1939 年	37.6534/C36; 374/C36	武昌文华图书馆学专科学校藏+5	1	¥17760	大 32 开精装;有卡
44	Huntington Library Lists NO.2	Lyle H.Wright	California: San arino	1937 年		武昌文华图书馆学专科学校藏+3	2	¥11200	1 本有卡
45	Keys to the Halls of Books	Gertrude Buck	The Kenyon Press Publishing Company	1938 年	37.651/B855	武昌文华图书馆学专科学校藏+2	1	¥4080	有卡
46	Liberal Education Reexamined	Theodore M.Greene	New York and London: Harper & Brothers Publishers	1943 年	370.973/Am35 Library University of Kentucky+2	武昌文华图书馆学专科学校藏+3	1	¥8040	32 开精装;有卡

序号	书　名	作者	出版者	出版时间	分类号/索书号	印　章	复本	定价	备注
47	Libraries in Canada A Study of Library Conditions and Needs	The Commission of Enquiry, John Ridington Chairman, Mary J. L. Black, George H.Locke	Chicago: The Ryerson Press, Toronto and The American Library Association	1933 年	027.071/C16	武昌文华图书馆学专科学校藏+3	1	¥12400	
48	Library of Congress Classification Class B part Ⅱ BL-BX Religion		Washington: United States Government Printing Office	1927 年	025.4/Un4	武昌文华图书馆学专科学校藏+2;私立武昌文华图书馆学专科学校图书馆+1	2		1 本有卡
49	Library of Congress Classification (Class Q R & S)		Washington: Government Printing Office	Q:1921 年 3th ed. R:1921 年 2th ed. S: 1911 年 Printed as Manuscript	025.4/Un43/V.7	私立武昌文华图书馆学专科学校图书馆+4	1	Q:25c R:25c S:15c	三卷合订本;有卡
50	Library of Congress Classification Class P PJ-PM		Chicago: American Library Association	1935 年		武昌文华图书馆学专科学校藏+5	1	60 cent	Printed as Manuscript
51	Library of Congress Classification Literature		Washington: Government Printing Office	1915 年 Printed as Manuscript		武昌文华图书馆学专科学校藏+1	1		缺封底
52	Library of Congress Classification Music and Books on Music		Washington: Government Printing Office	1917 年		武昌文华图书馆学专科学校藏+4	1	15 cents	
53	Library of Congress Classification Philology		Washington: United States Government Printing Office	1936 年		武昌文华图书馆学专科学校藏+3	1	15 cents	Printed as Manuscript

序号	书　名	作者	出版者	出版时间	分类号/索书号	印　章	复本	定价	备注
54	Library of Congress Subject Headings	Mary Wilson Macnair	United States Government Printing Office	1928 年	025.3/UN4/C.1	武昌文华图书馆学专科学校(反)+1;文华图专学生课本+1	1	¥758700（9 本）	16 开精装,15309;有卡
55	Library Personnel and Training Agencies in Indiana		Chicago: American Library Association	1939 年		武昌文华图书馆学专科学校藏+4	1		A Survey by the Board of Education for Librarianship of the American Library Association
56	Library Planning Bookstacks and Shelving	Snead And Company Jersey City N.J.		1915 年					大开本精装 31×23.5cm;画册;报纸
57	List of Subject Headings for Small Libraries	Minnie Earl Sears	New York:The H.W.Wilson Company	1933 年	025.3/Se17t/C.7	武昌文华图书馆学专科学校藏+4	1		Third Edition; 有卡
58	List of Subject Headings for Small Libraries	Minnie Earl Sears	New York:The H.W.Wilson Company	1935 年	025.3/Se17t/C.8	武昌文华图书馆学专科学校藏+3	1		Third Edition; 有卡
59	List of Subject Headings for Small Libraries	Minnie Earl Sears	New York:The H.W.WILSON Company	1933 年	025.3/Se17t/C.5	武昌文华图书馆学专科学校藏+4	1		Third Edition; 有卡
60	List of Subject Headings for Small Libraries	Minnie Earl Sears	New York:The H.W.WILSON Company	1928 年 Reprinted	025.3/Se17s/C.10	Library University of Kentucky+2;武昌文华图书馆学专科学校藏+5;电子打孔:University of Kentucky Library+2	2		1926 年 2th ed.;有卡

序号	书　名	作者	出版者	出版时间	分类号/索书号	印　章	复本	定价	备注
61	List of Subject Headings for Small Libraries	Minnie Earl Sears	The H. W. Willson Company	1935 年	025.3/Se17s/C.1	私立武昌文华图书馆学专科学校图书馆+2;1 本:文华图专学生课本+1;私立武昌文华图书馆专科学校教科书+1	6		Third Edition; 有卡
62	List of Subject Headings for Small Libraries	Minnie Earl Sears	The H. W. Willson Company	1939 年	37.64623/S175(4-)		1		Fourth Edition
63	List of Subject headings for use in dictionary catalogs	A Committee of The American Library Association, Third Edition Revised by Mary Josephine Briggs	Chicago: American Library Association Publishing Board	1911 年	R/025.32/Am353/C.7	武昌文华图书馆学专科学校藏+3	1	31.39 元	有卡
64	Making Books Work: A Guide to the use of libraries	Jennie M.Flexner	Simon and Schuster	1943 年	34.64/F639; 028.7/F639	椭圆:私立武昌文华图书馆学专科学校图书馆+3	2	¥16800	美国图书馆协会赠送,沈祖荣校长有题识,为华莱士总统带来中国并赠文华图专;32 开精装;有卡
65	Microphotography for Libraries 1937	M.Llewellyn Raney	Chicago: American Library Association	1937 年	025.129/R16	武昌文华图书馆学专科学校藏+3	1	¥8000	
66	New Guide to Reference Books	Isadore Gilbert Mudge	American Library Association	1923 年	R90/M884/1923	武昌文华图书馆学专科学校藏+1; SIMMONS COLLEGE LIBRARY (藏书票); 电子打码: Simmons College Boston	1		

序号	书　名	作者	出版者	出版时间	分类号/索书号	印　章	复本	定价	备注
67	Periodicals, Essays, Debates, Dissertations					武昌文华图书馆学专科学校图书馆+2	1		图书馆参考咨询工作相关，无题名；缺封面、封底、前4页；有卡
68	Personnel Administration in Public Libraries	Clara W.Herbert	Chicago: American Library Association	1939年	023/H414/C.3; 37.62/H414/1939	武昌文华图书馆学专科学校藏+3；A.L.A(藏书票)	3	¥12400	大32开精装；有卡
69	Post-war Standards for Public Libraries	Carleton Bruns Joeckel 等	American Library Association	1943年	023/H414/C.3; 37.62/H414/1939	A.L.A(藏书票)	1		
70	Progressive Indexing and Filing		Library Bureau Division Remington Rand, Inc.	1934年 10th reprint	022.916/P943/C.3	私立武昌文华图书馆学专科学校教科书+1；武昌文华图书馆学专科学校(反)+1；文华图专学生课本+1	1	¥11400	有彩图，绿色精装，书将散；有卡
71	Progressive Indexing and Filing		Library Bureau Division	1934年	37.7892/P964	武昌文华图书馆学专科学校+2；私立武昌文华图书馆学专科学校教科书+2	2		有彩图；蓝色精装
72	Public Documents-1936	A. F. Kuhlman, Chairman 等	American Library Association	1936年12月	025.1734/A35	武昌文华图书馆学专科学校(反)+4；钢印：武昌文华图书馆学专科学校+2	1		有卡
73	Public Documents-1938	Jerome K. Wilocox, Chairman 等	American Library Association	1938年1月	R25.173/Am35	武昌文华图书馆学专科学校藏+3；A.L.A(藏书票)	1		有卡

序号	书　名	作者	出版者	出版时间	分类号/索书号	印　章	复本	定价	备注
74	Public Libraries in the Life of the Nation	Beatrice Sawyer Rossell	Illinois: American Library Association Chicago	1943 年	020/R734	武昌文华图书馆学专科学校藏+3;A.L.A(藏书票)	1	¥6360	大 32 开精装
75	Reader's Digest		The Reader's Digest Association, Inc.	1936 年 10 月		私立武昌文华图书馆学专科学校图书馆+2	1	$25¢ a copy, $3 a Year	Vol.29, No.174
76	Readers' Guide To Periodical Literature (May 1947-April 1948)	Sarita Robinson Bertha Joel Mary Keyes	New York: The H.W.Wilson Company	1948 年	R/050/R221a /1941-1948	武昌文华图书馆学专科学校藏+7	1	¥99,000	An Author and Subject Index; 16 开精装
77	Readers' Guide To Periodical Literature (Unabridged)		The H.W.Wilson Company	1948 年 1 月 10 日		武昌文华图书馆学专科学校藏+3;美国图书馆+1	1	one year $12.00	Vol.47 No.15
78	Reference Books of 1941-1943	Constance M. Winchell	American Library Association	1944 年	37.656/M884t/ c.1	武昌文华图书馆学专科学校藏+3	1		有卡
79	Some Practical Problems in Cataloging	Harriet Dorothea MAC pherson, PH.D.	American Library Association	1936 年	37.6455/M172	武昌文华图书馆学专科学校(反)+1;武昌文华图书馆学专科学校图书馆+2	1		有卡
80	Sources of English History of the Seventeenth Century. 1603-1689 in the University of Minnesota Library	James Thayer Gerould. B.A.	The University of Minnesota	1921 年	016.942/G319	武昌文华图书馆学专科学校(反)+2;私立武昌文华图书馆学专科学校图书馆+1	1	$400	缺封底
81	Standard Catalog for High School Libraries	Dorothy E. Cook, Agnes Cowing and Isabel Monro	New York: The H. W. Wilson Company	1939 年 3rd Rev.ed.	91.37/W963	武昌文华图书馆学专科学校藏+3	1		Standard Cataley Series;有卡

序号	书　名	作者	出版者	出版时间	分类号/索书号	印　章	复本	定价	备注
82	Standard Catalog for High School Libraries	Zaidee Browm	New York: The H. W. Wilson Company	1932 年 2nd ed.	91.34/W693S	武昌文华图书馆学专科学校藏+5;电子打码:University of Kentucky Library+1	1	¥70400	Standard Cataley Series;有卡
83	Subject Headings Used in the Dictionary Catalogs of the Library of Congress	Mary Wilson MacNair	U.S.Government Printing Office	1943 年 4th ed.	025.3/un 4F/C2,v.1	武昌文华图书馆学专科学校藏+3	2		16 开精装 VOLUME Ⅰ:1566p.;Ⅱ.1177p.
84	Subject Index to Children's Plays	A Subcommittee of the A. L. A. Board on Library Service to Children and Young People	Chicago: American Library Association	1940 年	027.073/L616/214;027.073/Vn4/1938	武昌文华图书馆学专科学校图书馆+5	1	¥16680	大 32 开精装;有卡
85	Supplement to Boone University Library Catalogue(Additions from 1911—1914)					武昌文华图书馆学专科学校藏+2	1		缺封面、封底,28p.
86	Teacher-Librarian's Handbook	Mary Peacock Douglas	Chicago: American Library Association	1941 年	020.7/D746	武昌文华图书馆学专科学校藏+3;A.L.A(藏书票)	1	¥9500	大 32 开精装;有卡
87	The American Public Library	Arthur E.Bostwick	D. Appleton and Company	1928 年	37.661/B657a/C.1	私立武昌文华图书馆学专科学校图书馆+2	1	¥24960	小 32 开精装,415p.;黑白插图;有卡

序号	书　名	作者	出版者	出版时间	分类号/索书号	印　章	复本	定价	备注
88	The American Public Library	Arthur E.Bostwick	D.Appleton and Co.	1929 年	37.661/B657 a/c.2	私立武昌文华图书馆学专科学校图书馆+2;武昌昙华林文华公书林+3	1	¥28200	小 32 开精装,前后有缺页,现存 470p.;黑白插图;有卡
89	The Book Review digest	Marion A.Knight 等	The H.W.wilson company	1929 年	R/015/B274 /V.24	钢印:私立武昌文华图书馆学专科学校+2	1		布面 16 开精装;有卡
90	The Book Review Digest	Marion A.Knight, Mertice M. James, and Ruth N.Lechlitner	New York:The H.W.Wilson Company	1931 年	R/015/B724/ V.26	私立武昌文华图书馆学专科学校图书馆+2;武昌文华图书馆学专科学校藏+1	1		布面 16 开精装;有卡
91	The Book Review digest	Marion A.Knight 等	Chicago: American Library Association	1932 年	R/015/B274 /V.24	武昌文华图书馆学专科学校藏+5;钢印:私立武昌文华图书馆学专科学校+2	1		布面 16 开精装;有卡
92	The Book Review Digest	Mertice M.James and Dorothy Brown	New York:The H.W.Wilson Company	1948 年	R/015/B724/ V.40C.1	武昌文华图书馆学专科学校藏+1	1		16 开精装;有卡
93	The Development of Chinese Libraries Under the Ch'ing Dynasty, 1644-1911	heuk-woon Taam(谭卓垣)	商务印书馆	民国二十四年一月初版(1935年)	027.051/ T11/C.2	武昌文华图书馆学专科学校)(反)+2;私立武昌文华图书馆学专科学校图书馆+2;钢印:私立武昌文华图书馆学专科学校+1	1	大洋壹元贰角	清代图书馆发展史;英汉对照,精装;有卡

序号	书名	作者	出版者	出版时间	分类号/索书号	印章	复本	定价	备注
94	The English Catalogue of Books for 1933	James D.Stewart	The Publishers'Circular, Limited	1934 年	R/015.42/E58	私立武昌文华图书馆学专科学校图书馆+3;武昌文华图书馆学专科学校(反)+2;钢印:私立武昌文华图书馆学专科学校+1	1	￥34200	大 32 开精装;有卡
95	The High School Library: Its Function in Education	Hannah Logasa	D. Appleton and Company	1928 年	37.663/L828/c.1	武昌文华图书馆学专科学校藏+2	1	￥14200	小 32 开精装;有卡
96	The Library in the School	Lucile F.Fargo	Chicago: American Library Association	1933 年 2nd ed.	027.8/F223t/c.2 1933	武昌文华图书馆学专科学校藏+2;1 本:钢印:私立武昌文华图书馆学专科学校+4;武昌文华图书馆学专科学校(反)+4	2		小 32 开精装;有卡
97	The Library Key: An Aid In Using Books And Libraries	Zaidee Browm	New York: The H. W. Wilson Company	1940 年 4th ed.	37.658/B812	武昌文华图书馆学专科学校藏+4	1	￥7020	有卡
98	The Library of Congress Quarterly Fournal of Current Acquisitions		U.S.Government Printing Office	1945 年 2 月		武昌文华图书馆学专科学校藏+3	1		VOLUME 2+NUMBER 2
99	The Library Quarterly	Leon Carnovsky	The University of Chicago Press	1944 年	G25	武昌文华图书馆学专科学校藏+12	1		季刊, 1944, Vol. XIV, No.1-4 合订本;分类号查自国图①

① “国图”为国家图书馆简称,全书同此。

序号	书名	作者	出版者	出版时间	分类号/索书号	印章	复本	定价	备注
100	The Library Quarterly Ceneral Index	Mary M.Mceldowney	The University of Chicago Press	1936 年		武昌文华图书馆学专科学校藏+5	1		VOLUMES Ⅰ—Ⅴ;已散(仅剩前 48 页)
101	The Library Quarterly:Volume Ⅹ	Leon Carnovsky	The University of Chicago Press	1940 年		武昌文华图书馆学专科学校图书馆+4	1		No.4;缺封面、封底
102	The Picture File in School, College, and Public Libraries	Norma Olin Ireland	The F.W.Faxon Company	1935 年	37.645/I12/1935	钢印:私立武昌文华图书馆学专科学校+2;武昌文华图书馆学专科学校(反)+1	1		大 32 开精装;有卡
103	The Program of Instruction in Library Schools	Keyes D. Metcalf, John Dale Russell, Andrew D.Osborn	Urbana:University of Illinois Press	1943 年	37.6231/M565	武昌文华图书馆学专科学校藏;A.L.A(藏书票)	1	￥9000	大 32 开精装;有卡
104	The Reader's Digest			1945 年 10 月		私立武昌文华图书馆学专科学校图书馆+1	1		VOLUME XLVⅡ;缺封面、封底
105	The United States Catalog	Mary Burnham	The H.W.Wilson Company	1928 年 4th ed.			1		已散, p279-3092 缺失
106	The United States Quarterly Book List	The Library of Congress		1947 年		武昌文华图书馆学专科学校藏+1;美国图书馆+1	1		VOLUME 3 INDEX
107	The United States Quarterly Book List	The Library of Congress	Rutgers University Press	1947 年 12 月		武昌文华图书馆学专科学校藏+2;美国图书馆+1	1		VOLUME 3 NO.4
108	The United States Quarterly Book List-June 1948	The Library of Congress	Rutgers University Press	1948 年		武昌文华图书馆学专科学校藏+2;美国图书馆+1	1		

序号	书　名	作者	出版者	出版时间	分类号/索书号	印　章	复本	定价	备注
109	The United States Quarterly Book List-March 1948	The Library of Congress	Rutgers University Press	1948 年		武昌文华图书馆学专科学校藏+3	1		
110	University Librarianship	George Herbert Bushnell	London:Grafton & Co.	1930 年	027.7/B9645	钢印:私立武昌文华图书馆学专科学校+1	1	¥11000	有卡
111	Whitaker's Cumulative Book List 1946		London: J. Whitaker & Sons, Ltd.	1946 年	37.56/W58	英国文化委员会赠+1;武昌文华图书馆学专科学校藏+3	1	¥25400	16 开精装; Pant XC,1946 年 1—12 月
112	Who's Who 1947		London:Adam & Charles Black; New York: The Macmillan Company	1947 年	R/920.042/W26/1947	武昌文华图书馆学专科学校藏+2	1	¥187800	有卡
113	Work with Children in Public Libraries	Effie L.Power, A.M.	Chicago: American Library Association	1943 年	027.625/P871w/C.1	武昌文华图书馆学专科学校藏+9;A.L.A.(藏书票)	1		大 32 开精装;黑白照片插图;有卡
114	Библиотечная работа в районе	м. а. потапов, м. п. сафонов	москва: государственное издательство, культурно-просветительной литературы	1950 年	37.661305/п523	文华图专图书馆+2	2		《区图书馆工作》;1 本缺封面和前 2 页;有卡
115	爱日精庐藏书志	(清)张金吾	吴县灵芬阁徐氏用集字版校印	光绪十三年六月(1887 年)			2		1 套 2 册
116	八千卷楼书目	(清)丁立中	钱塘丁氏聚珍仿宋版印			文殿阁章+2	2		1 套 2 册

序号	书　名	作者	出版者	出版时间	分类号/索书号	印　章	复本	定价	备注
117	巴黎图书馆敦煌写本书目	法国伯希和编，吴江、陸翔译	国立北平图书馆	民国二十二年十一至十二月、民国二十三年一至二月（1933 年，1934 年）	目/91.51/B196	武汉大学图书馆藏+2；武汉大学图书馆学系图书室+1	1		国立北平图书馆馆刊七卷六号八卷一号抽印本
118	版本通义	钱基博著	商务印书馆	民国二十二年一月初版（1933 年）；民国二十二年九月再版（1933 年）	G256.2/Q199	第 1 本：文华图专学生课本+1；第 2 本：西南师范学院图书馆藏书+3、钢印：西南师范学院图书馆+2；第 3、4 本：文华图专学生课本+2；钢印：私立武昌文华图书馆学专科学校+2；第 5、6 本：文华图专实验图书馆藏书+3	6	大洋贰角伍分	王云五主编：百科小丛书；有卡
119	办理农村图书馆的经验	刘子亚编	来薰阁书店	1951 年 12 月初版	37.6614/L720	文华图书馆学专科学校藏书+5	1	￥3000	有卡
120	办理农村图书馆的经验	刘子亚	来薰阁书店	1951 年	37.6614/L720	文华图书馆专科学校藏书+4×3	4	￥3000	
121	北京市图书馆中文图书编目条例（初稿）	北京图书馆采编部	北京图书馆	1953 年 3 月	37.6452	北京市图书馆+2；文华图书馆学专科学校藏书+2；文华图专图书馆+2	1		油印；赠阅；有卡
122	北京图书馆现藏中国政府出版品			约民国十七年（1928 年）		文华图书馆学专校+2	1		新闻纸，脆黄；缺封面

序号	书　名	作者	出版者	出版时间	分类号/索书号	印　章	复本	定价	备注
123	北京图书馆中文图书卡片目录检字表	北京图书馆中文编目组编	北京图书馆中文编目组编印	1953 年	37.6897/B231	武汉大学图书馆学专修科图书馆+3	1		赠阅;油印;有卡
124	北平市立图书讲习班同学录			民国三十七年六月(1948 年)	37.623 B482	武昌文华图书馆学专科学校+1;小方印:李宝勋+1	1		"北平市立圕学讲习班第一期毕业纪念李宝勋敬题";有卡;有照片
125	比较图书馆学	程伯群编著	世界书局	民国二十四年(1935 年)	37.603/C386	钢印:私立武昌文华图书馆学专科学校+1	1	大洋一元	
126	盋山书影	柳诒征编	江苏省立国学图书馆	民国十八年(1929 年)		文华图专图书馆+3;文华图书馆学专校+8;盋山书影+2;柳诒徵+1	1		作者为国图查得;线装书
127	丛书书目续编初集	杜联喆编	文海出版社	民国二十年九月初版(1931 年)	G/91.561/D438		1	CNY0.40	价格查自武汉大学图书馆
128	大学图书馆行政	蓝登戈德利著,徐亮译	商务印书馆	民国二十三年(1934 年)	37.62/L181a		1		
129	东北图书馆图书分类法	东北图书馆编	东北图书馆	1950 年 8 月重印	G254.1	1 本:人民出版社图书资料室+2;三联书店藏书+2	2		东北图书馆敬赠;分类号参照国图
130	东北图书馆图书分类法	东北图书馆编	东北图书馆	1951 年 10 月	G254.122	第 1 本:西南师范学院图书馆藏+17;第 2 本:人民出版社图书资料室+2	25		分类号查自武汉大学图书馆

序号	书　名	作者	出版者	出版时间	分类号/索书号	印　章	复本	定价	备注
131	读书指导(第二辑)	李伯嘉	商务印书馆	民国二十五年十一月初版(1936年)	MG/G792-53/L315		2	国币0.50元	分类号查自武汉大学图书馆
132	读书指导(第三辑)	李伯嘉	商务印书馆	民国三十六年一月初版(1947年)	MG/G792-53/L315	文华图专实验图书馆藏书+2	1	国币6.50元	分类号查自武汉大学图书馆
133	读者手册	西安后字244部队图书馆	西安后字244部队图书馆		37.65073/X114		1		
134	俄文著者排列法	胡正支	北京师范大学图书馆	1937年	37.6447/H447		5		一本写有“请交换”;出版年份查自网络
135	儿童图书馆之研究	[日]金泽慈海、竹贯宜人原著,陈逸译述,郑次川校订	上海商务印书馆	民国十三年六月初版(1924年)	G258.7;37.662/C532	文华图专实验图书馆藏书+3	1	大洋叁角	
136	凤阳县立图书馆中文图书分类目录及书名作者标题混合索引	朱永芳	凤阳县立图书馆	民国三十二年八月(1943年)	B91.33252/Z793	武汉大学图书馆+2	1		手写本
137	工会图书馆的群众工作	伏耳柯娃等著,林秀译	时代出版社	1950年9月初版,1951年1月再版	G259.512.5/W396	文华图专图书馆+4-5	17	4700元	苏联建设经验研究丛书;有卡
138	工会图书馆的群众工作	伏耳柯娃等著,林秀译	时代出版社	1950年9月初版	37.668/F521;G259.512.5	武汉大学图书馆学系图书室+2;文化学院图书馆藏书+1;西南师范学院图书馆藏+6;此系调拨图书 本藏书印注销+1;钢印:西南师范学院图书馆+1	2	4700元	苏联建设经验研究丛书;有卡

序号	书　名	作者	出版者	出版时间	分类号/索书号	印　章	复本	定价	备注
139	工会图书馆的群众工作	伏耳柯娃等著，林秀译	时代出版社	1950年9月初版	G259.512.5		2	4700元	苏联建设经验研究丛书；有卡；
140	工会图书馆的群众工作	沃尔科娃等著，庄途译	工人出版社	1951年11月北京第一版	G259.512.5	文华图书馆学专科学校藏书+6	2	4700元	有卡
141	工具书使用法	楼云林编	中华书局	民国三十六年十二月发行、初版（1947年）	G252.7；027.3/L763/C.9	武汉大学图书馆学系图书室+2；人民出版社图书资料室+2；方：韬奋图书馆藏书+1；圆：韬奋图书馆藏书+1；文化学院图书馆注销图书+1；文化学院图书馆藏书+1；中国图书发行公司北京分公司特价书+1	1	国币二元八角	中华文库 初中第一集；有卡
142	工具书使用法	楼云林编	中华书局	民国三十六年十二月再版（1947年）	G252.7；027.3/L763/C.6	1本：人民出版社图书资料室，文化学院图书馆藏书，韬奋图书馆藏书；1本：文华图专实验图书馆藏书+2	7	国币二元八角	中华文库 初中第一集；有卡
143	古文词类纂	（清）姚鼐纂，樊筱迟注	新文化书社	民国廿一年五月三版（1932年）	810.08/Y261/V.6	武昌文华图书馆学专科学校（反）+1	2	洋装六册三元六角	新式标点；有卡
144	古今典籍聚散考	陈登原著	商务印书馆	民国二十五年一月初版（1936年）	G256；37.692/C284	西南师范学院图书馆藏+2；文华学院图书馆藏书+1	1	国币九角	缺封底

序号	书　名	作者	出版者	出版时间	分类号/索书号	印　章	复本	定价	备注
145	古书辨伪四种	宋濂、胡应麟、姚际恒、崔述著	商务印书馆	民国二十四年六月初版，民二十六年二月三版（1935 年，1937 年）	37.687/S788	武昌文华图书馆学专科学校+2；钢印：私立武昌文华图书馆学专科学校+1	1	每册国币壹角伍分	国学基本丛书；有卡
146	古书真伪及其年代	梁启超演讲，吴其昌、周传儒、姚名达笔述	中华书局	民国二十五年三月（1936 年）	G256.22	钢印：私立武昌文华图书馆学专科学校	1	银 0.45 元	分类号在武汉大学图书馆查得
147	故宫所藏观海堂书目	故宫博物院图书馆	故宫博物院图书馆	民国二十一年九月（1932 年）	B014/2131	文华图专图书馆+1；文华图书馆学专校+3	1		线装书，一函一册
148	关于俄文图书卡片订购、管理及使用的具体办法	俄文图书卡片编辑组		1963 年 1 月			1		
149	国立北平图书馆图书展览会目录	国立北平图书馆编		民国十九年（1930 年）			1		有卡
150	国立北平图书馆舆图版书展览会目录			民国二十二年（1933 年）	018.7/1116.2/C.1，C.2	武汉大学图书馆学系图书室+1	2		有卡
151	国立北平图书馆中文舆图目录（续编）	王庸、茅乃文合编	国立北平图书馆	民国二十六年二月（1937 年）	91.22/B482	文华图书馆学专校+3	1	报纸一元六角	有卡
152	国立兰州大学图书馆概况	何日章编	兰州大学图书馆	民国三十七年七月（1948 年）	025.31/H365 G259.296	1 本：武汉大学图书馆藏+2；武汉大学图书馆学专修科图书室+1；1 本：武昌文华图书馆学专科学校藏+2	2		有卡

序号	书　名	作者	出版者	出版时间	分类号/索书号	印　章	复本	定价	备注
153	国立同济大学圕中西文字典式目录使用法	彭明江、顾家杰合著	国立同济大学圕	民国二十七年(1938年)	37.6469/P359	武昌文华图书馆学专科学校+4;私立武昌文华图书馆学专科学校图书馆+1;文华图专学生课本+2;钢印:私立武昌文华图书馆学专科学校+1	1		有卡
154	国立中央大学图书馆概况		南京:南京国立中央大学图书馆	民国二十六年六月(1937年)	G259.29;025.21/C632	文华图书馆学专科学校+1;私立武昌文华图书馆学专科学校图书馆+2;文华图专学生课本+2;洪范五印+1;国立中央大学图书馆敬赠+1;敬呈指正+1	1		分类号参照国图;有卡
155	国立中央图书馆中文图书编目规则	国立中央图书馆编订	商务印书馆	民国三十五年九月初版(1946年)	37.6452/G631;G259.29	武昌文华图书馆学专科学校藏+4	2	国币贰元伍角	分类号参照国图
156	汉和图书分类法 A Classification Scheme for Chinese and Japanese Books	A. K'ai-Ming Ch'Iu、裘开明	Committees on Far Eastern Studies American Council of Learned Societies	1943年	37.644/C449;025.4/C449	武昌文华图书馆学专科学校藏+1	1	¥30880	有卡
157	好古堂书目(影印)	首源主人(姚际恒)手编	中社	民国十八年(1929年)	B/014/4279	文华图书馆学专校+1;文华图专图书馆+1;中社+1	1	一册捌角	宣纸竖排
158	湖北书徵存目第一册	张国淦		壬戌春(1922年)			1		油印竖排,线装;卷一 上古至隋,卷二 唐至元

序号	书　名	作者	出版者	出版时间	分类号/索书号	印　章	复本	定价	备注
159	简明图书馆管理法	吕绍虞编	上海商务印刷所图书馆部	民国二十四年一月再版（1935年）	37.62/L925;G251	其一：文华图书馆学专科学校藏书+5；文华图专图书馆+3	6	大洋一元	有卡
160	江苏省立图书馆图书总目辅编				B012.1/3149	文华图专图书馆+6文华图书馆学专校+1；国立中央图书馆赠+ 1	1		宣纸竖排
161	江苏省立镇江图书馆概况	镇江图书馆	镇江图书馆	民国三十七年十月（1948年）	37.692/S280		1		有卡
162	江苏省立镇江图书馆简况	镇江图书馆	镇江图书馆	民国廿五年二月（1936年）	37.6612/J341		1		
163	教育杂志索引第一卷至第二十三卷	陈东原、吴保障、蒋元卿	商务印书馆	1936年	G91.9/G454	武昌文华图书馆学专科学校+1	1	每册国币一元	出版时间、定价查自孔夫子旧书网；分类索引
164	景明刻本子汇：（三）贾子新书，（四）陆子新语 申鉴 鹿门子，（七）贾子新书，（十二）刘子		商务印书馆	民国二十六年三月（1937年）			4	每部国币拾肆元	明万历刻本子汇，十二册；线装书，残卷4本
165	抗战参考书目录暨论文索引	广西省政府图书馆	广西省政府图书馆	民国二十七年一月（1938年）	G/22.278/G522	武昌文华图书馆学专科学校（反）+3；武汉大学图书馆学系图书室+2	1	￥9400	有卡
166	可爱的小图书馆	张九如，周翥青合编	上海中华书局	民国廿二年九月六版（1933年）	37.652/Z293	钢印：私立武昌文华图书馆学专科学校+2；文华图专学生课本+2	1	银四角五分	有卡

序号	书　名	作者	出版者	出版时间	分类号/索书号	印　章	复本	定价	备注
167	可爱的中国书	刘国钧	北京建业书局	1952 年	37.684/L387a;G256.1/L585f	文体图书馆学专科学校藏书+3	14	3500 元	爱国主义小丛书
168	岭南大学图书馆藏善本书目	岭南大学图书馆	岭南大学图书馆	1951 年 9 月		私立广州岭南大学图书馆敬赠+1;文华图书馆学专科学校藏书+1	1		油印;赠送
169	郘亭知见传本书目(影印)	(清)莫友芝	西泠印社		B/018.1/44442	文华图专图书馆+5;文华图书馆学专校+10	6		线装书,一函六册;十六开,适园藏本
170	民众图书馆的行政	[美]骆约翰亚当著,章新民译	武昌文华图书馆学专科学校	民国二十三年(1934 年)	37.62/L916;G250	文华图专学生课本+2	1	大洋五角	文华图书馆学专科学校丛书
171	民众图书馆学	徐旭著	世界书局	民国二十四年四月初版(1935 年)	37.661/X644;G258.2	1 本:文华图专学生课本+2;钢印:私立武昌文华图书馆学专科学校+2;小方:徐旭+1	2	大洋一元二角	有卡
172	民众圕实际问题	徐旭著	上海中华书局	民国二十四年四月(1935 年)	G258.2/X461;37.661/X461	文华图专图书馆+3	3	银四角五分	有卡
173	目录学	姚名达著	商务印书馆	民国二十三年一月初版(1934 年)	G257;37.68/K231	武昌文华图书馆学专科学校藏+3	3	4.10 元	王云五主编:国学小丛书;有卡
174	目录学 图书馆编目法			1952 年	025.3/S56/V.1,C.1		3		附见:文华图专 1951 年度财产目录、苏联文章译丛;油印;手字“徐家麟”

序号	书　名	作者	出版者	出版时间	分类号/索书号	印　章	复本	定价	备注
175	目录学丛考	程会昌	中华书局	民国二十八年二月(1939 年)	37.68/C343 G257	1 本:西南师范学院图书馆+3,钢印模糊+1;1 本:文化学院图书馆藏书+1	3	国币 二角五分	有卡
176	目录学概论	刘纪泽著	上海中华书局	民国廿三年七月再版(1934 年)	G257	文华图专学生课本+2;钢印:私立武昌文华图书馆学专科学校+1	1	银五角	分类号在武汉大学图书馆查得
177	目录学研究	汪辟疆著	商务印书馆	民国二十三年五月初版(1934 年)	37.68/W167; G257	文华图专学生课本+2;钢印:私立武昌文华图书馆学专科学校+1	7	大洋七角	有卡
178	南大图书分类法	南方大学图书馆编	南方大学图书馆	1951 年	G254.122	文华图专图书馆+4;南方大学图书馆编+1;文华图书馆学专科学校藏+1	1		文华图书馆学专科学校丛书;出版社、分类号查自国图;油印
179	农村图书室怎样管理图书	余何编	山东人民出版社	1951 年 6 月初版	37.6614/Y786; G258.23	武汉大学图书馆学系图书室+1;文华图书馆学专科学校藏书+4;文华图书馆学专科学校藏+1	13	900 元	怎样建立农村图书室副册;有卡 24 开小册
180	培格图书馆图书分类目录及书名著者标题混合索引	容玉秀编	培格图书馆	民国三十五年(1946 年)	37.644/R242	武昌文华图书馆学专科学校藏+3;武汉大学图书馆藏+2	1	大洋 伍拾元	毛边纸,小楷手抄
181	拼音著者号码编制法	钱亚新著,沈祖荣校订	武昌文华图书馆学专科学校印行	民国二十六年(1937 年)	37.6447/D227	椭圆:私立武昌文华图书馆学专科学校教科书 +2;钢印:私立武昌文华图书馆学专科学校+2	2	大洋 壹元	文华图书科丛书;价格为武图查得;有卡

序号	书　名	作者	出版者	出版时间	分类号/索书号	印　章	复本	定价	备注
182	拼音著者号码编制法	钱亚新著	武昌文华图书馆学专科学校	民国二十六年(1937年)	G254.131.2	私立武昌文华图书馆学专科学校教科书+2;私立武昌文华图书馆学专科学校图书馆+1;文华图专学生课本+2;钢印:私立武昌文华图书馆学专科学校+1	1	大洋三角	文华图书馆学专科学校丛书;有卡
183	拼音著者号码编制法	钱亚新著	武昌文华图书馆学专科学校	民国二十六年(1937年)	37.64417/Q214;S023.3/T.48C.2;023.4/T482 E.2C.1	钢印:私立武昌文华图书馆学专科学校+2;私立武昌文化图书馆学专科学校教科书+2	2	大洋三角	文华图书馆学专科学校丛书;有卡
184	拼音著者号码表	钱亚新编著,孙德安索引	武昌文华图书馆学专科学校发行	民国三十七年再版(1948年)	G254.13	武汉大学图书馆学系图书室+2	56	金圆壹圆	文华图书馆学专科学校丛书
185	拼音著者号码表 附四角号码索引	钱亚新编著,孙德安索引	武昌文华图书馆学专科学校	民国三十七年六月再版(1948年)	G254.13	武昌文华图书馆学专科学校藏+2-4	28	金圆壹圆	文华图书馆学专科学校丛书;有卡
186	拼音著者号码表 附四角号码索引	钱亚新编著,孙德安索引	武昌文华图书馆学专科学校	民国三十七年六月再版(1948年)	G254.13		7	金圆壹圆	文华图书馆学专科学校丛书;有卡
187	拼音著者号码表 附四角号码索引	钱亚新编著,孙德安索引	武昌文华图书馆学专科学校	民国三十七年六月再版(1948年)	G254.13	文华图书馆学专科学校藏书+5	3	金圆壹圆	文华图书馆学专科学校丛书;缺封底,破损严重;有卡

序号	书　名	作者	出版者	出版时间	分类号/索书号	印　章	复本	定价	备注
188	拼音著者号码表 附四角号码索引	钱亚新编著,孙德安索引	武昌文华图书馆学专科学校	民国三十七年六月再版（1948年）	G254.13	文华图专图书馆+1	3	金圆壹圆	文华图书馆学专科学校丛书;内有一张学习笔记;有卡
189	普通图书编目法	黄星辉著	武昌文华图书馆学专科学校	民国二十三年（1934年）	37.6452/H685		1	大洋八角	文华图书馆学专科学校丛书;手书"灿i圕学藏第五号";有卡
190	乾之齐架藏和书目录	藤浪和子编辑		昭和十八年三月（1943年）	目/61/T296	文华图书馆学专校+3;图书馆学系+1	1		有卡
191	瞿氏补书堂寄藏书目录	国立北平图书馆编纂部	国立北平图书馆	民国二十四年六月（1935年）	91.42/B482		1		
192	全国图书馆及民众教育馆调查表		中华图书馆协会	1935年	G259.296-62	文华图专图书馆+1;文华图书馆学专校+2	1		破损严重;有卡
193	人民公社图书馆(室)工作(初稿)	南京图书馆	南京图书馆		G258.23		1		分类号参考国图
194	如何办理图书馆	李继先	中国图书杂志公司	1本:1950年11月初版;1本:1951年1月再版	G25		2	3000元	第3版;分类号和定价在武汉大学图书馆查得
195	三民主义化的图书分类标准	沈宝环	三民主义青年团中央直属文华图书馆学专科学校分团部	民国三十五年七月初版（1946年）			1	国币两千元整	

序号	书　名	作者	出版者	出版时间	分类号/索书号	印　章	复本	定价	备注
196	首笔号码索引法——第一笔检字法	吴甲原		1944年	G254.33	私立武昌文华图书馆学专科学校图书馆+3	1		破损;有卡;分类号查自国图(年份不一致)
197	书评研究	萧乾著,王云五主编	商务印书馆	民国二十四年十一月初版(1935年)	G256.4		1		分类号查自武汉大学图书馆
198	书志学	马道源著	商务印书馆	民国二十三年四月初版(1934年)	G256.1	文华图专学生课本+1	2	大洋叁角	分类号查自武汉大学图书馆
199	苏联大众图书馆工作	符·恩·捷尼西叶夫著,舒翼翚译	中华书局	1953年	G259.512		25	13000元	初级图书馆员简要读本;分类号查自武汉大学图书馆
200	苏联的图书馆事业	舒翼翚编译	中华书局	1952年	G259.512	西南师范学院图书馆藏+1;武汉大学图书馆学系图书室+2	1	6800元	本校教材;有卡;分类号查自武汉大学图书馆
201	苏联图书馆事业概观	华西里青科著,舒翼翚译	新华书店	1950年4月中南第一版	G259.512	文华图书馆学专科学校藏书+5	5	基价3.50	有卡;分类号查自武汉大学图书馆
202	苏联图书馆事业概观	华西里青科著,舒翼翚译	新华书店	1950年5月	G259.512	文华图书馆学专科学校藏书+4	1	CNY4.40	有卡;分类号、价格查自武汉大学图书馆

序号	书　名	作者	出版者	出版时间	分类号/索书号	印　章	复本	定价	备注
203	苏联图书馆事业概观	华西里青科著,舒翼翚译	新华书店	1949 年 12 月	G259.512	文华图专实验图书馆藏书+3;1 本:张主教海松捐赠+1;1 本:余杰敬赠+1	2	CNY4.40	分类号、价格查自武汉大学图书馆
204	苏联图书馆条例	中央人民政府文化部社会文化事业管理局	中央人民政府文化部社会文化事业管理局	1953 年	G259.512-65		4		社会文化工作参考资料;分类号在武汉大学图书馆查得
205	苏联小型图书馆适用十进分类法简表	(苏联)克列诺夫作,舒翼翚译	人民日报印刷厂	1951 年	G254.11		23		分类号查自武汉大学图书馆
206	苏联小型图书馆适用十进分类法简表索引				37.6441/K435	1 本:西南师范学院图书馆+3;钢印:武昌文华图书馆学专科学校+1	7		
207	索引和索引法	钱亚新	商务印书馆	民国十八年(1929 年)	37.6892/Q351	2 本:文华图专实验图书馆藏书+2	4		文华图书科丛书
208	索引和索引法(书籍杂志和报纸)	钱亚新著	商务印书馆	民国十九年四月初版,民国二十四年六月国难后第一版(1930 年,1935 年)	37.6892/Q351	文华图专实验图书馆藏书+3;本书承 张主教海松捐赠 特此志谢 文华图专实验圕 公元 年 月 日	1	大洋三角	文华图书科丛书;破损;有卡
209	索引和索引法(书籍杂志和报纸)	钱亚新著	商务印书馆	民国十九年四月初版(1930 年)	37.6892/Q351	文化学院图书馆藏书+1;文化学院图书馆注销图书+1;小方印:吕绍虞+1	1	大洋叁角	文华图书科丛书;“二零年五月购于上海 S. Y. Lu”有卡;书中多处中英文笔记

序号	书　名	作者	出版者	出版时间	分类号/索书号	印　章	复本	定价	备注
210	图书编目基本知识讲授提纲	刘国钧	内部参考		37.645/Z387		1		
211	图书编目学	金敏甫编著	正中书局	民国三十五年十二月初版(1946年)	G254.3/J517	文华图书馆学专科学校藏书+5,文华图专图书馆+3-5	4	国币五元五角	有卡
212	图书编目学	金敏甫编著	正中书局	民国三十五年十二月初版(1946年)	G254.3/J517	武昌文华图书馆学专科学校藏+6	10	国币五元五角	有卡
213	图书分类新法	山东省立图书馆	山东省立图书馆	1951年	37.6441/S233		6		
214	图书馆	陈立夫著	正中书局印行		37.6/J296	武汉大学图书馆学系章+2;人民出版社图书资料室+3	1	1.2	有卡
215	图书馆	江夏明编写	友联出版社	1951年	G250	文华图书馆学专科学校藏书+5	1		通俗百科小丛书;分类号查自国图
216	图书馆	陈友松、刘伍夫	商务印书馆	民国二十六年六月初版(1937年)	G25	2本:文华图专实验图书馆藏书;1本:正谊学校图书馆+3;1本:四川省立教育学院图书馆+2,文化学院图书馆藏书+1	4		社会教育小丛书;分类号查自国图
217	图书馆参考资料		商务印刷所图书馆用品部		G25		2		分类号参照国图

序号	书　名	作者	出版者	出版时间	分类号/索书号	印　章	复本	定价	备注
218	图书馆参考资料：附卡片用品说明	商务印刷所图书馆用品部编	商务印书所图书馆用品部		G25	文华图书馆学专校+2	1		非正式出版物；有卡；分类号参照国图
219	图书馆的财政问题	［美］卫迟（Care Vitz）编，戴镏龄译	武昌文华圕学专科学校	民国二十三年（1934年）	O22V836	武昌文华图书馆学专科学校图书馆+4；文华图专学生课本+1	1	大洋五角	文华图书馆学专科学校小丛书；有卡
220	图书馆基本工作简本	金天游	浙江省立图书馆	1950年	G25		1	3000元	分类号查自国图
221	图书馆基本工作简本（增订本）	金天游	浙江省立图书馆	1951年	G25		16		浙江省立图书馆辅导丛刊
222	图书馆家具图样（复本柒、复本十）	武昌文华圕学专科学校一九四九级编辑	华昶印务局承印	1949年		武昌文华图书馆学专科学校藏+2	1		手书“母校圕惠存，图十级敬赠三八·六·廿七”；油印
223	图书馆家具图样（复本贰）	武昌文华圕学专科学校一九四九级编辑	华昶印务局承印			武昌文华图书馆学专科学校藏+1	1		手书“母校圕惠存，图十级敬赠三八·六·廿七”；手写图例；油印
224	图书馆简说	蔡莹编	中华书局	民国十一年十二月（1922年）	G25/C128		2	银一角五分	教育丛书；分类号和价格查自武汉大学图书馆

序号	书名	作者	出版者	出版时间	分类号/索书号	印章	复本	定价	备注
225	图书馆管说	蔡莹、林云楼	中华书局	民国二十五年六月(1936年)	G259.29		1	国币1.50	初中学生文库;分类号和价格查自武汉大学图书馆
226	图书馆利用法	勃朗著,吕绍虞译	商务印书馆	民国二十四年(1935年)	G252.65		4		图书馆学丛书;分类号查自武汉大学图书馆
227	图书馆利用法	勃朗著,吕绍虞译	商务印书馆	1934年	G252.65		3		图书馆学丛书;民国籍粹;分类号查自武汉大学图书馆
228	图书馆推广工作的开展	刘子亚编	浙江省立图书馆	1951年5月初版	G252.1	文华图专图书馆+5;1本:浙江省立图书馆赠+1;1本:文化学院图书馆藏书	24	0.5	辅导丛刊第二种;有卡;分类号查自武汉大学图书馆
229	图书馆学(上)	杨昭哲	商务印书馆		G250		2		分类号查自武汉大学图书馆
230	图书馆学(下)	杨昭哲	商务印书馆	民国廿二年二月第一版(1933年)	G250		1		分类号查自武汉大学图书馆
231	图书馆学ABC	沈学植	世界书局	民国十七年六月(1928年)	G250	北京特别市市立第二中学校图书馆+2	1	大洋0.50元	ABC丛书
232	图书馆学辞典	庐震京	商务印书馆	民国二十九年(1940年)	G250-61		2	国币捌元(2册)	缺封面;分类号查自武汉大学图书馆

序号	书　名	作者	出版者	出版时间	分类号/索书号	印　章	复本	定价	备注
233	图书馆学季刊总索引(第一号,自第一卷至第十卷,民国十五年至民国二十五年)	中华图书馆协会编	北平:中华图书馆协会编印	民国二十六年(1937年)	37.6087/T1419j	文华图专学生课本+2;武昌文华图书馆学专科学校图书馆+1;武昌文华图书馆学专科学校+2	2		有卡
234	图书馆学九国名词对照表(中、英、德、法、意、西、荷、瑞、丹)	徐能庸编译	商务印书馆	民国十九年十二月初版,民国二十二年国难后第一版(1930年,1933年)	G250-61	1本,钢印:私立武昌文华图书馆学专科学校+1,文华图专学生课本;1本:文化学院图书馆+1	5	CNY 3900.00	第2本还有三个章无法辨认;分类号查自武汉大学图书馆
235	图书馆学通论	俞爽迷	正中书局	民国三十六年三月沪一版(1947年)	G250		7	国币四元	师范丛书;分类号查自武汉大学图书馆
236	图书馆学要旨	刘国钧编	上海中华书局	1934年	G250	武昌文华图书馆学专科学校藏+3	1	五元四角	中华百科丛书;破损;分类号查自武汉大学图书馆
237	图书馆学要旨	刘国钧编	上海中华书局	1934年	G250	武昌文华图书馆学专科学校+1;武昌文华图书馆学专科学校图书馆+1;文华图专学生课本+1;钢印:武昌文华图书馆学专科学校+1	1	五元四角	中华百科丛书;只剩封面,和原书架上的拼接成了一本;分类号查自武汉大学图书馆

序号	书　名	作者	出版者	出版时间	分类号/索书号	印　章	复本	定价	备注
238	图书馆学要旨	刘国钧	中华书局	1949 年 11 月再版	G250	1 本：文华图专实验图书馆藏书+2；1 本：文化学院图书馆藏书+1	12	5.40 元	分类号查自武汉大学图书馆
239	图书馆与文化学习	洪焕椿	开明书店	1951 年	G25/H387	3 本，钢印：西南师范学院图书馆+2，文化学院图书馆藏书+1，西南师范学院图书馆藏书；1 本：西南师范学院教育系，钢印：西南师范学院图书馆+2，西南师范学院图书馆藏书+2	9	20900 元	开明青年丛书；分类号查自武汉大学图书馆
240	图书馆员之训练	佛里特尔著，杨昭悊、李燕亭译	商务印书馆	1933 年 9 月	G251.6		1	大洋七角	尚志学会丛书；分类号参考国图
241	图书馆组织与管理	洪有丰	商务印书馆	民国十五年八月初版(1926 年)	G251/H389	文华图专学生课本+2；钢印：私立武昌文华图书馆学专科学校+2	1		分类号查自武汉大学图书馆
242	图书流通法	陈长伟		民国三十二年六月增修(1943 年)	37.65/C313	1 本：文华图专学生课本+2；陈长伟+1	3		油印本
243	图书流通法	俞素味	商务印书馆	民国二十五年三月初版(1936 年)	G252	1 本：文化学院图书馆藏书+1	4	国币三角五分	图书馆学丛书；分类号查自国图
244	图书论文标题总录	沈祖荣编	武昌文华图书馆学专科学校	民国二十五年(1936 年)	S023.402/S433	武昌文华图书馆学专科学校+2	1		样本；英汉汉英对照，中国图书馆试用

序号	书　名	作者	出版者	出版时间	分类号/索书号	印　章	复本	定价	备注
245	图书目录(第一辑)	浙江省立英士大学图书馆	浙江省立英士大学图书馆	民国二十九年十二月(1940年)	G257		1		分类号参考国图
246	图书年鉴二编	杨家骆		民国二十六年四月(1937年)	G37.682088/Y197		1		中国图书大辞典草创本,近代著述组;第二种
247	图书室管理法	蒋复璁	正中书局	民国三十二年一月三版(1943年)	G252.65	1本,钢印:西南师范学院图书+1;文华图专学生课本+2,西南师范学院图书馆藏书+1;1本:军令部军事委员会+1,文化学院图书馆藏书+1	4		民众教育馆实施小丛书;分类号参照国图
248	图书选择法	杜定友	商务印书馆发行		G253.1		1		无封底;商务印书馆函授学校图书馆学科;分类号参照国图
249	图书怎样分类	刘国钧著	开明书店	1953年3月第一版	37.644/6667	文华图书馆学专科学校藏书+3	14	5500元	2本赠送;有卡
250	文渊阁书目一册	杨士奇等	商务印书馆	民国二十六年三月初版(1937年)	R016Y225	武昌文华图书馆学专科学校+2	1		国学基本丛书;分卷索引
251	西洋图书馆史略	萨费基原著,毛坤译述	文华图专	1923年	G259.19		1		油印复印本;分类号查自武汉大学图书馆

序号	书　名	作者	出版者	出版时间	分类号/索书号	印　章	复本	定价	备注
252	西洋图书馆史略	[英]萨费基，毛坤译	武昌文华图书馆学专科学校	民国二十三年（1934年）	G259.19			大洋三角	民国籍粹；武昌文华图书馆学专科学校小丛书；分类号查自武汉大学图书馆
253	现代图书馆编目法	[美]俾沙普著，金敏甫译	商务印书馆	民国二十六年（1937年）	G254.3		1	国币两角五分	图书馆学丛书；分类号查自武汉大学图书馆
254	现代图书馆经营论	马宗荣著	中华学艺社出版、商务印书馆发行	民国十七年三月初版（1928年）	37.62/M268；G254.3/B437	方印：文化学院图书馆藏书+1；武汉大学图书馆学系图书室	1	大洋壹元	学艺汇刊，18；大32开；文化学院图书馆注销图书；有卡
255	现代图书馆经营论	马宗荣著	中华学艺社	1931年	G250/M143	长方：武昌文华图书馆学专科学校+2；私立武昌文华图书馆学专科学校教科书+1；文华图专学生课本+3；文华图书馆学专科学校藏书+3	9	大洋壹元	学艺汇刊，18；小32开；有卡
256	现代图书馆经营论	马宗荣著	中华学艺社出版，商务印书馆发行	民国廿二年二月（1933年）	G250/M143；37.62/M 268	私立武昌文华图书馆学专科学校图书馆+3；长方：武昌文华图书馆学专科学校+2；私立武昌文华图书馆学专科学校教科书+1；文华图专学生课本+3	2	大洋壹元	学艺汇刊，18；国难后第1版；小32开；有卡

序号	书　名	作者	出版者	出版时间	分类号/索书号	印　章	复本	定价	备注
257	小学图书馆概论	庐震京	商务印书馆	民国二十五年一月初版（1936年）	G258.69		2		分类号参照国图
258	校雠目录学纂要	蒋伯潜	中正书局	民国三十五年十二月初版（1946年）	G256.7		2	2.55元	分类号参照武汉大学图书馆
259	校雠学	胡朴安、胡道静著	商务印书馆	民国二十三年三月初版（1934年）	G256.3	1本，钢印：私立武昌文华图书馆学专科学校+3；文华图专学生课本+2	2	大洋贰角	百科小丛书；本文献为复制本；分类号查自武汉大学图书馆
260	校雠学史	蒋元卿著	商务印书馆	民国二十四年六月初版（1935年）	G256.3	椭圆：私立武昌文华图书馆学专科学校教科书+1；钢印：私立武昌文华图书馆学专科学校+1；长方：武昌文华图书馆学专科学校+3	1	大洋五角五分	王云五主编：国学小丛书
261	新目录学的一角落	王云五	商务印书馆	民国三十二年八月初版（1943年）	N/010/W251	文华图专实验图书馆藏书+4	2	国币5元	新中学文库；渝版手工纸；有卡
262	新时代应用图书分类法	卞宝第	益丰书店	1950年8月初版	G254.11	武昌文华图书馆学专科学校藏+1	1	7.50元	有卡；分类号查自武汉大学图书馆
263	烟屿楼读书志	（清）徐时栋	徐时栋	1928年			6	10800	线装书，一函六册

序号	书　名	作者	出版者	出版时间	分类号/索书号	印　章	复本	定价	备注
264	英国图书馆	麦考温、累维合著，蒋復璁译	商务印书馆	民国三十八年三月初版(1949年)	G259.561	武昌文华图书馆学专科学校藏+3	3	肆元	英国文化丛书；有卡；分类号查自武汉大学图书馆
265	怎样搞读报组	沈涯夫、徐常、葛娴著	劳动出版社	1951年8月初版	G252.17	文华图书馆学专科学校藏+4	1	0.12	有卡；分类号查自国图
266	浙江省立图书馆善本书目录续编				目/91.51/Z419	文华图专图书馆+1，武汉大学图书馆藏+2；文华图书馆学专科学校+2	1		有借书证
267	浙江省立图书馆中日文图书分类表	浙江省立图书馆	浙江省立图书馆印行	1938年以前	O23.3/c427/c.2	武昌文华图书馆学专科学校藏+3	3		浙江省立图书馆辅导丛刊第五种；油印；毛边纸；有卡
268	浙江省立图书馆专题目录第四种鲁迅著作与鲁迅研究	浙江省立图书馆	浙江省立图书馆	1952年	17.813239	文华图书馆学专科学校藏书+2	1		
269	浙江日报索引			1953年	91.93/Z417	文华图书馆学专科学校藏书+7；武汉大学图书馆学专修科图书室+1	1		有卡
270	郑樵校雠略研究	钱亚新	商务印书馆	民国三十七年十二月初版(1948年)	G257		3	伍元伍角	国立社会教育学院丛书；分类号查自武汉大学图书馆
271	知圣道斋读书跋尾	(清)彭元瑞		清嘉庆刻本		文华图书馆学专校；文华图专图书馆	1		线装书；出版信息为网查所得

序号	书　名	作者	出版者	出版时间	分类号/索书号	印　章	复本	定价	备注
272	中国教会图书馆组织与管理	陈晋贤编著	上海广学会	民国三十七年十二月初版（1948年）	37.6699/C540	文华图专实验图书馆藏书+5	1		有卡
273	中国目录学史	姚名达	商务印书馆	民国二十七年五月初版（1938年）	G257		1		无封皮；分类号查自武汉大学图书馆
274	中国目录学史	姚名达	商务印书馆	1938年	G257		3		分类号查自武汉大学图书馆
275	中国人民大学图书馆分类法			1952年	37.6441/Z636	文华图专图书馆+2	7		油印；有卡
276	中国人民大学资料目录 第三辑	中国人民大学图书馆资料室、各教研室资料室合辑	中国人民大学	1952年	目/91.9/Z604	武汉大学图书馆藏+2；文华图专图书馆+2；文华图书馆学专科学校藏书+1	1		油印；缺封底、破损
277	中国十进分类法及索引	（嘉鱼）皮高品著	武昌文华图书馆学专科学校	民国二十三年（1934年）	37.6441/P193	武昌文华图书馆学专科学校+1	1	大洋捌元邮费加一	武昌文华图书馆学专科学校丛书；有修订夹条；有卡；手书："本书是汪应文先生的教本与我自己的一本调换，卅年四月十日"
278	中国史部目录学	郑鹤声	商务印书馆	民国廿二年五月（1933年）	G257.33		1	大洋八角	分类号查自武汉大学图书馆
279	中国书史	陈彬龢、查猛济著	商务印书馆	民国二十四年五月（1935年）	G256.1		1		国学小丛书；分类号查自国图

序号	书　名	作者	出版者	出版时间	分类号/索书号	印　章	复本	定价	备注
280	中国图书编目法	裘开明著	商务印书馆	民国二十年二月初版(1931年)	37.645/Q621	长方:武昌文华图书馆学专科学校藏+4	1	大洋伍角	纸已脆黄,将散;700×900mm,16开;手书:"书城学兄指正 开明敬赠 廿.七.十五";有卡
281	中国图书编目法	裘开明著	商务印书馆		37.645/Q625	文华图书书馆学专科学校藏书+6	9	实价四元	略大于787*1092,小32开;1本缺封面封底;7本有卡
282	中国图书编目法	裘开明著	商务印书馆		37.645/Q625	圆印:文华图专图书馆+3;4本:椭圆:文华图书书馆学专科学校参观团+1	5	实价四元	略大于787*1092小32开;1本缺封面封底;4本有卡
283	中国图书编目法	裘开明	商务印书馆	民国三十三年十二月渝第一版(1944年)	37.6452/Q625	圆印:国立女子师范学院+3;此系调拨图书本藏书印注消;方印:文化学院图书馆藏书+1	1	国币壹元柒角	毛边纸;略小于787×1092mm,小32开;有卡
284	中国图书编目法	裘开明著	商务印书馆	民国二十三年十一月国难后第二版(1934年)	37.6441/6667	文华图专学生课本+3;武昌文华图书馆学专科学校+1;私立武昌文华图书馆学专科学校图书馆+2	2	大洋伍角	大32开;有卡
285	中国图书编目法	裘开明著	商务印书馆	民国二十年二月初版,民国二十二年三月印行国难后第一版(1931年,1933年)	37.6441/6667	文华图专学生课本+2;武昌文华图书馆学专科学校+1;私立武昌文华图书馆学专科学校图书馆+4	1	大洋伍角	大32开;有卡

序号	书　名	作者	出版者	出版时间	分类号/索书号	印　章	复本	定价	备注
286	中国图书编目法	裘开明著	商务印书馆	民国二十年二月初版(1931年)	37.6441/6667	文华图专学生课本+3;武昌文华图书馆学专科学校+1;私立武昌文华图书馆学专科学校图书馆+2	1	大洋伍角	大32开;有卡
287	中国图书分类法	刘国钧编	南京金陵大学图书馆	民国十八年一月初版(1929年),民国二十五年三月增订再版(1936年)	37.6441/6667	刘国钧+1;15本:文华图专图书馆+5;19本:文华图书馆学专科学校藏书+5	34	大洋壹元	金陵大学图书馆丛刊第二种;有卡
288	中国图书分类法	刘国钧	金陵大学图书馆印行	1929年	37.6441/L667	文华图书馆学专科学校藏+2	1	大洋壹元	金陵大学图书馆丛刊第二种;余从周藏;"给图书馆惠存 档六余从周敬赠三十七年仲夏";有卡
289	中国图书分类之沿革	蒋元卿	中华书局	民国二十六年五月(1937年)	37.6441/J418	文华图书馆学专科学校藏书+5;1本:钢印:私立武昌文华图书馆学专科学校+1;2本:文华图专学生课本+2	11	国币一元五角	精装;有卡
290	中国文献学概要	郑鹤声、郑鹤春编	商务印书馆	民国廿一年三月国难后第1版(1932年)	37.683/Z545	文华图书馆学专科学校藏+3	1	大洋陆角	
291	中国现代圕概况	金敏甫编	广州图书馆协会	民国十八年五月(1929年)	37.692/J375	武汉大学图书馆藏+1	1	大洋四角	广州图书馆协会专刊之一;赠阅;有卡

序号	书　名	作者	出版者	出版时间	分类号/索书号	印　章	复本	定价	备注
292	中国印本书籍展览目录	北京图书馆编	中央人民政府文化部社会文化事业管理局	1952 年 10 月	91.57/B482	文华图专图书馆+2;文华图书馆学专科学校藏书+3	1	3000 元	赠阅
293	中华图书馆协会第二次年会指南	中华图书馆协会编印	中华图书馆协会编印	民国二十二年八月十八日(1933年)	37.6076/Z636z	武汉大学图书馆藏+1;武汉大学图书室+1	1		
294	中外图书统一分类法	王云五著	商务印书馆	民国十七年十二月初版(1928年),民国三十六年二月第五版(1947年)	37.6441/W322	武昌文华图书馆学专科学校藏+3-5	3	国币陆元	新中学文库,2 本有卡
295	中文目录检字表	国立北京图书馆中文编目组制	中国科学院图书馆重印	1951 年	37.6897/B231	文华图专图书馆+2;武汉大学图专业务参考资料+2	1		16 开油印;有卡
296	中文图书编目法	楼云林	中华书局	民国三十六年六月初版(1947 年)	37.6452/L803	武昌文华图书馆学专科学校藏+4	5	国币三元六角	有卡
297	中文图书编目条例草案	国立北京图书馆制	国立北京图书馆	1951 年 6 月	37.6452/B231	文华图专图书馆+3;刘国钧+1	10		油印竖排;有卡
298	中文图书标题法	程长源	商务印书馆	1950 年	G254.22	1 本:文华图专实验图书馆藏书;2 本:钢印:西南师范学院图书馆藏+2,文化学院图书馆藏书	12	十六元	出版年份、定价、分类号据武汉大学图书馆
299	资料十进分类表草案	人民日报图书资料组编	人民日报社		G254.122	生活·读书·新知三联书店编审部资料室 1951 五月十六日	1		油印;封面破损;有卡;分类号据国图

（二）档案学

中国档案教育肇始于 1934 年秋，文华图专设立特别教席，在图书馆学专科及图书讲习班分别开设中英文档案管理课程。初期开课门类有限，主要讲授美国的文书档案管理与档案经营方法。至 1953 年并入武汉大学，其进行档案教育的 19 年间，有一半是在战火中勉力前行；教员及课程也常有与图书馆学的重叠；毛坤先生因身体有恙，抗战胜利后没有随校返汉。从教学用书来看，若按当代《中图法》分类，则尚有属社科类、语言文字类、综合类的图书，如金寒英编著《公牍新范》、李桐岗《处理公文手册》（依《中图法》归于“H 语言文字”大类）等都是档案专业的必读书。许是由于这些原因，致现存的档案学方面的图书甚少。

现存 24 种，48 册。

序号	书　名	作者	出版者	出版时间	分类号/索书号	印　章	复本	价格	备注
1	A Manual of Archive Administration	Hilary Jenkinson	Percy Lund, Humphrise & CO LTD	1937 年	025.171/J415	私立武昌文华图书馆学专科学校图书馆+2	1		无封底页
2	Manual for Small Museums	Coleman L.V.	G.P.Putnam's Sons	1927 年	37.72/C674/I927		1		
3	Modern Filing Manual	Estelle B.Hunter, ph. b.	Yawman and Erbe Manufacturing Company	1931 年	651.5/H916	私立武昌文华图书馆学专科学校图书馆+4	1		有卡
4	Palaeography and Archices（A Manual for the Librarian, Archivist and Student）	H.G.T.Christopher, J. D.Sewart	Grafton & CO.	1938 年	025.171/G 466	私立武昌文华图书馆学专科学校图书馆+4	1		有卡
5	Studies in English Official Historical Documents	Hubert Hall, F.S.A.	Cambridge: The University Press	1908 年	025.1714/H142	武昌文华图书馆学专科学校+2	1		

序号	书　名	作者	出版者	出版时间	分类号/索书号	印　章	复本	价格	备注
6	THE Museum in American	Coleman L.V.	The American Association of Museums	1939 年	37.7956/C674m		1		
7	博物馆学概论	费耕雨、费鸿年编	中华书局	民国二十五年六月(1936 年)	37.721/F182	钢印:私立武昌文华图书馆学专科学校+1;2 本:文华图专学生课本+2	3		
8	档案管理法	周连宽编著	正中书局	民国三十四年六月初版(1945 年)	37.84/Z671b	私立武昌文华图书馆学专科学校图书馆+2	2	国币一元五角	有卡
9	档案管理法	周连宽编著	正中书局	民国三十四年六月渝初版,民国三十五年五月沪一版(1945 年,1946 年)	37.84/Z671b	文华图书馆学专科学校藏+2	2	国币一元五角 五角	有卡
10	档案管理与整理	何鲁成	商务印书馆	民国二十七年七月再版(1938 年)	37.84/H3153	2 本,钢印:私立武昌文华图书馆学专科学校+2;私立武昌文华图书馆学专科学校图书馆+2;3 本:文华图专学生课本+2	7	国币壹元柒角	有卡
11	档案管理与整理	何鲁成编著	商务印书馆	民国二十七年七月再版(1938 年)	029/H367/c.8	文华图专学生课本+2;钢印:私立武昌文华图书馆学专科学校+4	1	国币壹元柒角	只有封面、封底

序号	书　名	作者	出版者	出版时间	分类号/索书号	印　章	复本	价格	备注
12	档案管理手册	教育部总务司第一科掌卷股编		1936年11月	37.84/J458	文华图书馆学专科学校藏+1	1		油印
13	档案管理之理论与实际	黄彝仲编著	南京德新印务局	民国三十六年一月初版(1947年)			1	国币六千元	手书:“体六吾师教正,受掌黄彝仲敬呈”;有“毛坤”手迹两处
14	档案管理之理论与实际	黄彝仲编著	南京德新印务局印刷局印刷	民国三十六年一月初版(1947年)	37.8/ H576	武昌文华图书馆学专科学校藏+2;小方:黄彝仲+1	2	国币六千元	手书:1本“绍期校长教正,受掌黄彝仲敬呈”;1本“宝环吾兄指正,黄彝仲敬题”;有卡
15	档案管理之理论与实际	黄彝仲	南京德新印务局	民国三十六年一月(1947年)	37.84/H674	文华图书馆学专科学校+2	7	国币六千元	有卡
16	档案经营法	毛坤		1935年	37.8/M198		1		手书“有北京排印本,武昌重庆油印本”;复印本
17	档案管理与整理实际工作要点	李廉编	中南军政委员会办公厅调查研究室编印	1950年11月	029/331;37.84/L315	文华图专图书馆+2	4		业务学习参考资料之二;1本缺封面;有卡

序号	书　名	作者	出版者	出版时间	分类号/索书号	印　章	复本	价格	备注
18	档案经营法讲义 上册	汤成武编				文华图书馆学专科学校教务处+1	1		
19	档案十进分类法	钱亚新	国防部印	民国三十七年五月沪四版(1948年)	37.644/1G774	武昌文华图书馆学专科学校藏+3	1		有卡
20	公文档案管理法	傅振伦	文通书局	民国三十六年三月再版(1947年)	37.84/F376a		4		其中一本残缺不全
21	公牍学史	许同莘	商务印书馆	民国三十六年六月(1947年)	B18.109/H467	武昌文华图书馆学专科学校藏+2	1	国币九元	
22	教育部档案分类法			民国三十六年(1947年)	37.6441/J447	武昌文华图书馆学专科学校藏+4	1		宣纸油印,将散;有卡
23	县政府档案管理法	程长源	商务印书馆	民国二十五年十一月再版(1936年)	37.84/C574	1本:文华图专学生课本+2;1本;武昌文华图书馆学专科学校藏+4	2	国币五角	有卡
24	学校文书处理与档案管理	(长寿)殷钟麒	更生书店	民国三十二年十二月再版(1943年)		武昌文华图书馆学专科学校藏+4	1	三十五元	毛边纸竖排男人;缺封面

三、各学科书目

以下按《中国图书馆图书分类法》顺序排序。

(一)A 马克思主义、列宁主义、毛泽东思想、邓小平理论

现存148种，176册。

序号	书 名	作者	出版者	出版时间	分类号/索书号	印 章	复本	定价	备注
1	Comrade Stalin-leader of Progressive Mankind	G.Malenkov	Foreign Languages Publishing House	1950年		文华图书馆学专科学校藏书+3	1		作者为孔夫子网查得
2	Economic Problems of Socialism in The U.S.S.R	J.Stalin	Foreign Languages Publishing House	1952年	A328	文华图专图书馆+1	2		
3	Imperialism, The Highest Stage of Capitalism	V.I.Lenin	Foreign Languages Publishing House	1947年	335.4/L259	文华图专图书馆+4	1	0.28	有卡
4	J.Stalin Econmic Problems of Socialism in the U.S.S.R.		Foeeign Languages Publishing House	1952年		文华图专图书馆+2	1		有卡

序号	书　名	作者	出版者	出版时间	分类号/索书号	印　章	复本	定价	备注
5	Left-Wing' Communism, an Infantile Disorder	V.I.Lenin	Foreign Languages Publishing House	1950 年		文华图书馆学专科学校藏书+1	1		
6	Marx Engels Marxism	V.I.Lenin	Foreign Languages Publishing House	1947 年	335.4/L547	文华图专实验图书馆藏书+8;本书承张主教海松捐赠 特此鸣谢 文华图专实验圕 公元一九四九年十二月+1	1		
7	Materialism and Empirio-Criticism	V.I.Lenin	Foreign Languages Publishing House	1947 年			1		有卡
8	On People's Democratic Dictatorship	Mao Tse-Tung	Foreign Languages Press	1951 年		文华图专图书馆+2	1		油印;有卡;出版者为国图查得
9	On the Draft Constitution of The U.S.S.R * Constitution (Fundamental Law) of the Union of Soviet Socialist Republics	J.Stalin	Foreign Language Publishing House	1951 年		文华图书馆学专科学校藏书+4	1	1700	论苏联宪法草案报告
10	Problems of Leninism	J.Stalin	Foreign Languages Publishing House	1947 年		文华图专图书馆+3	1	15	有卡

序号	书　名	作者	出版者	出版时间	分类号/索书号	印　章	复本	定价	备注
11	Report to the Eighteenth Congress of the C.P.S.U.(B.) on the Work Central Committee	J.Stalin	Foreign Language Publishing House	1951 年		文华图书馆学专科学校藏书+4	1	900	Library of Marxist-Leninist Classics 在联共(布)中央委员会第十八次代表大会上的政治报告
12	Speech at the Nineteenth Party Congress	J.V.Stalin	Foreign Languages Publishing House	1952 年		文华图专图书馆+1	1		
13	Stalin and Soviet Metallurgy	I.P.Bardin	Foreign Languages Publishing House	MOSCOW 1951 年		文华图书馆学专科学校藏书+3	1		油印
14	Stalin and The Kolkhoz Pezsantry	A.Andreyev	Foreign Languages Publishing House	1950 年		文华图书馆学专科学校藏书+3	1		斯大林的集体农民
15	The April Theses	V.I.Lenin	Foreign Languages Publishing House	1951 年		文华图书馆学专科学校藏书+5	1	1100	四月提纲；价格为孔夫子网查得
16	The Civil War in France	K.Marx	Foreign Languages Publishing House	1948 年		文华图书馆学专科学校藏书+4	1		法兰西内战
17	The Class Struggles in France 1848 to 1850	K.Marx	Foreign Languages Publishing House	MOSCOW 1948 年		文华图书馆学专科学校藏书+3	1		油印
18	The Foundations of Leninism on the Problems of Leninism	J.Stanln	Foreign Languages Publishing House	1950 年	33S.441/ST165	文华图专图书馆+6	1		

序号	书　名	作者	出版者	出版时间	分类号/索书号	印　章	复本	定价	备注
19	The Origin of the Family, Private Property and The State	Frederick Engels	Foreign Languages Publishing House	1948 年	323.45/En32	文华图专实验图书馆藏书+5	1	5.00	缺封面;有卡
20	Two Tactics of Social-Democracy in the Democratic Revolution	V.I.Lenin	Foreign Languages Publishing House	1947 年	335/L547	文华图专图书馆+3	1		封面脱落,仅剩内页 1—146;有卡
21	Value, Price and Profit	K.Marx	Foreign Languages Publishing House	1947 年		文华图书馆学专科学校藏+3	1	1.70	有卡
22	What is to be Done?	V.I.Lenin	Foreign Languages Publishing House	1950 年		文华图书馆学专科学校藏书+2	1		
23	德国的革命与反革命	[德]恩格斯(F.Engels)撰,柯柏年等译	解放社	1949 年 7 月	03.33/1852.9	文华图专实验图书馆藏书+2;张主教海松捐赠	1		作者信息为网查所得;有卡
24	德意志意识形态	马克思、恩格斯合著,郭沫若译	群益出版社刊行	1949 年 8 月第二版,1950 年 7 月第三版	01.32/1847(L)	文华图书馆学专科学校藏+6;文华图书馆学专科学校藏书+1	1	基价 $ 6.00	有卡
25	俄国资本主义底发展	列宁著,曹葆华译	新华书店	1950 年 6 月初版	04.31/L899	文华图书馆学专科学校藏书+8	1	32.80 元	有卡
26	俄国资本主义底发展	列宁著,曹葆华译	人民出版社	1953 年 4 月	04.31/1899	圆形:文华图专图书馆+5	1	24600 元	有卡

序号	书　名	作者	出版者	出版时间	分类号/索书号	印　章	复本	定价	备注
27	俄国资本主义发展——对大工业的国内市场形成的过程	列宁著,焦敏之译	棠棣出版社	1948年12月初版	355/L471	武昌文华图书馆学专科学校藏+4	1	0.30元	有卡
28	恩格斯	林立著	三联书店	1949年	03.7/L588	文华图专实验图书馆藏书+2	1		新中国百科小丛书;出版年据武汉大学图书馆;有卡
29	恩格斯军事论文选集 第五分册	曹汀 译	新华书店	1950年6月版		文华图书馆学专科学校藏书	1	8.40元	无封面;有卡
30	恩格斯论“资本论”	闵斯编,章汉夫、许涤新译	生活·读书·新知三联书店	1950年2月	02.5/Z857	文华图书馆学专科学校藏书+4	1	5.40元	资本论研究丛书;有卡
31	恩格斯论住宅问题	恩格斯著,曹葆华、关其侗译	人民出版社	1951年8月北京第一版,1953年5月北京第二次印刷	03.34/L872	圆形:文华图专图书馆+4	2	5100元	有卡
32	费尔巴哈与德国古典哲学的终结	恩格斯著,张仲宝译	解放社	1950年5月中南第一版	03.34/1886	文华图书馆学专科学校藏书+4	2	4	有卡
33	费尔巴哈与德国古典哲学的终结	恩格斯著,张仲宝译	解放社	1949年11月	03.34/1886	文华图专实验图书馆藏书+5	1		有卡

序号	书　名	作者	出版者	出版时间	分类号/索书号	印　章	复本	定价	备注
34	哥达纲领批判	马克思著，何思敬、徐冰译	解放社	1939年12月延安初版，1949年11月北京校正翻印	02.34/1875.5	文华图书馆学专科学校藏书+3	1	4.50元	有卡
35	国家と革命.マルクス主義の国家論及び革命におけるプロレタリアートの任務	レーニン(列宁)著	外国語図書出版所 モスクワ	1951年	002.3/1917:2a	文华图书馆学专科学校藏书+4	1		有卡
36	黑格尔"逻辑学"一书摘要"哲学笔记之一"	列宁著，曹葆华译何思敬校	华中新华书店出版		04.36/1914.C	文华图书馆学专科学校藏书+5	1		缺封底
37	家族私有财产及国家之起源	Frederick Engels	Foreign Languages Publishing House	1948年	23.45/En32	文华图专实验图书馆藏书+3	1		有卡
38	价值价格与利润	马克思著，王学文、何锡麟、王石巍译	生活书店	1948年6月东北初版	02.33/1865.6.20sh	武昌文华图书馆学专科学校藏书+4	1		马列文库之三；有卡
39	抗日游击战争的战略问题	毛泽东著	人民出版社	1952年3月	06.33/1938.5	文华图书馆学专科学校藏书+2	1		有卡
40	劳动在从猿到人转变过程中的作用	恩格斯著，曹葆华、于光远译	人民出版社	1952年7月北京修订五版	03.34/1886c	文华图书馆学专科学校藏书+4	1	1900元	有卡

序号	书　名	作者	出版者	出版时间	分类号/索书号	印　章	复本	定价	备注
41	列.斯对于历史唯物论的发展	[苏]F.康士坦丁诺夫著,刘执之译	上海世界知识社	1950 年 3 月初版	11.502/K256l	文华图书馆学专科学校藏书+4	2	每册三元	世界知识丛书;有卡
42	列宁画传	RUTH SHAW 编,凌山译	生活书店	民国卅八年二月(1949 年)	04.7/R277L	文华图书馆学专科学校藏书+6	1	￥4.60	封面封底脱落;有卡
43	列宁略传	苏联列宁研究院	火炬出版社	民国二十七年二月十五日(1938 年)	04.7/S821	武昌文华图书馆学专科学校+2	1	三角	有卡
44	列宁生平事业简史	联共(布)中央附设马恩列学院	人民出版社	1953 年(网查结果:1949 年)	047/S822		1		有卡
45	列宁书传	路易・斐雪著,凌山译	生活・读书・新知三联书店	195? 年 10 月(内容损坏)	04.7/X327	文华图书馆学专科学校藏书+2	1	￥4.80	新中国少年文库;封面、目录脱落;有卡
46	列宁与斯大林是社会主义政治经济学的创造者	柯兹洛夫作,李少甫译	中华书局		27.1/K298l	文华图书馆学专科学校藏书+4	1		新时代小丛书 25;无封底页
47	列宁主义思想	苏联科学院哲学研究所哲学硕士 Ц.Д 斯蒂巴扬主编,作者 П.Ф.尤金等,译者葆和甫、康成、毅敏、东方强	作家书屋	1952 年 10 月五版	09/S711	文华图书馆学专科学校藏书+6	1	一万九千元	研究马克思列宁主义参考书;有卡

序号	书　名	作者	出版者	出版时间	分类号/索书号	印　章	复本	定价	备注
48	论“唯物论与经验批判论”	波兹列尔著,君达译	三联书店	1950 年 4 月第四版	04.5/B739	文华图书馆学专科学校藏书+4	1	$ 2.30	马列主义文献概要;有卡
49	论共产主义社会物质技术基础的建立	鲁宾斯坦著,崔平译	华东人民出版社	1953 年 6 月初版	27.277/L837	文华图书馆学专校+4	1	2400 元	有卡
50	论国家工业化与联共(布)党内的右倾	斯大林著	人民出版社	1953 年 3 月北京第一版	05.3/1928.11	文华图专图书馆+3	1	1800 元	有卡
51	论经济工作人员底任务	斯大林	人民出版社	1953 年 3 月	1931.2.4/O5.3	文华图书馆学专科学校藏书+4	2	900 元	有卡
52	论列宁主义基础	斯大林著,唯真译	平凡书局	民国三十八年 7 月(1949 年)再版	05.3/1924.4	文华图书馆学专科学校藏书+4	2		有卡
53	论列宁著“唯物论与经验批判论”	马卡洛夫著,戈平译	学习杂志社	1951 年 7 月北京初版	04.5/W197(w)	文华图书馆学专科学校藏书+4	1	2000 元	学习杂志丛书;有卡
54	论马克思“资本论”	李昂吉叶夫著,徐坚译	生活·读书·新知三联书店	1949 年 10 月沪初版	02.5/Z857	文华图书馆学专科学校藏书+5	1	6.5	资本论研究丛书,有卡
55	论毛泽东思想-马克思列宁主义与中国革命的结合(俄华合订本)	陈伯达著,中共中央俄文编译局编译	中华书局	1952 年 4 月初版	488.8/7523	文华图书馆学专科学校藏书+4	1	人民币 7500	为纪念中国共产党的三十周年而作;有卡
56	论社会主义经济建设 下册	列宁、斯大林	解放社	1949 年		文华图书馆学专科学校藏书+2	1		只有封皮;出版年信息为网查所得;有卡

序号	书名	作者	出版者	出版时间	分类号/索书号	印章	复本	定价	备注
57	论社会主义经济建设(下册)	列宁、斯大林	解放社	1950年		文华图书馆学专科学校藏书+2	1	1.00	干部必读,严重缺失
58	论斯大林的“论列宁主义基础”	瓦尔珂夫著,廖德苇译	中华书局	1950年6月初版	05.5/W117	文华图书馆学专科学校藏书+6	1	四元二角	新时代小丛书;缺封底
59	论斯大林的辩证唯物主义历史唯物主义	丁米著,杨献珍译	生活·读书·新知三联书店发行	1950年1月	05.5/M452Y	文华图书馆学专科学校藏书+2	1		马列主义文献概要;有卡
60	论文学的工农兵方向	雪苇著	海燕书店	1951年5月		文华图书馆学专科学校藏书+2	1		有卡
61	论住宅问题	恩格斯著,曹葆华、关其侗译	人民出版社	1951年8月北京第一版	03.34/872C	文华图专图书馆+4	1	0.51	有卡
62	马恩列斯毛论学习问题	涛声辑	读者书店	1950年1月再版	070/T238	文华图专实验图书馆藏书+4;本书承 张主教海松捐赠 特此志谢 文华图专实验圕 公元1950年2月27日	1	1.8	有卡
63	马恩列斯生平著作年表	华中师范学院马列主义基地教研室	华中师范学院	1953年	A85/H593		1		马克思列宁主义基础参考资料;分类号查自武汉大学图书馆
64	马恩列斯思想方法论	解放社主编	新华书店	1950年6月中南第四版	08.1互见16.4/J525	新华书店批发组武汉分店业务科+1;文华图书馆学专科学校藏书+8	1	1500	干部必读;有卡

序号	书　名	作者	出版者	出版时间	分类号/索书号	印　章	复本	定价	备注
65	马克思列宁主义和毛泽东思想的简单介绍	徐懋庸作	中南人民出版社	1952 年 3 月再版	09/X618	文华图书馆学专科学校藏书+4/7	2	2700 元	有卡
66	马克思是怎样学习的		西南人民出版社	1952 年 10 月重庆八版	027/G336	文华图书馆学专科学校藏书+4	1		有卡
67	马克思与恩格斯	里阿查诺夫著,吕天石译	正风出版社印行	1951 年 7 月	01.7/L24	文华图书馆学专科学校藏书+2	2		有卡
68	马克思主义的根本问题	普列哈诺夫著,张仲实译	三联书店	1950 年 3 月第二版	11/P624z	文华图书馆学专科学校藏+5	1	$ 6	马列主义理论丛书;有卡
69	马克思主义底三个来源与三个组成部分	辽北书店编	辽北书店	1948 年 12 月	09/L531	武昌文华图书馆学专科学校藏+4	1	¥ 1400	马列主义基本理论教材
70	马克思主义与文艺	周扬	中原新华书店	1949 年 4 月	42.2/Z744	武昌文华图书馆学专科学校藏+2	1		有卡
71	马克思主义与语言学问题		人民出版社	1950 年 10 月北京第一版	0513/1953	文华图书馆学专科学校藏书+4	1	0.23	有卡
72	马克思主义与语言学问题	斯大林著	解放社	1951 年 3 月西南第一版	5.31953	文华图书馆学专科学校藏书+4	1	2800 元	有卡
73	马克思主义与语言学问题	斯大林著	人民出版社	1953 年 3 月北京第二版	5.31953	文华图书馆学专科学校藏书+5	1	2300 元	有卡

序号	书 名	作者	出版者	出版时间	分类号/索书号	印 章	复本	定价	备注
74	马列主义与自然科学	中国青年社编	青年出版社	1950年3月出版	50.1/Z587	文华图专实验图书馆藏书+4;本书承 张主教海松捐赠 特此志谢 文华图专实验圕 公元1950年4月28日	1	三元二角	中国青年丛书;有卡
75	毛泽东的人生观与作风	张如心著	中原新华书店印行	1949年6月	06.7/Z273	武昌文华图书馆学专科学校+2	1		有卡
76	毛泽东思想指南	黄浅编著	进步出版社	1950年	09073/H567	文华图专实验图书馆藏书+2;本书承 张主教海松捐赠 特此志谢;文华图专实验圕 公元 年 月 日	1	$7.50	有卡
77	毛泽东选集 第一卷		人民出版社	1951年10月	062/1952	文华图书馆学专科学校藏书+7	1	1.5	全书散开,封面缺失
78	毛主席(在延安文艺座谈会上的讲话)发表十周年	光明日报社编	光明日报社	1952年9月初版	06.5/G622	文华图书馆学专科学校藏书+2	1	5000	光明日报丛刊;有卡
79	矛盾论	毛泽东	人民出版社	1952年3月北京第一版,1952年汉口第三次印刷	06.33/19378	文华图书馆学专科学校藏+4	5	1800元	
80	叛徒考茨基			1946年	335.4/L259		1		封面、封底缺失

序号	书　名	作者	出版者	出版时间	分类号/索书号	印　章	复本	定价	备注
81	上海太原失陷以后抗日战争的形势和任务	毛泽东	北京人民出版社	1952年3月	06.3/1937.11.12	文华图书馆学专科学校藏书+2	1		有卡
82	剩余价值学说史 第二卷(上册)	卡尔·马克思著,郭大力译	实践出版社	1949年	02.33 18G/(G)	武昌文华图书馆学专科学校藏书+4	1		有卡
83	剩余价值学说史(第一卷)	卡尔·考茨基编			02.33/86/(G)	武昌文华图书馆学专科学校藏+3	1		有卡;无封面
84	剩余价值学说史(三)	卡尔·马克思著,郭大力译	实践出版社	1949年5月初版	02.33/86/(G)	武昌文华图书馆学专科学校藏+8	1		有卡;缺封面
85	剩余价值学说史第二卷(下册)	卡尔·马克思著,卡尔·考茨基编,郭大力译	实践出版社	1949年	02.33/G1861	长方:武昌文华图书馆学专科学校藏+6	1	8.50	有卡
86	实践论	毛泽东著	人民出版社	1951年1月北京第一版,1951年8月北京重排四版,1952年6月汉口第九次印刷	06.33/1937.7	文华图书馆学专科学校藏+4	1	1100元	论认识和实践的关系——知和行的关系
87	实践论	毛泽东著	人民出版社	1951年1月北京第一版,1952年8月汉口第十次印刷	06.32/1937.7	武汉大学图书馆藏+2;武汉大学图书馆学系实习室+1;文华图专图书馆+3;大馆1	1	800元	论认识和实践的关系——知和行的关系;有卡

序号	书　名	作者	出版者	出版时间	分类号/索书号	印　章	复本	定价	备注
88	实践论解释	沈志远作	展望周刊社	1951 年 6 月初版	06.5/S423	文华图专图书馆+4	1	人民币 1300 元	展望周刊第四辑;有卡
89	实践论与矛盾论学习提纲	顾崇实著	展望周刊社	1952 年 11 月	06.5/G546	文华图专图书馆+3	2	人民币 1100	
90	实践论与经济学及经济工作	沈志远作		1951 年 11 月	06.5/S423	文华图书馆学专科学校藏书+4	1		展望丛刊;有卡
91	实践论学习文选	中南人民出版社编辑部编	中南人民出版社	1951 年 6 月初版	06.5/S364/zl	文华图书馆学专科学校藏书+4	1	6800 元	
92	实践论与矛盾论学习提纲	顾崇实著	展望周刊社	1952 年 11 月	06.5/G546	文华图专图书馆+4	1	人民币 1100	有卡
93	史大林传略	亚历山大洛夫等编,唯真译	上海时代社	1949 年	05.7/Y151	文华图书馆学专科学校藏	1		
94	史大林与文化	罗果托夫著,贺依译	上海时代书报出版社	1948 年 4 月初版	05.5/L957	武昌文华图书馆学专科学校藏+3	1		有卡
95	斯大林的生平	青年出版社	青年出版社	1953 年	05.7/Q526	文华图专图书馆+2	1		有卡
96	斯大林对于马列主义哲学思想的发展	M.米丁著,霍车沄林桦合译	五十年代出版社	1950 年 2 月 1 日初版	11.02/M452k	文华图书馆学专科学校藏书+4	1	2	有卡
97	斯大林论共产主义建设	费奥陀谢叶夫著,汤茀之译	时代出版社	1951 年 9 月初版	09/F182(T)	文华图书馆学专科学校藏+5	1	0.39	有卡

序号	书　名	作者	出版者	出版时间	分类号/索书号	印　章	复本	定价	备注
98	斯大林论社会主义经济法则的性质	Д.雪比洛夫著,陈国雄、张启荣译	中国人民大学	1953年3月15日第一版	05.5/X726	文华图专图书馆+2	1		
99	斯大林论苏联伟大的卫国战争	斯大林	外国文书籍出版局印行	1949年	05.3/1959	文华图专实验图书馆藏书+2	2		
100	斯大林论语言学的著作与苏联文艺学问题	B.维诺格拉陀夫等著,张孟恢等译	时代出版社	1952年12月	05.5/W379z	武昌文华图书馆学专科学校+2	1		有卡
101	斯大林论作为革命行动的方法的辩证法	列昂诺夫著,潘朗译	中华书局	1950年4月初版	11.3L556p	文华图书馆学专科学校藏书+4	1	二元一角	新时代小丛书;有卡
102	斯大林年谱	上海中苏友好协会编	华东人民出版社出版	1950年12月	05.7/S821S	文华图书馆学专科学校藏书+2	1		有卡
103	斯大林:社会主义政治经济学的创立者	奥斯特罗维强诺夫著,刘执之译	海燕书店	1951年7月第一版	27.1/A538L	文华图书馆学专科学校藏书+4	1	0.43	有卡
104	斯大林:社会主义政治经济学的创造者	列昂节夫著,潘岷风译	学习杂志社	1951年	27.2760Q/L558	文华图书馆学专科学校藏+3	2	4.30	有卡
105	斯大林-社会主义政治经济学的创造者	列昂节夫著,潘岷风译	学习杂志社	1951年7月北京初版	003.5/1268:Z C.3	文华图书馆学专科学校藏书+4	3	0.43	学习杂志丛书,部分缺失,无底页
106	斯大林语言学著作中的哲学问题	亚历山大罗夫著,王以铸等译	三联书店	1953年9月北京第一版	41.01/Y125w	武汉大学图书馆藏+1;图专+1	1	17000元	有卡

序号	书　名	作者	出版者	出版时间	分类号/索书号	印　章	复本	定价	备注
107	斯大林在克里姆林宫举行的红军学院学生毕业典礼大会上的演说	斯大林	人民出版社	1953年	05.3/1935.5.4		2		有卡
108	苏联的领袖与人民	台维斯著,何家选译述	学风出版社	1949年8月	32.3/T145	武昌文华图书馆学专科学校藏+3	1	¥7.00	有卡
109	苏联社会主义经济问题	斯大林	人民出版社	1952年11月第一版	05.3/1952	文华图书馆学专科学校藏书+1	1	1.60元	有卡
110	苏联社会主义经济问题	斯大林著	人民出版社	1952年11月中南重印初版	05.3/1952.9.28	文华图书馆学专科学校藏书+4	5	3.00元	有卡
111	苏联社会主义社会诸经济问题	斯大林著,唯真译	外国文书籍出版局	1952年	05.3/1952.9	文华图书馆学专科学校藏书+4	1	3.00元	有卡
112	通俗资本论	马克思著,博洽德编;李季译	神州国光社	民国三十八年四月(1949年)	02.5/Z857B	文华图书馆学专科学校藏书+8	1		有卡
113	伟大的斯大林永垂不朽	人民出版社	人民出版社	1953年	05.7/R148	文华图专图书馆+3	1		作者信息为网查所得;有卡
114	伟大斯大林的故事	伐莱克等著,汤茀之译	时代出版社	1951年	05.7/F113	文华图书馆学专科学校藏书+2	2		有卡
115	新时代小丛书21:列宁与科学	亚历山大洛夫作,李少甫译	中华书局	1949年11月	50.2/Y153L	文华图书馆学专科学校藏+2;张主教海松捐赠	1		有卡
116	学习“矛盾论”	西安人民出版社编辑	西安人民出版社	1952年7月再版	06.5/M155s	文华图书馆学专科学校藏+3	1	1700元	干部学习资料;有卡

序号	书　名	作者	出版者	出版时间	分类号/索书号	印　章	复本	定价	备注
117	学习“矛盾论”第二辑	李达、胡绳、马特、王学文、吴江、黄药眠	新建设杂志社	1953年4月25日初版	06.5/M155a	文华图专图书馆+4	1	4400元	有卡
118	学习“矛盾论”第一辑	艾思奇、赖若愚、荣孟源、沈志远、千家驹、徐懋庸	新建设杂志社	1952年9月25日初版	06.5/M155a	文华图书馆学专科学校藏书+4	1	4500元	有卡
119	学习“实践论”第二辑	西南人民出版社	西南人民出版社	1952年9月重庆四版	06.5/S364xl	文华图书馆学专科学校藏书+4	1	3000元	有卡
120	学习“苏联社会主义经济问题”参考资料 第一辑	契斯诺科夫等著，吴钟清等译，何匡、刘水校	人民出版社	1953年2月	05.507/K255	文华图书馆学专科学校藏书+5	1	6100元	有卡
121	学习关心群众生活注意工作方法	张承宗著	劳动出版社	1952年			1		
122	学习杂志丛书：学习“为人民服务”	田家英	学习杂志出版社	1951年9月	17.7/T355	文华图专实验图书馆藏书+2	1		有卡
123	研习资本论的准备	沈志远著	新中国书局	1949年4月东北初版	02.5/Z857(s)	文华图书馆学专科学校藏书+6	1	3.30元	资本论研究丛书；有卡
124	研习资本论的准备	沈志远著	新中国书局	1949年	02.5/Z857	武昌文华图书馆学专科学校藏+4	1		资本论研究丛书；有卡
125	约维·斯大林的天才著作“论辩证唯物论与历史唯物论”解释	Ц.斯杰潘宁著，方德厚译	作家书屋	1953年4月初版	05.5/F213	文华图专图书馆+3	2	7400元	斯大林的经典哲学著作研究；有卡

序号	书名	作者	出版者	出版时间	分类号/索书号	印章	复本	定价	备注
126	在第十八次党代表大会上关于联共(布)中央工作的总结报告	斯大林著	外国文书籍出版局出版	1950年	A337	文华图专图书馆+2	1		马列主义丛书;有卡
127	在第十九次党代表大会上关于联共(布)弘扬工作的总结报告	马林科夫	人民出版社	1952年	33.134/M198	文华图书馆学专科学校藏书+2	1		有卡
128	在第十七次党代表大会上关于联共(布)中央工作的总结报告	斯大林著	外国文书籍出版局出版	1953年	A337	文华图专图书馆+2	1		有卡
129	在联共(布)第十四次代表大会上关于中央政治工作的总结报告	斯大林著	外国文书籍出版局出版	1952年	A337	文华图书馆学专科学校藏书+2	2		
130	怎样研究资本论	亚尔帕里著,许涤新译	三联书店	1950年2月版	02.5/Y142x	文华图书馆学专科学校藏+6	1		资本论研究丛书;有卡
131	怎样研究资本论	亚尔帕里著,许涤新译	生活·读书·新知三联书店	1950年2月	02.5/Y142X	文华图书馆学专科学校藏书+5	1	2.70元	资本论研究丛书;有卡
132	哲学底贫困	马克思著,何思敬译	解放社	1949年11月初版	02.321/847.6(h)	武昌文华图书馆学专科学校藏+8	1		有卡

序号	书　名	作者	出版者	出版时间	分类号/索书号	印　章	复本	定价	备注
133	哲学之贫困	马克思著,杜竹君译	作家书屋	1947 年 10 月再版	02.321/847.61		1	八角	缺封底
134	政治经济学论丛	马克思、恩格斯 合著,王学文、何锡麟译	山东新华书店	1949 年 8 月第一版	01.32/847.12	文华图书馆学专科学校藏书+3;武汉大学图书馆学系资料室+3	1	1.00 元	
135	政治经济学批判	马克思著,郭沫若译	群众出版社	1951 年 4 月第六版	02.331/859.1	文华图书馆学专科学校藏书+3	1	1.15 元	有卡
136	政治经济学批判	马克思著,郭沫若译	群众出版社	1946 年 10 月第一版	02.33/189.1	文华图书馆学专科学校藏书+4	1	1.15 元	有卡
137	中共的城市工商业政策	毛泽东等著	新流出版社			圆形:私立武昌文华图书馆学专科学校＊学生自治会+1	2		有卡
138	中国革命与中国共产党	毛泽东著	卢原新华书店印行	1948 年 10 月	06.33/1939.12	武昌文华图书馆学专科学校+2	1		有卡
139	中国共产党党章教材 修订本		人民出版社年	1949 年 4 月第一版;1951 年 6 月第三版	33.126/Z5312	文华图书馆学专科学校藏+1;文华图书馆学专科学校藏书+1	1	4.9 元	有卡
140	住宅问题	恩格斯著,贾植芳译	泥土社	1951 年 11 月第一版		文华图书馆学专科学校藏书+5	1	0.78 元	有卡

序号	书名	作者	出版者	出版时间	分类号/索书号	印章	复本	定价	备注
141	住宅问题	恩格斯著,贾植芳译	泥土社	1951 年 11 月第一版		文华图书馆学专科学校藏书+4	1	0.78 元	有卡
142	资本论(俄文)					文华图专图书馆+2	1		
143	资本论大纲(修正本)	高畠素之著,施复良译	神州国光社	1950 年 4 月	02.5/Z857Gs	文华图书馆学专科学校藏书+7	2	16.00 元	有卡
144	资本论解说	王思华著	生活·读书·新知三联书店	1950 年 1 月第一版	02.5/Z857w	文华图专实验图书馆藏书+5;本书承张主教海松捐赠,特此志谢,文华图专实验圕 公元 1950 年 2 月 27 日	1		资本论研究丛书;有卡
145	资本论通信集	马克思、恩格斯合著,郭大力译	生活·读书·新知三联书店	1950 年 5 月第一版	01.33/1867.6.22(G)	武汉大学图书馆学系资料室+1;文华图书馆学专科学校藏书+2	1	4.00 元	资本论研究丛书;有卡
146	资本论研究丛书:资本论的文学构造	聂奇金纳著,郑易里译	生活·读书·新知三联书店出版	1949 年 3 月	02.5/N272C	文华图书馆学专科学校藏书+2	1		有卡
147	自然辩证法	恩格斯著,杜畏之译	神州国光社	民国三十八年一月第四版(1949 年)			1		
148	最伟大的友谊	毛泽东著	人民出版社	1953 年	06.35/1953.39	文华图书馆学专科学校藏书+2	2		

（二）B 哲学、宗教

现存 366 种，427 册。

序号	书名	作者	出版者	出版时间	分类号/索书号	印章	复本	定价	备注
1	How to Enjoy the Bible	Anthony C.Deane, M.A.	Hooder and Stoughton Limited London		220/D344	私立武昌文华图书馆学专科学校图书馆+4；重庆求精图书馆+1	1		
2	Selected Philosophical Essays	N.A.Dobrolyubov 著，J.Fineberg 译	Foreign Languages Publishing House	1948 年	104/D656	文华图专实验图书馆藏书+7；本书承 张主教海松捐赠 特此志谢 文华图专实验圕 公元 1949 年 12 月 15 日	2		有卡
3	Why I am a Christian	O.Hallesby, Ph.D	Augsburg Publishing House	1930 年	F267	本书承 梅兴华捐赠 特此志谢 文华图专实验圕 公元 1950 年 5 月 1 日	1		
4	艾彬敦圣经注释	原文主编：艾斯兰、鲁易斯、道泥，中文主编：诚质怡、章文新	上海广学会	1950 年	91.93/R145	武昌文华图书馆学专科学校藏+3	1	￥12100	金陵神学院丛书；有卡
5	变态心理学	萧孝嵘编著	正中书局	民国三十五年九月沪一版（1946 年）	155/S437	武昌文华图书馆学专科学校藏+6	1		有卡
6	辩证法的逻辑	秋芝根著，柯柏年译	三联书店	1950 年	16.6/L339k	文华图书馆学专科学校藏书+2	1	0.58	有卡

序号	书　名	作者	出版者	出版时间	分类号/索书号	印　章	复本	定价	备注
7	辩证法的逻辑	狄芝根著,柯柏年译	三联书店	1950 年 4 月第二版	16/D339	文华图书馆学专科学校藏书+5	1	$ 6.80	马列主义理论丛书;有卡
8	辩证法全程	苏联瓦因斯坦原著,汪耀三、金奎光合译	光明书局印行	民国三十八年七月出版（1949 年）	103.11/1064/C.1	武昌文华图书馆学专科学校藏+4;私立武昌文华图专实验图书馆藏+1;私立武昌文华图专实验图书馆藏+1	1	$ 25.00	全一册
9	辩证法唯物论辞典	米丁. 易西金柯编著,平生、执之、乃刚、麦园合译	三联书店	1950 年 4 月第三版	G11.1072/M2172	文华图书馆学专科学校藏书+12	1	$ 14	有卡
10	辩证法唯物论辞典	米丁、易西金柯编著,平生、执之、乃刚、麦园合译	三联书店	1951 年 2 月第五版	G11.1072/M2172	文华图书馆学专科学校藏书+8	1	人民币 14000	有卡
11	辩证法唯物论入门	胡绳著	新华书店	1949 年 8 月出版	11.3/H444	武昌文华图书馆学专科学校藏+3	1		有卡
12	辩证法唯物论与历史唯物论		改造出版社	1940 年版	103.1/K144/c.4;103.16/4244ae/v.1	文华图书馆学专科学校藏+5;武汉大学图书馆藏+2;大馆+2	1		改造丛书第一辑
13	辩证法唯物论与历史唯物论		改造出版社	1949 年	103.1/K44c.1	武昌文华图书馆学专科学校藏+4-5	2		改造丛书 第一辑 4;有卡

序号	书　名	作者	出版者	出版时间	分类号/索书号	印　章	复本	定价	备注
14	辩证法与形式逻辑	洪仁、田蒙编译	中华书局出版	1951 年九月初版	16.03/H374;140.4/3421	文华图书馆学专科学校藏书+4	1	人民币 8200 元	新中华丛书;缺封底
15	辩证唯物论	陶军编	中大教务处印		11.1/T265	中原大学图书馆+1;武昌文华图书馆学专科学校藏+3	1		中大丛书之五;有卡
16	辩证唯物论简明教程	陶军著	上海杂志公司	1950 年 4 月第一版	11.1/T265	文华图专实验图书馆+5	1	$ 5.30	
17	辩证唯物论要旨	凯士特著,关其侗译	大众书店	1950 年 10 月初版	11.1/K226	文华图书馆学专科学校藏书+3-4	2	5.5 元	大众文库;有卡
18	辩证唯物论要旨	凯士特著,关其侗译	大众书店	1950 年 10 月初版	11./1K226	文华图专图书馆+4	1	5.5 元	大众文库;有卡
19	辩证唯物论与科学	英国康福斯著,邓质青译	五十年代出版社	1952 年 11 月沪新一版	50/K246d	文华图书馆学专科学校藏书+4	2	4200 元	有卡
20	辩证唯物论与历史唯物论基本问题 Ⅲ 马克思主义底哲学唯物论	博古编译	生活·读书·新知联合发行所发行		11.1/B496	文华图专实验图书馆藏书+6;本书承 张主教海松捐赠 特此志谢 文华图专实验圕 公元 1949 年 12 月日	1		有卡
21	辩证唯物论与历史唯物论基本问题 Ⅳ 马克思主义底历史唯物论	博古编译	生活·读书·新知联合发行所发行	1949 年 7 月沪初版	11.1/B796	文华图专实验图书馆藏书+6,本书承 张主教海松捐赠 特此志谢 文华图专实验圕 公元 1949 年 12 月日	1	$ 47.60	全四册;有卡

序号	书　名	作者	出版者	出版时间	分类号/索书号	印　章	复本	定价	备注
22	辩证唯物论与历史唯物论基本问题Ⅳ马克思主义底历史唯物论	博古编译	生活·读书·新知联合发行所发行	1950 年 3 月第二版	11.1/B796	文华图书馆学专科学校藏书+3	1	$ 14	有卡
23	辩证唯物论与历史唯物论基本问题Ⅱ马克思主义底辩证法	博古编译	三联书店	1950 年 3 月第二版	11.1/B795	文华图专实验图书馆藏书+6;本书承 张主教海松捐赠 特此志谢 文华图专实验圕 公元 1949 年 12 月日	1	$ 10.00	有卡
24	辩证唯物论与历史唯物论基本问题Ⅱ马克思主义底辩证法	博古编译	三联书店		11.1/B795	文华图书馆学专科学校藏书+6	1		有卡
25	辩证唯物论与历史唯物论教程大纲	米丁主编,曹葆华译	解放社	1950 年 9 月中南第一版,1950 年 11 月中南第三版	11.053/M452	文华图书馆学专科学校藏书+3	1	2.60	有卡
26	辩证唯物论与历史唯物论教学大纲		东北人民政府文化教育委员会	1951 年 5 月	11.053/S819f	文华图书馆学专科学校藏书+3	2	2.1	有卡
27	辩证唯物论与历史唯物论教学大纲	傅尚民译	东北人民政府文化教育委员会	1951 年 5 月初版	11.053/S819f	文华图书馆学专科学校藏书+4	5	2100 元	苏联高等教育部社会科学教育司公布高等学校用;有卡

序号	书　名	作者	出版者	出版时间	分类号/索书号	印　章	复本	定价	备注
28	辩证唯物论与历史唯物论研究提纲	米丁主编,曹葆华译	解放社	1949 年 11 月初版	11.05/3M452s	文华图书馆学专科学校藏书+3-4	4	3200	有卡
29	辩证唯物论与米邱林生物学问题	刘执之译	世界知识出版社	1950 年 4 月初版	58.1021/S7281	文华图专实验图书馆藏书+4;本书承 徐家麟 马盛楷 陈颂 胡昌宁 捐赠 特此志谢;文华图专实验圕公元 1950 年 5 月 1 日	1	2 元	世界知识丛书
30	辩证唯物论与自然科学 论文选	华中师范学院马克思列宁主义基础教研室	华中师范学院	1953 年 7 月 15 日第一版	50.1/H495	文华图专图书馆+3	3		有卡
31	辩证唯物主义与历史唯物主义	斯大林著,唯真译校	解放社	1950 年 3 月中南第二版	05.3/1938.9	文华图书馆学专科学校藏书+4;新华书店批发组	1	2.1	有卡
32	辩证唯物主义与历史唯物主义	斯大林著	新华书店发行	1949 年 7 月出版	05.3/1938.9	武昌文华图书馆学专科学校藏+2	2		有卡
33	辩证唯物主义与历史唯物主义	斯大林著	外国文书籍出版局	1951 年	05.3/1938.9	文华图专图书馆+3	3		马列主义丛书;有卡
34	彻底割断基督教与美帝国主义的联系	人民出版社编辑部编	人民出版社	1951 年 6 月	49.23/R148	文华图书馆学专科学校藏书+2	1		新华时事丛刊;出版年为网查所得;有卡
35	崇学论 附新雅特兰地	培根著,关琪桐译,中华教育文化基金董事会编译委员会编辑	商务印书馆发行	民国二十七年六月初版	125.1/K655	武昌文华图书馆学专科学校(反)+1	1		缺封底

序号	书　名	作者	出版者	出版时间	分类号/索书号	印　章	复本	定价	备注
36	从实际上解释耶稣的比喻	劳利著，徐世光、浦保罗合译	广学会	民国三十年三月三版	252.07/L321	武昌文华图书馆学专科学校+2	1	一元二角五分	基督教学术推进会丛书 原名基督比喻教授法；缺封底
37	从叔本华到尼采	陈铨著	在创出版社	民国三十三年五月初版	127.8/C395	私立武昌文华图书馆学专科学校图书馆+5	1	每册75元	有卡
38	大时代中的上帝观	吴耀宗著	青年协会书局	民国三十一年	251.1/W498	私立武昌文华图书馆学专科学校图书馆+7	1		非常时丛书；有卡
39	大众的教会	陈际云编	上海广学会出版	民国三十八年七月初版	250.7/C.394	武昌文华图书馆学专科学校藏+4；本书承 张主教海松捐赠 特此志谢；文华图专实验圕 公元1950年11月15日	1		青年宗教丛书第五种；有卡
40	大众哲学（新订重改本）	艾思奇著	新华书店	1950年2月中南第一版	10/A277	文华图专实验图书馆藏书+5；本书承 校友 徐家麟马盛楷，陈颂，胡昌宁捐赠特此志谢；文华图专实验圕 公元1950年5月1日	1	7.1	有卡
41	大众哲学（重改本）	艾思奇著	新华书店	1949年7月再版	10/A277	武昌文华图书馆学专科学校+4	1		有卡
42	当作科学看的历史唯物论	康士坦丁诺夫著，沈志远译	人民出版社	1952年	11.5/K257(1)	文华图书馆学专科学校藏书+4	1		有卡

序号	书　名	作者	出版者	出版时间	分类号/索书号	印　章	复本	定价	备注
43	当作科学看的历史唯物论（“历史唯物论”第一章）	康士坦丁诺夫著；沈志远译	人民出版社	1952 年 1 月北京第一版，9 月北京第四次印刷	11.5/K257(1)	文华图书馆学专科学校藏书+4	2	4700 元	有卡
44	道藏源流考	陈国符	中华书局	民国三十八年七月初版（1949 年）	49.48/C287	私立武昌华中大学大学图书馆+7	2	8 元	
45	道德学	黄方刚著	世界书局	民国二十四年七月再版（1935 年）	180/H655	私立武昌文华图书馆学专科学校图书馆+3	1	大洋七角	缺封面、封底，已散；道德学丛书；有卡
46	道教史概论	傅勤家	商务印书馆	民国三十六年三月再版（1947 年）	47.48/F598	文华图专实验图书馆藏书+3	1	国币贰元	新中学文库，百科小丛书；有卡
47	地理环境与社会发展	吴泽著	棠棣出版社印行	1950 年 2 月初版	11.5/W591	文华图专实验图书馆藏书+5；本书承 张主教海松捐赠 特此志谢；文华图专实验圕 公元 1950 年 2 月 27 日	1	基价 $ 4.50	历史唯物论基本问题之一；有卡
48	帝国主义反动势力的天主教哲学	特伊·奥则尔曼著 陈兆福、尹慧民、刘氏敏译	上海人民出版社	1956 年 9 月第 1 版	47.23/A192c		1	0.13 元	有卡
49	读约翰福音札记 第二集	汤朴维廉著，张伯怀译	广学会	1950 年 7 月初版	252.64	武昌文华图书馆学专科学校藏+3	1		有卡

序号	书　名	作者	出版者	出版时间	分类号/索书号	印　章	复本	定价	备注
50	读约翰福音札记 第一集	汤朴维廉著,张伯怀译	广学会	1950 年 6 月初版	252.64/T225/v1	武昌文华图书馆学专科学校藏+5;本书承 张主教海松捐赠 特此志谢;文华图专实验圕 公元 1950 年 11 月 15 日	1		有卡
51	杜勃罗留波夫底哲学和社会政治观	岳夫楚克著,杨白桦译	正风出版社	1952 年 10 月沪初版	15.53664/D543	文华图书馆学专科学校藏书+3;文华图专图书馆+1	1	￥3800	有卡
52	儿童心理的发展	列昂杰也夫著,张渭澄译	大泉书店	1951 年 8 月再版	59.825/L558	文华图书馆学专科学校藏+5	1		有卡
53	儿童心理的发展		人民教育出版社	1951 年 9 月原版; 1951 年 11 月初版	29.825/L579	文华图书馆学专科学校藏+4	2	2	有卡
54	儿童心理学概论	包若维奇、列昂节夫、莫洛索娃、艾利康宁著,王燕春、赵璧如、余增寿译	东北教育出版社	1953 年 1 月初版	59.825/L556w	文华图专图书馆+4	1		有卡
55	斐希德生平及其哲学	[英]阿丹逊著,江天骥译	独立出版社印行		127.3/O122	武昌文华图书馆学专科学校+2	1	￥2100	现代哲学史丛书;有卡
56	风水新谈	罗邨撰	上海生活·读书·新知识上海联合发行所	1949 年 6 月初版	49.971/L952	文华图专实验图书馆藏书+2	1		作者、出版者查自孔夫子旧书网;分类索引

序号	书　名	作者	出版者	出版时间	分类号/索书号	印　章	复本	定价	备注
57	风俗科学与伦理学	L. Levy Bruhl 著，黎东方译，中山文化教育观编辑	商务印书馆	民国三十二年十月初版（1943年）	180/L471	私立武昌文华图书馆学专科学校图书馆+4	1	国币叁元陆角	中山文库；有卡
58	佛教概论	黄士复	商务印书馆	民国三十六年二月三版（1947年）	N/230/H664	文华图专实验图书馆藏书+4	1	国币贰元	新中学文库，百科小丛书；有卡
59	佛学大纲	成都谢蒙编辑	中华书局	民国五年八月印刷、发行，民国二十五年八月十一版（1916年，1936年）		武昌文华图书馆学专科学校+4；钢印：私立武昌文华图书馆学专科学校+1	1	实价国币二圆	有卡
60	佛学书目	庚申佛经流通处印	北平东城大佛寺内	民国二十三年一月第五次重订（1934年）	目 49.3/F517	文华图书馆学专校+2；文华图专图书馆+1；武汉大学图书馆藏+2	1		破损；有卡
61	佛学唯物论	李仲融著	文光书店	1951年6月初版	49.2/L385	文华图书馆学专科学校藏书+7	1	¥3800	有卡
62	服务与人生	赵宗预著	商务印书馆	民国二十六年四月初版（1937年）	186/C412	文华图书实验图书馆藏书+4	1		新中学文库；有卡
63	服务与修养（上册）	赵宗预著	商务印书馆	民国三十三年二月渝第一版（1944年）	186/C412v1	私立武昌文华图书馆学专科学校图书馆+4	1	国币二元七角	缺封底

序号	书　名	作者	出版者	出版时间	分类号/索书号	印　章	复本	定价	备注
64	服务与修养(中)	赵宗预编著	商务印书馆印行	民国三十三年二月渝第一版(1944年)	186/C412/V.2	私立武昌文华图书馆学专科学校图书馆+3	1	国币2元	有卡
65	福幼圣经	福幼报社编订	广学会	1950年4月四版	252.07/F545	武昌文华图书馆学专科学校藏+11;本书承 张主教海松捐赠 特此志谢 文华图专实验圕 公元1950年11月15日	1		
66	革命人生观	沈志远作	展望周刊编印	1950年7月	170/S.429	文华图专实验图书馆藏书+3;张主教海松捐赠文华图专实验圕	1	1	展望丛刊(第一辑)
67	革命人生观	罗明编	知识书店	1949年9月三版	17.2/L962	武昌文华图书馆学专科学校藏+4	1	22	有卡
68	工作方法研究	郭小川著	中南人民出版社	1952年10月八版	124.15/D.7/G734; 330.2/O792/C.2	文华图书馆学专科学校藏书+4	1	2900	有卡
69	公教论	陈香伯	商务印书馆	民国三十六年二月再版(1947年)	N/250/C.389	文华图专实验图书馆藏书+5	1	国币贰元	新中学文库;有卡

序号	书　名	作者	出版者	出版时间	分类号/索书号	印　章	复本	定价	备注
70	共产主义道德教育问题	[苏]包德列夫著，高晶齐译	正风出版社	1953年1月沪三版	17/B386G	文华图书馆学专科学校藏书+4	1	7.6	马列主义教育丛书X;有卡
71	共产主义道德论	П.А.夏利亚著，毅敏译	作家书屋	1952年4月初版	17/X221Y	文华图书馆学专科学校藏书+5	1	16000元	马克思列宁主义伦理学参考书;有卡
72	共学社哲人传记丛书:墨子学案	梁启超著	商务印书馆	民国十年十一月(1921年)	111.131/L425	私立武昌文华图书馆学专科学校图书馆+2	1		陈东原先生惠赠;有卡
73	古代儒家哲学批判	赵纪彬著	中华书局	1950年3月初版	13.12039/Z373	文华图书馆学专科学校藏书+3	1	6元	缺封面;有卡
74	古物学与圣经	美国卜德生译著，管西屏修词	基督福音书局	主历1950年夏三版	252.099/P658	武昌文华图书馆学专科学校藏+18;本书承张主教海松捐赠，特此志谢，文华图专实验圕 公元1950年11月15日	1	硬面8角 纸面5角	有卡
75	管子	唐敬杲选注	商务印书馆	民国十五年三月初版，民国三十六年四月第五版(1936年，1947年)	13.161/T231	文华图专实验图书馆藏书+4	1	国币叁元伍角	新中学文库，学生国学丛书;有卡
76	国民道德论	邓熙著	国民图书出版社印行	民国三十一年五月(1942年)	185.1/T315	武昌文华图书馆学专科学校(反)+3	1	3.2	有卡

序号	书　名	作者	出版者	出版时间	分类号/索书号	印　章	复本	定价	备注
77	韩非子	唐敬杲	商务印书馆	民国二十三年五月第一版(1934年),民三十六年二月第四版(1947年)	13.167/T231	文华图专实验图书馆藏书+4	1	国币贰元五角	新中学文库,学生国学丛书;有卡
78	黑格尔的小逻辑	黑格尔著,贺麟译	商务印书馆	1950年11月初版	15.1851/H331	文华图书馆学专科学校藏书+4	1	基价27.00	世界哲学名著译丛,缺封面;有卡
79	黑格尔逻辑大纲	哈里士英译,周谷城重译	商务印书馆	1951年6月本馆第一版	15.1851/Z722	文华图书馆学专科学校藏书	1	人民币3000元	有卡
80	厚黑学	李宗吾著	大千书局	1945年	182/L344	武昌文华图书馆学专科学校藏+2	1		缺封面、封底
81	慧琳一切经音义引用书索引(四)	国立北京大学研究院文史部	商务印书馆	民国二十七年七月初版(1938年)	232.03/P273V.5	武昌文华图书馆学专科学校+2	1		笔画索引
82	霍布士	[英]塔勒尔(A. Taylor)著,刘衡如译	中华书局	1931年1月	125.2/H775		1		缺尾页;出版时间为网查所得
83	基督教的伦理	赵紫宸著	青年协会书局	民国三十七年四月初版(1948年)	258/C412	武昌文华图书馆学专科学校藏+2;本书承 张主教海松捐赠 特此志谢 文华图专实验圕 公元1950年11月15日	1	国币贰元	宗教与生活丛书;有卡

序号	书　名	作者	出版者	出版时间	分类号/索书号	印　章	复本	定价	备注
84	基督教概论	袁定安著	商务印书馆	民国二十五年七月初版（1936年），民国三十六年二月再版（1947年）	250.1/Y821	武昌文华图书馆学专科学校+2；钢印：私立武昌文华图书馆学专科学校+2	1	国币贰元伍角	缺封面、缺封底；百科小丛书
85	基督教概论	袁定安著	商务印书馆	民国二十五年七月初版（1936年），民国三十六年二月再版（1947年）	N/250/Y821	文华图专实验图书馆藏书+4	1	国币贰元伍角	新中学文库，百科小丛书；有卡
86	基督教纲要	谢扶雅著	上海中华书局	民国二十三年三月发行（1934年）	250.7/S467	武昌文华图书馆学专科学校+2；钢印：私立武昌文华图书馆学专科学校+2	1	银三分五角	有卡
87	基督教人名辞典上卷	林辅华著，沈武侯、夏明合译	广学会	1941年	49.69072/L576	武昌文华图书馆学专科学校+2	1		封面缺失；字母索引
88	基督教人士的爱国运动	新华时事丛刊社编	新华书店发行	1950年11月中南第一版	49.22/X456	文华图书馆学专科学校藏书+4	1	¥1.90	新华时事丛刊；有卡
89	基督教思想史	彭彼得	广学会出版	1936年9月1日	250.9	武昌文华图书馆学专科学校+2；张主教海松捐赠	1		齐鲁神学丛书之十；有卡
90	基督教信仰和民主主义	Gregory Viastos著，田浩徵译	青年协会书局出版	民国三十年一月初版（1941年），民国三十七年七月再版（1948年）	250.14/T.449	武昌文华图书馆学专科学校藏+5；本书承 张主教海松捐赠 特此志谢 文华图专实验圕 公元1950年11月15日	1		海慎宗教丛书；有卡

序号	书　名	作者	出版者	出版时间	分类号/索书号	印　章	复本	定价	备注
91	基督教与马列主义	江文汉著	青年协会书局出版	1950 年 3 月初版,1950 年 6 月五版	49.21/J366	武昌文华图书馆学专科学校藏+3;本书承 张主教海松捐赠 特此志谢 文华图专实验圕 公元 1950 年 11 月 15 日	1	基价 5 元	宗教与生活丛书;有卡
92	基督教与现代潮流	龚斯德原著,林步基译	广学会	民国二十八年十一月再版(1939 年)	250.14/K481c.1	武昌文华图书馆学专科学校+3	1	国币叁角	有卡
93	基督教著名妇女小传	罗德博士著,刘美丽编译	广学会出版	民国三十六年十二月(1947 年)		文华图专实验图书馆藏书+2;张主教海松捐赠	1		有卡
94	基督教最早的五大总议会	恭思道会长著 魏希本校	中华圣工会书籍委员会刊行	1938 年 4 月初版	250.01/K475	武昌文华图书馆学专科学校藏+3;本书承 张主教海松捐赠 特此志谢 文华图专实验圕 公元 1950 年 11 月 15 日	1	贰角	中央神学院丛书之一;有卡
95	基督徒到底相信些什么	罗倍特华敦编著,钱淞英译述	广学会	1949 年 10 月初版	251/L716	武昌文华图书馆学专科学校藏+4	1		有卡
96	简明哲学词典	M.罗森塔尔、犹琴著	中原新华书店	1949 年 3 月出版	G10.72/L864	武汉大学图书馆藏+2;六一图书馆赠武汉大学图书馆藏 1951 年 10 月 3 日	1		缺封底
97	简明哲学辞典	M.罗森塔尔、犹琴合著,孙冶方译	新华书店	1949 年 8 月出版	10.72/L967	武昌文华图书馆学专科学校藏+4	1		

序号	书　名	作者	出版者	出版时间	分类号/索书号	印　章	复本	定价	备注
98	简明哲学辞典	M.罗森塔尔、犹琴合著,孙冶方译	新华书店	1949年8月出版	G10.72/L569z3	武昌文华图书馆学专科学校藏+7	1		有卡
99	解心术学说	夫吕革尔著,陈德荣译	商务印书馆	民国二十三年十二月再版(1934年)	156/F515	私立武昌文华图书馆学专科学校图书馆+2	1	大洋叁角	社会科学小丛书
100	进步观念在社会发展中的作用	康士坦丁诺夫著,王易今译	上海书报杂志联合发行所	民国卅八年六月初版(1949年)	11.59/K256 310.1/K.181	文华图专实验图书馆藏书+4;张主教海松捐赠文化图专实验圕	1	¥6.00/3.50	思想与科学小丛书;有卡
101	进步思想论	康斯坦丁诺夫著,杨慕之译	中外出版社印行	1950年9月五版	103.15/0044	文华图书馆学专科学校藏书+4	1	¥2.70	有卡
102	精神文化讲话	曹伯韩著	开明书店	民国三十四年十一月初版(1945年),民国三十七年七月特一版(1948年)	20/C156	武昌文华图书馆学专科学校藏+5	1	国币一元四角	开明青年丛书;有卡
103	旧约释义全书					武昌文华图书馆学专科学校藏+36	1		缺封面、封底
104	开会方法论	李润生编著	江南出版社	1953年	17.7/L377	文华图书馆学专科学校藏书+3	1	2300元	新工作方法论单行本;有卡
105	康有为	宋云彬	商务印书馆	1951年	26.126/5K261s		1		有卡

序号	书　名	作者	出版者	出版时间	分类号/索书号	印　章	复本	定价	备注
106	科学的哲学	葛名中著	新中国书局	1949 年 6 月东北再版	103./1K438	武昌文华图书馆学专科学校藏+5	1		有卡
107	科学历史观教程	吴黎平、艾思奇合著	生活·读书·新知三联书店	1950 年 4 月第一版	20/W613	文华图专实验图书馆藏书+5	1	基价 $ 9.20	有卡
108	科学与宗教之不可妥协性	普罗柯菲夫著,吉洪译	中外出版社	1951 年 8 月	49.23/P627j	文华图书馆学专科学校藏+4	2	3900 元	有卡
109	克罗齐底哲学述评	中国哲学会西洋哲学名著编译委员会主编,朱光潜著	正中书局	民国三十七年五月初版(1948年)	122/C752	武昌文华图书馆学专科学校藏+3	1	国币三元九角	有卡
110	孔墨的思想	杨荣国著	三联书店	1951 年 4 月第二版在北京印造	13.1/Y295	文华图书馆学专科学校藏书+5	1	人民币 4200	新中国青年文库;有卡
111	孔子	江恒源著	商务印书馆	民国三十六年三月三版(1947年)	13.123/J357	文华图专实验图书馆藏书+4	1	国币叁元	新中学文库,百科小丛书;有卡
112	老子本义	魏源撰	商务印书馆	民国二十三年十一月初版(1934年),民国三十六年四月四版(1947年)	13.131/W441	文华图专实验图书馆藏书+3	1	国币贰元	新中学文库,国学基本丛书;有卡
113	老子校诂	蒋锡昌著	商务印书馆	民国二十六年六月初版(1937年)	13.131/J415	武昌文华图书馆学专科学校+2;钢印:私立武昌文华图书馆学专科学校+2	1	国币贰元肆角	有卡

序号	书　名	作者	出版者	出版时间	分类号/索书号	印　章	复本	定价	备注
114	理性与自由 文化思想批评论文集	胡绳著	三联书店	1951年4月第二版	13.75/H444	文华图书馆学专科学校藏书+5	1	人民币5000元	有卡
115	历史唯物论(上)	米丁著,沈志远译	生活·读书·新知三联书店出版	1950年3月第二版	11.5/M452s	文华图书馆学专科学校藏书+7	3		有卡
116	历史唯物论(下)	米丁著,沈志远译	生活·读书·新知三联书店出版		103.15/9010c.3.v.3	文华图书馆学专科学校藏书+5	5	21.5元	有卡
117	历史唯物论浅说	莫迺群著	三联书店	1949年8月沪初版	103.2/4431 c1	武昌文华图书馆学专科学校藏+5	1	$4.50	新中国青年文库;有卡
118	历史唯物主义与革命人生观 上册 增订本	河南大学预科委员会编著	河南人民出版社	1953年5月	11.5/H251	文华图专图书馆+4	2	5100元	河大预科教材;有卡
119	历史唯物主义与革命人生观 下册 增订本	河南大学预科委员会编著	河南人民出版社	1953年5月	11.5/H251	文华图专图书馆+4	2	5200元	河大预科教材
120	历史唯物主义与革命人生观(上册)	河南大学预科委员会编	河南人民出版社	1953年5月	11.5/H251	文华图专图书馆+3	1	6200元	河大预科教材;有卡
121	历史唯物主义与革命人生观(下册)	河南大学预科编委会	河南大学编印	1952年8月	103.15/3144a	文华图书馆学专科学校藏+4	1	5500元	河大预科教材;有卡
122	历史哲学纲要	黑格尔著,王灵皋译	言行出版社	民国二十八年九月出版(沪)(1939年)	900.1/H362	武昌文华图书馆学专科学校+3	1	一元五角	有卡

序号	书　名	作者	出版者	出版时间	分类号/索书号	印　章	复本	定价	备注
123	利维坦	Thomas Hobbes 著，朱敏章译述	商务印书馆	民国二十三年十一月初版(1934年)	371/H775	私立武昌文华图书馆学专科学校图书馆+4	1	大洋一元八角	汉译世界名著；有卡
124	卢梭	范寿康	商务印书馆	民国二十二年十一月第一版(1933年)，民国三十六年三月第三版(1947年)	15.1343/C8425	文华图专实验图书馆藏书+3	1	国币壹元	新中学文库，百科小丛书；有卡
125	伦理学大纲	中国国民党中央宣传部青年基本知识丛书编审委员会主编，谢幼伟主编	正中书局	民国三十三年四月一二版正中纸本(1944年)	180/S471	私立武昌文华图书馆学专科学校图书馆+5	1	国币二元二角	
126	论个人在历史上的作用	普列汉诺夫著，唯真译	华东人民出版社	1951年5月四版	11.58/P624x	文华图书馆学专科学校藏书+4	1	人民币2000元	有卡
127	论个人在历史上的作用	普列汉诺夫著	外国文书籍出版局	1950年	11.58/P624	文华图书馆学专校+4	2		有卡
128	论共产主义道德	A. J. 济思著，金诗伯、吴富恒合译	中南新华书店	1950年4月初版	17/J176	文华图专实验图书馆藏书+4；本书承 张主教海松捐赠 特此志谢 文华图专实验圕 公元 年 月 日	1	17000元	有卡
129	论共产主义道德的几个问题	莎里亚原作，高晶齐译	正风出版社	1952年3月沪初版	17/X221G	文华图书馆学专科学校藏书+8	1	16000元	有卡

序号	书　名	作者	出版者	出版时间	分类号/索书号	印　章	复本	定价	备注
130	论古语义	杨树达撰集	商务印书馆			武昌文华图书馆学专科学校	1		
131	论衡	高苏垣集注	商务印书馆	民国二十四年七月初版(1935年),民国三十六年二月再版(1947年)	13.232/G241	文华图专实验图书馆藏书+3	1	国币叁元	新中学文库,学生国学丛书;有卡
132	论基础与上层建筑	康士坦丁诺夫著,华五译	五十年代出版社	1953年1月北京五版	11.53/K255	文华图书馆学专科学校藏书+4	1	3500元	
133	论情绪	W.James著,唐鉞译述,中国哲学会西洋哲学名著编译委员会主编	商务印书馆印行	民国三十四年四月初版(1945年)	I51.2/J237	江都孙氏映雪书屋德安藏书+2;武昌文华图书馆学专科学校藏+3	1		"母校实验圕惠存.敬赠";缺封底
134	论群众哲学	米丁著,胡明译	上海光华出版社	1949年版	11/M452w	武昌文华图书馆学专科学校藏+6	1	9元	有卡
135	论人生理想	詹姆士著,唐擘黄译	商务印书馆	民国三十六年四月再版(1947年)	N/170/C239t	文华图专实验图书馆藏书+3	1	国币贰元	新中学文库,汉译世界名著
136	论新爱国主义	伐西利耶夫、赫路斯托夫主编;祝百英等译	作家书屋	1951年9月初版	17.6/F119	文华图书馆学专科学校藏书+4	1	三万元	有卡
137	论一元论历史观之发展	普列哈诺夫著,博古译	解放社	1949年10月	11.5/P624	文华图专实验图书馆藏书+8	1	13.4元	有卡

序号	书　名	作者	出版者	出版时间	分类号/索书号	印　章	复本	定价	备注
138	论语古义	杨树达撰集	商务印书馆	民国二十三年三月初版（1934年），民国二十四年三月再版（1935年）	13.1222/Y313	私立武昌文华图书馆学专科学校图书馆+6	1	￥13100	有卡
139	论语会笺 二十卷	徐英编著	正中书局印行		098.3/S917	武昌文华图书馆学专科学校藏	1		有卡
140	逻辑	斯特罗果维契著	人民出版社	1951年10月北京再版	16/S711s	文华图书馆学专科学校藏+3	1	16400元	
141	逻辑：归纳法和演绎法	美国琼斯原著，潘梓年译述，陈大齐校订	商务印书馆	民国二十八年三月国难后第三版（1939年）	140/D553	私立武昌文华图书馆学专科学校图书馆+6	1	国币一元	尚志学会丛书；有卡
142	逻辑 一册	金岳霖著	商务印书馆	民国二十五年十二月第一版（1936年），民三十一年九月渝一版（1942年）	140/C427	私立武昌文华图书馆学专科学校图书馆+4	1	实价国币肆元伍角	大学丛书（教本）；有卡
143	逻辑的发生发展及其法则	哥尔芮、库尔萨诺夫合著，静观译	上海书报杂志联合发行所	民国卅八年三月初版（1949年）	16.04/G274j	文华图专实验图书馆藏书+4；本书承 张主教海松捐赠 特此志谢 文华图专实验圕 公元1950年2月27日	1	三元六角	思想与科学小丛书；有卡

序号	书　名	作者	出版者	出版时间	分类号/索书号	印　章	复本	定价	备注
144	逻辑底原理	罗倚斯著，唐擘黄译	商务印书馆	民国三十六年三月二版（1947年）	N/140.1/L718	文华图专实验图书馆藏书+3	1	国币叁元	新中学文库，哲学丛书；有卡
145	逻辑基本	Chapman Henle著，殷福生译	正中书局		140/C366	武昌文华图书馆学专科学校藏+2	1		哲学丛刊；缺封底
146	逻辑学	维诺格拉多夫·库兹明合著，刘执之译	三联书店	1951年9月在北京印造初版	16/W379	文华图书馆学专科学校藏书+5	1	9300元	有卡
147	逻辑学	维诺格拉道夫、古齐明合著，齐大衍译	中华书局	1951年6月三版	16.2/W379c	文华图专图书馆+4	1	8200元	
148	逻辑学	齐大衍译	中华书局	1951年6月三版	16/W379	文华图书馆学专科学校藏书+4	1	8200元	无封底页、封面页
149	逻辑学	维诺格拉夫·库兹明合著，刘执之译	三联书店	1951年9月在北京印造初版	16/W379	文华图书馆学专科学校藏书+11	1	9300元	
150	逻辑学	维诺格拉多夫·库兹明 合著	三联书店	1952年2月在北京印造第二版	16/W379	文华图书馆学专科学校藏+5	1	9300元	有卡
151	逻辑学教程	齐大衍编译	中华书局	1951年9月初版	16/J176	文华图书馆学专科学校藏书+6	1	人民币七千	有卡
152	逻辑学研究提纲	米丁主编，曹葆华、谢宁译	解放社	1949年10月初版	16.2053/M452s	武昌文华图书馆学专科学校藏+3	1	5000元	有卡
153	逻辑学研究提纲	米丁主编，曹葆华、谢宁译	解放社	1950年6月中南第二版	16.2053/M452s	文华图书馆学专科学校藏书+4	1	5000元	有卡

序号	书　名	作者	出版者	出版时间	分类号/索书号	印　章	复本	定价	备注
154	洛克 巴克莱 休谟	郭本道著,张东荪校阅	世界书局	民国二十三年九月初版(1934年)	125.3K785	私立武昌文华图书馆学专科学校图书馆+3	1	大洋四角	哲学丛书;有卡
155	吕氏春秋	庄适选注	商务印书馆	民国二十二年四月第一版(1933年),民国三十六年三月第三版(1947年)	13.183/Z832	文华图专实验图书馆藏书+5	1	国币贰元伍角	新中学文库,学生国学丛书;有卡
156	马克思主义辩证法	M.M.罗逊塔尔著,晦闻、仲公译	作家书屋	1952年10月再版	11.3/L967	文华图书馆学专科学校藏书+6	1		马克思主义.列宁主义哲学读物
157	马克思主义辩证方法	M.M.罗逊塔尔著,晦闻、仲公译	作家书屋	1952年11月三版	11.3/L967	文华图书馆学专科学校藏书+6	3	21000	马克思主义.列宁主义哲学读物;有卡
158	马克思主义的哲学与资产阶级世界观的根本区别	莫洛特佐夫著,张震寰译	群众书店	1950年11月初版	11.1/M636z	文华图专实验图书馆藏书+1;武昌文华图书馆学专科学校藏+3	1	四元七角五	干部理论学习丛书;有卡
159	马克思主义哲学的党派性	奥斯托考夫著,彭健华译	大象书店	1950年1月	11/W518	文华图书馆学专科学校藏+6	1	2.3	大众知识译丛;有卡
160	马列主义世界观	斯摩拉克著,彭聪译	联合出版社	1949年12月三版	11/S721	文华图书馆学专科学校藏书+4	1	$1.20	有卡
161	美学原论	[意]克洛斯著,傅东华译	商务印书馆	民国二十四年一月初版(1935年)	190/K238	私立武昌文华图书馆学专科学校图书馆+4	1	初版:大洋玖角	大学丛书;无封底页;出版日期、定价为网上查得

序号	书　名	作者	出版者	出版时间	分类号/索书号	印　章	复本	定价	备注
162	孟学大旨	胡毓寰编著	正中书局	民国二十五年七月初版(1936年),民国三十一年十二月三版国纸本(1942年)	13.127/H446	武昌文华图书馆学专科学校+2	1	全一册国币一元二角	国学丛刊;缺封底,有卡
163	孟子传论	罗根泽著	商务印书馆	民国二十一年十一月初版(1932年),民国二十二年八月再版(1933年)	13.127/M443L	武昌文华图书馆学专科学校+1;钢印:私立武昌文华图书馆学专科学校+1	1	大洋叁角	国学小丛书;有卡
164	面对基督	马克遂会督著,谢颂羔翻译	中国基督圣教书会出版	民国三十二年十二月初版(1943年),民国三十三年六月再版(1944年)	251.2/M122	私立武昌文华图书馆学专科学校图书馆+3	1	￥1200	有卡
165	平凡的真理	冯定著	生活·读书·新知三联书店	1951年5月第五版	100/3130/c.4;11.1/F424	文华图专图书馆+2	1	10000元	有卡
166	平凡的真理	冯定著	三联书店	1950年6月第一版	100/3130a	文华图专实验图书馆+3;本书承 张主教海松捐赠特此志谢 文华图专实验圕 公元 年 月 日	1	$10	有卡

序号	书　名	作者	出版者	出版时间	分类号/索书号	印　章	复本	定价	备注
167	平凡的真理	冯定著	生活·读书·新知三联书店	1949年5月东北中华人民共和国初版,1950年6月上海第二版(重排),1951年5月北京第五版	11.1/F424	文华图专图书馆+5;文华图书馆学专科学校藏书+3	1	人民币10000	有卡
168	启示录注解	英国杰勃生主教著,史嘉乐主教、张畯杰会长译	中华圣公会书籍委办发刊	主历民国十四年(1925年)	252.85/D336	武昌文华图书馆学专科学校藏+4;本书承 张主教海松捐赠 特此志谢 文华图专实验圕 公元1950年11月十五日	1		有卡
169	青年守则精义	陈炜谟著	国民图书出版社	民国三十四年三月(1945年)	001.24/C.396	私立武昌文华图书馆学专科学校+4	1		有卡
170	清代学术概论	梁启超著	商务印书馆发行	民国二十七年十月第三版(1938年)	111.7/L435/c.1	武昌文华图书馆学专科学校(反)+3	1	国币一元	大学丛书;有卡
171	清学案小识 上		商务印书馆		13.6/T229	私立武昌文华图书馆学专科学校图书馆+7	1	2.1	封面脱落;有卡
172	清学案小识(上册)(原名国朝学案小识)	唐鉴撰辑	商务印书馆	民国二十四年四月初版(1935年),民国三十六年二月四版(1947年)	28.39/T229	文华图专实验图书馆藏书+4	1	每部国币柒元	新中学文库,国学基本丛书;有卡

序号	书　名	作者	出版者	出版时间	分类号/索书号	印　章	复本	定价	备注
173	清学案小识(下册)	唐鉴撰辑	商务印书馆	民国二十四年四月初版（1935年），民国三十六年二月四版（1947年）	N/111.7/T221/V.2	文华图专实验图书馆藏书+3	1	每部国币柒元	新中学文库，国学基本丛书；有卡
174	人生的把握	基尔祈著，梁得所译	基督教联合出版社	1937年3月初版 1950年3月十三版	251.42	武昌文华图书馆学专科学校藏+2；本书承张主教海松捐赠 特此志谢 文华图专实验圕 公元1950年11月15日	1	4200	
175	人之子——一个先知的传	庐特维喜著，孙洵侯译	商务印书馆	民国三十六年二月再版（1947年）	N/251.29/L966h	文华图专实验图书馆藏书+4	1	国币肆元伍角	新中学文库；卡
176	商鞅评传	陈启天著	商务印书馆	民国二十四年五月初版（1935年）	26.12/617c453	文华图专实验图书馆藏书+4	1	国币贰元五角	新中学文库，商学小丛书；有卡
177	社会存在与社会意识	尤琴等著，博古译	新华书店	1949年11月初版	103.24/311c.1	文华图专实验图书馆藏书+5；本书承张主教海松捐赠 特此志谢 文华图专实验圕 公元1950年2月27日	1		有卡

序号	书　名	作者	出版者	出版时间	分类号/索书号	印　章	复本	定价	备注
178	社会科学底哲学基础 Ⅰ	沈志远著	生活·读书·新知三联书店	1949 年 10 月京再版	11.1/S423	文华图专实验图书馆藏书+3;本书承 张主教海松捐赠 特此志谢 文华图专实验圕 公元 1950 年 2 月 27 日	1	二元	社会科学基础读本;有卡
179	社会主义的意识的作用	康司坦丁诺夫著,葆和甫译	上海作家书屋	1949 年 11 月初版	11.5/K2566	文华图书馆学专科学校藏书+7	1	三元四角	苏联大众政治科学丛书;有卡
180	社会主义与道德	宁静编译	中华书局印行	中华民国三十八年六月（1949 年）	180/N.255 188/3052 17/N286	文华图专实验图书馆藏书+3;张主教海松捐赠文华图专实验圕	1	1.6	新时代小丛书第二种;有卡
181	什么是基督教信仰	江文汉著	青年协会书局	1950 年 1 月再版	250.7/D267c1	武昌文华图书馆学专科学校藏+3	1	$ 2	宗教与生活丛书;有卡
182	什么是是个人英雄主义	储华	商务印书馆	1952 年 8 月 10 日版	17.29/C637	文华图书馆学专科学校藏书+3	1	¥ 2600	大众新读物;有卡
183	神话论	林惠祥	商务印书馆	民国二十三年一月初版（1934 年）	209.9/L537	私立武昌文华图书馆学专科学校图书馆+6	1		缺封底;有卡
184	圣芳济	葭水著	青年协会书局出版	民国三十八年二月初版（1949 年）	250.77/H.164	武昌文华图书馆学专科学校藏+4;本书承 张主教海松捐赠 特此志谢 文华图专实验圕 公元 1950 年 11 月 15 日	1	¥ 2400	宗教与生活丛书;有卡

序号	书　名	作者	出版者	出版时间	分类号/索书号	印　章	复本	定价	备注
185	圣经百科全书	俄珥氏原著,协和书局编译			R252.03/Ng251v.1		1		有卡
186	圣经译史	吴慧烈著,女铎社译	广学会	民国三十八年七月初版(1949年)	252.09/W476	武昌文华图书馆学专科学校藏+4;本书承 张主教海松捐赠 特此志谢 文华图专实验圃 公元1950年11月15日	1		有卡
187	十批判书	郭沫若	群益出版社	1950年3月	13.1039/G685	文华图专实验图书馆藏书+7	1	二十一元七角	有卡
188	实验宗教学教程	曾宝荪编	青年协会书局出版	民国二十三年九月初版(1934年)	250.1/S355	武昌文华图书馆+1	1	每册实价大洋二角半	青年丛书第九种;有卡
189	实用讲道术	万应远编纂,徐松石译述	中华浸会书局出版	民国十四年二月初版(1925年),民国三十八年三月三版(1949年)	253.7/Y721	武昌文华图书馆学专科学校藏+2;本书承 张主教海松捐赠 特此志谢 文华图专实验圃 公元1950年11月15日	1		有卡
190	使徒信经十讲	韦卓民著	青年协会书局	1950年4月再版	251.81/W298c1	武昌文华图书馆学专科学校藏+4,本书承 张主教海松捐赠 特此志谢 文华图专实验圃 公元1950年11月15日	2	$2	缺封底

序号	书　名	作者	出版者	出版时间	分类号/索书号	印　章	复本	定价	备注
191	叔本华生平及其学说	陈铨编著	独立出版社		F158	私立武昌文华图书馆学专科学校图书馆+2;巡回文库+1	1	￥900	现代哲学史丛书;有卡
192	思想方法和读书方法	胡绳著	耕耘出版社	1949年12月	39.49/H443	文华图书馆学专科学校藏书+2	1		有卡
193	思想方法和读书方法(修订本)	胡绳著	耕耘出版社	1949年12月第二版	330.2/4727:1/c.6	文华图书馆学专科学校藏书+9	4	$4	有卡
194	思想方法论	艾思奇著	生活·读书·新知上海联合发行所发行	1949年	140/Ng122 330.2/4464 16.4/A276	武昌文华图书馆学专科学校藏+5;文华图书馆学专科学校藏书+5	1	￥5.40	新中国青年文库;有卡
195	思想方法论初步	胡绳著	生活·读书·新知上海联合发行所发行		16.4/H444 140/H499 330.2/4727:3	文华图专实验图书馆藏书+4;张主教海松捐赠文华图专实验圕+1	1	2.6	新中国百科小丛书;有卡
196	四书集注		上海中华书局		098/C749.C75	武昌文华图书馆学专科学校+2;文华图专学生课本+2	1	0.6	缺封面
197	四书集注	朱熹注	上海中华书局		098/C749/COP.8	武昌文华图书馆学专科学校+3;文华图专学生课本+2;钢印:私立武昌文华图书馆学专科学校+1	3	全三册实价六角	大学 中庸;有卡

序号	书　名	作者	出版者	出版时间	分类号/索书号	印　章	复本	定价	备注
198	四书集注：大学 中庸	朱熹注	上海中华书局印行		13.1212/Z766	武昌文华图书馆学专科学校；文华图专学生课本+2	1		有卡
199	四书集注：大学 中庸 1	朱熹注	上海中华书局印行		13.1212/Z767	武昌文华图书馆学专科学校；文华图专学生课本+2	1		有卡
200	四书集注：大学 中庸 2	朱熹注	上海中华书局印行		13.1212/Z768	武昌文华图书馆学专科学校；文华图专学生课本+2	1		有卡
201	四书集注：大学 中庸 9	朱熹注	上海中华书局印行		13.1212/Z769	武昌文华图书馆学专科学校，文华图专学生课本+2	1		有卡
202	四书章句集注.大学中庸	朱熹注	商务印书馆		N811.157/C763/v.1	文华图专实验图书馆藏书+3	1		新中学文库，国学基本丛书；有卡
203	四书章句集注.论语	朱熹注	商务印书馆		13.1222/Z795	文华图专实验图书馆藏书+4	1		新中学文库，国学基本丛书；有卡
204	宋明理学纲要	蒋维乔、杨大膺编	中华书局	民国二十五年四月发行（1936年）	111.5/TS443	钢印：私立武昌文华图书馆学专科学校，武昌文华图书馆学专科学校+3	1	国币陆角	有卡
205	宋学概要	夏君虞著	商务印书馆	民国二十六年五月初版（1937年）	111.5/H.156	武昌文华图书馆学专科学校+1	1	每册国币壹元壹角	缺封面；有卡

序号	书　名	作者	出版者	出版时间	分类号/索书号	印　章	复本	定价	备注
206	宋学渊源记(附附记)	江藩	商务印书馆	1937 年	13.45/J356	武汉大学图书馆藏+2	1		有卡
207	宋元学案	缪天绶选注	商务印书馆		13.41/M543	文华图专实验图书馆藏书+3	1		学生国学丛书,缺封面、缺封底
208	苏联心理科学三十年	吉普洛夫著,戈绍龙译	中华书局	1951 年	59.8043/J157g		1		有卡
209	苏联心理学简史	伦敦著,高觉敷译	商务印书馆	1951 年 3 月	59.8043/L7469	文华图书馆学专科学校藏书+2	2		有卡
210	苏联哲学问题	日丹诺夫等著,李立三等译	新华书店	1950 年 4 月初版	15.536/R227	文华图书馆学专科学校藏书+9	1	5.6	有卡
211	苏联哲学问题	日丹诺夫等著,李立三等译	新华书店	1950 年 4 月初版	15.536/R227	文华图书馆学专科学校藏书+5	1	5.6	有卡
212	苏联哲学问题——在“西欧哲学史”讨论会上的发言	日丹诺夫著,立三译	新华书店	1949 年 9 月出版	12/R227	文华图书馆学专科学校藏书	1		有卡
213	苏维埃心理学的成就	阿那尼也夫等著,费垣译	人民教育出版社	1951 年 3 月北京初版	59.8043/A1635	文华图书馆学专科学校藏书+4;特价+1	4	1800	教育资料丛刊;有卡
214	天路历程(即圣游记全集)	本仁约翰著,谢颂羔译	广学会	1950 年 8 月六版		武昌文华图书馆学专科学校藏+22;本书承 张主教海松捐赠 特此志谢 文华图专实验圕 公元 1950 年 11 月 15 日	1		

序号	书　名	作者	出版者	出版时间	分类号/索书号	印　章	复本	定价	备注
215	晚明思想史论	嵇文甫著	商务印书馆	民国三十三年九月初版（1944年）	13/J142	私立武昌文华图书馆学专科学校图书馆+5	1	国币二元二角	中国哲学丛书乙集;有卡
216	王安石	柯敦伯	商务印书馆	民国二十年（1931年）	26.123/W183K	私立武昌文华图书馆学专科学校图书馆+2	1		
217	王守仁	钱穆	商务印书馆	民国二十二年十一月初版（1933年），民国三十六年三月四版（1947年）	26.126/W274	文华图专实验图书馆藏书+4	1	国币贰元伍角	新中学文库，百科小丛书;有卡
218	王阳明之生平及其学说	王禹卿编著	正中书局印行	民国三十二年四月（1943年）	111.63/W246	武昌文华图书馆学专科学校+2	1		
219	为人师的耶稣	夏尔孟编，吴耀宗、刘开荣合译	商务印书馆		251.29/H156	私立武昌文华图书馆学专科学校图书馆+5	1		缺封底
220	为主而活		美华浸会书局出版	1940年夏	258/A149	武昌文华图书馆学专科学校藏+4;本书承 张主教海松捐赠 特此志谢 文华图专实验圕 公元1950年11月12日	1		缺封底
221	唯物辩证法	罗逊塔尔著，岳光译	新华书店	1949年4月出版	11.3/L967	武昌文华图书馆学专科学校藏+5	1	四元六角	有卡

序号	书　名	作者	出版者	出版时间	分类号/索书号	印　章	复本	定价	备注
222	唯物辩证法	罗森塔尔著，岳光译	读书出版社	1949 年 4 月长春再版	11.3/L967	文华图专实验图书馆藏书+4；本书承 在校校友捐赠 特此志谢 文华图专实验圕 公元 1950 年 5 月 1 日	1	7800	有卡
223	唯物辩证法	李光灿著	知识书店	1950 年 1 月	11.3/L291	文华图专实验图书馆+4	1	5.30 元	有卡
224	唯物辩证法	李光灿著	知识书店	1950 年 1 月	11.3/L291	文华图书馆学专科学校藏书+6	1	5.30 元	有卡
225	唯物辩证法读本	孙怀仁著	世界知识社	1950 年 1 月	11.1/S857	本书承校友徐家麟 马成楷 陈颂 胡昌宁捐赠 特此鸣谢；文华图专实验圕 公元 1950 年 5 月 1 日+1；文华图专实验图书馆藏书+5	1	6.7	有卡
226	唯物论与经验批判论	列宁著，曹葆华译，博古校	人民出版社	1953 年 4 月北京再版	047/W197m	文华图专图书馆+3	2	19200 元	有卡
227	唯物论与经验批判论	列宁著，陈晓时译	三联书店	1949 年 8 月沪初版	047/W197m	文华图书馆学专科学校藏书+9；1 本：武昌文华图书馆学专科学校藏+5	2	二十一元三角	世界学术名著译丛；缺封底
228	唯物论与经验批判论 上册	列宁著，曹葆华译，博古校	华中新华书店	1949 年 10 月出版	04.34/1908.9(z)	文华图书馆学专科学校藏书+7	1		有卡

序号	书名	作者	出版者	出版时间	分类号/索书号	印章	复本	定价	备注
229	唯物史观精义	吴恩裕著	上海观察社	民国三十七年六月初版（1948年）	11.5/W614		1		观察丛书;有卡
230	唯心史观与唯物史观	康士坦丁诺夫作,谱萱译	中华书局	民国三十八年八月初版（1949年）	11.1/K256	文华图专实验图书馆藏书+4;本书承 张主教海松捐赠 特此志谢 文华图专实验圕 公元1950年2月23日	1	二元六角	新时代小丛书;有卡
231	唯心史观与唯物史观	康士坦丁诺夫作,谱萱译	中华书局	1949年11月再版	103.2/0044:11c5	文华图书馆学专科学校藏书+4	3	二元六角	新时代小丛书;缺封底
232	伪经考(上)	康有为	商务印书馆	1936年	37.687/K142a		1		国学基本丛书;有卡
233	伪经考(下)	康有为	商务印书馆	1936年	37.687/K142		1		国学基本丛书;有卡
234	我所体验的基督	安德烈著,王揆生译述,应远涛校阅	青年协会书局	民国三十七年十月三版（1948年）	251.2/A147	武昌文华图书馆学专科学校藏+6	1	¥9500	青年丛书;有卡
235	无产阶级的哲学	戴维·盖斯特著,陈鄂译	正风出版社	1951年2月沪三版	11/G143	文华图书馆学专科学校藏书+4	1	¥6000	马列主义丛书;有卡
236	五十年来的德国学术	中德学会编译	商务印书馆印行	民国二十六年三月(1937年)	25.183/Z513	武昌文华图书馆学专科学校(反)+5	1	国币贰元	中德文化丛书之六(第一册);有卡

序号	书　名	作者	出版者	出版时间	分类号/索书号	印　章	复本	定价	备注
237	五种遗规辑要	（清）陈榕门辑，朱荫龙纂辑	文化供应社	民国三十一年十一月（1942年）	B82-092		1		分类号参照国图
238	西塞罗文录	西塞罗著，梁实秋译	商务印书馆	民国三十六年三月三版（1947年）	N/832.841/S336l	文华图专实验图书馆藏书+3	1	国币叁元	新中学文库，世界文学名著；有卡
239	西洋哲学概论	耶路撒冷原著，散得斯原译，陈正谟重译	商务印书馆	民国十五年九月初版（1926年），民国二十二年二月印行国难后第一版（1933年）	120/Y392/C.2	武昌文华图书馆学专科学校+1；钢印：私立武昌文华图书馆学专科学校+1	1	大洋壹元伍角	哲学丛书；有卡
240	西洋哲学史纲	黄忏华著			15/H552	武昌文华图书馆学专科学校+1；私立武昌文华图书馆学专科学校图书馆+1	1		有卡
241	西洋哲学史简编	薛格洛夫主编，王子野译	新华书店	1949年9月初版	15/X713w	文华图书馆学专科学校藏书+8	2	13.2	有卡
242	西洋哲学小史	全增嘏著	商务印书馆	民国二十三年一月初版（1934年）	120.9/T885	武昌 文华图书馆学专科学校+3	1	国币贰元五分	百科丛书；有卡
243	西洋哲学小史	全增嘏	商务印书馆	民国三十六年三月三版（1947年）	N/120.9/？885	文华图专实验图书馆藏书+3	1	国币贰元	新中学文库，百科小丛书；有卡

序号	书　名	作者	出版者	出版时间	分类号/索书号	印　章	复本	定价	备注
244	西域之佛教	羽溪了谛编			239.59/Y681	武昌文华图书馆学专科学校+3	1		有卡
245	先秦诸子的思想方法与思想体系	刘及辰著	新潮书店	1951 年 8 月初版	13.1/L674	文华图书馆学专科学校藏+6	1	13500 元	有卡
246	先秦诸子的思想方法与思想体系	刘及辰著	新潮书店	1951 年 8 月初版	111.1/7217	文华图书馆学专科学校藏书+7	1	13500 元	
247	先秦诸子思想	杜守素著	三联书店	1949 年 6 月沪初版	13.1/D569	武昌文华图书馆学专科学校藏+5	1	$ 4.10	新中国青年文库;有卡
248	先秦诸子思想	杜守素著	三联书店	1949 年 11 月再版(沪)	13.1/D569	文华图书馆学专科学校藏书+4	1	$ 3.80	有卡
249	先秦诸子系年.下册	钱穆著	商务印书馆发行		13.1/Q328 111.1/832.6/v.2	武昌文华图书馆学专科学校(反)+1	1		大学丛书;有卡
250	现代圣经观	汤中谟博士著,过良先会长校	中华圣公会	主历 1950 年 4 月再版	252.04	武昌文华图书馆学专科学校藏+3	1		中华圣公会、中央神学院丛书之二
251	现代哲学的基本问题	沈志远著	三联书社	1949 年 8 月沪初版	10/S423	武昌文华图书馆学专科学校藏+4	1	$ 3.90	新中国青年文库;有卡
252	现代哲学的基本问题	沈志远著	三联书社	1949 年 11 月沪再版	10/S423	文华图书馆学专科学校藏书+5	1	$ 3.50	新中国青年文库;有卡

序号	书　名	作者	出版者	出版时间	分类号/索书号	印　章	复本	定价	备注
253	现代哲学的基本问题	沈志远著	生活·读书·新知三联书店出版	1936年上海生活初版,1949年11月三联(沪)第一版,1951年3月第六版	10/S423	文华图书馆学专科学校藏+4;中国图书发行公司武汉分公司特价部+1	3	人民币3600	新中国青年文库;有卡
254	现在活着不再是我	石天民译	基督福音书局	民国二十九年七月初版(1940年)	251.44/S147	武昌文华图书馆学专科学校藏+2;本书承 张主教海松捐赠 特此志谢 文华图专实验圕 公元1950年11月15日	1		有卡
255	孝经要义	陈柱著,王云五主编	商务印书馆发行	民国二十五年四月(1936年)	097/C368 98.62/C544	武昌文华图书馆学专科学校(反)+3	1	0.15	国学小丛书;有卡
256	心理学的基本问题	朱智贤编译	中华书局	1951年4月初版	59.8/Z772	文华图专图书馆+4	1	3000元	有卡
257	心理学简编(上册)	詹姆士著,伍况甫译	商务印书馆	民国三十六年三月再版(1947年)	59.8/Z231w	文华图专实验图书馆藏书+5	1	国币十元	新中学文库,汉译世界名著;有卡
258	心理学简编(下册)	詹姆士著,伍况甫译	商务印书馆	民国三十六年三月再版(1947年)	59.8/Z231w	文华图专实验图书馆藏书+4	1	国币十元	新中学文库,汉译世界名著;有卡
259	心理学之科学观	卫尔德著,张绳祖朱定钧译	商务印书馆	民国二十四年六月再版(1935年)	59.8039/W413	私立武昌文华图书馆学专科学校图书馆+4	1		大学丛书;有卡

序号	书　名	作者	出版者	出版时间	分类号/索书号	印　章	复本	定价	备注
260	心浴	万异编著	国民图书出版社	民国三十四年三月初版（1945年）	001.156/W176c1	私立武昌文华图书馆学专科学校图书馆+4	1	国币贰十六元九角	缺封底
261	心之新解释	T.W.Patrick 著，朱然藜译	商务印书馆	民国二十二年十月国难后第一版（1933年）	150.16/P123	武昌文华图书馆学专科学校+5；钢印：私立武昌文华图书馆学专科学校	1	大洋壹元三角	哲学丛书；有卡
262	新编“哲学史”（第二卷 第四、第五章）	亚历山大洛夫主编，王子野译	人民出版社	1952年9月上海重印一版	12/Y152w	文华图书馆学专科学校藏书+6	5	￥11600	有卡
263	新编古籍 四书	中国学典馆	世界书局	民国三十七年五月（1948年）		武昌文华图书馆学专科学校藏+2	1		
264	新理学	冯友兰著	商务印书馆	民国三十一年四月再版（1942年）	111.801/F3322	武昌文华图书馆学专科学校+2	1	实价国币壹元捌角	
265	新理学	冯友兰著	商务印书馆	民国二十八年五月初版（1939年），民国三十一年四月再版（1942年）	111.8/F332	武昌文华图书馆学专科学校藏+3	1	实价国币壹元捌角	大学丛书（教本）；缺封底
266	新逻辑学	许凌青著	上海杂志公司	1950年10月一版	1400/835c1	文华图书馆学专科学校藏书+4	1	$ 3.40	现实小丛书
267	新逻辑学（增订本）	许凌青著	上海杂志公司	1951年4月第二版	16/X666	文华图书馆学专科学校藏书+4	1	￥4400	有卡

序号	书　名	作者	出版者	出版时间	分类号/索书号	印　章	复本	定价	备注
268	新人生观	罗家伦	商务印书馆	民国三十一年三月初版（1942年），民国三十三年二月渝第八版（1944年）		私立武昌文华图书馆学专科学校图书馆+3	1	国币一元四角	有卡
269	新人生观	罗家伦	商务印书馆		N/180/L714	文华图专实验图书馆藏书+3	1		新中学文库；缺封底
270	新人生观（改写本）	俞铭璜著	知识书店	1949年	17/Y827	文华图专实验图书馆藏书+4；本书承张主教 海松捐赠 特此志谢；文华图专实验圕 公元 年 月 日	1	6.2	有卡
271	新社会学-历史唯物论-纲要	沈易编	中华书局	1951年6月	103.2/3460	文华图书馆学专科学校藏书+6	1	12000	
272	新事论	冯友兰	商务印书馆	民国二十九年五月（1940年）	111.8/F332	武昌文华图书馆学专科学校藏+2	1		“文华实验图书馆 惠存 陈昌恕题 三七年五月一日”
273	新事论	冯友兰	商务印书馆		N/111.8/F332	文华图专实验图书馆藏书+5	1	国币肆元	新中学文库
274	新约释义全书				253.5/G193		1		缺封面、封底；有卡

序号	书　名	作者	出版者	出版时间	分类号/索书号	印　章	复本	定价	备注
275	新约研究指南	金陵神学院新约教授哲学博士神学硕士诚质怡著	广学会	民国三十八年元月再版（1949年）	252.507/C453	武昌文华图书馆学专科学校藏+4	1		中华全国基督教协进会基督教奋进运动丛书；有卡
276	新哲学—辩证唯物论纲要	沈易编	中华书局	1950年10月初版	11.1/S442	文华图书馆学专科学校藏书+5	1	7元	有卡
277	新哲学大纲	米定.拉里察维基等著，艾思奇、郑易里合译	三联书店	1950年5月第四版	11/M452a	文华图书馆学专科学校藏书+15	1	$ 15	
278	新哲学大纲（补正增订版）	米定.拉里察维基等著，艾思奇、郑易里译	中原新华书店出版	1949年4月出版	10/M452a	武昌文华图书馆学专科学校藏+4	1	$ 10.40	有卡
279	新哲学简明教程	李仲融著	开明书店	1949年10月初版	11/C385	文华图专实验图书馆藏书+4	1	3元	有卡
280	新哲学讲话	宋振庭	知识书店	1950年12月	11/S788	文华图专图书馆+4	1		有卡
281	新哲学社会学解释词典	胡明主编	光华出版社	1949年版	G10.72/H325	文华图书馆学专科学校藏书+8	1	28元	人民社会百科全书
282	新哲学手册	［英］E.朋司选辑，周建人译	大用图书公司	民国三八年二月四版（1949年）	10.073/D416z	文华图书馆学专科学校藏书+6	1	6元	有卡
283	新哲学-唯物论	郭列夫著，瞿秋白译	原野出版社	1949年4月	11.1/G638	武昌文华图书馆学专科学校藏+5	1	$ 2640	有卡

序号	书　名	作者	出版者	出版时间	分类号/索书号	印　章	复本	定价	备注
284	新哲学-唯物论	郭列夫著,瞿秋白译	原野出版社	1949 年 4 月	11.1/G638	武昌文华图书馆学专科学校藏书+8	1	$ 2640	缺封底
285	新哲学研究纲要	哲学研究社编著	三联书店	1949 年 6 月沪初版	11.1/Z408	武昌文华图书馆学专科学校藏+6	1	$ 8.40	有卡
286	新哲学研究纲要	哲学研究社编著	三联书店	1950 年 3 月第二版	10.53/Z408	文华图书馆学专科学校藏书+5-6	2	$ 7.40	有卡
287	新中学文库:明儒学案	缪天绶选注	商务印书馆	民国二十年六月(1931 年)	13.5/H561M	文华图专实验图书馆藏书	1		有卡
288	新中学文库:墨子	钱穆著	商务印书馆	民国二十年八月(1931 年)	13.141/Q328	文华图专实验图书馆藏书	1		有卡
289	新中学文库:墨子	唐敬杲选注	商务印书馆	民国十九年三月(1930 年)	13.141/T231	文华图书馆学专科学校藏书	1		有卡
290	新中学文库:荀子	叶绍均选注	商务印书馆	民国二十一年十一月(1932 年)	13.128/Y453	文华图专实验室图书馆藏书	1		有卡
291	新中学文库:朱熹	周予同	善舞印书馆	民国二十年八月(1931 年)	13.454/L767	文华图书馆学专科学校藏书	1		有卡
292	新中学文库:庄子	沈德鸿选注	商务印书馆	民国十五年一月(1926 年)	13.133/S417	文华图专实验图书馆藏书	1		有卡
293	形式逻辑	勃鲁塞林斯基著,沈志远译	三联书店	1951 年 1 月第三版	16.2/B784s	文华图书馆学专科学校藏书+4;中国图书发行公司武汉分公司特价部+1	1	¥ 2100	有卡

序号	书　名	作者	出版者	出版时间	分类号/索书号	印　章	复本	定价	备注
294	形式逻辑	勃鲁塞林斯基著,沈志远译	三联书店	1950 年 3 月第一版	16.2/B784s	文华图书馆学专科学校藏书+5	1	$ 2.10	有卡
295	宣教事业平议	美国平信徒调查团编,徐宝谦等译	商务印书馆	民国二十四年三月再版(1935 年)	254/S913	钢印:私立武昌文华图书馆学专科学校;武昌文华图书馆学专科学校+4	1	大洋八角	缺封底,有卡
296	学术思想论文集	叶楚伧主编,穆济波编注,胡伦清校订	正中书局印行	民国三十一年十二月四版(1942 年)	111.11/M712	武昌文华图书馆学专科学校(反)+4	1	2.8	国文精选丛书;有卡
297	学习心理之话		开明书店	民国三十七年七月特一版(1948 年)	39.49/F595	武昌文华图书馆学专科学校藏+6	1	1.9	有卡
298	学习心理之话		开明书店	民国三十七年七月特一版(1948 年)	39.49/F595	武昌文华图书馆学专科学校藏+6	1	1.9	有卡
299	荀子集解	王先谦著	商务印书馆	民国二十五年三月初版(1936 年),民国二十七年六月四版(1938 年)	13.128/W274	武昌文华图书馆学专科学校+4	1	每册国币陆角	国学基本丛书简编;有卡
300	耶稣传	赵紫宸	上海青年协会书局	1948 年	251.29/C412		1		有卡

序号	书　名	作者	出版者	出版时间	分类号/索书号	印　章	复本	定价	备注
301	耶稣的人本主义	薛僖著,刘美丽、叶柏华译述	广学会	民国三十七年十月初版(1948年)	251.2/S465	文华图专实验图书馆藏书+4;本书承 张主教海松捐赠 特此志谢 文华图专实验圕 公元1950年2月28日;1本;武昌文华图书馆学专科学校藏+4	2		有卡
302	伊斯兰教概论	马鄰翼	商务印书馆	民国二十三年一月初版(1934年),民国三十六年三月三版(1947年)	49.5031/M211	文华图专实验图书馆藏书+3	1	国币叁元	新中学文库,百科小丛书;有卡
303	伊斯兰教志略	许崇灏编	商务印书馆印行	民国三十三年一月(1944年)	270/H462	私立武昌文华图书馆学专科学校图书馆+5	1	2	有卡
304	意志与性格的培养	K.H.柯尔尼洛夫著,李树森译	青年出版社	1951年11月版	38.14/K2872	文华图书馆学专科学校藏+3	1		青年学习修养丛书,有卡
305	因明学	虞愚著	中华书局	民国廿五年十一月发行(1946年)	231.15/Y723	钢印:私立武昌文华图书馆学专科学校+2;武昌文华图书馆学专科学校+3	1	国币一元贰角	有卡
306	饮冰室文集全编	梁启超著	上海广益书局发行		817.8/L425	武昌文华图书馆学专科学校藏	1		
307	饮冰室专集				230.7/L425	武昌文华图书馆学专科学校+2;钢印:私立武昌文华图书馆学专科学校+2	1		缺封面、封底

序号	书　名	作者	出版者	出版时间	分类号/索书号	印　章	复本	定价	备注
308	饮冰室专集					钢印：私立武昌文华图书馆学专科学校+2	1		缺封面、封底
309	印度逻辑	虞愚著	商务印书馆			武昌文华图书馆学专科学校+2；钢印：私立武昌文华图书馆学专科学校+2	1		缺封底
310	应用心理学	Holling Worth、Pef-ferberger 合著，庄泽宣译	商务印书馆	民国十三年三月初版（1924 年）	158/H367	武昌县华林·文华公书林+24	1	大洋一元五角	现代教育名著；有卡
311	约翰福音神迹的研究	陶然士著，王神荫译，林步基校	广学会	民国三十三年三月初版（1944 年）	252.64/T256	武昌文华图书馆学专科学校+5	1	国币一元	有卡
312	怎样被圣灵充满	麦约翰著，李兴贤译	中华浸会书局	1950 年 10 月再版	251.18/M277	武昌文华图书馆学专科学校+4	1		有卡
313	怎样搞通思想方法	胡绳著	三联书店	民国卅八年六月沪初版（1949 年）	16.4/H443	文华图专实验图书馆藏书+4	1		新中国百科小丛书；有卡
314	怎样搞通思想方法	胡绳著	青年出版社	1952 年 10 月第一版	39.1/H443 330.2/4727：e/c.1	文华图书馆学专科学校藏书+4	2	2600	青年学习修养丛书；有卡
315	怎样搞通思想方法	胡绳著	生活·读书·新知三联书店发行	1949 年	330.2/4727：2.b；39.1/H443	武昌文华图书馆学专科学校藏+4	1	$ 3.2	新中国青年文库；有卡

序号	书　名	作者	出版者	出版时间	分类号/索书号	印　章	复本	定价	备注
316	怎样建立工作制度	李润生编著	江南出版社	1953 年 2 月再版	17.7/L377	文华图书馆学专科学校藏书+4	1	1700	新工作方法论单行本;有卡
317	怎样制定工作计划	李润生编著	江南出版社	1953 年 3 月三版	17.7/L377	文华图书馆学专科学校藏书+4	1	1500 元	新工作方法论单行本;有卡
318	章实斋年谱	胡适著,姚名达订补	商务印书馆	民国二十年八月初版(1931 年)	26.127/H446	私立武昌文华图书馆学专科学校+7	1	$ 1.40	国学小丛书;有卡
319	哲学	米丁著,张仲宝译	三联书店	1949 年 10 月沪初版	10/M452z	文华图专实验图书馆藏书+5;本书承 张主教海松捐赠 特此志谢 文华图专实验圕 公元 1950 年 5 月一日	1	$ 4.60	百科小丛书;有卡
320	哲学	米丁著,张仲宝译	三联书店	1950 年 3 月第三版	10/M452	文华图书馆学专科学校藏+5;中国图书发行公司武汉分公司特价部+1	2	$ 4.60	有卡
321	哲学	B.米汀著,张仲宝译	实践出版社发行	民国三十八年四月初版(1949 年)	10/M452z	文华图书馆学专科学校藏书+5	1	$ 6	百科小丛书;有卡
322	哲学常谈	赵纪彬著	中华书局	1949 年 10 月初版	10/Z373	文华图专实验图书馆藏书+3;本书承 张主教海松捐赠 特此志谢 文华图专实验圕 公元 1950 年 2 月 23 日	1	二元七角	大众文化丛书;有卡
323	哲学初级研习提纲	马特著	三联书店	1949 年 6 月沪初版	10.53/M134	文华图书馆学专科学校藏书+5	2	四元八角	1 本缺封底;有卡

序号	书　名	作者	出版者	出版时间	分类号/索书号	印　章	复本	定价	备注
324	哲学的学习与运用	马特著	三联书店	1949年11月再版(沪)	10/M253	文华图专实验图书馆+4	1	$ 4.60	新中国青年文库;有卡
325	哲学的学习与运用	马特著	生活·读书·新知三联书店发行	1949年6月第一版,1950年2月第三版	10/M253	文华图书馆学专科学校藏+4;中国图书发行公司武汉分公司特价部+1	4	基价 $ 4.30	新中国青年文库;有卡
326	哲学概论	李仲融著	文光书店	1950年6月初版(京)	10.031/L385	文华图专实验图书馆藏书+6	1	$ 1200	有卡
327	哲学浅说	李石岑著	商务印书馆	民国二十年八月初版(1931年),民国三十六年二月第三版(1947年)	10/L346	文华图专实验图书馆藏书+3	1	国币贰元	新中学文库,百科小丛书;有卡
328	哲学思想	李仲融著	文光书店	1950年3月初版(沪)	12.09/L311	文华图专实验图书馆藏书+4	1	$ 9	有卡
329	浙东学派溯源	何炳松著	商务印书馆		13.41/H271	武昌文华图书馆学专科学校+3;钢印:私立武昌文华图书馆学专科学校+1	1		国学小丛书;有卡
330	政治的经济基础	比雅德著,张金鉴译	商务印书馆	民国二十八年六月初版(1939年)	370.1/P388	武昌文华图书馆学专科学校+5;钢印:私立武昌文华图书馆学专科学校+1;私立武昌文华图书馆学专科学校图书馆+1	1	国币伍角	社会科学小丛书;有卡

序号	书　名	作者	出版者	出版时间	分类号/索书号	印　章	复本	定价	备注
331	中古哲学文明	Maurice De Wulf 著，庆泽彭译	商务印书馆	民国二十三年三月初版（1934年）	15.0/W613	私立武昌文华图书馆学专科学校图书馆+7	1	大洋一元五角	哲学丛书;有卡
332	中古哲学与文明	胡尔夫著,庆泽彭译	商务印书馆	民国二十三年三月初版（1934年）	121.6/H495/C.2	武昌文华图书馆学专科学校+1;私立武昌文华图书馆学专科学校图书馆+1;钢印:私立武昌文华图书馆学专科学校+2	1	大洋壹元伍角	哲学丛书;有卡
333	中国传统思想总批判	蔡尚思著	棠棣出版社	1951年2月增订本		文华图书馆学专科学校藏书+4	1	13500元	有卡
334	中国传统思想总批判补编	蔡尚思著	棠棣出版社	1952年2月6版	13.75/C139	文华图书馆学专科学校藏书+3	1	6500元	
335	中国传统思想总批判补编	蔡尚思著	棠棣出版社	1950年3月	13.25/C139;111.04/T187/V.2	文华图专实验图书馆藏书+4	1	￥6.50	有卡
336	中国法家概论	陈启天著	中华书局			钢印:私立武昌文华图书馆学专科学校;武昌文华图书馆学专科学校+1	1		缺封底
337	中国古代思想学说史	侯外庐著	文风书局印行	1946年11月	111.091	私立武昌文华图书馆学专科学校图书馆+2	1		出版年信息为网查所得;有卡

序号	书　名	作者	出版者	出版时间	分类号/索书号	印　章	复本	定价	备注
338	中国古代哲学史		中华书局	民国二十六年七月(1937年)	111.091/C397	武昌文华图书馆学专科学校+6;私立武昌文华图书馆学专科学校+3	1	2.2	有卡
339	中国近三百年哲学史	编述者蒋维乔	中华书局	民国廿一年一月发行(1932年)	111.093/TS443	武昌文华图书馆学专科学校+2	1	银7角	缺封面;有卡
340	中国学术家列传	杨荫深编著	上海光明书局	1939年	971/Y232	武昌文华图书馆学专科学校藏+3	1		缺封底;出版年为网查所得
341	中国哲学史	钟泰编	商务印书馆发行	民国十三年八月(1924年)	111.09	武昌文华图书馆学专科学校	1		哲学丛书
342	中国哲学史补	冯友兰著	商务印书馆	民国二十七年五月再版(1938年)	111.09/F332c2	武昌文华图书馆学专科学校+2;钢印:私立武昌文华图书馆学专科学校	1	国币一元八角	有卡
343	中国哲学小史	冯友兰著	商务印书馆	民国三十二年十二月渝第一版(1943年)	111.8/F328		1	国币一元三角	王云五主编:百科小丛书
344	中国哲学小史	冯友兰	商务印书馆	民国二十三年一月初版(1934年),民国三十六年三月四版(1947年)	13/F453	文华图专实验图书馆藏书+3	1	国币贰元	新中学文库,百科小丛书;有卡
345	中华学术思想文选	孙俍工、孙怒潮合编	中华书局印行	民国二十四年五月再版(1935年)	13/S862	武昌文华图书馆学专科学校+5;钢印:私立武昌文华图书馆学专科学校+3	1	银一元五角	有卡

序号	书　名	作者	出版者	出版时间	分类号/索书号	印　章	复本	定价	备注
346	重庆市中学基督教青年会二十周年纪念册	李志豪编			256.3/L318	武昌文华图书馆学专科学校+2	1		有卡
347	周易大纲	吴康	商务印书馆	民国二十七年七月初版（1938年），民国三十六年三月三版（1947年）	98.14/W612	文华图专实验图书馆藏书+4	1	2元	新中学文库，国学小丛书；有卡
348	诸教的研究	谢颂羔、余牧人编	广学会出版	民国十五年八月初版（1926年），民国三十年五月十二版（1941年）	200.7/S471/C.1	武昌文华图书馆学专科学校+5	1	国币一元二角	
349	诸先知的使命	苏尔恩著，夏明如译	广学会出版	民国二十九年八月初版（1940年）	252.49/S736	武昌文华图书馆学专科学校+5	1	国币四角	解经指南第一册；有卡
350	诸先知教义	克配决刻著，彭寿、董正初译述	广学会	1941年	252.49/K238		1	国币2.5	缺卷尾页
351	诸子集成		国学整理社		12.11/G794	武昌文华图书馆学专科学校+1	1	¥39600	有卡
352	诸子集成（第五册）：管子评传 管子校正 商君评传 商君书 慎子 韩非子集解	国学整理社编	世界书局		12.11/Q749		1		部分脱落；有卡

序号	书　名	作者	出版者	出版时间	分类号/索书号	印　章	复本	定价	备注
353	诸子集成:论语 淮南子		世界书局		13.09/G463	武昌文华图书馆学专科学校+2	1		
354	诸子集成:荀子集解	王先谦	世界书局	民国二十五年八月(1936年)		武昌文华图书馆学专科学校+2	1		有卡
355	诸子集成:盐铁论	(汉)桓宽撰	世界书局		111.08/K774	武昌文华图书馆学专科学校+2	1		有卡
356	诸子集成:周秦之部		世界书局			武昌文华图书馆学专科学校藏+2	1		
357	诸子通考	蒋伯潜	三中书局	民国三十七年五月初版(1948年)	111.1/TS442	武昌文华图书馆学专科学校藏+8	1	14.3	有卡
358	诸子通谊	陈钟凡著	上海商务印书馆发行	民国十四年三月初版(1925年),民国二十一年九月印行国难后第一版(1932年)	111.1/C368	武昌文华图书馆学专科学校+4;钢印:私立武昌文华图书馆学专科学校+2	1	每册大洋伍角	东南大学丛书;已散;有卡
359	诸子学派要诠	王蘧常著	中华书局		13.1/W242	钢印:私立武昌文华图书馆学专科学校+1;武昌文华图书馆学专科学校+1	1		缺封底,全散,缺损严重
360	诸子学述	罗焌	商务印书馆	民国二十五年四月(1936年)	12.13/L979	武昌文华图书馆学专科学校	1		有卡

序号	书　名	作者	出版者	出版时间	分类号/索书号	印　章	复本	定价	备注
361	诸子学述	罗焌著	商务印书馆	民国三十六年三月三版（1947年）	N/810/L717;13.09/L973		1	国币肆元伍角	有卡
362	资产阶级的唯物论与辩证法唯物论	山田坂仁著，阮有秋译	中华书局印行	民国三十八年九月初版（1949年）	11.1/S259	文华图专实验图书馆藏书+3；本书承 张主教海松捐赠 特此志谢 文华图专实验圕 公元1950年2月23日	1	基价一元八角	新时代小丛书7；有卡
363	资产阶级哲学批判论文选辑（一）	中国人民大学辩证唯物论与历史唯物论教研室	中国人民大学	1953年1月24日第一版	12.039083/Z593	文华图专图书馆+3	1		有卡
364	宗教本质讲演录	Ludwig Feuerbach著，林伊文译，中山文化教育馆编辑	商务印书馆	民国二十六年三月初版（1937年）	200.1/F545	私立武昌文华图书馆学专科学校图书馆+5	1	国币贰元	有卡
365	宗教经验论	徐宝谦主编，吴雷川、赵紫宸、谢扶雅、吴耀宗等著，应远涛校阅	青年协会书局	民国二十三年八月再版（1934年）	250.1/S913	重庆求精图书馆+1	1	大洋四角	有卡
366	综合哲学讲话	宋恒忠著	国民图书出版社印行	民国三十年九月初版（1941年）	100.1/S666/C.1	武昌文华图书馆学专科学校+2	1	实价国币五角	缺封面、封底

（三）C 社会科学总论

现存 82 种，111 册。

序号	书 名	作者	出版者	出版时间	分类号/索书号	印 章	复本	定价	备注
1	A Program for Progress	Jokn Strachey		1940 年	380.S/T81	私立武昌文华图书馆学专科学校图书馆+2	1		有卡
2	Dictionary of Sociology	Henry Pratt Fairchld, Ph. D., LLD	Philosophical Library	1944 年	R/303/D561	武昌文华图书馆学专科学校藏+2	1		社会学词典；字母索引
3	大众统计学	张知儿编，邹依仁校	立信会计图书用品社	1953 年初版	29.9/Z247	文华图专图书馆+3	1	5000 元	
4	儿童福利研究报告	社会部研究室编印	社会部研究室编印	民国三十一年九月（1942 年）	313.36/S365	私立武昌文华图书馆学专科学校图书馆+4	1		有卡
5	古籍丛考	金德建	中华书局	民国三十年三月（1941 年）	MG/C53/J515	私立武昌华中大学+4；华中大学图书馆（藏书票）	1	国币 1.80 元	分类号查自武汉大学图书馆
6	中国文化与现代化问题	吴世昌	上海观察社	民国三十七年六月（1948 年）	910.2/W492	武昌文华图书馆学专科学校藏+2	1		观察丛书 5
7	贵州省统计资料汇编	民国政府主计处统计局编		民国三十一年一月（1942 年）	29.972/G791	武昌文华图书馆学专科学校+3	1		有卡
8	胡适论学近著 第一集（上）		商务印书馆	1950 年	817.847/H499.V1	私立武昌文华图书馆学专科学校图书馆+7	1		全书散开，封面破损
9	婚姻	沙列夫斯卡雅、斯维尔德洛夫著，傅昌文译	人民出版社	1953 年 2 月北京第一版	33.654/S235	文华图书馆学专科学校藏书+4	2	800	苏联大百科全书选译；有卡

序号	书　名	作者	出版者	出版时间	分类号/索书号	印　章	复本	定价	备注
10	激变	韬奋著	生活书店	民国二十七年七月(1938年)	44.62/Z911;818/C686	武昌文华图书馆学专科学校(反)+8;私立武昌文华图书馆学专科学校图书馆+2	1	0.5	有卡
11	家族论	F.Muller-Lyer 著,王礼锡、胡冬野译	商务印书馆	民国二十五年六月(1936年)		私立武昌文华图书馆学专科学校图书馆+2	1		汉译世界名著;有卡
12	论人口调查	萨乌琴著,刘曙光戴有振译	东北财经出版社	1953年5月再版	33.6393/S141	文华图专图书馆+4	1		统计工作丛书;有卡
13	马克思列宁与统计	东北计划委员会统计局	东北计划委员会统计局	1951年	29.9/D335M	文华图书馆学专科学校藏书+5	1	3.80	有卡
14	马克思列宁主义社会形态学说	斯摩略克著,夏端、实人、梅林、陈山译	生活·读书·新知三联书店	1952年4月	11.59/S718h;103.2/4206/c.2	文华图书馆学专科学校藏+4/5	2	12200	有卡+无卡
15	马列主义的社会形态学说	斯莫梁克著,夏端译	哈尔滨兆麟书店印行	1949年11月5日初版	11.59S718	文华图书馆学专科学校藏书+4	1		有卡
16	青年的恋爱与婚姻问题	中国青年社编	中国青年社	1950年6月出版	17.4/Z587	文华图专实验图书馆藏书+4;本书承张主教海松捐赠 特此志谢 文华图专实验圕 公元1950年7月25日	1		中国青年丛书;有卡
17	人类的前程	俾耳德著,于熙俭译	商务印书馆	民国三十六年三月二版(1947年)	20/B568y	文华图专实验图书馆藏书+8	1		新中学文库;有卡

序号	书　名	作者	出版者	出版时间	分类号/索书号	印　章	复本	定价	备注
18	人类综合史观	李成蹊编著	正中书局	民国三十七年七月初版（1948年）	20/L249	武昌文华图书馆学专科学校藏+4	1	￥3800	有卡
19	社会经济统计辞典	皮撒列夫主编，王宗麟、铁大章、赵克成等译，梁天校	东北财经出版社	1951年12月初版	29.8070/P239	文华图书馆学专科学校藏+9	1		有卡
20	社会科学常识讲话	邓初民	文化出版社	民国三十八年四月初（1949年）	20/d311	武昌文华图书馆学专科学校藏+3	1		有卡
21	社会科学概论.增订本	社会科学研究会编	哈尔滨教育用品供应社印行	1950年1月再版	28/S391	文华图书馆学专科学校藏书+6	2		有卡
22	社会科学概论.增订本	社会科学研究会编	哈尔滨教育用品供应社	1950年1月再版	20/S391		2		有卡
23	社会科学基本知识讲座.第一册 历史唯物主义的基本观点	胡绳、于光远、王惠德合著，学习杂志编辑部编	学习杂志社	1951年9月四版	300/4727/V.1/C.3	文华图专图书馆+4；文华图书馆学专科学校藏书+2	3	3700	学习杂志丛书
24	社会科学基本知识讲座.第二册 社会的发展过程	胡绳、于光远、王惠德合著，学习杂志编辑部编	学习出版社		20/S443；300/4727/V.2/C.4	文华图书馆学专科学校藏书+7	5	5300	学习杂志丛书；有卡
25	社会科学基本知识讲座.第三册 我们的时代	胡绳、于光远、王惠德合著，学习杂志编辑部编	学习杂志社		300/4727/V.3/C.6	文华图书馆学专科学校藏+3	6	3600	学习杂志丛书；无封底页

序号	书　名	作者	出版者	出版时间	分类号/索书号	印　章	复本	定价	备注
26	社会科学基本知识讲座.第四册 共产党-劳动人民解放斗争的领导者	胡绳、于光远、王惠德合著,学习杂志编辑部编	学习杂志社	1952年10月北京第一版	20/S443	文华图书馆学专科学校藏+4	2		有卡
27	社会科学简明教程	胡明辑译	光明书局	1952年9月第三版	300/4767/C.1;20.31/H437	文华图书馆学专科学校藏书+5-7	2	16元	苏联百科全书版;有卡
28	社会科学简明教程	韶华辑译	中原新华书店	1949年4月出版	20.054/S343	文华图专实验图书馆藏书+6;本书承校友覃事长捐赠,特此志谢,文华图专实验圕公元1950年5月1日	1		有卡
29	社会科学简明教程	韶华辑译	中原新华书店印行	1948年	300/S339;300/4767a/C.1;20.054/S343	武昌文华图书馆学专科学校藏+3	1		苏联新百科全书版;有卡
30	社会科学讲话	祝伯英著	开明书店	民国廿七年十一月四版(1938年)	300/C777	钢印:私立武昌文华图书馆学专科学校+2;武昌文华图书馆学专科学校(反)+3	1		有卡
31	社会科学论纲	王亚南著	东南出版社印行	民国三十四年六月(1945年)	300/W251	武昌文华图书馆学专科学校藏+4	1		有卡
32	社会科学名著题解	徐嗣同编	上海中华书局印行	民国二十一年十一月(1932年)	300.7/S914;20.72/X627	武昌文华图书馆学专科学校(反)+3	1	0.8	新文化丛书;有卡

序号	书　名	作者	出版者	出版时间	分类号/索书号	印　章	复本	定价	备注
33	社会调查方法	樊弘著	商务印书馆发行		314/F157	武昌文华图书馆学专科学校(反)+2	2		社会研究丛刊;无封底页,无封面页
34	社会问题	沈志远著	生活·读书·新知三联书店	1949年再版	300/3443/V.6;31/S423	文华图专实验图书馆藏书+3;张主教海松捐赠文华图专实验圕	1	¥2.30	社会科学基础读本 Ⅵ;有卡
35	社会学常识	柳湜	中华书局	民国三十八年五月初版(1949年)	21.09/L753	文华图专实验图书馆藏书+4;本书承张主教海松捐赠 特此志谢 文华图专实验圕 公元1950年2月23日	1		大众文化丛书;有卡
36	社会学方法论	[法国]涂尔干著,许德珩译	商务印书馆发行		310.1/T613	武昌文华图书馆学专科学校(反)+1	1		有卡
37	社会学名词	国立编译馆	正中书局	民国三十年十一月(1941年)	R33.6072/S854	武昌文华图书馆学专科学校藏+2	1		字母索引
38	社会组织与社会革命	河上肇著,郭沫若译	商务印书馆		312.6/H377;27.275/H256;370.1/3123	文华图专图书馆+4	1	17000	有卡
39	十七年度—二十一年度 天津市统计年鉴	天津市政府统计委员会编制		民国二十四年八月(1935年)		重庆求精图书馆+2;武昌文华图书馆学专科学校藏书+2	1		封底缺失
40	实用统计(第一版)	方乃和	五一出版社		29.99/F235	文华图书馆学专科学校藏书+4	1	15.00	有卡

序号	书　名	作者	出版者	出版时间	分类号/索书号	印　章	复本	定价	备注
41	守常文集	李大钊著	上海北新书局				1		
42	苏联共产党第十九次代表大会统计的任务	东北统计局编	东北统计局	1953 年	29.937/S566	文华图专图书馆	1		统计工作丛书（7）；出版社信息为网查所得；有卡
43	啼笑皆非	林语堂原著，并自译	商务印书馆	民国三十六年二月五版（1947 年）	N/810.8/L539	文华图专实验图书馆藏书+5	1		新中学文库
44	调查方法	史可京编著	正中书局	民国三十三年八月初版（1944 年）	341.1/S.138	私立武昌文华图书馆学专科学校+3	1		有卡
45	调查研究法入门	白韬著	光华书店发行	1948 年在哈尔滨印造	341.1/P275/c.2	武昌文华图书馆学专科学校藏+4；私立武昌文华图书馆学专科学校·学生自治会+2	3		新青年学习丛书；东北版初版发行一万册；有卡
46	统计方法大纲	Arkin and Colton 著，朱君毅译	正中书局	民国三十三年八月（1944 年）	341/A111	椭圆：武昌文华图书馆学专科学校+2	1	5.80	有卡
47	统计及商业调查	吕仁一著	上海大东书局	民国二十五年八月初版（1936 年）	341/L945	武昌文华图书馆学专科学校+2	1		有卡
48	统计列表与制图	陈善林著	商务印书馆	1952 年 11 月 3 版	29.93/C312T	文华图专图书馆+2	1		大学丛书；有卡

序号	书　名	作者	出版者	出版时间	分类号/索书号	印　章	复本	定价	备注
49	统计图绘制法	杨克勤编著	万叶书店	1952 年 9 月 1 日三版	29.919/Y279	文华图书馆学专科学校藏书+4	3		有卡
50	统计学	金国宝编著	商务印书馆	民国二十四年五月初版（1935 年），民国三十五年十二月（1946 年）	29.9/J557	文华图专实验图书馆藏书+5	1	4 元	新中学文库；缺封底
51	统计学参考资料（七）	中国人民大学统计教研室	中国人民大学	1953 年 2 月 4 日第一版	29.907/Z636c	文华图专图书馆+4	2		有卡
52	统计学参考资料（四）	中国人民大学统计教研室	中国人民大学	1952 年 11 月 10 日第一版第三次印刷	29.907/Z636c	文华图专图书馆+4/3	2		有卡
53	统计学大纲（上册）	金国宝著	商务印书馆	民国三十二年七月蓉一版（1943 年）	29.9053/J557	私立武昌文华图书馆学专科学校图书馆+3	1		大学丛书；有卡
54	统计学大纲（下册）		商务印书馆	民国三十二年七月蓉一版（1943 年）	341/C425.V2	私立武昌文华图书馆学专科学校图书馆+7	1	5.5	有卡
55	统计学名词	国立编译馆	正中书局	民国三十三年五月（1944 年）	29.9072/Z795	长方：武昌文华图书馆学专科学校藏+4	1	0.36	有卡
56	统计学是认识社会的有力武器	卡兹洛夫等著，梁天、赵克成等译	东北财经出版社出版	1951 年	29.9/K110	文华图书馆学专科学校藏+6	3	6.00	有卡

序号	书　名	作者	出版者	出版时间	分类号/索书号	印　章	复本	定价	备注
57	统计与测验名词英汉对照表	朱君毅	中华书局	民国二十二年七月发行（1933年）	29.9072/Z795	武昌文华图书馆学专科学校+3	1		
58	统计与行政	中国统计学社编，陈一中校对	独立出版社	民国三十一年四月一日出版（1942年）	340.1/C631	私立武昌文华图书馆学专科学校图书馆+4	1		中国统计学社第十一届年会专刊；有卡
59	为马列主义统计理论而斗争	华（东）北计划委员会统计局译	华（东）北计划委员会统计局	1950年	29.903/D335W	文华图书馆学专科学校藏书+6	1		有卡
60	文化论	［英］马凌诺斯基著，费孝通等译	商务印书馆	民国三十三年七月初版（1944年）	n902/m125	文华图书实验图书馆藏书+2	1		新中学文库；社会学书刊，有卡
61	文书处理程序	朱伯郊著	中国文化服务社	民国十五年四月（1926年）	37.841/Z756	武昌文华图书馆学专科学校藏+2	1		有卡
62	闻一多全集		开明书店		811.18	文华图书馆学专科学校藏+2	1		封底脱落
63	现代妇女	傅学文	商务印书馆	民国三十五年十二月初版（1946年）	N/313.35/F537	文华图专实验图书馆藏书+3	1		新中学文库；国立中央民业教育馆；有卡
64	现代社会事业	言心哲著	商务印书馆印行	民国三十三年九月（1944年）	316/Y434	私立武昌文华图书馆学专科学校图书馆+3	1	5	有卡

序号	书　名	作者	出版者	出版时间	分类号/索书号	印　章	复本	定价	备注
65	乡村社会学纲要	童润之编著	正中书局	民国三十年十月渝初版（1941年）	313.402/T547	武昌文华图书馆学专科学校+3	1		社会科学丛书；无封底页；有卡
66	乡土中国	费孝通著	上海观察社发行	民国三十七年四月（1948年）	313.491/F236	文华图专实验图书馆藏书+3	1	12	观察丛书.4；有卡
67	新公文程式大全	段世源编			029/T679c.6	私立武昌文华图书馆学专科学校图书馆+3	2		有卡
68	新社会学底基本问题	沈志远著	生活·读书·新知三联书店发行	1949年10月再版	300/S429/v.2；20/S423	文华图专实验图书馆藏书+3；张主教海松捐赠文华图专实验圕	1	1.9	社会科学基础读本.Ⅱ；有卡
69	新统计学概论（上册）	奥斯特鲁莫夫著，东北人民经济计划委员会统计局编译	东北财经出版社	1951年11月三版	29.9031/A192(D)	文华图专图书馆；文华图书馆学专科学校藏书+4	1		新统计学丛书；有卡
70	新统计学概论（下册）	奥斯特鲁莫夫著，东北人民经济计划委员会统计局编译	东北财经出版社	1951年11月再版	29.9031/A192(D)	文华图专图书馆；文华图书馆学专科学校藏书+3	1		新统计学丛书；有卡
71	新中国的婚姻问题	李心远编	文华出版社	1952年8月三版	33.654/L371	文华图书馆学专科学校藏书+4	1		有卡
72	学术译丛（第一辑）		新建设杂志社		20.8/X461	文华图书馆学专科学校藏+2	1		有卡

序号	书　名	作者	出版者	出版时间	分类号/索书号	印　章	复本	定价	备注
73	学术译丛.第一辑	新建设杂志社编辑部	新建设杂志社出版		20.83/X461	文华图书馆学专科学校藏书+5	3	6200元	2+残本1
74	学习译丛(第一辑-第六辑)	学习译丛编委会	学习杂志社		Q20/X431	文华图专图书馆+11;委托武昌国民文化供应社+3	1	5800	有卡
75	禹贡地理今释	杨大鈊编著	正中书局印行	民国三十三年十月初版(1944年),民国三十六年十一月沪一版(1947年)	22.71/Y269	武昌文华图书馆学专科学校藏+3	1	国币五元五角	有卡
76	怎样做调查研究工作	白韬著	生活·读书·新知 上海联合发行所	民国卅八年六月沪初版(1949年)	17.7/B274	文华图专实验图书馆藏书+4;本书承张主教海松捐赠 特此志谢 文华图专实验圕 公元1950年2月26日	1		新中国百科小丛书;有卡
77	中国人口问题之统计分析	国民政府主计处统计局编	正中书局	民国三十三年一月初版(1944年)	349.107/TS762	重庆××××××××(模糊)	1		有卡
78	中国之民族思想与民族气节	张厉生编述	青年书店		910.21/C291	武昌文华图书馆学专科学校+2	1	每册国币八角	
79	民国统计提要:廿四年辑(1936年)	国民政府主计处统计局	商务印书馆	民国二十五年五月初版(1936年)	29.9076G768;C832;MG/C832/G631	武昌文华图书馆学专科学校+2	1	国币18.00元	定价查自武汉大学图书馆;分类索引

序号	书　名	作者	出版者	出版时间	分类号/索书号	印　章	复本	定价	备注
80	中华民族的人格	张元济编著	商务印书馆	民国二十六年五月初版（1937年），民国三十六年二月六版（1947年）	26.121/Z345	文华图专实验图书馆藏书+4	1	国币贰元伍角	新中学文库；有卡
81	资产阶级社会批判学	G 亚历山大洛夫著，王易今译	上海杂志、书报联合发行	1949年11月初版	12.039/Y151	文华图书馆学专科学校藏书+7	1	五元八角	理论与实践丛书；有卡
82	做人做事及其他	王云五讲	商务印书馆印行	民国三十一年之后第四版（1942年）	182/LJ251	武昌文华图书馆学专科学校（反）+1	1		缺封面、封底

（四）D 政治、法律

现存 231 种，272 册。

序号	书　名	作者	出版者	出版时间	分类号/索书号	印　章	复本	定价	备注
1	700 Millions for Peace and Democracy		Peking: Foreign Languages Press	1950年		文华图专图书馆+3	1		有卡
2	China Fights for Peace	宋庆龄等	Peking: Foreign Languages Press	1950年	172.4/C4415	文华图专图书馆+3	1		中国为和平而斗争；有卡；作者为孔夫子网查得

序号	书　名	作者	出版者	出版时间	分类号/索书号	印　章	复本	定价	备注
3	Materials on the Trial of Former Servicemen of the Japanese Army Charged With Manufacturing and Employing Bacteriological Weapons		Foreign Languages Publishing House	1950 年		文华图书馆学专科学校藏书+3	1		
4	Meeting of the Information Bureau of Communist Parties		The Journal	1950 年		文华图书馆学专科学校+4	1		
5	Official Register of the United States 1940	United States Civil Service Commission	Washington: United States Government Printing Office	1940 年	R351.2un41940	武昌文华图书馆学专科学校藏+2	1		美国正式登记册1940;分类索引
6	Proceedings of the Sixth Conference of Teachers of International Law and Related Subjects		Carnegie Endowment For International Peace	1938 年	341.06/C215		1		有卡
7	Report to the President on Drive Springs		Washington: United States Goverment Printing Office	1949 年			1		
8	Speech at the Nineteenth Congress of the C.P.S.U.(B.)	N.Bulganin	Foreign Languages Publishing House	1952 年			1		

序号	书　名	作者	出版者	出版时间	分类号/索书号	印　章	复本	定价	备注
9	The Role of Socialist Consciousness in the Development of Soviet Society	F.V.Konstantinov	Foreign Languages Publishing House	Moscow 1951 年		文华图书馆学专科学校藏书+4	1		油印
10	XXXII Anniversary of the Great October Socialist Revolution	Malenkov	Foreign Languages Publishing House	1949 年	947.084m2935	文华图专图书馆+3	1		有卡;作者为国图查得
11	You and Your Congress	Volta Torrey	William Morrow Co.	1944 年	328/T636	武昌文华图书馆学专科学校藏+3	1		有卡
12	ГОСУДАРСТВЕННОЕ ПРАВО СТРАН НАРОДНОЙ ДЕМОКРАТИИ	НПФАРБЕРОВ	ГОСУДАРСТВЕННОЕ ИЗДАТЕЛЬСТВО ЮРИДИЧЕСКОЙ ЛИТЕРАТУРЫ	1949 年		文华图专图书馆+3	1		有卡
13	比较地方自治论	吕复	商务印书馆		N/373.08/L943	文华图专实验图书馆藏书+2	1		新中学文库;有卡
14	布尔什维主义	伏米诺夫著,陈书声、石宝瑞 吴国英译	人民出版社	1953 年 2 月北京第一版	S/09/F254(c)	文华图书馆学专科学校藏书+4	2	1500 元	苏联大百科全书选译;有卡
15	朝鲜问题参考文件	苏联外交部编,章化农译	五十年代出版社	1951 年 5 月	24.2079/S826		1		有卡
16	崇高的友情	中南青年出版社编翻部编	中南青年出版社	1952 年 11 月	33.8233/Z587	文华图书馆学专科学校藏书+2	1		有卡

序号	书　名	作者	出版者	出版时间	分类号/索书号	印　章	复本	定价	备注
17	读报手册	长江日报社编辑	新华书店中南总分店	1950年	D6-62/C245;G/94/C228		1	52.50元	出版社、分类号查自武汉大学图书馆
18	俄文律梁文法注解	吴索福	五十年代出版社	1950年12月1日初版	41.65054/B638	文华图书馆学专科学校藏书+2	1		课程索引
19	法律哲学ABC	Roland R.Toulke著,施宪民译	世界书局	民国十八年八月出版(1929年)	390.01/S155	武昌文华图书馆学专科学校+7;注意 本书定价业经改订依廿五年七月份新订书目为准+1	1		ABC丛书;有卡
20	法庭统计学			1949年	347.9/O622		1	7.20	
21	反对细菌战	武汉工人出版社	武汉工人出版社	1952年4月再版	33.8163/w733	文华图书馆学专科学校藏书+4	2	1600	抗战小丛书;有卡
22	反对哲学科学文艺中的世界主义	I.拉乌度等著,杜若译	世界知识出版社	1950年12月初版	31.245/L144	文华图专图书馆+4	1	四元一角	世界知识丛书;有卡
23	反和平的阴谋	拉尔夫·巴克著,纪谛 译	中外出版社印行	1950年1月	33.8171/B191G	文华图书馆学专科学校藏书+2	1		
24	反细菌战问答	陈叶著	华南人民出版社	1952年5月初版	33.8163/C532	文华图书馆学专科学校藏书+3	1		有卡
25	封建主义	E.A.科斯明斯基著,张仲实译	生活·读书·新知三联书店	1949年11月	21.093/K357	文华图专实验图书馆藏书+2	1		杜校友捐赠;有卡

序号	书 名	作者	出版者	出版时间	分类号/索书号	印 章	复本	定价	备注
26	妇女为争取和平而斗争	奥佛仙尼科娃著，赵良译，上海中苏友好协会编	新华书店华东分店发行	1950年11月	33.591/A485	文华图专图书馆+2	1		有卡
27	干部必读苏联共产党(布)历史简要读本	联共(布)中央特设委员会编，联共(布)中央审定	解放社	1938年	33.133054/S822	文华图书馆学专科学校藏书+2	1		有卡
28	共产主义讲话	丁大年	华东人民出版社	1952年8月六版	39.1/P431	文华图书馆学专科学校藏书+3	1	人民币2200元	有卡
29	共产主义人生观	丁大年著	华东人民出版社	1953年5月第一版	17.2/D431；174/1048	文华图专图书馆+4	2	2000	有卡
30	关于和平解放西藏办法的协议	人民出版社编辑部编	人民出版社	1951年5月	32.2097/R148	文华图专图书馆+2	1		作者、出版年信息为网查所得；有卡
31	关于军事干部学校招生的重要文件	武汉市军事干部学校招生委员会	武汉市军事干部学校招生委员会		36.214/W757	私立武昌文华圕学学生会+1，文华图书馆学专科学校藏书+2	1		
32	关于企业内工会工作问题	百爽、白原编译	大众书店	1950年5月初版	33.21/B282	文华图书馆学专科学校藏书+4	1	2.50	学习苏联企业工作经验 第一集，有卡
33	国际主义与民族主义论		中南军区第四野战军后勤卫生政治部翻印	1952年		文华图书馆学专科学校藏书+4	1		有卡

序号	书　名	作者	出版者	出版时间	分类号/索书号	印　章	复本	定价	备注
34	行政学概要	茹管廷编著	正中书局		373/J386	武昌文华图书馆学专科学校藏+3	1		缺封底
35	杭州市政特刊	杭州市秘书处编印	杭州市秘书处编印	1935 年	D693.62		1		缺封面封底;作者、出版者查自孔夫子旧书网,分类号查自国图;分类索引
36	和青年朋友们谈几个思想问题	于光远	青年出版社	1951 年 10 月	39.16/Y747	文华图书馆学专科学校藏书+2	1		有卡
37	湖南农村情况调查	新湖南报编	新华书店	1950 年 10 月初版	29.3232/X452	文华图专图书馆+3	1	3.40	有卡
38	华东区财政经济法令汇编上册	华东军政委员会财政经济委员会编	华东人民出版社	1951 年 9 月	35.227/H479	文华图书馆学专科学校藏书+16	1	上下两册 106000 元	有卡
39	教育法令汇编(第六辑)	教育部参事处	正中书局	民国三十年一月(1941 年)	R331.1/C298V.6	一长方章(字迹不清)	1	(5.00)金·本	目录检索
40	九朝律考(下册)	程树德著	商务印书馆	民国二十三年二月第一版(1934 年)	390.1/C451	武昌文华图书馆学专科学校(反)+5;私立武昌文华图书馆学专科学校+2	1	¥2.60	有卡
41	旧金山会议实录(下卷)	大公报社编	大公报馆	民国三十四年七月(1945 年)	21.12526/D144	私立武昌文华图书馆学专科学校图书馆+2	1		有卡
42	旧金山会议实录(上卷)		大公报馆	民国三十四年六月(1945 年)	930.706/T122	私立武昌文华图书馆学专科学校+4	1	¥300.00	大公报小丛书.第八辑;有卡

序号	书　名	作者	出版者	出版时间	分类号/索书号	印　章	复本	定价	备注
43	抗美援朝重要文献言论汇编	群众日报宣传部编辑	西安：群众日报	1951 年 5 月	32.282079/Q763	文华图书馆学专科学校藏书+2	1		时事学习丛书之三
44	抗日的蒙古	德恒山著	中国边疆文化促进会编印		981.93/T277	武昌文华图书馆学专科学校(反)+2	1		边疆研究季刊创刊号副册;有卡
45	抗战与民众训练	陈端志著,中国文化建设协会主编	商务印书馆发行	民国二十六年十二月(1937 年)	317.6/C.392	武昌文华图书馆专科学校学生服务团巡回文库+3	1	0.25	有卡
46	库伦条约之始末	王光祈译	上海中华书局	1930 年	387.918/k763		1		有卡
47	联共(布)党史参考资料	拜尔兴等著	东北新华书店印行	1949 年	33.13307/B334	武昌文华图书馆学专科学校+2	1		有卡
48	联共(布)党史简明教程	联共(布)中央特设委员会	外国文书籍出版局	1950 年	33.133/S822	文华图书馆学专校+6	6		有卡
49	联共(布)党史简明教程	联共(布)中央特设委员会编	外国文书籍出版局	1953 年	33.133/S822	文华图书馆学专校+2	10		文华图专一九五三级全体毕业同学敬赠;有卡
50	联共(布)党史自修指南	联共(布)莫斯科省委会及莫斯科市委会党研究室编	联益出版社印行	1951 年 4 月	33.133073/L485	文华图书馆学专科学校藏书+2	1		新时代小丛书;有卡
51	联共(布)党史自修指南	联共(布)党莫斯科省委员会及莫斯科市委会党研究室编	联益出版社	1951 年 4 月初版	33.133073/S822	文华图书馆学专科学校藏书+4	1	¥0.25	有卡

序号	书　名	作者	出版者	出版时间	分类号/索书号	印　章	复本	定价	备注
52	联合国	史国纲	商务印书馆	民国三十五年十二月初版(1936年)	N/383/S.139	文华图专实验图书馆藏书+4	1	国币贰元伍角	新中学文库;有卡
53	联合国概览	联合国情报部编	联合国情报部	1947年5月	D813.2	武昌文华图书馆学专科学校+2	1		作者、分类号查自武汉大学图书馆
54	聊共(布)党关于职工会的作用于任务的决议		新华书店	1949年7月	33.1324/S822	文华图书馆学专科学校藏+4	1		有卡
55	林业法令汇编(第三辑)	中国林业编辑委员会	中央人民政府林业部	1952年	35.2272/Z639 D922.639/Z563	文华图书馆学专科学校藏书+2	1		作者、分类号查自武汉大学图书馆
56	麟台故事	(宋)程俱著	国立北平图书馆/商务印书馆	民国十六年(1927年)	22.241/C579		1		典章制度;出版社为网查所得;武汉大学馆入D类
57	论党	刘少奇著	解放社	1950年7月上海重印一版,1951年3月五版	33.12/L698	文华图书馆学专科学校藏书+2	1	人民币4800元	有卡
58	论苏联城乡对立的肃清	巴突林斯基著;高齐云译	光明书局	1950年5月	28.34/B188	文华图书馆学专科学校藏书+4	1	2.40	有卡

序号	书　名	作者	出版者	出版时间	分类号/索书号	印　章	复本	定价	备注
59	论新中国	平心	上海群联出版社	1941 年 8 月初版	22.278/P516	文华图书馆学专科学校藏书+4	1		有卡
60	罗马法	陈允 应时著	商务印书馆	民国二十八年三月国难后第一版（1939 年）	390.5/C397	武昌文华图书馆学专科学校+5	1		大学丛书;有卡
61	美帝武装德日	集体写作,祝百英译	作家书屋	1951 年	39.17/Z811	文华图书馆学专科学校藏书+2	1		有卡
62	美国对朝鲜的侵略	裴洛夫著,王济庚、翟松年译	生活・读书・新知三联书店	1952 年 8 月	24.2/P275W	文华图书馆学专科学校藏+3	1		有卡
63	美国控制下的日本	宋桂煌译	文光书店	1951 年 6 月初版	32.43/S786	文华图书馆学专科学校藏书+5	1		有卡
64	美国人在欧洲	康斯坦丁诺夫斯基著,林秀译	时代出版社	1951 年 7 月	33.85631/K256L	文华图书馆学专科学校藏书+2	1		有卡
65	美国手册	主编者柯伯年、王朴,编者凌青、任新韦	中外出版社	1951 年 1 月四版	32.563073/W263	文华图书馆学专科学校藏书+6	1		国际知识小丛书;有卡
66	美国外交官真相	安娜贝尔・布卡尔著,柏园、张彦、棉之合译	ИЗДАНИЕ	1949 年	317.73		1		有卡
67	美国外交政策	莱丹原著,温浩斯增订,王造时译	商务印书馆	民国二十六年七月初版（1937 年）	386.941/L131	私立武昌文华图书馆学专科学校+3;武昌文华图书馆学专科学校(反)+2	1	¥3.46	有卡

序号	书　名	作者	出版者	出版时间	分类号/索书号	印　章	复本	定价	备注
68	美国札记	杨刚	世界知识社	1951 年 4 月	32.653/Y272	文华图专图书馆	1		有卡
69	美国纵横谈	儒柯夫著,任谷译	时代出版社	1949 年 6 月初版	32.563/y870	文华图专实验图书馆藏书+5;本书承 张主教海松捐赠 特此志谢 文华图专实验圕 公元 年 月 日;中国共产党诞生廿九周年纪念;71 新华书店	1		
70	民主宪政论	陈啓天	商务印书馆	民国三十六年二月三版(1947 年)	N/371.046/ch371	文华图专实验图书馆藏书+5	1		新中学文库
71	民主与设计	D.E.Lillienthal 原著,徐仲航译述	商务印书馆	民国三十六年十二月再版(1947 年)	N/984.174/L622h	文华图专实验图书馆藏书+3	1		新中学文库,美国文化丛书;有卡
72	民主政治的基础	吴恩裕著	商务印书馆发行	民国三十六年二月上海三版(1947 年)	31.253/W621	文华图专实验图书馆藏书+3	1	国币壹元伍角	新中学文库;有卡
73	农民生活 第二辑	林辰等	武汉通俗出版社出版	1952 年 3 月初版,1952 年 4 月二版	29.33L594	文华图书馆学专科学校藏书	1	900 元	有卡
74	培养对职业的热爱	苏联劳动后备部文教局编写,韦钟秀译	青年出版社	1952 年 10 月初版	D7S821W	文华图书馆学专科学校藏书+3	1		有卡

序号	书　名	作者	出版者	出版时间	分类号/索书号	印　章	复本	定价	备注
75	评美帝白皮书	湖北新华书店编辑	湖北新华书店印行	1949 年 9 月	385/S538/c.2;33.85631/X458	校友杨瑾捐赠文华图专实验圕+1;文华图专实验图书馆藏书+4;武昌文华图书馆学专科学校藏+4	2		1 本赠书;有卡
76	评中国之命运	陈伯达著	中原新华书店印行	1949 年 2 月	31.243/C374	武昌文华图书馆学专科学校+2	1		有卡
77	起来吧,英国!	英国共产党总书记波立特在英国共产党第二次代表大会上的政治报告	人民出版社	1953 年	33.185714/B743W	文华图书馆学专科学校藏书+2	1		有卡
78	青年团证	古巴列夫著,鲁林译	潮锋出版社	1951 年 12 月	45.52/G476L	文华图书馆学专科学校藏书+2	1		有卡
79	青年学习修养丛书:爱我们伟大的祖国		青年出版社	1951 年 4 月	17.6/Z587	文华图专图书馆+2	1		有卡
80	青年学习修养丛书:理性的时代	M.伊林著,陈延熙等译	青年出版社	1951 年 3 月	50.1/Y577c	文华图专图书馆+2	2		有卡
81	全国青年团结起来在毛泽东旗帜下前进	中国青年出版社	青年出版社印行	1949 年 6 月	33.362/Z587	文华图书馆学专科学校藏书+2	1		中国青年丛书;有卡
82	人民千字课(第一册):抗美援朝 保家卫国(专刊)	黄一德	元昌印书馆	1951 年 3 月	39.29/Y874	文华图专图书馆	1		有卡

序号	书名	作者	出版者	出版时间	分类号/索书号	印章	复本	定价	备注
83	日本在中国的赌博	阿特麗著，罗稷南译	美商远东画报社	1938年11月	22.443/A119	私立武昌文华图书馆学专科学校图书馆+2	1		封底脱落者为网查所得
84	日本政局之矛盾	楼兴邦著	正中书局	民国二十六年四月(1937年)	373/L263	圆形：武昌文华图书馆专科学校+3；钢印：私立武昌文华图书馆学专科学校+2	1	国币三角	有卡
85	日苏问题	吴友三	商务印书馆	1938年	386.8/W498	钢印：私立武昌文华图书馆专科学校+2	1		有卡
86	三民主义	孙文	商务印书馆	民国三十六年四月第一版(1947年)	N/001.11/S824	文华图专实验图书馆藏书+4	1	国币肆元	新中学文库
87	三民主义教程	刘修如	正中书局	民国三十二年十一月初版(1943年)	001.11/L655	武昌文华图书馆学专科学校藏+5	1	国币五元	有卡
88	三民主义新论	崔书琴著	商务印书馆		O2411/N001.11/T772	文华图专实验图书馆藏书+4	1		新中学文库；无封底，有卡
89	三十年来的苏联		新华书店发行	1950年2月	23.025/M455	文华图书馆学专科学校藏书+2	1		有卡
90	伤亡将士抚慰问题	方秋苇编著	独立出版社	民国三十年八月初版(1941年)	379.39/F183	私立武昌文华图书馆学专科学校藏书+2	1	1.00	有卡
91	上海工会基层组织改选工作有关文件	劳动出版社编	劳动出版社	1951年6月初版	33.282/L179	文华图书馆学专科学校藏书+5	1	0.22	有卡

序号	书　名	作者	出版者	出版时间	分类号/索书号	印　章	复本	定价	备注
92	尚书与古代政治	成滌轩	正中书局	1943 年	092/c.443		1		有卡
93	少年儿童队的活动	中国新民主主义青年团中央委员会少年儿童部编	青年出版社	1952 年 7 月三版	33.192/Z548	文华图书馆学专科学校藏书+5	1		中国少年儿童工作丛书;有卡
94	少年儿童队的活动		青年出版社	1951 年 6 月	33.192/Z548	文华图书馆学专科学校藏书+8	1	4.2	有卡
95	社会主义思想史	陶大镛著	三联书店	1949 年 8 月沪初版	12.1/T257	武昌文华图书馆学专科学校藏+4	1	六元七角	新中国青年文库;有卡
96	社教经验介绍				338.8/H515	文华图书实验图书馆藏书+3	1		封面和扉页缺失;有卡
97	十二月的莫斯科	朱子奇	中华书局	1952 年 11 月	44.652/Z796	文华图书馆学专科学校藏书+2	1		有卡
98	实用宣传学	梁士纯	商务印书馆	民国二十五年十月本馆再版(1936 年)	330.7/L742	武昌文华图书馆学专科学校+2;私立武昌文华图书馆学专科学校图书馆+1;钢印:私立武昌文华图书馆学专科学校+2	1		
99	世界工人运动	汤达著	三联书店	民国卅八年六月沪初版(1949 年)	317.61/T226	文华图专实验图书馆藏书+3;本书承张主教海松捐赠 特此志谢 文华图专实验圕 公元 1950 年 2 月 26 日	1		新中国百科小丛书;有卡

序号	书　名	作者	出版者	出版时间	分类号/索书号	印　章	复本	定价	备注
100	世界和平理事会柏林特别会议	中国人民保卫世界和平反对美国侵略委员会编	世界知识出版社出版	1952 年 9 月	33.8146/Z591	文华图书馆学专科学校藏书+2	1		有卡
101	世界和平理事会常务委员会奥斯陆会议	中国人民保卫世界和平委员会编	世界知识出版社	1952 年 11 月初版	33.8141/Z591	文华图书馆学专科学校藏书+3	1		有卡
102	世界和平理事会第二次会议重要报告及决议	中国人民保卫世界和平反对美国侵略委员会编	人民出版社	1951 年	33.8141/Z591	文华图书馆学专科学校藏书+2	1		有卡
103	世界和平理事会维也纳会议(1951 年 11 月一日—六日)	中国人民保卫世界和平委员会编	世界知识出版社出版	1952 年 11 月	33.8184/Z591	文华图专实验图书馆藏书+2	1	五千四百元	有卡
104	世界资本主义的末日	福特斯著,邵新华译	新华书店发行	1950 年	37.275/F486	文华图书馆学专科学校藏+2	1		出版时间为网查所得
105	思想建设学习文件	中国共产党中央华南分局宣传部编	华南人民出版社	1952 年 5 月初版	39.13/Z532	文华图书馆学专科学校藏书+6	1		
106	思想杂谈(第七辑)	马铁丁著	武汉通俗图书出版社	1952 年 3 月二版	32.283/M253	文华图书馆学专科学校藏+4	1	2300 元	有卡
107	思想杂谈(第九辑)	程万里	武汉通俗图书出版社	1952 年 6 月	32.283/Z577	文华图书馆学专科学校藏书+2	1		有卡

序号	书　名	作者	出版者	出版时间	分类号/索书号	印　章	复本	定价	备注
108	思想杂谈(第三辑)	马铁丁	武汉通俗图书出版社	1951 年 3 月	32.283/M255	文华图专图书馆+2	1		有卡
109	思想杂谈(第十三辑)	柯夫、邹雨辰	中南人民文学艺术出版社	1953 年 1 月		文华图专图书馆+2	1		有卡
110	思想杂谈(第四辑)	马铁丁	武汉通俗图书出版社	1951 年 6 月		文华图专图书馆+2	1		有卡
111	斯大林和中国革命	陈伯达著	人民出版社	1952 年 7 月	05.7/C374	文华图书馆学专科学校藏书+2	1		出版时间为网查所得;有卡
112	斯大林在苏联共产党第十九次代表大会上的演说	斯大林	人民出版社	1952 年	05.3.1952.10.14	文华图书馆学专科学校藏书+2	1		作者信息为网查所得;有卡
113	苏联城乡关系	柯锡列夫著,潘公昭	中外出版社	1949 年 9 月	28.341/K361	文华图书馆学专科学校藏书+3	2	2.10	有卡
114	苏联的知识分子	柯伐廖夫著,樊英译	时代出版社	1950 年	37.213/K296F	张主教海松捐赠;文华图专实验图书馆藏书+2	1		有卡
115	苏联工会的社会保险工作	劳动出版社编辑	劳动出版社	1951 年 9 月初版	29.788/L179	文华图书馆学专科学校藏书+5	1	2600	苏联工会介绍之五;有卡
116	苏联工会的一般情况	劳动出版社编辑部	劳动出版社	1951 年 8 月初版	33.283/L179	文华图书馆学专科学校藏书+8	1	0.44	苏联公会介绍之二;有卡
117	苏联工人是怎样生活的	M＊黎巴科夫等著	文光书店	1951 年 12 月	33.273/L238	文华图书馆学专科学校藏书+3	1	3.00	有卡
118	苏联工运介绍(第一集)	东北总工会文教部	东北新华书店	1950 年 4 月初版	33.283/D458	文华图书馆学专科学校藏+3	1	185.00	有卡

序号	书　名	作者	出版者	出版时间	分类号/索书号	印　章	复本	定价	备注
119	苏联公民财产权	Mikhail S. Lipetsker 著,朱文澜译	中华书局	民国三十八年七月初版(1949年)	32.32/L212	1 本:文华图专图书馆+2;1 本:文华图专实验图书馆藏书+3	2	1.70	1 本缺封面;有卡
120	苏联共产党(布)历史简要读本	联共(布)中央特设委员会编	人民出版社	1949 年 9 月北京第一版	33.133054/S882	文华图专图书馆+2	1	1.15	
121	苏联共产党(布)历史简要读本	联共(布)中央特设委员会	人民出版社	1953 年	33.133054/S822		2		有卡
122	苏联共产党(布)历史简要读本	联共(布)中央特设委员会	人民出版社	1953 年 3 月第七版	33.133054/S822	文华图专图书馆+2	1	¥1.40	有卡
123	苏联经济建设中的党与职工会	中南新华书店编	中南新华书店	1950 年 4 月再版	28.34/Z665	文华图书馆学专科学校藏书+4	1	3.90	有卡
124	苏联列宁共产主义青年团团史	苏联列宁共产主义青年团中央委员会宣传鼓动部,刘宾雁译	青年出版社	1950 年	33.1833/S823L	文华图书馆学专科学校藏书+3	2	¥6.80	苏联青年工作经验丛书;有卡
125	苏联人民的光荣女儿	中华全国民主妇女联合会编	青年出版社发行	1951 年 3 月	33.573/Z645	文华图书馆学专科学校藏书+2	1		有卡
126	苏联外交简史	维辛斯基(А. Я. Вышинский)等著,雉堞译	世界知识出版社	1952 年 10 月	23.4/W391	文华图书馆学专科学校藏书+1	1	2400 元	作者、定价据武汉大学图书馆;有卡
127	苏联卫国战争中的青年英雄烈士	特露什可夫著,樊英译	华东人民出版社		26.135/F155	文华图书馆学专科学校藏书+2	1		

序号	书　名	作者	出版者	出版时间	分类号/索书号	印　章	复本	定价	备注
128	苏联消灭城乡对立的道路	柯什列夫著，华五译	世界知识社	1951年1月初版	28.34/K355n	文华图书馆学专科学校藏书+4	1	0.30	有卡
129	苏联怎样消除剥削阶级和阶级差别（下）	葛列席尔曼著，李相崇译	时代出版社	1951年3月初版	23.25/G353	文华图书馆学专科学校藏书+10	1	1.62	有卡
130	苏联政制	吴清友	商务印书馆	民国三十二年七月重庆初版（1943年），民国三十五年十二月上海初版（1946年）	32.3/W628	文华图专实验图书馆藏书+3	1	国币壹元伍角	新中学文库；有卡
131	苏联职工会	工人出版社编	工人出版社	1950年1月第一版	33.283/G438	文华图书馆学专科学校藏书+5	1	5.50	有卡
132	苏联作家论和平	新华时事丛刊社编	新华书店	1950年9月	33.814/X456	文华图书馆学专科学校藏书+2	1		有卡
133	苏维埃爱国主义与资产阶级世界主义	季达连科著，李逸译	中外出版社	1951年7月初版	17.6/J192	文华图书馆学专科学校藏书+3	1	2600元	有卡
134	苏维埃社会发展中社会主义的意识的作用	康司坦丁诺夫著，葆和甫译	上海作家书屋	1949年11月初版	11.5K256b	文华图书馆学专科学校藏书+6	1		有卡
135	肃清帝国主义的文化侵略势力	新教育社编	人民教育出版社	1951年2月初版	37.11/X461	文华图书馆学专科学校藏书+4	1	3.4	有卡

序号	书　名	作者	出版者	出版时间	分类号/索书号	印　章	复本	定价	备注
136	土地改革参考资料选辑	中国人民政治协商会议全国委员会秘书处编	五十年代出版社		27.3232/Z618	文华图专图书馆+1;文华图书馆学专科学校藏书+4	1	0.70	有卡
137	土地改革后的新农村	康天翔编	青年出版社	1951年11月再版	29.323/K261	文华图书馆学专科学校藏书+3	1		该社主编:伟大的祖国小丛书,有卡
138	土地改革问题讲话	聿央	劳动出版社	1951年2月	29.3232/W359	文华图书馆学专科学校藏书+6	1	0.26	有卡
139	土地改革重要文献汇集	人民出版社编辑部编	人民出版社	1951年8月	29.3232079/R148	文华图专图书馆+2	1		有卡
140	外交科学概论(全一册)	刘达人	中华书局	1937年	386/L657	钢印:私立武昌文华图书馆专科学校+2	1		有卡
141	为团结教育青年一代而斗争(中国新民主主义青年团第一次全国代表大会文献)	中国青年社	青年出版社印行	1949年6月	33.1824/Z587	文华图书馆学专科学校藏书+2	1		中国青年丛书;有卡
142	为争取斯达哈诺夫式工厂而斗争的党组织	斯切潘诺夫著	东北人民出版社	1952年9月初版	29.241/S726	文华图书馆学专科学校藏书+4	1	0.24	有卡

序号	书　名	作者	出版者	出版时间	分类号/索书号	印　章	复本	定价	备注
143	伟大十月社会主义革命	基姆著	人民出版社	1953年	23.251/J123	文华图专图书馆+2	2		苏联大百科全书选译；出版时间为网查所得；有卡
144	文教参考资料丛刊：怎样在宣传鼓动工作中运用艺术文学	马特洛索夫著，朱子奇译	中央人民政府政务院文化教育委员会印行	1951年10月	39.81/M135Z	文华图书馆学专科学校藏+2	1		有卡
145	我的思想是怎样转变过来的？	裴文中、张治中等著	五十年代出版社	1950年8月	32.283/P278	武昌文华图书馆学专科学校藏+2	1		有卡
146	我们的生活天天向上	石容著	中南青年出版社	1952年12月初版	33.1826/S528	文华图书馆学专科学校藏书+3；文华图专图书馆+1	1	1.2	有卡
147	我们伟大的祖国	华东.上海人民广播电台编	劳动出版社	1951年	22.19/H479		1		有卡
148	我要知道原子问题	腓特烈·约里奥-居里教授等著，中国保卫世界和平大会委员会编译	世界知识社出版	1950年10月四版	33.8162/J680	文华图书馆学专科学校藏书+5	1	3元	世界知识丛书；有卡
149	五强海缩会议全史一册	李次民	商务印书馆	民国二十六年（1937年）		私立武昌文华图书馆学专科学校图书馆；武昌文华图书馆学专科学校+2	1		无封皮

序号	书　名	作者	出版者	出版时间	分类号/索书号	印　章	复本	定价	备注
150	西洋政治思想史	孟云桥	国立编译馆	1944 年	370.1/M366		1		有卡
151	先有阶级？先有剥削？	读者书店编委会编辑	读者书店印行	1949 年 10 月	21.09/D531	文华图专实验图书馆藏书+2	1		社会发展史学习丛书；有卡
152	现代西藏	法尊著	东方书社印行	民国三十二年五月初版（1943 年）	981.98/F122	私立武昌文华图书馆学专科学校图书馆+6	1	国币三十二元	开明青年丛书；有卡
153	现代中国社会问题（第二册 人口问题）	孙本文	商务印书馆	民国三十六年二月再版（1947 年）	N/317/S834	文华图专实验图书馆藏书+4	1		新中学文库；有卡
154	现代中国社会问题（第三册 农村问题）	孙本文	商务印书馆	民国三十六年二月再版（1947 年）	N/317/S834	文华图专实验图书馆藏书+4	1		新中学文库；有卡
155	现代中国社会问题（第四册）劳资问题	孙本文著	商务印书馆		N317/TS834v4	文华图专实验图书馆藏书+4	1		新中学文库
156	现代中国社会问题（第一册家族问题）	孙本文著	商务印书馆	民国三十二年十一月初版（1943 年）	317/S83/4V.I	文华图专实验图书馆藏书+3	1		新中学文库；有卡
157	向世界青年和平联欢节前进（世界民主青年联盟维也纳理事会报告与决议）	青年出版社编审部编	青年出版社印行	1951 年 5 月	33.361/Z587	文华图专图书馆+2	1	2500 元	世界青年运动丛书；有卡

序号	书　名	作者	出版者	出版时间	分类号/索书号	印　章	复本	定价	备注
158	小学校的少年儿童队		新华印书馆	1950 年 8 月	33.192/J458	文华图书馆学专科学校藏书+3	1	2.9	有卡
159	新民主主义论讲授提纲 辩证唯物主义与历史唯物主义教学纲目 政治经济学讲授提纲	光明日报编	光明日报总管理处	1951 年 11 月五版	39.1/G622	文华图书馆学专科学校藏书+2	1	定价三千元	光明日报丛刊;有卡
160	新民主主义青年团的组织与任务	华中新华书店总店编辑部编	新华书店	1949 年 6 月出版	313.67/S538	文华图专实验图书馆藏书+4;本书承 校友杨瑾捐赠 特此志谢 文华图专实验圕 公元 1950 年 5 月 1 日	1	¥900	青年丛书;有卡
161	新区土地改革前的农村	人民出版社编辑部编	人民出版社	1951 年 5 月北京初版	29.324/R148	文华图书馆学专科学校藏书+7	1		有卡
162	新中国观感集	陈嘉庚著	新加坡南洋华侨筹款总会,中华书局	1950 年 6 月初版	44.62/z438	文华图专实验图书馆藏书+1	1		马列主义教育丛书;有卡
163	匈牙利	拉波诺高夫著,思立译	时代出版社	1950 年	32.5231/116s	文华图书馆学专科学校藏书+5	1		人民民主国家研究小丛书;有卡
164	学生运动史要讲话	王念昆著	上海：上杂出版社	1951 年 10 月	33.362/W255	文华图书馆学专科学校藏书+2	2	¥5.00	现实小丛书;有卡
165	学习保尔·柯察金				45.04/A553Z	文华图书馆学专科学校藏书+2	1		有卡

序号	书　名	作者	出版者	出版时间	分类号/索书号	印　章	复本	定价	备注
166	学习的方法与经验		西北人民出版社	1952年6月七版	39.49/X119	文华图书馆学专科学校藏书+5	1	2.5	有卡
167	学习观点与学习方法		生活·读书·新知三联书店	1950年5月第一版	39.49/Z716	文华图专实验图书馆藏书+3	1	0.48	
168	血腥的美帝国主义	时代社	时代出版社	1951年7月	32.563/S532	文华图书馆学专科学校藏书+5	1	4.70	有卡
169	伊朗石油问题	都德等著,张焱等译	燃料工业出版社	1951年11月1日第一版	32.13/D527	文华图书馆学专科学校藏+4	1	0.44	有卡
170	伊朗石油问题	都德等著,张焱等译	燃料工业出版社	1951年11月北京第一版	32.13/D527	文华图书馆学专科学校藏书+4	1		有卡
171	意大利共产党简史	陆人译	人民出版社	1951年	33.15473/Y547	文华图书馆学专校+2	1		有卡
172	英国侵略西藏史	Francis Younghushand著,孙煦初译	商务印书馆发行	1934年	22.4511/R247	武昌文华图书馆学专科学校+2	1		内政研究会边政丛书;出版时间为网查所得
173	英雄跳.我们笑	蒋百里、褚道庵	时代出版社	1938年12月	379.01/J442	钢印:私立武昌文华图书馆专科学校+2	1		出版时间为网查所得;有卡
174	拥护二中全会	方方等著	新华社	1949年			1		出版社、出版时间为网查所得
175	永远跟着共产党走	光明日报社	光明日报社印行	1951年11月再版	33.127G622	文华图书馆学专科学校藏书+2	1	3500元	有卡
176	怎样读国际新闻	石啸冲作	平明出版社	1951年12月初版	39.171S528	文华图书馆学专科学校藏书+4	1		新时代文丛第二辑;有卡

序号	书　名	作者	出版者	出版时间	分类号/索书号	印　章	复本	定价	备注
177	怎样搞好集体学习	邹树民著	三联书店	1951年4月三版	39.1/Z912	文华图专实验图书馆藏+5	1		有卡
178	怎样讲授“政治常识读本”	学习初级版编辑部编	学习杂志社	1952年8月北京第一版	39.13052/X723	文华图专图书馆+1;文华图书馆学专科学校藏书+3	1		有卡
179	怎样讲授政治常识读本		学习杂志社	1952年北京第一版	39.13052/X723	文华图书馆学专科学校藏书+4	1	0.3	
180	怎样进行抗美援朝时事教育		中国儿童书店	1951年6月初版	32.282/X461	文华图书馆学专科学校藏书+4	1	3	有卡
181	怎样做宣传员	人民出版社编辑部编	人民出版社	1951年5月北京初版	39.18/R148	文华图书馆学专科学校藏书+5	1		有卡
182	增产节约反贪污、反浪费、反官僚主义	中国民主同盟总部宣传委员会	光明日报社		37.285/Z582	文华图书馆学专科学校藏书+7	1	0.45	宣传学习资料;有卡
183	战地少年工作	汪仁侯编著	正中书局		317.7/W256	私立武昌文华图书馆学专科学校图书馆+2;钢印:私立武昌文华图书馆学专科学校+2;武昌文华图书馆学专科学校学生服务团巡回文库+2;校址:重庆曾家岩求精中学+2	1		战时民众训练小丛书;有卡
184	战后美帝扶日罪行全史	孟德章著	一月出版社印行	1951年4月	33.8169/M195	文华图书馆学专科学校藏书+2	1		有卡

序号	书　名	作者	出版者	出版时间	分类号/索书号	印　章	复本	定价	备注
185	战后日本问题	思慕著	生活·读书·新知 上海联合发行所	1949 年 6 月沪初版	32.43/S739	武昌文华图书馆学专科学校藏+4	1		新中国青年文库;有卡
186	战争途中的日本	思慕著	生活书店发行	民国二十九年四月(1940 年)	373.2	私立武昌文华图书馆学专科学校图书馆+2	1		世界知识丛书之二十二
187	战争与美帝国主义	蓝天照著	文光书店印行	1951 年 6 月	32.563/L166	文华图书馆学专科学校藏书+8	1	4000	国际知识小丛书;有卡
188	政治经济学教程	约翰·伊顿等集体创造,关梦觉译	五十年代出版社	1951 年 4 月版	27.1053/Y257(G)	文华图书馆学专科学校藏+9	1		有卡
189	政治思想史(下)	CETTELL 著,戴克光译	神州国光社初版	1933 年 4 月	370.9/T155	私立武昌文华图书馆学专科学校图书馆+2	1		出版年信息为网查所得
190	中朝关系 100 年	陈述	神州国光社	1951 年	33.82342/C498	文华图专图书馆+2	1		有卡
191	中朝人民的友谊关系与文化交流	周一良编著	开明书店	1951 年 7 月	33.8232/Z743	文华图专图书馆+2	2		抗美援朝知识丛刊
192	中共介绍	李光燦编	中大教务处印		33.12/L291	中原大学图书馆+1;武昌文华图书馆学专科学校藏+3	1		中大丛书之四;“文华圕专科学校惠存”;有卡
193	中国妇女运动的重要文件	中华全国民主妇女联合会宣传教育部编	人民出版社	1953 年	33.592/Z645	文华图专图书馆	1		有卡
194	中国共产党的三十年	胡乔木著	人民出版社	1951 年 6 月		文华图书馆学专科学校藏书+2	8		

序号	书　名	作者	出版者	出版时间	分类号/索书号	印　章	复本	定价	备注
195	中国共产党的三十年(精)	胡乔木著	人民出版社	1952年9月	33.123/H448Z	文华图书馆学专科学校藏书+2	1		有卡
196	中国共产党简史	刘祖春	中南人民出版社	1952年	33.123/Z721		2		有卡
197	中国共产党简史	学习杂志初级版资料室编	学习杂志出版社	1951年	33.123/X725	文华图书馆学专科学校藏+2	1		有卡
198	中国共产党领导湖南人民英勇奋斗的三十年	新湖南报编	湖南通俗读物出版社	1951年8月	33.123/X458	文华图书馆学专科学校藏书+2	2		有卡
199	中国共产党史学习资料(1)	中国共产党中央华南分局宣传部编	华南人民出版社	1951年9月	33.123079/Z533	文华图专图书馆+2;文华图书馆学专科学校藏书+2	2		初级干部学习资料;出版时间为网查所得;有卡
200	中国共产党在中南地区领导革命斗争的历史资料	武汉市机关马克思列宁主义夜间学校	中南人民出版社	1951年	33.123.79/W751		1		有卡
201	中国共产党在中南地区领导革命斗争的历史资料(第一辑)	武汉市机关马克思列宁主义夜间学校编	中南人民出版社	1951年10月初版	33.123079/W736	文华图书馆学专科学校藏书+3;文华图书馆学专科学校藏+5	1	8700元	缺封面、封底
202	中国国体制度小史	吕诚之	上海中山书局	1929年		武昌文华图书馆学专科学校(反)+2	1		史学丛书;出版时间为网查所得

序号	书名	作者	出版者	出版时间	分类号/索书号	印章	复本	定价	备注
203	中国监察史略	徐式圭	中华书局	1937年	373.16/S914c.1	钢印:私立武昌文华图书馆专科学校+2	2	七十一元六角	中华学艺社学艺文库;有卡
204	中国教育工会工作者手册	中国教育工会全国委员会编	工人出版社	1952年2月四版	33.22073/Z558	文华图书馆学专科学校藏+7-6	2		有卡
205	中国门户开放问题	庄心在编著	正中书局	民国二十八年七月初版(1939年)	288/C877	武昌文华图书馆学专科学校学生服务团巡回文库+2	1		时代丛书
206	中国民法总论 上册		商务印书馆		397.91/H494	武昌文华图书馆学专科学校+2	1	1	已散开,内页剩1—24、35—66、71—122、125—168
207	中国青年丛书:伟大的友谊	中国青年社编	青年出版社印行	1950年7月	44.61/Z587	文华图书馆学专科学校藏书+2	1		有卡
208	中国青年丛书:在前进的道路上	丁玲	青年出版社	1950年			1		
209	中国童子军徽章旗帜服装专刊				313.67/C631w	私立武昌文华图书馆学专科学校图书馆+5	1		原书上未标明信息
210	中国外交之史的分析	万仲文	广西建设研究会	1940年	385.1/W177		1		广西建设研究会丛书;有卡
211	中国问题的分析	王造时	商务印书馆	1935年		钢印:私立武昌文华图书馆专科学校+2	1		缺卷尾页

序号	书名	作者	出版者	出版时间	分类号/索书号	印章	复本	定价	备注
212	中国县制史纲	朱子爽著	独立出版社印行	民国三十一年（1942年）	373.081/C767	武昌文华图书馆学专科学校藏+2	1		封底脱落；作者、出版时间为网查所得
213	中国乡约制度	杨开道				私立武昌文华图书馆学专科学校图书馆+3	1		缺封面、封底
214	中国政略学史（卷中、下）	俞诚之撰			370.91/Y692	武昌文华图书馆学专科学校+2	2		共3册，缺卷上；于右任题写书名
215	中国政制概要	许崇灏著	商务印书馆	民国三十二年（1943年）	373.91/H46z	私立武昌文华图书馆学专科学校图书馆+3，居正+1	1		缺封底
216	中国政治史	周谷城	中华书局	民国三十三年四月再版（1944年）	370.91/C674	文华图书馆学专科学校图书馆+2	1	￥6.00	有卡
217	中国政治思想史	吕振羽	新中国书局	1947年	31.52/L917	文华图专实验图书馆藏书+3	1		有卡
218	中国政治思想史	吕振羽著	生活·读书·新知三联书店发行	1951年5月	31.52/L931	文华图书馆学专科学校藏书+2	1		新中国大学丛书；有卡
219	中国政治思想史	吕振羽	生活·读书·新知三联书店	1951年5月第三版	31.52/L732	文华图书馆学专科学校藏书+8	1	￥2.45	有卡
220	中华人民共和国三年来的伟大成就	薄一波著	人民出版社	1952年	28.241/B819	文华图书馆学专科学校藏书+2	1		有卡

序号	书　名	作者	出版者	出版时间	分类号/索书号	印　章	复本	定价	备注
221	中日关系及其现状	许德珩著	上海杂志公司	民国二十八年一月(1939年)	385.1	私立武昌文华图书馆学专科学校图书馆+2	1	肆角	有卡
222	中苏友好关系学习手册	展望周刊编辑	展望周刊	1950年3月出版	33.8233/Z238	文华图书馆学专科学校藏书+5	1		展望学习丛书;缺封底
223	中苏友好文献	人民出版社	人民出版社	1952年	33.8233/R148		1	3600元	有卡
224	中外条约汇编	黄月波、于能模、鲍厘人编	商务印书馆	民国二十四年十二月(1935年)	33.8268/H573	武昌文华图书馆学专科学校+2	1	国币一元八角	有卡
225	中央财经政策法令汇编(第一辑上册)	政务院财政经济委员会编	新华书店	1950年8月出版	35.228/Z567	文华图专实验图书馆藏书+8	1		有卡
226	中央财经政策法令汇编(第一辑下册)	政务院财政经济委员会编	新华书店	1950年8月出版	35.228/Z567	文华图专实验图书馆藏书+7	1		有卡
227	资本主义发展之研究	莫礼士·多布著,滕茂桐译	新民书店	1951年12月初版	21.094/D632t	文华图书馆学专科学校藏书+6	1		
228	资产阶级是怎样腐蚀革命干部的		东北人民出版社	1952年4月	32.285/D457	文华图书馆学专科学校藏书+2	2		有卡
229	走向社会主义的捷克斯洛伐克	捷克“红色权力报”编,知非、怀梓合译	文光书店	1951年	32.524/J477		1	人民币11000元	有卡
230	组织工作读本	廖庶谦著	生活书店	民国二十八年五月三版(1939年)	317.6/L456		1		战时社会科学丛书;有卡
231	祖国在前进	新华通讯社国内新闻编辑部编	人民出版社	1953年	44.62/X459	文华图书馆学专科学校藏书+2	2		有卡

（五）E 军事

现存 28 种，28 册。

序号	书名	作者	出版社	出版时间	分类号	印章	复本	定价	备注
1	兵学辞典粹篇	吴石	兵学研究会	民国二十五年十二月初版（1936年）	R379.03/W492	武昌文华图书馆学专科学校+2	1		章节索引
2	兵役	徐百齐，吴鹏飞编著	商务印书馆发行	民国二十七年九月三版（1938年）	379.34/S913	武昌文华图书馆学专科学校（反）+4；钢印：私立武昌图书馆学专科学校+5	1	0.55	战时常识丛书；有卡
3	兵役与工役	国民政府军事委员会政治部印	国民政府军事委员会政治部印		379.34/C631/c.1	钢印：私立武昌文华图书馆学专科学校+2；武昌文华图书馆学专科学校（反）+2；私立武昌文华图书馆学专科学校图书馆+1	1		抗战建国丛书；有卡
4	补充兵训练	廖仲农著	中国文化服务社陕西分社	民国三十年二月（1941年）	379.07/L453/c.1	私立武昌文华图书馆学专科学校图书馆+3	1	1.8	
5	国防科学原理	余拯著	国防书店	民国三十年初版（1941年）		武昌文华图书馆学专科学校+3	1		
6	国防论	蒋方震著	商务印书馆	1945年10月再版	379.32/T443	武昌文华图书馆学专科学校（反）+2	1	8600	出版年为孔网所查；有卡

序号	书　名	作者	出版社	出版时间	分类号	印　章	复本	定价	备注
7	化学与武器	年恰耶夫著，陆钦颐译	开明书店	1951年7月初版	54.059/N241L	文华图专图书馆+5	1	5600元	开明青年丛书
8	化学战争通论	韩斯联著，曾昭抡、吴屏合译	上海：国立编译馆	民国二十四年（1935年）	379.4/H184	武昌文华图书馆学专科学校（反）+2	1	大洋肆元	无封底；有卡
9	简易测图学		中央陆军军官学校	1938年	526.3/C632	武昌文华图书馆学专科学校+1，钢印：私立武昌文华图书馆学专科学校+1	1		人民民主国家研究小丛书
10	交通学摘要	军事委员会政治部印	军事委员会政治部印	1938年	630.75/057	钢印：私立武昌文华图书高校专科学校+2	1		无封面、封底；
11	军队渡河工程	王寿宝译	中国科学图书仪器公司	民国三十六年十一月三版（1947年）	36.73/W283	文华图书馆学专科学校藏书+4	1		有卡
12	军事与国防	杨杰	商务印书馆	民国三十五年十二月再版（1946年）	36/Y315	文华图专实验图书馆藏书+4	1		新中学文库，复兴丛书；有卡
13	抗美援朝运动中的东北与朝鲜图集	陈励，金瑞莘编	中华书局	1951年10月		文华图书馆学专科学校藏+2	1		初中学生文库；无封面；出版信息为网查所得
14	列强军备概况	朱在勤，柯瀛编	中华书局印行	民国二十五年八月再版（1936年）	388.8/C767	武昌文华图书馆学专科学校（反）+4	1	0.6	国际丛书；有卡

序号	书　名	作者	出版社	出版时间	分类号	印　章	复本	定价	备注
15	列强战备比较论	傅无退	商务印书馆	民国二十三年三月(1934年)	379.32/f539	武昌文华图书馆学专科学校+2	1		无封面
16	论部队文艺工作:论文	萧向荣等著	上海杂志公司	1951年3月第一版	43.2/X338	文华图书馆学专科学校藏+8	1	¥11000	人民艺术丛刊第三辑;有卡
17	美国军事力量的透视	谢牧编著	潮锋出版社	1951年3月1日	36.29563/X425	文华图书馆学专科学校藏书+5	1	2200	美国内幕小丛书第二辑;有卡
18	民兵训练	许啸天编	国笏常识出版社	民国二十六年六月(1937年)	d75304	武昌文华图书馆学专科学校图书馆+2;武昌文华图书馆学专科学校学生服务团巡回书库;钢印:私立武昌文华图书馆学专科学校+3	1		国防常识丛书
19	全国战斗英雄代表会议纪念刊	中央人民政府人民革命军事委员会政治部编	中华人民政府革命军事委员会	1950年		文华图书馆学专科学校藏+2	1		作者、出版者信息为网查所得
20	山地行军	胡比基著,郑陆夫译	正中书局	民国二十五年三月(1936年)	379.4/H494	武昌文华图书馆学专科学校学生巡回文库+2	1		有卡
21	四川兵役概说	孙子乐撰	四川省军管区兵役指导委员会印行	民国二十八年十二月出版(1939年)	379.34/S837		1		兵役小丛书

序号	书　名	作者	出版社	出版时间	分类号	印　章	复本	定价	备注
22	新兵器之知识	葛建时译	正中书局	民国二十五年六月(1936年)	379.375/T683	武昌文华图书馆学专科学校学生巡回文库+2	1		
23	新军论	M.Jaures著,刘文岛,廖世劭译	商务印书馆发行	民国二十三年七月(1934年)	379.3/C957	武昌文华图书馆学专科学校(反)+2;钢印:私立武昌文华图书馆学专科学校+1	1	2	汉译世界名著,原共学社时代丛书;有卡
24	原子弹真相	中央文化部科学普及局	开明书店	1951年1月	36.861/Z689	文华图专图书馆+3	1	1600元	有卡
25	造船	胡仁源	商务印书馆	民国三十六年二月四版(1947年)	87.53/H442	文华图专实验图书馆藏书+6	1		新中学文库,工学小丛书
26	战时国土防空之理论与实际	卓献书著	商务印书馆	民国二十四年四月再版(1935年)	379.75/T688	武昌文华图书馆学专科学校(反)+2	1	4	有卡
27	中国抗战地理	王维屏编著	正中书局印行	民国二十九年四月初版(1940年)	57.182/W291	武昌文华图书馆学专科学校+3;私立武昌文华图书馆学专科学校图书馆+2	1	国币一元二角	有卡
28	自卫与侵略	史国纲著	商务印书馆发行	1937年	385.11/S.138	武昌文华图书馆学专科学校(反)+2;钢印:私立武昌文华图书馆学专科学校+3	1		战时常识丛书;出版时间为网查所得;有卡

（六）F 经济

经济最关国运，也最关民生。此类图书在文华图专所存文献中是规模最大的一类。这与文华图专始终坚持为民众服务，坚持开放办馆理念及实践有关。

现存 540 种，629 册。

序号	书　名	作者	出版者	出版时间	分类号/索书号	印　章	复本	定价	备注
1	A Year's Work in Czechoslovak Industry	Dr Josef Piskac Piskač, Translated By R. F. Samsour	The Ministry of Industry	1946 年	美国国会图书馆：Hc267.B2	长方：武昌文华图书馆学专科学校+2	1		作者、分类号为国图查得
2	Consumers' Cooperatives in the Soviet Union	U.S.S.R.	Moscow：Centorsoyus Publishers	1952 年		文华图专图书馆+1	1		作者为国图查得
3	Directives of the XIX Party Congress for the Fifth Five-Year Plan of Development of the U. S. S. R IN 1951-1955		Foreign Languages Publishing House			文华图专图书馆+2	1		有卡
4	Directives of the XIX Party Arty Congress for the Fifth Five-Year Plan of the Development of the U.S.S.R.in 1951-1955		Foreign Languages Publishing House	1952 年		文华图专图书馆+1	1		封面封底脱落

序号	书　名	作者	出版者	出版时间	分类号/索书号	印　章	复本	定价	备注
5	Economics	Fred Rogers Fairchild Edgar Stevenson Furniss Norman Sydney Buck	The Macmillan Company			私立武昌文华图书馆学专科学校图书馆+1	1	8.50	英文书;有卡
6	How Prefitable is big Buslness?					武昌文华图书馆学专科学校+2	1		有卡
7	Premier Livre	M.D.Berlitz		1947 年			1		
8	Report on the Directives of the XIX Party Arty Congress Relating to the Fifth Five-Year Plan for the Development of the U.S.S.R in 1951-1955	M.Saburov	Foreign Language Publishing House	1952 年		文华图专图书馆+1	3		
9	Survey of Current Inflationary and Deflationary Tendencies	Department of Economic Affairs United Nations. Dept. of Economic Affairs.	New York: United Nations Publications Lake Success	1947 年 9 月	美国国会图书馆:HG255;杜威十进:332.414	方形:武昌文华图书馆学专科学校藏+3	1	¥7500	作者、分类号为国图查得
10	The Care of County Muniments	G.Herbert Fowler, C. B. E, Ph. D, F. R. HIST.S.	Westminster: County Councils Association	1939 年	025.171/F829	武昌文华图书馆学专科学校+4	1		有卡

序号	书　名	作者	出版者	出版时间	分类号/索书号	印　章	复本	定价	备注
11	The Foreign Trade of China	C.F.Remer, PH.D.	Shanghai: The Commercial Press, Limited	1926 年	L382/R386	陈家芷湘南河北+1	1	$ 4.00	
12	The new Economic Unpswing of the U.S.S.R.IN the Postw ar Five-Year Plan Period	S. Gurevich and S. Partigul	Foreign Languages Publishing House	1950 年	338.01947/G9615	圆形:文华图专图书馆+5	2		有卡
13	The O.P Market	Scott Adams	New York: R. R. Bowker co	1945 年	R655.5/Ad19	武昌文华图书馆学专科学校+2	1		有卡
14	U.S.S.R.Ebyond the Urals—How Russia Prepared	Maurice Edelman	Penguin Books	1943 年 1 月		椭圆:武昌文华图书馆学专科学校图书馆+2	1		
15	Wages and Hours of Labour in Gasoline Filling Stations and Motor-Vehicle Repair					武昌文华图书馆学专科学校+2	1		
16	You and the Refuee		Fenguin Books		360/A43	武昌文华图书馆学专科学校+2	1		缺封面
17	按指示图表组织有节奏的生产	[苏]尤力也夫(H. M.Юрьев)著,路明译	中国人民大学	1953 年 4 月 30 日第一版第二次印刷	29.24/Y6971	文华图专图书馆+3	1		有卡

序号	书　名	作者	出版者	出版时间	分类号/索书号	印　章	复本	定价	备注
18	报业经营与管理	詹文浒编著	正中书局	民国三十五年十一月初版(1946年)	O40/C392	武昌文华图书馆学专科学校藏+3	1	国币五元一角	有卡
19	波兰计划经济	东北财经委员会译	新华书店	1950年8月中南第一版	28.5253/B742(D)	文华图书馆学专科学校藏+4	1		经济建设丛书;根据北京1950年7月版重印;有卡
20	波兰人民共和国的合作运动	陈仲明编译	世界知识社	1951年8月初版	29.5925/C542	文华图书馆学专科学校藏书+8	1	六千五百元	世界知识丛书之六十;有卡
21	不列颠的帝国危机	[英]杜德著,浦寿昌、胡仲持、艾纳译	世界知识出版社	1951年11月1日	28.5114/D551f	文华图书馆学专科学校藏书+4	1	九千六百元	中国人民外交学会丛书之四;有卡
22	簿记学	黄逸峰、朱劭天、朱成烈、韩博等著	光华书店新中国书局	1948年9月初版	29.8/H565	武昌文华图书馆专科学校藏+2	1		铁路学院丛书之一
23	财奴	唐绍华著	国民图书出版社	民国三十年九月初版(1941年)	812.8/T1.222	私立武昌文华图书馆学专科学校图书馆+1;武昌文华图书馆学专科学校藏书+2	1		
24	财务工作	周宁译	工人出版社	1952年10月北京第一版	33.218/Z897	文华图书馆学专科学校藏书+4	1	0.18	苏联工会工作者手册;有卡

序号	书　名	作者	出版者	出版时间	分类号/索书号	印　章	复本	定价	备注
25	财政	东北计划委员会统计局编译	三联书店	1951 年 6 月三联在上海印造第一版	29.71083/D335	文华图书馆学专科学校藏书+6	1	5000 元	“国际经济”论文选第一辑;有卡
26	财政大学纲	亚当士著,刘秉麟译	商务印书馆	民国三十五年十二月再版(1946 年)	29.71039/Y142	文华图专实验图书馆藏书+4	1		新中学文库;有卡
27	查田定产工作讲话	中南军政委员会财政部农业税政处	中南人民出版社	1952 年 9 月	369.151/5043	文华图书馆学专科学校藏书+3	1	900 元	有卡
28	产业革命	涂西畴	中华书局	1950 年	350.9/T613	文华图书馆学专科学校藏书+2;本书承张主教海松捐赠	1		大众文化丛书;部分缺失,无封底
29	产业革命讲话	钱亦石著	生活·读书·新知三联书店	1950 年 2 月第一版	21.124/Q358	文华图专实验图书馆藏书+4;本书承在校校友捐赠特此致谢文华图专实验圕	1	5.00	新中国青年文库;有卡
30	产业革命讲话	钱亦石著	生活·读书·新知三联书店	1950 年 2 月第一版	21.124/Q358	文华图专实验图书馆藏书+5,石校校友捐赠+1	1	5.00	新中国青年文库;有卡
31	产业革命讲话	钱亦石著	生活·读书·新知三联书店	1950 年 2 月第一版	28.584/Q358;350.9/8301/C.2	文华图专实验图书馆藏书+5	2		新中国青年文库;有卡
32	厂内经济核算	工程师 E.N.聂依曼主编,祝百英译	立信会计图书用品社	1951 年 4 月三版(沪)	29.2474/N261	文华图书馆学专科学校藏书+6	1		苏联经济专题丛书;有卡

序号	书　名	作者	出版者	出版时间	分类号/索书号	印　章	复本	定价	备注
33	成本分析	H.P.伟琪曼著,孙宗华译	西北书店	1951 年 8 月初版	29.247/W3965	文华图书馆学专科学校藏书+6	1	3500 元	有卡
34	成功之路	П.高尔涅夫著,严风译	工人出版社	1951 年 10 月	45.62/G211Q	文华图书馆学专科学校藏书+6	1		有卡
35	出口皮毛(俄文)			1948 年		文华图专图书馆+3	1		俄文,有卡
36	初级会计学	嵇储英、程云桥编	商务印书馆	民国三十七年一月第八版(1948年)	F230	武昌文华图书馆学专科学校藏+5	1	大洋壹元捌角	
37	初级会计学教程 讨论提纲及习题	李鸿寿、朱世杰编著	立信会计图书用品社	1951 年 8 月初版(沪)	29.82/L296	文华图书馆学专科学校藏书+9	1	二万一千六百元	有卡
38	初级统计学	陈其鹿编著	立信会计图书用品社	1952 年 11 月四版	29.9/C482	文华图专图书馆+1;文华图书馆学专科学校藏书+3	1	一万一千元	有卡
39	从调整公私关系到扩大土产交流	丁忱著	新群出版社	1951 年 6 月初版	28.2214/J444	文华图书馆学专科学校藏书+4	1	￥5300	大众知识丛书;有卡
40	从原始公社到资本主义社会生产力与生产关系的发展	康士坦丁诺夫著,王子野译	人民出版社	1952 年 3 月北京初版	11.5/K256w	文华图书馆学专科学校藏书+6	1	4000 元	有卡
41	大力推销土产,活跃城乡经济	中南人民出版社编辑部	中南人民出版社	1951 年 11 月初版	29.435/Z585	文华图书馆学专科学校藏书+7	1	4600 元	有卡
42	德国农业现阶段发展的道路	新华时事丛刊社,钟荫和译	新华书店	1950 年 10 月中南第一版	29.39518/Z704	文华图书馆学专科学校藏书+4	1	1.20	新华时事丛刊;有卡

序号	书名	作者	出版者	出版时间	分类号/索书号	印章	复本	定价	备注
43	地租与资本主义在农业中的发展	奥斯特罗维强诺夫著,何匡、陆宝槐译	生活·读书·新知三联书店	1952年1月	27.1053/Z567	文华图书馆学专科学校藏书+3	1	3400元	政治经济学教程第十二分册;有卡
44	帝国主义底经济特征	列昂节夫著,秋江译	生活·读书·新知三联书店	1952年9月在北京印造二版	27.1053/Z567	文华图书馆学专科学校藏书+5	2	6700元	政治经济学教程第十四分册;有卡
45	帝国主义底历史地位	列昂节夫著,秋江译	生活·读书·新知三联书店	1952年9月初版	27.1053/Z567	文华图书馆学专科学校藏+5	2	6200元	政治经济学教程第十五分册;有卡
46	帝国主义在华投资	魏子初著,人民出版社编辑部编辑	人民出版社	1951年6月中南重印再版	28.28/W442	文华图书馆学专科学校藏书+4	2	1900元	新华时事丛刊;有卡
47	第一个斯大林五年计划时期布尔什维克党为争取农业集体化而斗争	特拉贝慈尼考夫著,何思源译	中华书局	1952年9月初版	29.332/T284H	文华图书馆学专科学校藏书+6	1		
48	电码新编	科学院图书馆	科学院图书馆		73.438/D398	武昌文华图书馆学专科学校+2	1		部首索引
49	东北公营企业的经营与管理	新华时事丛刊社	新华书店	1950年5月中南第一版	29.24/X295	文华图书馆学专科学校藏书+3	1	3.50	新华时事丛刊;有卡
50	东北机械三厂按图表组织节奏生产的研究	王嘉谟	中国人民大学	1953年4月18日第一版	29.246/W233	文华图专图书馆+4	1		

序号	书名	作者	出版者	出版时间	分类号/索书号	印章	复本	定价	备注
51	东北经济小丛书	东北物资调节委员会研究组	中国文化服务社沈阳印刷厂	民国三十七年二月初版（1948年）	66/D472	武昌文华图书馆学专科学校+5	2		有卡
52	东南亚经济概况	吴纪先著	中华书局股份有限公司	1951年6月初版	27.675/W321X	文华图书馆学专科学校藏书+5	2	13500元	无封面；出版者、价格为孔夫子旧书网查得；有卡
53	堆栈业经营概论	丁振一编著	商务印书馆	民国二十八年二月三版（1939年）	625/T481	私立武昌文华图书馆学专科学校图书馆+1；武昌文华图书馆学专科学校学生服务团巡回文库+1	1		有卡
54	对美帝经济扩张政策的剖析	新贸易译丛编辑委员会编	三联书店	1951年3月31日出版	28.56301/X481	文华图书馆学专科学校藏书+4	1	3900	新贸易译丛；有卡
55	对外贸易组织与技术（第五篇）	中国人民大学对外贸易教研室	中国人民大学	1953年1月28日第一版	29.44/Z636	文华图专图书馆+4	1	0.45	有卡
56	对外贸易组织与技术（一、二篇）	中国人民大学对外贸易教研室	中国人民大学	1953年1月28日第一版第二次印刷	29.44/D595	文华图专图书馆+3	1	0.66	有卡
57	俄华经济技术辞典	大连经济研究会	大连经济研究会	1951年	F0-61/D1282	文华图书馆学专科学藏书+2	1	精装 3.50	分类号查自武汉大学图书馆；字母索引

序号	书　名	作者	出版者	出版时间	分类号/索书号	印　章	复本	定价	备注
58	俄罗斯苏维埃联邦社会主义共和国残废者合作社	[苏]米哈依洛夫著,中国人民大学合作社生产企业底组织与计划教研室译	中国人民大学	1951年12月17日初版	28.32/M455z	武汉大学图书馆藏+1;中国人民大学图书馆藏书(赠阅)+2;武汉大学图书馆学专修科图书室+1;图专+1	1		有卡
59	发展中的供销合作社	李仁柳著	中华书局	1951年7月初版	29.54/L224	文华图书馆学专科学校藏书+5	1	7000元	新合作经济丛书;有卡
60	法币讲话	马咸著	商务印书馆	民国二十七年四月初版(1938年)	361.91/M124	武昌文华图书馆学专科学校藏+2	1	国币柒角	缺封底;有卡;作者引孔夫子旧书网
61	飞跃生产计划	库兹聂佐娃著,葆煦译	工人出版社	1948年俄文版,1951年11月北京第一版	29.245/K545B	文华图书馆学专科学校藏书+6	1		有卡
62	封建主义	E.柯斯明斯基著,张仲宝译	生活书店	1949年6月再版	371.2/K.323/Z.2;21.093/K357	文华图专实验图书馆藏书+4;校友李礼捐赠文华图专实验圕+1;敬赠母校实验圕 一九五〇年校庆日图十一级+1	1	1.10元	译自苏联《大苏维埃百科全书》;有卡
63	福建经济研究(上册)	福建省政府秘书处统计室	福建省政府秘书处统计室	民国二十九年九月(1940年)	28.2971/F477	武昌文华图书馆学专科学校+2;钢印:私立武昌文华图书馆学专科学校+2	1	国币壹元伍角	福建调查统计丛书之二;有卡

序号	书　名	作者	出版者	出版时间	分类号/索书号	印　章	复本	定价	备注
64	福建之木材	翁礼馨编	福建省政府秘书处统计室	民国二十九年十一月(1940年)	614/W428 68.272/W483	武昌文华图书馆学专科学校(反)+3	1	￥1.50	福建调查统计丛书之三;有卡
65	富之研究	英国康澜著,史维焕、陶因译	商务印书馆	民国十三/十六年七月再/初版(1924年/1927年)	352.2/K179	武昌文华图书馆学专科学校+1;钢印:私立武昌文华图书馆学专科学校+2	1	13.60	经济名著;有卡
66	改善产品质量的途径	[苏]高斯切夫著,陈冬序译	工人出版社	1949年	29.2464/G241	文华图书馆学专科学校藏书+7	1	2600元	有卡
67	高级商业簿记教科书	潘叙伦编著	商务印书馆	民国二十九年一二月国难后第一版(1940年)	627/P178	私立武昌文华图书馆学专科学校图书馆+3	1		立信会计丛书;有卡
68	各国合作事业史	[日]高须虎六著,杨智译	商务印书馆	民国二十五年七月初版(1936年)	356.7/K257	武昌文华图书馆学专科学校(反)+2	1	国币伍角	社会科学小丛书;有卡
69	工会·工资·劳保条例	徐弦、闵庆全作	中国科学公司	1951年9月	33.216/X629	文华图书馆学专科学校藏书+5	1	1400	展望丛刊第四辑;有卡
70	工会财务工作	上海总工会财务处编辑	劳动出版社	1951年5月	312.51/S295	文华图专图书馆+4	1	￥5400	工会工作参考资料;有卡
71	工会财务工作问答	中华全国总工会财务处编	工人出版社	1953年3月北京第一版	33.218/Z648	文华图专图书馆+1;文华图书馆学专校+3	1	一千八百元	有卡

序号	书　名	作者	出版者	出版时间	分类号/索书号	印　章	复本	定价	备注
72	工商管理一瞥	王云五	商务印书馆	民国三十五年十二月四版（1946年）	N/622/W251		1		新中学文库；有卡
73	工商组织与管理	杨端六	商务印书馆	民国三十三年七月重庆初版（1944年），民国三十四年十一月上海初版（1945年），民三十五年十二月上海再版（1946年）	29.4039/Y269		1	国币陆元伍角	新中学文库；有卡
74	工业化与中国矿业建设	曹立瀛著，国民经济研究所主编	商务印书馆	民国三十四年五月初版（1946年）	74.1/c167	私立武昌文华图书馆学专科学校图书馆+3	1	国币壹元柒角	有卡
75	工业会计	郭森麟、梁倩思编译	立信会计图书用品社	1951年初版	29.2474/G691	文华图书馆学专科学校藏书+5	1	一万七千元	立信会计丛书
76	工业建设的伟大潜力	“东北工业”编辑部编	东北工业出版社出版	1952年5月	29.231/D463	文华图书馆学专科学校藏书+6	1	18000元	有卡
77	工业企业经济计划的原理与实践	金敏求编著	立信会计图书用品社	1952年12月初版	29.25/J561	文华图书馆学专科学校藏书+4	1	￥7000	有卡
78	工业统计学教程（第一分册）	Д.沙文斯基教授著，东北统计局出版部译	东北统计局出版部	1951年2月三版	29.2076/S249d	文华图书馆学专科学校藏书+4	1	每部（共三册）东北券24万元	新经济学丛书；有卡

序号	书　名	作者	出版者	出版时间	分类号/索书号	印　章	复本	定价	备注
79	工业统计学教程（第二分册）	Д.沙文斯基教授著，东北统计局译	东北统计局出版部印	1951 年 2 月 3 版	29.2076/S2490	文华图书馆学专科学校藏书+4	1		新经济学丛书；有卡
80	工业统计学教程（第三分册）	Д.沙文斯基著，东北统计局译	东北统计局出版部	1951 年 2 月三版	346.2/3904/V.2	文华图书馆学专科学校藏书+5	1		新经济学丛书；有卡
81	工业原料抑军需原料	郑太朴译	商务印书馆	民国二十八年二月（1939 年）		武昌文华图书馆学专科学校+4	1		社会科学小丛书；无封面；有卡
82	工资常识讲话	中南工资改革委员会总办公室编	中南工人出版社	1952 年 10 月中南初版	29.135/Z665	文华图书馆学专科学校藏书+4	1	2700 元	有卡
83	工资与劳动日	孔纳科夫著，侯敏之译	生活·读书·新知三联书店	1951 年 7 月北京初版	27.1053/Z567	文华图书馆学专科学校藏书+5	1	3700 元	政治经济学教程第六分册；有卡
84	工资与劳动日（第六分册）	孔纳科夫著，侯敏之译	生活·读书·新知三联书店	1951 年 7 月北京初版	27.1053/Z567	文华图书馆学专科学校藏书+3	1	0.37	政治经济学教程；有卡
85	关于企业管理问题	百蘐.白原编译	大众书店	1950 年 5 月	29.24/B282	文华图书馆学专科学校藏书+4	1		学习苏联企业工作经验 第二集；有卡
86	关于人民经济	王学文、千家驹、许涤新、陶大镛、周伯棣	新建设杂志社	1951 年 11 月 20 日初版	27/T261	文华图书馆学专科学校藏书+7	1		新学术小丛书 6；有卡
87	关于一九五三年国家预算的报告	薄一波	人民出版社	1953 年 3 月北京第一版	28.23/B411	文华图书馆学专科学校藏书+3	1	900 元	有卡

序号	书　名	作者	出版者	出版时间	分类号/索书号	印　章	复本	定价	备注
88	官僚资本论	许涤新著	海燕书店	1949年11月初版	28.28/X664	文华图书馆学专科学校藏书+5	1	五元五角	有卡
89	广告	陆梅僧著	商务印书馆	民国二十九年九月初版（1940年），民国三十六年二月再版（1947年）	29.4197/L894	文华图专实验图书馆藏书+4	1	4.5元	新中学文库，有卡
90	广西交通问题	陈晖著	商务印书馆	民国二十七年（1938年）		武昌文华图书馆学专科学校+4；钢印：私立武昌文华图书馆学专科学校+2	1		出版年信息为网查所得
91	广义政治经济学（第一卷）	许涤新著	三联书店	1950年4月第二版	27.1/X653	文华图专实验图书馆藏书+6	1	15.80	新中国大学丛书；有卡
92	广义政治经济学（第二卷）	许涤新著	三联书店	1950年6月第一版	27.1/X653	文华图专实验图书馆藏书+9	1	25.80	新中国大学丛书；有卡
93	广州工商经营手册	经济导报广州分社编印	经济导报广州分社	1951年11月十日	28.2214/J622	文华图书馆学专科学校藏+4	1	六千元	有卡
94	国防与农业	董时进著	商务印书馆	民国三十六年三月再版（1947年）	N610.01/T575	文华图专实验图书馆藏书+4	1	国币叁元	新中学文库；有卡
95	国富论（上卷）	亚当斯密著，郭大力、王亚南合译	中华书局印行	1949年11月四版	27.67/Y142G	文华图书馆学专科学校藏书+8	1	全二册三十九元	

序号	书　名	作者	出版者	出版时间	分类号/索书号	印　章	复本	定价	备注
96	国富论(下卷)	亚当斯密著,郭大力、王亚南合译	商务印书馆、中华书局印行	1949年11月四版	27.1039/Y142G	文华图书馆学专科学校藏书+6	1	全二册三十九元	有卡
97	国际经济政策	古柏逊著,潘源来译	商务印书馆	民国二十三年六月初版(1934年)	350.04/K552	私立武昌文华图书馆学专科学校+2;钢印:武昌私立武昌文华图书馆学专科学校+2;武昌文华图书馆学专科学校(反)+2	1	叁元贰角	大学丛书;有卡
98	国际贸易	卫尔著,张伯箴译	商务印书馆	民国二十四年五月(1935年)	29.44/W413Z	文华图专实验图书馆藏书+4	1	3.5元	新中学文库,社会科学小丛书;有卡
99	国际贸易统计上之货物名目及分类	胡纪常、樊明茂著	商务印书馆	民国二十四年一月初版(1935年)	MG/F740.4/H489	武昌文华图书馆学专科学校+2;钢印:私立武昌文华图书馆学专科学校+1	1	大洋陆角伍分	国立中央研究院社会科学研究所丛刊 第三种;破损;有卡
100	国家企业工资制度的几个问题	苏群著	工人出版社	1952年6月	29.135/S828	文华图书馆学专科学校藏+4	1	2100元	工会干部读本;有卡
101	国家收入检查员工作的组织	布伦士田、齐托夫合著,于万海译,东北人民政府财政部编	东北人民出版社	1951年6月初版	29.71/B8171	文华图书馆学专科学校藏书+4	1	3300元	财政金融翻译丛书;有卡
102	国家银行机关为加速流动资金周转而斗争	克利契夫斯基著,王连成译	时代出版社	1951年2月再版	29.756/K427W	文华图书馆学专科学校藏书4-6	2	2400元	苏联建设经验研究丛书;有卡

序号	书　名	作者	出版者	出版时间	分类号/索书号	印　章	复本	定价	备注
103	国民经济计划参考资料(三)	中国人民大学国民经济计划教研室	中国人民大学	1952年12月20日第一版第三次印刷	29.12079/Z5993	文华图专图书馆+4/3	4	￥3800	有卡
104	国民经济计划参考资料(一)	中国人民大学国民经济计划教研室	中国人民大学	1953年11月20日第二版	29.12079/Z599	文华图专图书馆+3	1	0.96	
105	国民经济计划讲授提纲	布列也夫编,中国人民大学国民经济计划教研室译	中国人民大学	1952年9月1日第一版第二次印刷	29.12053/B866z	文华图专图书馆+2	3	1.00	有卡
106	国民经济建设运动	粟显运著	国民图书出版社印行	民国三十年三月(1941年)	350.04/S733	武昌文华图书馆学专科学校(反)+2	1		缺底页
107	国民经济实用辞典	苏渊雷	上海春明出版社	1953年	28.207/S830	文华图书馆学专科学校藏书	1		笔画索引
108	国外汇兑	陈成耀	商务印书馆	民国三十六年二月再版(1947年)	29.785/S493	文华图专实验图书馆藏书+4	1	国币肆元	新中学文库,银行学会丛书;有卡
109	国营企业会计概要	潘序伦、俞文青编著	立信会计图书用品社	1951年11月初版	29.8/P158	文华图书馆学专科学校藏书+7	1	￥8700	立信会计丛书;有卡
110	合作与经济建设	章元善	商务印书馆 艺文研究会	民国二十七年七月(1938年)	356.7/C317	武昌文华图书馆学专科学校+6;钢印:私立武昌文华图书馆学专科学校+1	1	6.20	艺文丛书之六;有卡

序号	书　名	作者	出版者	出版时间	分类号/索书号	印　章	复本	定价	备注
111	亨利乔治学说之研究	严继光著	中山文化教育馆	民国二十九年六月初版（1940年）	353/Y453	文华图书馆学专科学校藏书+4	1	白报纸本4.00 嘉乐纸本 2.00	中山文化教育馆研究丛书
112	华东内河航运管理规章汇编	华东交通部出版委员会编	华东交通部出版委员会	1951 年 11 月上海第一版	29.657/H479	文华图书馆学专科学校藏+3	1		华东交通丛刊；有卡
113	荒谬的例外论——美国经济思想批判	别洛夫著，晓歌译	中外出版社	1951 年 5 月初版	27.1039/B662S	文华图书馆学专科学校藏书+5	1	4600 元	有卡
114	汇兑统制（国联经济财政委员会报告）	朱通九译	独立出版社	民国二十八年五月初版（1939年）	365K774	武昌文华图书馆学专科学校+4；钢印：私立武昌文华图书馆学专科学校+2；私立武昌文华图书馆学专科学校+1；武昌文华图书馆学专科学校学生服务团巡回文库+2	1		国民经济研究所小丛书；有卡
115	会计核算	王澹如编著	立信会计图书用品社	1953 年初版	29.2474/W277	文华图专图书馆+4	1	¥13000	有卡
116	会计名词汇译	潘序伦编译	立信会计图书用品社	1951 年第四次修订本	29.8072/P158	文华图书馆学专科学校藏书+6	1		立信会计丛书；有卡
117	会计学教程	钱素君编著	立信会计图书用品社	1951 年 12 月四版	29.8054Q338	文华图书馆学专科学校藏书+8	1	人民币二万元	立信会计丛书；有卡
118	会计制度及设计	张心澂著	立信会计图书用品社	1951 年 1 月初版	29.81/Z315	文华图书馆学专科学校藏书+8	1		立信会计丛书；有卡

序号	书　名	作者	出版者	出版时间	分类号/索书号	印　章	复本	定价	备注
119	货币的本质与职能	科兹洛夫著,陆宝槐译,何匡 校	中国人民大学	1953 年 4 月 25 日第一版	27.1053/Z567	文华图专图书馆+3	2	0.20	政治经济学教程之五;有卡
120	货币学概论	李达著	生活·读书·新知三联书店	1950 年 1 月再版(沪)	29.75/L282	文华图书馆学专科学校藏书+7	1	二十元五角	新中国大学丛书;有卡
121	货币与银行	杨端六著	商务印书馆		F820		1		新中学文库;分类号查自武图
122	基本会计学	潘序伦编著	立信会计图书用品社	1951 年 11 月十版	29.8/P163	文华图书馆学专科学校藏书+12;合众图书部经售汉口中山大道 1113 号(水塔上首)	1		立信会计丛书;有卡
123	基本会计学习题	张蕙生	立信会计图书用品社	1951 年 12 月十版(沪)	29.8055/Z287	文华图书馆学专科学校藏书+8	1		立信会计丛书;有卡
124	基本建设会计	沃兹涅先斯基、普洛托夫合著,实嘉译	五一出版社	1952 年 11 月初版	29.8/W516P	文华图专图书馆+3;文华图书馆学专科学校藏书+6	2	2.00	有卡
125	基本建设投资的拨款与贷款(上册)	洛文斯基等著,中国人民大学财政教研室译	中国人民大学	1953 年	29.773/L987	圆形:文华图专图书馆+3	1		有卡
126	计划经济论文选	东北计划委员会统计局编印	东北财经出版社	1951 年 7 月再版	29.12083/D465	文华图书馆学专科学校藏书+8	1	42000 元	有卡

序号	书　名	作者	出版者	出版时间	分类号/索书号	印　章	复本	定价	备注
127	计划经济论文选 第一辑	东北人民经济计划委员会编	东北财经出版社	1952 年 1 月第 5 版	29.12083/D465	文华图书馆学专科学校藏书+4	1	45000 元	原名国际经济论文选，选自国际经济第 1—10 期；有卡
128	计划经济论文选第四辑	东北人民经济计划委员会编	东北财经出版社	1952 年 9 月初版	29.12083/D465	文华图书馆学专科学校藏书+7	1	36000 元	选自《计划经济》月刊第 31—40 期；有卡
129	加速流动资金周转是提高社会主义再生产速度的来源	古萨诃夫著，林敏译	十月出版社	1952 年 9 月初版	29.756/G4981	文华图书馆学专科学校藏书+4	1		有卡
130	减低成本与提高收益	甫・布尼摩维赤著，葆和甫译	作家书屋	1950 年 4 月初版	29.247/B857B	文华图书馆学专科学校藏书+5	1	5.20	苏联经济建设丛书；有卡
131	简易商业簿记	张竹云著	生活・读书・新知三联书店 上海联合发行所	1949 年 6 月初版	29.83/Z292	文华图专实验图书馆藏书+3；张主教海松捐赠文华图专实验圕	1	3.20	新中国百科小丛书；有卡
132	简易商业簿记教程	潘叙伦、张蕙生编	立信会计图书用品社	1951 年 10 月再版，1951 年 8 月初版，1952 年 1 月再版	29.4174/P161	文华图书馆学专科学校藏书+6-5-7	2		立信会计丛书；1 本有卡
133	建设地理新论	任美锷	商务印书馆	民国三十六年二月再版（1947 年）	28.29/R189	文华图专实验图书馆藏书+3	1	国币贰元伍角	新中学文库；有卡

序号	书　名	作者	出版者	出版时间	分类号/索书号	印　章	复本	定价	备注
134	交通经济总论	增井幸雄著，郭虚中译	商务印书馆	1946年	630.1/S356	武昌文华图书馆学专科学校（反）+2	1	1.08	社会科学小丛书；有卡；缺封面封底，部分缺失
135	教会与现代工业问题	谢颂羔著	上海广学会	民国十二年九月初版（1923年）	250.13/S471	武昌文华图书馆专科学校（反）+2	1	大洋二角	有卡
136	节约是社会主义经济的方法	德米特里·蒲榛等著，华耕等译	苏北新华书店	1949年8月	27.276/D274H	文华图书馆学专科学校藏书+4	1		有卡
137	节制资本原论	朱剑农	国民图书出版社	民国三十四年三月初版（1945年）	F032.1	私立武昌文化图书馆学专科学校图书馆+2	1		有卡；无封面封底；分类号据国图
138	捷克的五年经济计划	东北计划委员会编译处译	东北财经出版社	1951年7月初版	28.5243/D465	文华图书馆学专科学校藏书+6	1		计划经济丛书之九；有卡
139	捷克农业经济百年史	（捷）安·伏拉弗卡著，谢泓译	新华书店	1950年7月初版	29.39524/F522	文华图书馆学专科学校藏+5	3	3.20	有卡
140	捷克斯洛伐克的土地改革	戈塔特柯作，海观译	中华书局印行	1949年	353.93796/K433；353.93196/S342；2087/29.323524/G285	文华图专实验图书馆藏书+3；张主教海松捐赠文华图专实验圕	1	二元三角	新时代小丛书12；封底页有字；有卡
141	介绍农业生产互助合作经验（第一辑）	察哈尔人民政府农林厅	察哈尔人民出版社	1952年8月天津初版	29.344/C227	文华图书馆学专科学校藏书+4	1		有卡

序号	书　名	作者	出版者	出版时间	分类号/索书号	印　章	复本	定价	备注
142	借贷资本与信用	科兹洛夫著,韩灵锐译	生活·读书·新知三联书店	1952 年 8 月在北京印造二版	27.1053/Z567	文华图书馆学专科学校藏书+4	6	5000 元	政治经济学教程第十一分册;有卡
143	金融.物价.保险	东北计划委员会统计局编译	生活·读书·新知三联书店	1951 年 8 月在北京印造初版	29.708/D335	文华图书馆学专科学校藏+3;文华图书馆学专科学校藏书+2	1	7300 元	“国际经济”论文选第一辑;有卡
144	近代合作思想史.下	吴藻溪编	棠棣出版社印行	1950 年 9 月初版	29.5/W341;356.7/2643/v.2	文华图书馆学专科学校藏书+6	1	平装二册 52 元	有卡
145	近代经济学说史纲	沈志远著	生活·读书·新知三联书店	1950 年 1 月初版	350.11/3443/C.1	文华图书馆学专科学校藏书+4;纪念列宁诞生日 1950 4 22;本书承张主教海松捐赠 特此致谢 文华图专实验圕	1	14.90	新中国大学丛书;有卡
146	近代经济学说史纲	沈志远著	生活·读书·新知三联书店	1950 年 12 月第三版	27.4/S437	文华图书馆学专科学校藏书+7	1	14.90	新中国大学丛书;有卡
147	近代中国地租概说	陈伯达	新华书店	1949 年	29.329/C282	文华图专实验图书馆藏书+4;张主教海松赠书	1	0.38	有卡
148	经济动员与统制经济	刘大钧著	商务印书馆	民国二十八年一月初版(1939 年)	351/L657	私立武昌文华图书馆学专科学校图书馆+5	1		国民经济研究所丛书之三;有卡

序号	书　名	作者	出版者	出版时间	分类号/索书号	印　章	复本	定价	备注
149	经济核算是社会主义的经营方法	Г.柯兹洛夫著，中国人民大学政治经济学教研室	中国人民大学	1952 年 4 月 12 日初版	29.17/K379	文华图专图书馆+3	1		有卡
150	经济核算制概论	吴君实编著	立信会计图书用品社	1951 年 12 月初版(沪)	29.17/W589	文华图书馆学专科学校藏书+7	1	一萬二千二百元	有卡
151	经济恐慌下的日本	陈豹隐等著	战时出版社		351.928/C387	私立武昌文华图书馆学专科学校图书馆+3；钢印：私立武昌文华图书馆学专科学校+3，武昌文华图书馆学专科学校学生服务团巡回文库　校址：重庆曾家岩重庆求精中学内+1	1	0.35	战时小丛刊之六三；有卡
152	经济统计应用数学讲义	中国人民大学数学教研室	中国人民大学	1953 年 2 月	510.134/5068	椭圆：中国人民大学图书馆藏书章+1	1		有卡
153	经济危机与冷战	[美]艾伦等著，张文涟、凌青合译	世界知识社	1950 年 10 月初版	28.56304/A259Z	文华图书馆学专科学校藏书+2	1	六元五角	中国人民外交学会丛书之二；有卡
154	经济现象的体系	陈豹隐编	乐群书店	1929 年 6 月 1 日	350/C387	私立武昌文华图书馆学专科学校图书馆+2；王建民印+4	1	大洋四角五分	有卡

序号	书　名	作者	出版者	出版时间	分类号/索书号	印　章	复本	定价	备注
155	经济学	青年基本知识丛书编审委员会主编，赵兰坪编著	正中书局	民国三十六年十二月沪廿六版（1947年）	350/C391	武昌文华图书馆学专科学校+1	1	国币六元七角	青年基本知识丛书
156	经济学大纲	河上肇	经济学社	1949年9月	27.6/H184	文华图专实验图书馆藏书+6	1	16.00	张主教海松捐赠；有卡
157	经济学概论	马寅初著	商务印书馆	民国三十二年一月初版（1943年）	350.1/M128	武昌文华图书馆学专科学校（反）+2；私立武昌文华图书馆学专科学校+2	1	0.32	有卡
158	经济学讲话	狄超白著	生活·读书·新知三联书店	1949年6月沪初版	27.6/D271	武昌文华图书馆学专科学校藏+5	1	6.60	新中国青年文库；有卡
159	经济学讲话	狄超白著	三联书店	1949年6月沪初版	27.6/D271	武昌文华图书馆学专科学校藏+5	1	6.60	新中国青年文库；有卡
160	经济学教程	东方曦著	永祥印书馆	1949年8月初版	27.1054/D463	文华图书馆学专科学校藏书+4	1		有卡
161	经济学名词	国立编译馆编订	正中书局	民国三十五年九月初版，民国三十六年七月沪二版（1946年，1947年）	27.027/H274F0	文华图书馆学专科学校藏+3	1		工具书
162	经济学研习提纲	沈志远著	生活·读书·新知三联书店	1949年6月沪初版	27.1/S294	文华图书馆学专科学校藏书+6	3	8.00	有卡

序号	书　名	作者	出版者	出版时间	分类号/索书号	印　章	复本	定价	备注
163	经济专刊论文选	经济专刊编辑委员会编	新华书店	1951 年 3 月	28.2283/J424x	文华图书馆学专科学校藏书+7/6	2		有卡
164	居民货币收支平衡表	H.C.马尔果林著，中国人民大学国民经济计划教研室译	中国人民大学	1953 年 2 月七日第一版	29.7693/M1212z	文华图专图书馆+3	2		有卡
165	抗战与国防经济建设	马哲民等著	生活书店	民国廿七年六月初版(汉)(1938 年)	369.13/M123		1	贰角五分	救亡文丛之十一；无封底，出版者、价格参孔夫子旧书网
166	抗战与经济	执笔者寿勉成、罗敦伟、魏友棐、叶秀峰、卫挺生、陈长蘅、马寅初	汉口：独立出版社	民国二十七年五月初版（1938 年）	351.918/M128	私立武昌文华图书馆学专科学校图书馆+2；武昌文华图书馆学专科学校学生服务团巡回文库 校址：重庆曾家岩重庆求精中学内	1		战时综合丛书
167	抗战与农产	李仪社等	中国国民党中央执行委员会宣传部印	民国二十八年二月(1939 年)	D135;610.31/C631	私立武昌文华图书馆学专科学校图书馆+2；武昌文华图书馆学专科学校学生服务团 巡回文库+2	1		封面封底已散
168	抗战与消费统制	执笔者董时进、徐宗仁、徐征、周凤镜、王光祈、刘尚一、陈敦富、曹贯一、童蒙正	独立出版社		357/T575	长方：武昌文华图书馆学专科学校+3	1		战时综合丛书第二辑；有卡

序号	书　名	作者	出版者	出版时间	分类号/索书号	印　章	复本	定价	备注
169	兰州物价之研究	刘世超编	西北经济研究所	民国三十一年六月出版（1942年）	351.918/L65.5		1		西北经济丛刊之三；有卡
170	兰州之工商业与金融	潘益民编	商务印书馆	民国二十五年四月初版（1936年）	350.032/P178	武昌文华图书馆专科学校藏+4；私立武昌文华图书馆学专科学校+3	1	国币壹元	中央银行丛刊；有卡
171	劳动保险工作参考资料	上海总工会劳保部编辑	劳动出版社	1951 年 5 月初版	33.26/S334	文华图书馆学专科学校藏书+5	1	0.37	附：劳动保险问题解答；有卡
172	劳动保险条例学习资料	劳动出版社编审部	劳动出版社	1951 年 4 月	29.78892/L179	文华图书馆学专科学校藏书+7	1	¥4200	有卡
173	利用合作经营要论	秦亦文、尹树生著	乡村书店	民国二十六年五月初版（1937年）	356.7/S527	钢印：私立武昌大学图书馆学专科学校+1；武昌文华图书馆学专科学校学生图书馆巡回文库+2	1	国币五角	无封面、封底，作者、出版时间、价格参孔夫子旧书网
174	联共党（布）关于经济建设问题的决议（国民经济恢复时期）	施滨、伊真编译	新华书店华东总分店	1950 年 6 月出版	28.31/S470	文华图专实验图书馆+4；本书承张主教海松捐赠特此志谢 文华图专实验圕 公元 年 月 日	1	8.5	有卡
175	两种不同制度下的对外贸易状况	新贸易译丛编委会	生活·读书·新知三联书店	1951 年 2 月 13 日	29.44/X481	文华图书馆学专科学校藏书+6	1	5000	新贸易译丛；有卡

序号	书　名	作者	出版者	出版时间	分类号/索书号	印　章	复本	定价	备注
176	联共党史简明教程中的社会主义政治经济学问题	别斐夫著,李未青译	哈尔滨教育用品供应社	1914 年 12 月 15 日	27.276/B662	文华图书馆学专科学校藏+3	1	1.50	有卡
177	论波兰六年经济计划	明兹著,未名译	中华书局	1951 年 7 月初版	28.5253/M583	文华图书馆学专科学校藏书+6	1	4200	新时代小丛书 71
178	论恩格斯的自然辩证法	考尔曼著,彭仲文译	大众书店	1950 年 10 月初版	03.5/Z867HP	文华图书馆学专科学校藏书+4	2	基价 3.00	大众文库 2;有卡
179	论工商业政策	中共中央中原局宣传部	新华书店	1949 年 5 月出版	28.21/Z533	武昌文华图书馆学专科学校藏+3	1		中国共产党政策选辑之一;有卡
180	论节约制度与减低工业品成本	杜涅茨基著,君远译	生活·读书·新知三联书店	1950 年 2 月	29.17/D564K	文华图书馆学专科学校藏书+4	1	2.1	有卡
181	论马歇尔计划	[美]艾伦原著,陶大镛译	世界知识出版社	1948 年 10 月初版	32.56301/A257	文华图书馆学专科学校藏书+4	1	三元	世界知识丛书之九;有卡
182	论美帝扩张政策	列昂吉夫等著,雷励等译	关东中苏友好协会出版	民国三十八年二月初版(1949年)	32.5631/L566l	文华图专实验图书馆藏书+3;本书承张主教海松捐赠 特此志谢 文华图专实验圕 公元 1950 年 2 月 27 日	2		友谊丛书之十五;有卡
183	论农民的社会主义改造	K.阿勃罗申柯著,孔柯嘉译	作家书屋	1951 年 5 月初版	610.3938/7146/c.1;29.331/A156k	文华图书馆学专科学校藏书+6	1	11000	苏联农村与农民改造参考读物;有卡

序号	书　名	作者	出版者	出版时间	分类号/索书号	印　章	复本	定价	备注
184	论农民的社会主义改造	K.阿勃罗申柯著，孔柯嘉译	作家书屋	1952年5月再版	29.331/A156K	文华图书馆学专科学校藏书+4	1	11000	苏联农村与农民改造参考读物；有卡
185	论社会主义财产	柯舍列夫著，达克译	生活·读书·新知三联书店	1948年12月初版	27.276/K356D	文华图书馆学专科学校藏书+4	1	1.80	有卡
186	论社会主义财产	柯舍列夫著，达克译	苏北新华书店	1949年8月	27.276/K355d	文华图书馆学专科学校藏书+4	1	1.20	有卡
187	论社会主义政治经济学	A.列昂节夫等著，张醒石、屈洪等译，中苏友好协会总会编	新华书店	1950年10月初版	27.276/L556z	文华图书馆学专科学校藏书+4	1	6.70	“中苏友好”丛书之四；有卡
188	论胜利公债	读者书店编委会	读者书店	1950年1月	29.712492/D532	文华图专实验图书馆藏书+4；张主教海松捐赠	1	3.80	有卡
189	论苏联的住房建设	阿尔喀吉耶夫著，张文蕴译	人民出版社出版		86.389/A168；651.3/7116	文华图书馆学专科学校藏书+3	1	3400	根据苏联国家政治书籍出版局1949年俄文版译出；有卡
190	论苏联第一个五年计划	人民出版社编辑	人民出版社	1953年5月	28.331/R148	文华图专图书馆+4	1	2000元	有卡
191	论苏联社会主义经济建设	人民出版社编	人民出版社	1953年6月汉口第一次印刷	28.33/R148	文华图专图书馆+4	2		有卡

序号	书　名	作者	出版者	出版时间	分类号/索书号	印　章	复本	定价	备注
192	论新解放区土地政策	解放社编	新华书店	1949年	29.3232/J525	文华图专实验图书馆藏+4	1	1.70	有卡
193	论中国经济的改造：消肿、云腐、生新	章乃器	五十年代出版社	1951年6月五日再版	28.22/Z252	文华图书馆学专科学校藏书+9	1		有卡
194	论中国经济的改造-消肿、去腐、生新	章乃器	五十年代出版社	1951年6月廿五日三版	28.22/Z252	文华图书馆学专科学校藏书+5	1		有卡
195	马卡洛娃讲演集	马卡洛娃硕士著，沈志远等 译	中苏友好协会总会出版	1950年10月中南第一版	27.676/M117(S)M	文华图书馆学专科学校藏书+4	1	5.40	有卡
196	马克思底经济学说	考茨基著，铎梅译	社会科学研究社	民国三十八年六月再版（沪）（1949年）	27.2/K274m	文华图书馆学专科学校藏书+7	2	1.80	有卡
197	马克思主义的经济危机论	［英］J.温特尼兹等著，刘思慕等译	上海世界知识社	1950年5月初版	27.275/W449	文华图专实验图书馆藏书+1；武昌文华图书馆学专科学校藏+3	2	二元六角	世界知识丛书之廿二；有卡
198	马歇尔计划下的法国经济	法共中央中共经济组编；孟鞠如译	世界知识社	1951年4月	28.5138/F116	文华图书馆学专科学校藏书+5	1	7000元	有卡
199	贸易部门经常费支出计划	伊凡尼柯娃 米拉歇维奇合著，杨作人译	时代出版社	1950年6月初版	29.4137/y527y	文华图书馆学专科学校藏书+4	1	3.20	苏联建设经验研究丛书；有卡
200	贸易统计学参考资料（三）	中国人民大学统计教研室编辑	中国人民大学	1952年12月25日第一版	29.9085/Z636c	文华图专图书馆+4	1		有卡

序号	书　名	作者	出版者	出版时间	分类号/索书号	印　章	复本	定价	备注
201	美帝对日本经济的奴役	Я.А.别甫兹涅尔著，袁孟超译	作家书屋	1951年8月初版	28.43/B665y	文华图书馆学专科学校藏书+6	1	七千元	反美时事学习译丛;有卡
202	美帝国主义奴役下的日本经济(上篇)	陈肇斌、王清彬	东方书社	1951年9月	28.43/F132M	文华图书馆学专科学校藏书+5	1	8000元	新时代亚洲小丛书;有卡
203	美国对华商业	杜廷绚	商务印书馆	民国二十三年一月初版（1934年）	351.31/T634	武昌文华图书馆学专科学校+6;私立武昌文华图书馆学专科学校+3	1	大洋贰角伍分	商学小丛书
204	美国工人所看到的苏联	里昂.斯特劳斯等著，田君美译	上杂出版社	1953年3月	32.32/S7Q8T	文华图书馆学专科学校藏书+2	1	4200	现实小丛书;有卡
205	美国经济危机的透视	谢牧编著	潮锋出版社	1951年3月	27.275/X425	文华图书馆学专科学校藏书+4	1	2800	美国内幕小丛书第二辑⑦;有卡
206	美国垄断资本与日本财阀	潘光祖	中华书局	1951年7月出版	28.4302/P155	文华图书馆学专科学校藏书+3	1	3500元	有卡
207	美国掠夺下的日本	陈肇斌著	世界知识出版社	1952年4月	32.43/C494	文华图书馆学专科学校藏书+4	1	4800	有卡
208	美国之重工业	熊式辉主编	商务印书馆		29.271/X549;N660.06/H579	文华图专实验图书馆藏书+5	1		新中学文库;无封底
209	美国资本主义的发展	黄达三	开明书店	1951年5月	28.56308/H553	文华图书馆学专科学校藏书+4	1	2600元	有卡
210	美国资本主义的趋势——利润和生活水准	美国劳工研究协会编，侯闻初、林少忠合译	五十年代出版社	1951年9月第五版	28.563/M412H	文华图书馆学专科学校藏书+5	1	0.69	有卡

序号	书　名	作者	出版者	出版时间	分类号/索书号	印　章	复本	定价	备注
211	美国资产阶级反动经济学批判	阿尔台耳著，陈大维译	时代出版社	1952年3月版	27.1039/A119	文华图书馆学专科学校藏+6	1		有卡
212	民主改革运动文集	中南人民出版社编辑部编	中南人民出版社	1951年	32.28/Z665	文华图书馆学专科学校藏书	1		有卡
213	末期的资本主义经济	蒋学模	中华书局	1949年10月初版	27.275/J417	文华图专实验图书馆藏书+3	1	2.60	大众文化丛书；有卡；出版时间据孔夫子旧书网
214	莫洛托夫集体农庄	佛·沫·葛林科著淇泉译	中华书局	1952年12月1日	610.1134/4442；29.34393/G351	文华图书馆学专科学校藏书+5	1	5300	有卡
215	目前各地工资调整的情况及其主要经验	中华全国总工会工资部编	二人出版社	1951年10月北京第一版	33.216/Z648	文华图书馆学专科学校藏书+4	1	3400元	有卡
216	农产（流通篇上）	东北物资调节委员会研究组编	东北物资调节委员会印行	民国三十七年二月（1948年）	66/D472	武昌文华图书馆学专科学校藏+5	1		东北经济小丛书③；有卡；出版时间据孔夫子旧书网
217	农业·商业·合作·国民收入	东北计划委员会统计局编译	生活·读书·新知三联书店	1951年6月上海初版	23.13083/D465	文华图书馆学专科学校藏书+5	1	7200元	（国际经济）论文选第一辑；有卡
218	农业建设问题	解放社编	新华书店	1949年9月	29.312/J525	特价部+1；文华图书馆学专科学校藏+4	1		有卡
219	农业经济参考资料	中国人民大学农业经济教研室	中国人民大学	1953年3月30日第一版	29.3079/Z602	文华图专图书馆+3	1	0.56	

序号	书　名	作者	出版者	出版时间	分类号/索书号	印　章	复本	定价	备注
220	农业经济学大纲	王一蛟,谢澄著	农业经济学会	民国三十六年三月一日初版(1947年)	610.3/W251	武昌文华图书馆学专科学校藏+8	1		湖北省农学院丛书;有卡
221	农业劳动组合	伊林著,党凤德译	人民出版社	1953年4月北京第一版	29.343/Y517	文华图专图书馆+4	1		有卡
222	欧洲人民民主国家底财政	包德列夫著,葛辛译	十月出版社	1952年4月	27.71911/B186K	圆形:文华图专图书馆+1;文华图书馆学专科学校藏书+4	1	14000元	有卡
223	平均利润与生产价格	奥斯特罗维强诺夫著,何匡译	生活·读书·新知三联书店	1951年3月初版	27.1053/Z567	文华图书馆学专科学校藏书+5	2	2300元	政治经济学教程第九分册;有卡
224	汽车与公路	何乃民	商务印书馆	民国三十三年八月重庆初版(1944年),民国三十五年七月上海初版(1946年),民国三十六年二月上海再版(1947年)	87.37/H274	文华图专实验图书馆藏书+4	1	国币贰元	新中学文库;有卡
225	人类改造自然	陈原编译	生活·读书·新知三联书店	1951年5月三联上海第一版	57.1/Z531	文华图专图书馆+5	1		史地小丛书;有卡
226	人类改造自然	陈原编译	生活·读书·新知三联书店	1951年5月三联上海第一版	57.1/C531	文华图书馆学专科学校藏书+1	1	人民币4400元	地理教学参考资料;有卡

序号	书　名	作者	出版者	出版时间	分类号/索书号	印　章	复本	定价	备注
227	人民经济论纲	陶大镛著	十月出版社	1951 年 10 月初版	28.2/T261	文华图书馆学专科学校藏书+4	1	6800 元	有卡
228	人民胜利折实公债学习手册	复旦大学经济研究所学会	商务印书馆	1950 年 2 月	29.712492/F582	文华图书馆学专科学校藏书+3；圆形：中国图书发行公司武汉分公司特价部章+1	1	1.80	有卡
229	日本的经济危机（增刊第三号）		时与潮社	1939 年 10 月 1 日	316.928/S161	武昌文华图书馆学专科学校+2	1		无封底
230	日本经济论	Popof 著，赵南柔译	商务印书馆	民国二十六年一月初版（1937 年）	350.921/P596	武昌文华图书馆学专科学校藏书（反）+2	1	国币壹元伍角	日本研究会丛书 2；缺封面，缺底，价格为武图查得
231	日本资本主义发展史	屋典郎著，丁未译	世界知识社	1950 年 7 月初版	28.438/S604	文华图书馆学专科学校藏书+8	1	四元五角	世界知识丛书之二十六，有卡
232	日本资本主义发展史	野吕荣太郎著，张廷铮译	五十年代出版社发行	1953 年 2 月北京初版	28.438/y395	文华图书馆学专科学校藏书+3	1	13800 元	
233	如何编订技术定额	M. 贝琪强诺夫著，祝百英译	作家书屋	1951 年 1 月初版	29.245/B498a	文华图书馆学专科学校藏书+4	1	三元八角	苏联经济建设丛书；有卡
234	如何推行工厂经济核算制	E.Г.李培曼著，祝百英译	作家书屋	1951 年 10 月初版	29.2473/L328	文华图书馆学专科学校藏+6	1	五千七百元	苏联经济建设丛书；有卡
235	三年来新中国经济的成就	中国国际贸易促进委员会编	人民出版社	1952 年 10 月汉口第一次印刷	28.242/Z636	文华图书馆学专科学校藏书+5	1		有卡

序号	书　名	作者	出版者	出版时间	分类号/索书号	印　章	复本	定价	备注
236	三十七年上半年度工矿贷款报告	四联总处秘书处编	四联总处秘书处印	民国三十七年七月(1948年)	362.7/S125/C.2	1本:武昌文华图书馆学专科学校藏+4;1本:武昌文华图书馆学专科学校+4	2	5.00	有卡
237	三种经济的比较:社会主义、新民主主义、资本主义	北京市中苏友好协会	五十年代出版社	1951年12月	350.2/1100	文华图书馆学专科学校藏书+4	1	3.50	北京中苏友协小丛书;有卡
238	商店销货术	[美]柏列斯可(N.A.Brisco)著,戴昌藻译	中华书局印行	1935年8月		私立武昌文华图书馆学专科学校图书馆+2	1		只有封面;作者、出版时间据网查
239	商店销货术	N.A.Brisco原著,戴昌藻译	中华书局	1950年	622.S2/T1S4	私立武昌文华图书馆学专科学校图书馆+3	1	0.85	部分缺失,缺封底
240	商品生产及货币	科兹洛夫著,陆宝槐译	生活·读书·新知三联书店	1952年7月在北京印造初版	27.1053/Z567	文华图书馆学专科学校藏书+4	2	6200元	政治经济学教程第四分册;有卡
241	商品运输计划	[苏]兹·恩·巴里斯卡雅、阿·恩·托尔斯泰、阿·博·摩茨著,中国人民大学贸易组织与技术教研室译	中国人民大学	1952年12月	29.4198/B196Z	圆形:文华图专图书馆+3	1	4.60	有卡
242	商业常识	孔士谔著	商务印书馆	民国二十五年八月初版(1936年)	29.4/k479	文华图专实验图书馆藏书+3	1		新中学文库,商学小丛书;有卡

序号	书　名	作者	出版者	出版时间	分类号/索书号	印　章	复本	定价	备注
243	商业资本与商业利润	托克马拉耶夫著,高铭译	生活·读书·新知三联书店	1951年6月在北京印造初版	27.1053/Z567	文华图书馆学专科学校藏书+3/4	2	4400元	政治经济学教程第十分册;有卡
244	少年经济学讲话	崔尚辛著	开明书店	民国三十六年二月三版(1947年)	KY350/TS772	文华图专实验图书馆藏书+2;本书承张主教海松捐赠 特此志谢 文华图专实验圕 公元 年 月 日	1	国币一元四角	开明少年丛书;有卡
245	社会经济形态	拉苏莫夫斯基著,沈志远译	大连新华书店	1949年7月	27.27/L144	文华图书馆学专科学校藏书+4	1	0.50	有卡
246	社会经济形态	T.拉苏莫夫斯基著,沈志远译	中原新华书店印行	1949年3月	27.27/L141s;350.2/5044b;311.6/L112/c.2	1本:武昌文华图书馆学专科学校藏书+4;1本:私立武昌文华图书馆学专科学校＊学生自治会+2	2	1.28	有卡
247	社会主义财产所有制	Ⅱ.A.彼特罗夫著,何裕民译,上海中苏友好协会编	新群出版社	1951年5月再版(上海)	27.276/B731	文华图书馆学专科学校藏书+4	1	3200	苏联知识丛书;有卡
248	社会主义底物质生产基础	中国人民大学政治经济学教研室编	中国人民大学	1953年	28.13/z603	文华图专图书馆+2	1		有卡
249	社会主义国民经济计划原理	罗仲言著	湖南大学	1951年5月三版	29.12/L571	文华图书馆学专科学校藏书+5	2	人民币三万二千元	有卡
250	社会主义国民经济制度	东北计划委员会统计局编译	生活·读书·新知三联书店	1951年3月第一版	28.13/D468	文华图书馆学专科学校+6	1	6500	"国际经济"论文选第一辑;有卡

序号	书　名	作者	出版者	出版时间	分类号/索书号	印　章	复本	定价	备注
251	社会主义经济学概要	列昂节夫著,彭仲文译	大众书店	1949 年 11 月初版	27.276031/L558	文华图书馆学专科学校藏书+8	1		大众知识译丛;有卡
252	社会主义扩大再生产规律	伊·库兹米诺夫等著,谷衣译	作家书屋发行	1950 年	27.276/K545g	文华图书馆学专科学校藏+5	1	4.4	苏联经济建设丛书 第七种;有卡
253	社会主义企业的现金结算	鲁宾世甸著,东北人民政府财政部编	东北人民出版社	1951 年 6 月初版	29.756/L809	文华图书馆学专科学校藏书+6	1	0.42	财政金融翻译丛书;有卡
254	社会主义企业管理与劳务组织问题	维·弗·库什涅露克著,中华全国总工会俄文翻译室译	工人出版社	1952 年 6 月第一版	29.24/K541	文华图书馆学专科学校藏书+5	1	0.57	有卡
255	社会主义社会的生产力与生产关系	康士坦丁诺夫著,王子野译	人民出版社	1952 年 11 月北京第一版	11.5/K257(5)	文华图书馆学专科学校藏书+3	1	2900 元	有卡
256	社会主义与共产主义	尤金著,何匡、秋江等译	人民出版社	1952 年 1 月北京修订再版	27.277/Y712	文华图书馆学专科学校藏+5	1	6300 元	有卡
257	社会主义再生产理论概要	诺特金著,健文译	中华书局	1952 年 2 月	27.676/M247(5);350.26/0428	文华图书馆学专科学校藏+5	1	18800 元	大学用书;有卡
258	什么是国家资本主义	彭瑞夫著	中华书局	1951 年 7 月初版	28.2315/P371	文华图书馆学专科学校藏书+5	2	3400	大众文化丛书;1 本无封底;有卡,
259	什么是政治经济学	孙膺武编	中华书局	1950 年 10 月初版	27.1/S737	文华图书馆学专科学校藏书+5	1	六元	大众文化丛书;有卡
260	生产·竞赛·劳动纪律	安德烈夫等著,草婴、林秀译	时代出版社	1950 年 1 月	29.245/A349	文华图书馆学专科学校藏书+6	1	3.30	有卡

序号	书　名	作者	出版者	出版时间	分类号/索书号	印　章	复本	定价	备注
261	生产的三个特点	康士坦丁诺夫著,王子野译	人民出版社	1951年	11.5/K257	文华图书馆学专科学校藏书+5	1	2500元	有卡
262	生产竞赛经验介绍	上海总工会调查研究室编	劳动出版社	1950年8月初版	33.2137079/S334	文华图书馆学专科学校藏书+2	1	6.00	工会工作参考资料;有卡
263	生产责任制	新华时事丛刊社编	新华书店	1950年1月	29.245/X456	文华图书馆学专科学校藏书+4	1	4.60	有卡
264	生意经	吴铁翼著		1944年	812.8/W11.93	私立武昌文华图书馆学专科学校图书馆+6	1		文艺丛书;出版时间采孔夫子旧书网
265	剩余价值问题讲话	严雁宾	劳动出版社	1951年8月	27.23/Y211	文华图书馆学专科学校藏书+4	1	2.30	有卡
266	十八九世纪欧洲土地制度史纲	施亨利著,郭汉鸣译	正中书局		353.029/S156	武昌文华图书馆学专科学校(反)+1;私立武昌文华图书馆学专科学校+1	1		内容缺失;有卡
267	实行每小时工作进度表	赫莉莎诺娃,唐克译	工人出版社	1951年10月	29.242/H295T	文华图书馆学专科学校藏书+3	1	2000元	有卡
268	实业概论	张肖梅	商务印书馆	民国三十三年八月重庆初版,民国三十五年二月上海初版,民国三十六年二月上海再版(1944年,1946年,1947年)	28.2/Z334	文华图专实验图书馆藏书+5	1	国币肆元伍角	新中学文库,复兴丛书;有卡

序号	书　名	作者	出版者	出版时间	分类号/索书号	印　章	复本	定价	备注
269	实用会计学	王子坚著	新华书店	1950年7月再版	29.99/W232	文华图专实验图书馆藏书+2;本书承张主教海松捐赠 特此志谢 文华图专实验圕 公元 年 月 日	1		有卡
270	世界经济地理	维特威尔著,卢彬、董策三、张文蕴译	五十年代出版社出版	1952年7月北京初版	28.19/W388L	文华图书馆学专科学校藏+4	1	定价22000元	大学丛刊;有卡
271	世界经济讲话	陶大镛	生活·读书·新知三联书店	1950年8月	27.67/T195s	文华图书馆学专科学校藏书+5	1	4.60	新中国青年文库;有卡
272	世界经济史纲	彭迪先	生活·读书·新知三联书店	1949年9月	28.18/P1752	武昌文华图书馆学专科学校藏+4	2	19.50	新中国大学丛书,有卡
273	世界经济危机	沈志远编	中华书局	民国二十五年九月再版(1936年)	350.9/S429	武昌文华图书馆专科学校(反)+4;私立武昌文华图书馆学专科学校+1	1		国际丛书;有卡
274	世界经济与独占资本主义	陶大镛著	中华书局	1951年2月再版	28.15/T261	文华图书馆学专科学校藏书+7	1	10500元	
275	世界市场行情(第一至五题)	乌菲莫夫著,中国人民大学对外贸易教研室译	中国人民大学	1952年10月31日第一版	29.44/W537z	文华图专图书馆+3	1		有卡
276	寿险基金及其投资	贝式、许华滋著,周宸明译	商务印书馆	民国二十五年六月初版(1936年)	368.3/P.312	武昌文华图书馆学专科学校藏+2	1		商学小丛书;有卡

序号	书　名	作者	出版者	出版时间	分类号/索书号	印　章	复本	定价	备注
277	水道运输学	王洸	商务印书馆	民国三十四年十月重庆初版（1945年），民国三十五年八月上海初版（1946年），民国三十六年二月上海再版（1947年）	87.5/W295	文华图专实验图书馆藏书+3	1	国币肆元	新中学文库；缺封底；出版时间价格为孔夫子旧书网查得
278	水泥工业	永井彰一郎原著，何鼎原译，吕克明补译修订	商务印书馆	1952年1月第1版		文华图书馆学专科学校藏书+4	1	¥15000	增订化学工业大全；无封底页；出版年、价格查自孔网
279	私营企业条例手册	千家驹编著	展望周刊社	1951年9月出版	28.2214/Q282	文华图书馆学专科学校藏书+9	1	6000	有卡
280	斯大林改造自然计划	B.H.苏卡且夫著，陈原译	海燕书店	1950年11月	28.33/S816	文华图书馆学专科学校藏书+4	1	2300元	有卡
281	斯大林论社会主义制度下的商品生产和价值法则	Г.科兹洛夫著，何匡译，中国人民大学政治经济学教研室	中国人民大学	1953年3月17日第一版	05.5/K381H	文华图专图书馆+2	1		
282	四川经济考察团考察报告	西南经济调查合作委员会	独立出版社	民国二十八年十二月初版（1939年）	361.9106/S336	武昌文华图书馆学专科学校（反）+3	1	1.80	有卡

序号	书　名	作者	出版者	出版时间	分类号/索书号	印　章	复本	定价	备注
283	苏俄之东方经济政策	科诺黎著,宦乡译	商务印书馆	民国二十四年八月(1935年)	351.938/K324	长方:武昌文华图书馆学专科学校藏+2;钢印:私立武昌文华图书馆学专科学校+1	1	大洋四角	社会科学小丛书;有卡
284	苏联簿记中凭证整理单日记账制	伊.斯.列滋尼勤阔著,罗颖敏译,王聿烈校	立信会计图书用品社	1953年6月初版(务本型)	29.8/L5541	文华图专图书馆+4	1		有卡
285	苏联财政与信贷	吉雅琴科著,夏槐译	三联书店	1949年11月初版(京)	29.7193/J163X	武昌文华图书馆学专科学校藏书+2	1	1.60	苏联介绍丛书;有卡
286	苏联财政制度	I.博高列波夫著,吴清友译	天下图书公司出版	1950年2月华北三版	29.7193/B795w	文华图书馆学专科学校藏书+4	1	4.5	有卡
287	苏联财政制度及其组织	普劳特尼可夫、罗文斯基著,终南 译	十月出版社	1951年12月初版	29.7193/P187Z	文华图书馆学专科学校藏书+6	2	10.00	有卡
288	苏联的工业管理	吴清友著	中华书局	民国三十八年九月发行(1949年)	29.293/W583	文华图专实验图书馆藏书+3;本书承张主教海松捐赠 特此志谢 文华图专实验圕 公元1950年2月23日	1	三元三角	大众文化丛书;有卡
289	苏联的工资制度	柯那柯夫著,德厚译	时代出版社	1950年	33.273/K343F;29.135/K63(D)	文华图书馆学专科学校藏书+5	2	2.40	有卡
290	苏联的货币与银行	吴清友编	中华书局	民国三十八年五月初版(1949年)	29.7543/W628	文华图专实验图书馆藏书+3;张主教海松赠书	1	1.70	大众文化丛书;有卡

序号	书　名	作者	出版者	出版时间	分类号/索书号	印　章	复本	定价	备注
291	苏联的贸易	索谢陀夫著,王运成译	时代出版社	1951 年 1 月初版	29.4393/S899W	文华图书馆学专科学校藏书+4	1	2.20	有卡
292	苏联的商业组织与技术(上册)	西列勃略可夫著,方德厚译	中华书局	1949 年	29.41/F213	文华图书馆学专校+3	1	1.50	
293	苏联的社会主义劳动	马尔库著,允携译	生活·读书·新知三联书店	1950 年 3 月第二版	28.3/M142	文华图书馆学专科学校藏书+7	1	4.40	苏联介绍丛书;有卡
294	苏联的新经济政策	杜勃著,刘询岳译	海燕书店	1951 年 10 月第一版上海	28.31/D5431	文华图书馆学专科学校藏+4;文华图书馆学专科学校藏书+2	1	6000	有卡
295	苏联对外贸易(上册)	米苏斯基等著,李绍鹏译	中国人民银行总行印行	1949 年 9 月出版	29.4593/M486	文华图书馆学专科学校藏书+4	1		中国人民银行经济丛书;有卡
296	苏联工厂减低成本的经验	O. M. 卡玛洛夫著,宗怀译	作家书屋	1950 年 3 月初版	29.247/K168Z	文华图书馆学专科学校藏书+6	2	3.40	苏联经济建设丛书第三种;有卡
297	苏联工农业管理	比安士铎等著,王云五译述	商务印书馆	民国三十五年四月再版(1946 年)	28.3/B539	文华图专实验图书馆藏书+4	1	国币肆元	新中学文库;有卡
298	苏联工人的生产故事	吕琪编辑	知识书店	1950 年 4 月第一版	29.243/L922	文华图专实验图书馆藏书+4	1		有卡
299	苏联工业发展的速度	契尔尼克著,马宾译	生活·读书·新知三联书店	1949 年 11 月 1 日	351.4/G.129;29.293/Q249m	武昌文华图书馆学专科学校藏+4	1	¥2.40	苏联介绍丛书;有卡

序号	书　名	作者	出版者	出版时间	分类号/索书号	印　章	复本	定价	备注
300	苏联工业管理	[苏]罗真菲利德(Ш. Л. Розенфельд)著;东北计划委员会编译处译	东北财经出版社	1951年7月初版	29.293/L966	文华图书馆学专科学校藏书+7	1	6200元	计划经济丛书之六;有卡
301	苏联工业化之路	劳凯声著,张新华译	天下图书公司	1950年2月华北二版	29.293/L179z	文华图书馆学专科学校藏书+4	2		苏联研究丛刊;有卡
302	苏联工业经济	施良	立信会计图书用品社	1952年12月	29.293/S478	文华图书馆学专科学校藏书+1	1	1.65	有卡
303	苏联工业史纲	布洛维尔著,赵克昂译	天下图书公司	1949年12月华北三版	28.38/B871Z	文华图书馆学专科学校藏书+3	1	5.00	有卡
304	苏联共产党(布)第十九次代表大会关于一九五一——一九五五年苏联发展第五个五年计划的指示	人民出版社	人民出版社	1952年12月	33.134/R148	文华图专图书馆+2	1		作者信息为网查所得;有卡
305	苏联国家收入	A.K.苏池科夫著,中国人民大学财政教研室译	中国人民大学	1953年1月25日第一版第二次印刷	29.7193/S829z	文华图专图书馆+2-3	2	1.29	有卡
306	苏联国家预算(上册)	H.H.洛芬斯基著,申谷,祝百英,闻松龄译,上海市人民政府财政局编译委员会编	人民出版社	1951年4月初版	29.7193/L980	文华图书馆学专科学校藏书+7	1	¥13500	有卡

序号	书　名	作者	出版者	出版时间	分类号/索书号	印　章	复本	定价	备注
307	苏联国家预算（下册）	H.H.洛芬斯基著，申谷、祝百英、闻松龄译，上海市人民政府财政局编译委员会编	华东人民出版社	1951年4月初版	29.7193/L980	文华图书馆学专科学校藏书+5	1	¥11700	有卡
308	苏联国家预算（续编）	H.H.洛芬斯基著，闻松龄、邓应生译，张大椿校	立信会计图书用品社	1950年1月14日原版，1952年1月初版（沪）	29.7193/L980	文华图书馆学专科学校藏书+10/8	2	27800元	有卡
309	苏联国民经济	吴清友著	上海杂志公司	民国三十八年四月一版（1949年）	28.3/W328	武昌文华图书馆学专科学校藏+7	1		自我教育丛书；有卡
310	苏联国民经济的设计	库尔斯基著，天马译	时代出版社	1950年11月再版	28.33/K244(M)	文华图书馆学专科学校藏书+7	1	5.50	有卡
311	苏联国民经济计划是怎样的	珂尔斯基著，解树民、苏绍智 译	中华书局	1950年	F151.231	文华图专实验图书馆藏书	1	5.40	新中学文库；大众文化丛书
312	苏联国民经济领导研究提纲	卡托夫斯基编 毛岸英、陆风译	解放社	1950年4月中南第一版	28.3/K186	文华图书馆学专科学校藏书+2	1	2.40	有卡
313	苏联会计学教程	葛尔培林、吉博立索夫合著，王矩先、刘鸿勋译	东北化学工业管理局	1951年6月	29.8/G345w	圆形：文华图专图书馆章+6；文华图书馆学专科学校藏书+3	1	1.30	有卡
314	苏联货币论简明教程	卡兹洛夫著，朱绍文译	中华书局	1951年3月初版	29.752/K116	文华图书馆学专科学校藏书+4	1	7500	有卡

序号	书　名	作者	出版者	出版时间	分类号/索书号	印　章	复本	定价	备注
315	苏联货币论简明教程	卡兹洛夫著;朱绍文译	中华书局	1951 年 3 月初版	361.938/Z143/C.1	文华图书馆学专科学校藏书+3	1	7500	缺封底;有卡;价格采孔夫子旧书网
316	苏联机械制造业之生产费及成本降低法	布尔墨斯特洛夫著;东北人民政府工业部经济处译	新华书店	1950 年 8 月重印	29.2713/B8490	中国人民大学图书馆藏书+1	1	2.00	赠阅,有卡
317	苏联集体农庄财务业务工作检查	赫苗列夫著,唯智译	中华书局	1953 年 6 月出版	29.34393/W364	文华图书馆学专校+5	1	0.80	有卡
318	苏联集体农庄的事务管理	[苏]巴甫洛夫著,张文蕴译	中华书局	1953 年 3 月初版	29.343/B163z	文华图书馆学专科学校藏书+1	1	0.29	有卡
319	苏联集体农庄制	张结珊 译述	光明书局	1950 年 4 月初版	29.34393/Z292	文华图书馆学专科学校藏书+4	1	8.70	有卡
320	苏联集体农庄制度	E.D 拉普节夫著,萤译	生活·读书·新知三联书店	1950 年 3 月第一版	29.3943/L136	文华图书馆学专科学校藏书+5	1	1.80	苏联介绍丛书;有卡
321	苏联计划经济	郑宏述著	上海杂志公司	1950 年 5 月一版	28.33/Z457	文华图书馆学专科学校藏+5	1	6.00	
322	苏联计划经济	科志敏诺夫等著,吴清友译	天下图书公司	1949 年 12 月第五版	29.12/K385	文华图书馆学专科学校藏书+5	1	5.50	有卡
323	苏联建成社会主义社会的经过	外国文书籍出版局编译	外国文书籍出版局	1952 年	F151.24	文华图书馆专科学校藏书+2	1		

序号	书　名	作者	出版者	出版时间	分类号/索书号	印　章	复本	定价	备注
324	苏联建设经验	郑宏述著	上海杂志公司	1951年3月第1版	28.34/Z454	文华图书馆学专科学校藏书+4	1	7200	
325	苏联经济地理(上册)	H.H.巴朗斯基著,贡洗文译	中华书局	1953年4月初版	28.39/B195	文华图专图书馆+1;文华图书馆学专校+2	1	人民币7200元	苏联知识丛书;有卡
326	苏联经济地理(下册)	H.H.巴朗斯基著,贡洗文译	中华书局	1953年6月初版	28.39/B195	文华图书馆学专校+5;文华图书馆学专科学校藏书+1	1	人民币一万元	有卡
327	苏联经济地理(中册)	H.H.巴朗斯基著,贡洗文译	中华书局	1953年5月初版	28.39/B195	文华图专图书馆+3	1	人民币12500元	有卡
328	苏联经济发展史	道伯著,张子美译	商务印书馆	1950年9月初版	28.38/D111(12)	文华图书馆学专科学校藏书+12	2	20.00	有卡
329	苏联经济小史	史迁宾著,什之、林秀合译	生活・读书・新知上海联合发行所	1949年7月沪出版	28.38/S554s	文华图书馆学专科学校藏书+7	1	5.50	新中国青年文库
330	苏联经济小史	史迁宾著;什之、林秀合译	生活・读书・新知上海联合发行所	1949年7月	28.38/S554s	长方:武昌文华图书馆学专科学校藏+5	1	5.50	新中国青年文库;有卡
331	苏联经济制度的基本特点	卡把夫斯基著,秋江译	生活・读书・新知三联书店	1949年11月初版(京)	28.31/K114Q	文华图书馆学专科学校藏书+5	2	1.60	新华时事丛刊 苏联介绍丛书;有卡
332	苏联经济中的人与计划	罗滋斯坦著,郭希言译	五十年代出版社	1950年11月5日初版	28.3/L967g	文华图书馆学专科学校藏书+6	1	9.00	有卡

序号	书名	作者	出版者	出版时间	分类号/索书号	印章	复本	定价	备注
333	苏联劳动保险制度——即苏联社会保险制度	杨智	实践出版社	1951年9月	29.78893/Y275	文华图书馆学专科学校藏书+5	1	4.20	有卡
334	苏联企业经营	布尼莫维茨著,杜唯康译	天下图书公司	1949年11月华北二版	29.293/B856	文华图书馆学专科学校藏书+3	1	3.80	有卡
335	苏联企业中的劳动英勇精神	苏尔	华中新华书店	1949年11月	29.243/S810	文华图书馆学专科学校藏+4	1	3.10	有卡
336	苏联人民的生活	傅尔布莱特著,吴健恒译	时代出版社	1951年6月	32.32/F588w	文华图书馆学专科学校藏书+5	2	2900	有卡
337	苏联人民的生活水准	勃拉金斯基、维根季耶夫著,姚宏奎译	中华书局		32.38/B778	文华图专实验图书馆藏书+3;本书承张主教海松捐赠 特此志谢 文华图专实验圕 公元1950年2月23日	1		新时代小丛书11;无封面;有卡
338	苏联商业计划	奥布洛瓦茨基著,张奔流译,梁天校,东北人民经济计划委员会编辑	东北财经出版社	1951年11月初版	29.4393/A458z	文华图书馆学专科学校藏+3	1	1.00	计划经济丛书11;有卡
339	苏联社会主义农业经济建设	姚公振	立信会计图书用品社	1953年	29.393/Y354	圆形:文华图专图书馆+3	1	7000	有卡
340	苏联社会主义社会的建成	联共(布)中央宣传鼓动部,宗华译	作家书屋发行	1950年12月1日	28.33/S823y;350.938/1244/C.1	文华图书馆学专科学校藏书+4/6	2	¥3.80	苏联经济建设丛书9;有卡

序号	书　名	作者	出版者	出版时间	分类号/索书号	印　章	复本	定价	备注
341	苏联土地国有制	科切托夫斯卡娅	外国文书籍出版局	1950 年	29.3213/K381	文华图书馆学专科学校藏书+3;文华图专实验图书馆藏+5	2	1.5	有卡
342	苏联消费合作社	基斯坦诺夫著,林秀译	时代出版社	1950 年 8 月第二版	29.593/J126L	文华图书馆学专科学校藏书+5	1	3.80	有卡
343	苏联银行制度	巴狄烈夫、乌索斯金合著,王运成译	时代出版社	1951 年 1 月	29.7613/W312	文华图书馆学专科学校藏书+6	1	5.85	苏联研究丛书;有卡
344	苏联与中华人民共和国对外贸易原理(上)	乌菲莫夫著,中国人民大学对外贸易教研室译	中国人民大学	1953 年 2 月 25 日第一版	29.44/W548z	文华图专图书馆+3	1	1.66	有卡
345	苏联运输业	哈查杜罗夫著,秋江译	三联书店	1949 年 11 月初版(京)	29.6193/H135Q	文华图书馆学专科学校藏书+6	2	2.40 元	苏联介绍丛书;有卡
346	苏联战后第一个五年计划中农业的发展	安尼西莫夫著,何清舜译	中华书局	1953 年 5 月初版(沪)	29.393/A3074	文华图专图书馆+5	1	6500 元	有卡
347	苏联专家在新中国	王火,仲然	劳动出版社	1950 年 6 月	33.8233/H635	文华图书馆学专科学校藏书+4	1	¥4700	有卡
348	苏联资产负债表新条例	B.И 毕达(连)斯莱金著,纪洪天,邹斯济译	立信会计图书用品社	1952 年初版	29.8/B592G	文华图书馆学专科学校藏书+3	1		有卡;作者为国图查得

序号	书　名	作者	出版者	出版时间	分类号/索书号	印　章	复本	定价	备注
349	苏维埃经济的三十年	伊.库兹米诺夫著,吴祖烈译	作家书屋	1950年4月初版	28.33/K541	文华图书馆学专科学校藏书+4	2	3.90	苏联经济建设丛书 第四种
350	苏维埃贸易的性质和组织	新贸易译丛编辑委员会编	生活·读书·新知三联书店	1951年3月2日	29.43911/X481	文华图书馆学专科学校藏书+3	1	0.42	新贸易译丛2;有卡
351	苏维埃战后五年计划十七中的新经济高潮		Foreign Languages Publishing House	1950年		文华图专图书馆+2	1		英文;有卡
352	所得税论	塞里格曼著,杜俊东译	商务印书馆	民国二十四年五月再版(1935年)	369.155/S183	钢印:私立武昌文华图书馆学专科学校+2;武昌文华图书馆学专科学校+2	1		社会科学小丛书;有卡
353	台湾林产管理概况	台湾省政府农林处林产管理局出版委员会编	台湾省政府农林处林产管理局出版委员会	民国三十七年四月(1948年)	614.17/T148	武昌文华图书馆学专科学校藏+2	1		有卡
354	天利淡气制品厂开幕纪念册	天利淡气制品厂	天利淡气制品厂	1936年	660.6/T.448	重庆求精图书馆+2	1		为孔网所查
355	田赋会要(一)	郭垣,崔永楫编纂	正中书局	民国三十二年十一月初版(1943年)	369.151/K655	私立武昌文华图书馆学专科学校图书馆+4	1		地税理论;有卡
356	田赋会要(二)	夏益赞、吴泽、程滨遗、罗巨峰	正中书局	民国三十三年八月(1943年)	369.151/K655/V.2	椭圆:武昌文华图书馆学专科学校+3	1		田赋史,有卡

序号	书　名	作者	出版者	出版时间	分类号/索书号	印　章	复本	定价	备注
357	田赋会要(三)	马大英、江士杰、刘国明、王廷超编纂	正中书局	民国三十三年八月(1944年)	369.151/K655v3	私立武昌文华图书馆学专科学校图书馆+5	1		国民政府田赋实况;有卡
358	田赋会要(四)	关吉玉、刘国明、余钦悌	正中书局	民国三十三年二月十五日(1944年)	F812.96	私立武昌文华图书馆学专科学校图书馆+7	1		田赋法令;有卡
359	田赋会要(五)	关吉玉,刘国明	财政部	民国三十三年二月二十九日初版(1944年)	369.151/K655V.5	私立武昌文华图书馆学专科学校图书馆+4	1		有卡
360	田赋会要(六)	关吉玉、刘国明、余钦悌	正中书局	民国三十二年十月(1943年)	369.151/K655/V.6	椭圆:武昌文华图书馆学专科学校+4	1		有卡
361	通货新论	马寅初	商务印书馆	民国三十六年一月三版(1947年)	29.75/M241	文华图专实验图书馆藏书+4	1	五元五角	新中学文库;有卡
362	通俗经济学	川上贯一著,林文译	潮锋出版社	民国三十七年五月战后初版(1948年)	27.6/C417(L)	文华图书馆学专科学校藏书+4	1	11.50	有卡
363	通用簿记教程(下册)	潘叙伦、顾询、张蕙生著	立信会计图书用品社	1951年3月初版(沪)	29.8/P161	文华图书馆学专科学校藏书+6	1		立信会计丛书;无封面;有卡
364	统计学参考资料(三)	中国人民大学统计教研室	中国人民大学统计教研室	1952年	29.90/Z636c	文华图专图书馆	1		有卡

序号	书　名	作者	出版者	出版时间	分类号/索书号	印　章	复本	定价	备注
365	统一国家财政经济工作	新华时事丛刊社	新华书店	1950年10月中南第二版	28.21/X458	文华图书馆学专科学校藏书+5	1		新华时事丛刊;有卡
366	外国汇兑原理	英国高申著,刘濬川译,陶孟和校	商务印书馆	民国十六年六月三版(1927年)	F830.73	钢印:私立武昌文华图书馆学专科学校+1	1		世界丛书;无封面封底;分类号据国图
367	外国经济地理学(第一分册)绪论	中国人民大学经济地理教研室	中国人民大学	1952年12月30日第一版第二次印刷	28.19/Z604	文华图专图书馆+2	2		有卡
368	外国经济地理学(第二分册)苏联经济地理总论	中国人民大学经济地理教研室	中国人民大学	1952年12月30日第一版第二次印刷	28.19/Z604	文华图专图书馆+1	2	1.14	有卡
369	外国经济地理学(第三分册)俄罗斯苏维埃联邦社会主义共和国	中国人民大学经济地理教研室编译	中国人民大学	1952年11月15日第一版	28.19/Z604;F119.9	文华图专图书馆+2	2	0.64	有卡
370	外国经济地理学(第四分册)	中国人民大学经济地理教研室编译	中国人民大学	1953年3月31日第一版第二次印刷	28.19/Z604	文华图专图书馆+2;文华图专图书馆+3	2		有卡
371	外国经济地理学(第五分册)	中国人民大学经济地理教研室编译	中国人民大学	1953年4月5日第一版第二次印刷	28.19/Z604	文华图专图书馆+2	1		有卡

序号	书　名	作者	出版者	出版时间	分类号/索书号	印　章	复本	定价	备注
372	外国经济地理学(第六分册)欧洲人民民主国家——波兰	中国人民大学经济地理教研室	中国人民大学	1952年10月14日第一版第一次印刷	28.19/Z604	文华图专图书馆+3	2		复兴高级中学教科书;有卡
373	外国经济地理学(第七分册欧洲人民民主国家)	中国人民大学经济地理教研室	中国人民大学	1953年1月15日第一版	28.19/Z604	文华图专图书馆+3	1		有卡
374	为购棉储棉的更大成绩而奋斗	编辑者:山东人民出版社	山东人民出版社	1951年8月初版	29.3451/S294	文华图书馆学专科学校藏书+3	1	2800	干部学习资料;有卡
375	为国家工业化而斗争的苏联青年团	中国青年社	青年出版社	1950年	29.23/Q526	文华图书馆学专科学校藏书+3	1	1.40	中国青年丛书;有卡
376	伟大的共产主义建设	雅柯甫列夫著,睿之译	上海出版公司	1952年8月初版	28.336/Y117	文华图书馆学专科学校藏书+5	1	4900	今日的苏联14;有卡
377	我们怎样和生产损失作斗争	雅库申著,裴毓华译	工人出版社	1951年4月北京第一版	29.246/y115f	文华图书馆学专科学校藏书+6	1		有卡
378	物价变动及其统制问题	李应兆著	国民图书出版社	民国三十年七月初版(1941年)	351/L347	私立武昌文华图书馆学专科学校图书馆+2;武昌文华图书馆学专科学校(反)+2	2	1.20	
379	物价规律与市场管理	柯如青	新群出版社	1951年9月	29.4/K372	文华图书馆学专科学校藏+5	1	5400	大众知识丛书;有卡

序号	书　名	作者	出版者	出版时间	分类号/索书号	印　章	复本	定价	备注
380	西北建设论	江昭声著	青年出版社印行	民国三十二年二月(1943年)	351.918/W254	武昌文华图书馆学专科学校(反)+4;私立武昌文华图书馆学专科学校图书馆+1	1		有卡
381	西洋经济思想	郭大力著	中华书局	民国三十八年(1949年)	27.4/G671	文华图书馆学专科学校藏书+6	1	6.50	无封底
382	现代会计学	杨端六	商务印书馆	民国三十五年十月再版(1946年)	29.8/Y269	文华图专实验图书馆藏书+4	1	国币肆元	新中学文库;有卡
383	现代经济思想	霍门著,于树生译	商务印书馆	民国三十六年三月再版(1947年)	27.1039/H646	文华图专实验图书馆藏书+4	1	国币陆元伍角	新中学文库,汉译世界名著;有卡
384	现代资本主义(第一卷第二分册)	桑巴特著,季子译,中山文化教育馆编辑	商务印书馆	民国二十六年一月初版(1937年)	355/S241	私立武昌文华图书馆学专科学校+4	1	大洋1.60	中山文库;有卡
385	香港进出口贸易	经济导报社	经济导报社	1950年2月	29.44/J622	文华图书馆学专科学校藏书+3	1	2(港币)	经济丛书第三种;有卡
386	消费合作社之理论与实际	于树德著	中华书局	民国廿二年(1933年)	356.7/y676	武昌文华图书馆学专科学校+3	1	银七角	无封底;出版时间价格为武图查得
387	新财政学大纲	千家驹著	生活·读书·新知三联书店	1949年12月再版(沪)	27.6/S294x	文华图书馆学专科学校藏书+5	1	13.00	新中国大学丛书;有卡

序号	书　名	作者	出版者	出版时间	分类号/索书号	印　章	复本	定价	备注
388	新财政学教程	丁方、罗毅编著	十月出版社	1951 年 8 月初版	29.71/D317	文华图书馆学专科学校藏书+8	1	25.00	有卡
389	新工商参考资料	丁国桢编	五十年代出版社	1950 年 11 月 20 日初版	29.079/D434	文华图书馆学专科学校藏书+4	1	1.40	增订本;有卡
390	新会计学教程(第二册)	王逢辛,刘文泉编著	立信会计图书用品社	1952 年 11 月 5 版	29.8054/W217	文华图书馆学专科学校藏书+2;文华图专图书馆+2	1	12500	有卡
391	新会计学教程(第一册)	王逢辛,刘文泉编著	立信会计图书用品社	1952 年初版	29.8054/W217	文华图书馆学专科学校藏书+3	1	11000	部分缺失,缺封底;价格为孔夫子旧书网查得
392	新货币学讲话	彭迪先著	生活·读书·新知三联书店	1949 年 10 月沪再版	29.75/P338	文华图书馆学专科学校藏书+3/6	2	五元九角	新中国青年文库;有卡
393	新货币学讲话	彭迪先著	生活·读书·新知三联书店	1949 年 6 月沪初版	29.75/P338	武昌文华图书馆学专科学校藏+4	1	六元四角	新中国青年文库;有卡
394	新经济地理学	王守礼编译	中华书局	1949 年 11 月初版	28.19/W279	文华图专实验图书馆藏书+4;本书承张主教海松捐赠 特此志谢 文华图专实验圕 公元 1950 年 2 月 26 日	1	三元五角	新时代小丛书 16;有卡
395	新经济论丛	陶大镛、石楚等著	十月出版社	1951 年 3 月初版	28.19/T195	文华图书馆学专科学校藏书+7	1	¥11000	有卡

序号	书　名	作者	出版者	出版时间	分类号/索书号	印　章	复本	定价	备注
396	新经济学大纲(修订解放版)	沈志远著	生活·读书·新知三联书店	1950年4月第二版	27.6/S294x	武昌文华图书馆学专科学校藏+3;文华图专实验图书馆藏书+3	1	30.00	新中国大学丛书;有卡
397	新经济学读本	李崇厚著	光明书局	1951年2月三版	27.1/L351	文华图书馆学专科学校藏书+5	1	8000元	附列昂节夫政治经济学习题解答;有卡
398	新经济政策时期的苏联财政	吉雅琴科著,何南译	十月出版社	1951年8月	29.71213/J163H	文华图书馆学专科学校藏书+7	1	￥26600	有卡
399	新民主主义的经济	许涤新著	生活·读书·新知三联书店	民国卅八年六月沪初版(1949年)	27.276/X633;351/H447;350.25/0830	武昌文华图书馆学专科图书馆藏+4	1	5.30	新中国青年文库;有卡
400	新民主主义的经济(上册)	王海奇编	新潮书店	1951年6月第五版	28.2/W224	文华图专图书馆+5	1	2.40(2册)	新民主主义论学习资料;有卡
401	新民主主义的经济(下册)	王海奇编	新潮书店	1951年	28.2/W224	1本:文华图专图书馆+7;1本:文华图书馆学专科学校藏书+4	2	2.40(2册)	新民主主义论学习资料;有卡
402	新民主主义的劳资关系	丁忱著	新群出版社	1950年11月初版	29.15/D443	文华图书馆学专科学校藏书+7	1	5.20	大众知识丛书;有卡
403	新民主主义经济概论	沈志远著	生活·读书·新知三联书店	1950年12月第四版	28.221031/S423	文华图书馆学专科学校藏书+4	1	4.50	新经济学大纲第一版第十一编之抽样本;有卡

序号	书　名	作者	出版者	出版时间	分类号/索书号	印　章	复本	定价	备注
404	新民主主义经济教程	孟宪章著	上海光明书店	1951年5月再版	28.221054/M437	文华图书馆学专科学校藏+8	1	0.84	
405	现阶殁资本主义总危机的尖锐化	史聂尔松著，谱萱译	中华书局	1950年1月	27.275/S564	文华图书馆学专科学校藏书	1		新时代小丛书27；有卡
406	新中国的农业生产	刘崇武	生活·读书·新知三联书店	1953年5月	29.336/L702	圆形：文华图专图书馆+3	1	1800	有卡
407	信贷与结算组织	姆·姆·乌索斯金等著，中国人民大学货币流通与信用教研室译	中国人民大学印刷厂	1953年3月	29.778/W2872S	圆形：文华图专图书馆+3	1	1.56	有卡
408	信用在苏联国民经济中的作用	巴德列夫撰，中国人民大学货币流通与信用教研室译	中国人民大学	1953年2月9日第一版第三次印刷	29.77793/B147z	文华图专图书馆+2	1	0.61	有卡
409	学会管理企业中的几个问题	李涛、林庚合编	读者书店	1950年4月初版	29.24/L355	文华图书馆学专科学校藏书+4	1	4.10	有卡
410	学会经济工作	新华书店	人民出版社	1951年1月北京初版	27.03/R148	文华图书馆学专科学校藏书+4	1	0.40	经济建设丛书
411	学习“苏联社会主义经济问题”	中国共产党中央华南分局宣传部编辑	华南人民出版社	1953年2月初版第1次印	05.5/Z532	文华图书馆学专科学校藏书+2	1	3500元	干部学习资料；有卡
412	学习苏联先进生产经验第二辑	察哈尔省中苏友好协会编	察哈尔人民出版社	1952年8月	29.338/C227	文华图书馆学专科学校藏书+4	1	2100	有卡

序号	书　名	作者	出版者	出版时间	分类号/索书号	印　章	复本	定价	备注
413	一九四六年至一九五〇年苏联第四届五年计划（战后第一届五年计划）执行的总结	苏联国家计划委员会和苏联中央统计局发表的公报编	外国文书籍出版局	1952年	28.334/S821	文华图书馆学专科学校藏书+4	1	1.00	有卡
414	一九五二年上半年资本主义国家的经济情况	B.C.阿尔希莫夫 等著	中国国际贸易促进委员会	1953年2月北京第1版	28.18/A123(Z)	文华图书馆学专科学校藏书+4	1	0.88	国际经济丛刊第一辑；有卡
415	一九五〇年中国经济论文选（第二辑）上册	中国经济论文选编辑委员会编	生活·读书·新知三联书店	1951年9月在北京印造初版	28.2003/Z554	文华图书馆学专科学校藏书+8	1	1.96	有卡
416	一九五〇年中国经济论文选（第二辑）下册	中国经济论文选编辑委员会	生活·读书·新知三联书店		28.2083/Z554	文华图书馆学专科学校藏书+5	1	1.96	有卡
417	一九五〇年中国经济论文选（第三辑）	中国经济论文选编辑委员会编	生活·读书·新知三联书店	1951年9月在北京印造初版	28.2083/Z554	文华图书馆学专科学校藏书+8	1	1.68	有卡
418	一九五〇年中国经济论文选（第四辑）	中国经济论文选编辑委员会编	生活·读书·新知三联书店	1952年2月初版	28.2083/Z554	文华图书馆学专科学校藏书+3；中国图书馆学公司武汉分公司 特价部+1	1	25300元	有卡
419	一九五〇年中国经济论文选（第五辑）	中国经济论文选编辑委员会编	生活·读书·新知三联书店	1951年8月在北京印造初版	28.2083/Z554	文华图书馆学专科学校藏书+4	1	9200元	有卡
420	一九五〇年中国经济论文选（第六辑）	中国经济论文选编辑委员会编	生活·读书·新知三联书店	1951年9月在北京印造初版	28.2083/Z554	文华图书馆学专科学校藏书+4	1	0.18	有卡

序号	书　名	作者	出版者	出版时间	分类号/索书号	印　章	复本	定价	备注
421	一九五〇年中国经济论文选(第七辑)	中国经济论文选编辑委员会编	生活·读书·新知三联书店	1951年9月在北京印造初版	28.2083/Z554	文华图书馆学专科学校藏书+6	1	1.20	有卡
422	一九五〇年中国经济论文选(第八辑)	中国经济论文选编辑委员会编	生活·读书·新知三联书店	1952年2月在北京印造初版	28.2083/Z554	文华图书馆学专科学校藏书+6	1	1.22	有卡
423	一九五一年世界经济统计资料汇编	本书编辑委员会编	世界经济统计编辑委员会	1951年	315.2/4462a	文华图专图书馆+2	1	CNY2.50	作者、分类号、定价查自武汉大学图书馆;分类索引
424	一九王一年资本主义国家底经济概况	中国人民大学对外贸易教研室译	中国人民大学	1953年1月20日第1版	28.18/Z636	文华图专图书馆+2	2	1.64	
425	银行学	刘全忠编著	正中书局	民国三十六年六月第六版(1947年)	362/L661	武昌文华图书馆专科学校藏+7	1	11.00	大学用书;有卡
426	银行业务技术与会计核算(引言)	艾德里著,中国人民大学银行事务教研室译	中国人民大学	1952年10月24日第一版	F830.4	文华图专图书馆+2	1		
427	银与中国	毕匿克著,褚保时、王栋译	商务印书馆发行	民国二十二年(1933年)	361.2/P395	武昌文华图书馆学专科学校(反)+3;钢印:私立武昌文华图书馆学专科学校+3	1		社会科学小丛书;有卡
428	应用审计学	张辑颜著	中华书局	民国三十年八月再版(1941年)		武昌文华图书馆学专科学校(反)+2	1	3.60	无封面

序号	书　名	作者	出版者	出版时间	分类号/索书号	印　章	复本	定价	备注
429	应用审计学	张辑颜著	中华书局		369.129/C314	武昌文华图书馆学专科学校藏书（反）+2	1		严重缺失，无封底
430	邮政业务手册	上海邮政管理局公众服务股编订	上海邮政管理局	1950 年	29.67073/S323；636.91/S295	文华图专图书馆+4	1	2500 元	有卡
431	友爱的合作经济学	贺川丰彦著，许无愁、程伯群译	广学会		350.08/H467	武昌文华图书馆学专科学校+2	1		无封底
432	与客谈我们集体农庄	陈兵编	关东中苏友好协会	民国三十八年二月初版（1949年）	29.34393/C371	武昌文华图书馆学专科学校藏+4	1	9	友谊丛书之十四；有卡
433	云南省之自然富源	郭垣编著	正中书局	民国二十九年八月初版（1940年）	350.032/K789t	武昌文华图书馆学专科学校+3；钢印：私立武昌文华图书馆学专科学校+5	1	国币一元四角	有卡
434	在经济思想战线上	东北计划委员会统计局编译	生活·读书·新知三联书店	1951 年 2 月第一版	27.1/D465	文华图书馆学专科学校藏书+5	1	4800 元	国际经济论文选第一辑；有卡
435	怎样才能做好基本建设(第二辑)	中央人民政府燃料工业部编	燃料工业出版社	1952 年 4 月北京第一版	28.242/Z682	文华图书馆学专科学校藏书+7	1	6800 元	有卡
436	怎样改善流动资金的运用	夫·坡·考普尼亚也夫著，李荃胜译，东北人民政府财政部编	东北人民出版社	1952 年 3 月初版	29.756/K273L	文华图书馆学专科学校藏书+4	1	3800	财政金融翻译丛书；有卡
437	怎样坚持爱国主义劳动竞赛	劳动出版社编审部编	劳动出版社	1951 年 7 月初版	29.245/L179	文华图书馆学专科学校藏书+5	1	¥0.22	有卡

序号	书　名	作者	出版者	出版时间	分类号/索书号	印　章	复本	定价	备注
438	怎样扩大土产交流		十月出版社	1951 年 7 月	29.435/S510	文华图书馆学专科学校藏书+7	1	0.70	有卡
439	怎样领导签订集体合同	陈濬	东北人民出版社	1952 年 11 月	29.244/C534	圆形:文华图专图书馆+4	1	0.07	有卡
440	怎样学习政治经济学	读者书店编委会编辑	读者书店	1950 年 2 月初版	27.13/D531	文华图专实验图书馆藏书+4;本书承张主教海松捐赠,特此志谢,文华图专实验圕 公元 1950 年 2 月 27 日	1	0.75	政治经济学学习丛书;有卡
441	怎样学习政治经济学	徐苏	实践出版社	1951 年 9 月	27.13/X633;217.13/X633	文华图书馆学专科学校藏书+4;文华图书馆学专科学校藏书+5	2	7.50	有卡
442	怎样研究中国经济	钱俊瑞著	生活书店印行	民国二十九年七月四版(1940 年)	350.91/482	文华图专实验图书馆藏书+3;钢印:私立武昌文华图书馆学专科学校+2;武昌文华图书馆学专科学校(反)+2	1		青年自学丛书;有卡
443	怎样组织新民主主义供销合作社	梁维直著	棠棣出版社	1951 年 10 月初版	28.2212/L519	文华图书馆学专科学校藏书+3	1	0.40	有卡
444	怎样作工资工作	中南工资改革委员会总办公室编	中南工人出版社	1952 年 12 月中南初版	29.135/Z665	文华图书馆学专科学校藏书+4	1	2800	中南工资改革会议资料;有卡

序号	书　名	作者	出版者	出版时间	分类号/索书号	印　章	复本	定价	备注
445	战后的资本主义	陶大镛著	生活·读书·新知三联书店	1949 年 6 月	28.15/T261	长方:武昌文华图书馆学专科学校藏+4	2	5.80	新中国青年文库;有卡
446	战后的资本主义	陶大镛著	生活·读书·新知三联书店	1949 年 11 月	28.15/T261	文华图书馆学专科学校藏书+5	1	5.5	新中国青年文库;有卡
447	战后欧洲经济史	W.R.sharp 著,林光澂译	商务印书馆	1933 年	388.609/S216		1	大洋壹元捌角	
448	战后日本财阀的复活	蔡纪华著	上海春明出版社	1951 年 11 月初版	28.432/C134	文华图书馆学专科学校藏书+5	1	5500	“今日之日本”丛刊;有卡
449	战后世界经济与政治	[美] James S. Allen 原著,沈志远译	世界知识刊行	民国三十七年一月初版(1948年)	27.6/A145(S)	文华图书馆学专科学校藏书+5	1	12.00	世界知识丛书之三;有卡
450	战后苏联的货币改革	Я.А.克隆诺特著,晦闻译	作家书屋	1951 年 5 月初版	29.7593/K435m	文华图书馆学专科学校藏书+4	1	6800 元	苏联经济建设丛书;有卡
451	战后苏联经济	古烈维奇、派尔季古耳合著,天马译	时代出版社	1951 年 1 月初版	28.334/G491	文华图书馆学专科学校藏书+6/5	2	6000 元	有卡
452	战后苏联印象记	坎脱勃里副主教詹森著,宾符译	上海世界知识社	民国三十八年二月(1949 年)	23.8/Z232	文华图书馆学专科学校藏+6	1	¥14.00	世界知识丛书之四;有卡
453	战后五年计划期间苏联国民经济中的技术进步	阿·奥马洛夫斯基著,叶非木译	华东人民出版社	1952 年 11 月初版	28.334/y345	文华图书馆学专科学校藏书+4	1	1700 元	有卡

序号	书　名	作者	出版者	出版时间	分类号/索书号	印　章	复本	定价	备注
454	战后五年计划时期中苏联底新经济高潮	古列维奇、帕提葛尔著，韦新译	人民出版社	1951 年 6 月	350.9383/4012/c.1	文华图书馆学专科学校藏书+6	1	8500.00	有卡
455	战后五年计划时期中苏联底新经济高潮	古列维奇、帕提葛尔著，韦新译	人民出版社	1951 年 6 月北京初版	28.334/G491	文华图书馆学专科学校藏书+3	1	8500.00	有卡
456	战时粮食管理	杨龚礼著	青年书店		F329.06	私立武昌文华图书馆学专科学校图书馆+1	1		封底缺失；作者分类号为国图查得
457	战时日本农业问题	欧阳樊	独立出版社	民国三十三年八月初版（1944 年）	410.0992/0146	武昌文华图书馆学专科学校藏书+2	1		
458	战时田赋整理问题	郭垣著	国民图书出版社	民国三十一年五月初版（1942 年）	610.318/K779	武昌文华图书馆学专科学校+3	1	国币三元三角	
459	战时田赋征实与战后粮食问题	戴日镳著	独立出版社	民国三十一年十月初版（1942 年）	610.318/J155	武昌文华图书馆学专科学校+3	1	六元	中央经济建设丛书；有卡
460	战时之工业后方建设	钟兆鏕	国民图书出版社	民国三十年四月（1941 年）		武昌文华图书馆学专科学校图书馆+2	1		

序号	书　名	作者	出版者	出版时间	分类号/索书号	印　章	复本	定价	备注
461	战时中国物价问题	寿进文著	生生出版社	民国三十三年十二月(1944年)	258/S535	武昌文华图书馆学专科学校藏+2	1	70.00	有卡,无封面、封底;价格为武图查得
462	找窍门的故事	中南人民出版社	中南人民出版社	1953年2月初版	29.245/Z665	文华图书馆学专科学校藏书+4	1		有卡
463	争取提前完成战后五年计划的全民竞赛	叶弗斯塔菲也夫著,张凡译	时代出版社	1951年3月初版	28.334/F421	文华图书馆学专科学校藏书+4	1	4300.00	苏联建设经验研究丛书;有卡
464	政府会计	潘叙伦主编,张蕙生、王成杰编著	立信会计图书用品社	民国三十一年六月渝再版(1942年)	627.1/C285	私立武昌文华图书馆学专科学校图书馆+4	1		立信会计丛书;无封底页
465	政治经济学	列昂节夫著	解放社	1950年2月中南第二版	27.1/L332	文华图书馆学专科学校藏+6	1		
466	政治经济学	薛暮桥著	中原新华书店印行		350/S464;27.1/X4234	武昌文华图书馆学专科学校藏+3	1		高中政治课本;有卡
467	政治经济学初学读本	A.列昂节夫著,张仲实译	新华书店	1950年11月中南第一版	27.1/L332z	文华图书馆学专科学校藏书+5	2	17.20	有卡
468	政治经济学大纲	胡明	上海杂志公司出版	1947年8月第一版	27.1/H437	文华图书馆学专科学校藏书+4	1	0.75	自我教育丛书;有卡
469	政治经济学的研究对象和方法	刘及辰	十月出版社	1951年12月初版	27.13051/L677	文华图书馆学专科学校藏书+3	2	0.4	有卡

序号	书　名	作者	出版者	出版时间	分类号/索书号	印　章	复本	定价	备注
470	政治经济学底对象与方法	列昂节夫著，富澜译，何匡校	生活·读书·新知三联书店	1951年4月初版	27.1053/Z567	文华图专图书馆+5	2	0.58	政治经济学教程第一分册；有卡
471	政治经济学基本问题讲话	沈志远著	展望周刊社	1951年6月初版	27.6/S294Z	1本：文华图专图书馆+5；文华图书馆学专科学校藏书+6	1	0.9	有卡
472	政治经济学讲话	狄超白著	生活·读书·新知三联书店	1951年6月在北京印造第一版（增订本）	27.1/D271S	文华图专图书馆+5；文华图书馆学专科学校藏书+5	3	0.93	有卡
473	政治经济学讲话	蒋学模	华义印刷厂开明书店	1952年	350/4474/C.1；27.1/T310	文华图书馆学专科学校藏+5	2	11.7	有卡
474	政治经济学讲授提纲	奥斯特罗维强诺夫编，北流译	生活·读书·新知三联书店	1949年8月初版	27.1052/A（B）	文华图书馆学专科学校藏书+4	1	2900	有卡
475	政治经济学讲授提纲	奥斯特罗维强诺夫著，北流译	生活·读书·新知三联书店	1950年5月第一版	27.1052/A192b	文华图书馆学专科学校藏+4；中国图书发行公司武汉分公司特价部+1	2	2900	有卡
476	政治经济学讲授提纲	奥斯特罗维强诺夫著，北流译	三联书店	1951年3月第五版	27.105/2A192b	文华图书馆学专科学校藏+4	1	2900	有卡
477	政治经济学讲座	于光远、王惠德合著	生活·读书·新知三联书店	1951年4月初版	27.1/Y426	文华图专图书馆+4；文华图书馆学专科学校藏书+7	4	1.03	中央人民广播电台丛书；2本严重缺失；2本有卡

序号	书　名	作者	出版者	出版时间	分类号/索书号	印　章	复本	定价	备注
478	政治经济学教程	王思华	生活·读书·新知三联书店		27.1054/W278	文华图专图书馆+3;文华图书馆学专科学校藏书+2	1	9.30	有卡
479	政治经济学教程	王思华	生活·读书·新知三联书店	1950年1月	27.1054/W278	圆形:文华图专图书馆+5;文华图书馆学专科学校藏书+3	1	9.30	有卡
480	政治经济学教程	王思华著	生活·读书·新知三联书店	1950年4月第3版	27.1054/W278;350/1064/C.2	文华图书馆学专科学校藏书+7	1	9.30	有卡
481	政治经济学教程	约翰·伊顿等集体创作,关梦觉译	五十年代出版社	1951年4月初版	27.1053/Y257g	文华图书馆学专科学校藏书+7	1		有卡
482	政治经济学教程	约翰·伊顿等集体创作,关梦觉译	五十年代出版社	1952年8月	27.1054/Y912	文华图书馆学专科学校藏书+4	1	19	有卡
483	政治经济学教程(增订本)	王思华著	东北财经出版社	1951年11月增订本二版(第六版)	27.1053/W163	文华图书馆学专科学校藏书+5	1	壹万壹仟元	新经济学丛书;有卡
484	政治经济学教程大纲	科兹洛夫主编,曹葆华、谢宁译	解放社	1950年7月初版	27.1052/K166c	文华图书馆学专科学校藏书+6	1	2.9	有卡
485	政治经济学教程绪论	王学文著	新华书店	1950年9月中南第二版	27.1031/W169	文华图书馆学专科学校藏书+5/4	2	11.00	有卡
486	政治经济学教程绪论	王学文著	新华书店	1950年6月初版	27.6/W169	文华图专实验图书馆藏书+2	1	11.00	有卡

序号	书　名	作者	出版者	出版时间	分类号/索书号	印　章	复本	定价	备注
487	政治经济学教学大纲	C.B.尤菲列夫编，傅尚民译	东北人民政府文化教育委员会	1951 年 5 月初版	27.1053/Y691f C.9	文华图书馆学专科学校藏书+4	2	3000 元	苏联高等教育部社会科学教育司 1949 年 8 月 4 日批准；有卡
488	政治经济学教学大纲	河大财经学系经济理论教研组	河南大学编印		350.7/3144；27.1053/H256	文华图专图书馆+3	1	1100	河大财经系教材；有卡
489	政治经济学史大纲	王亚南著	中华书局	民国三十八年（1949 年）	F09	文华图专实验图书馆藏书+2	1	二十元	大学用书
490	政治经济学研究提纲	奥斯特罗维强诺夫著，中国人民大学研究部编译室译	中国人民大学	1953 年 4 月 25 日第一版第五次印刷	27.1A132/z53	文华图专图书馆+3	2	0.34	有卡
491	中国的垦殖	唐启宇著	上海永祥印书馆	1951 年 9 月初版	29.3299/T231	文华图书馆学专科学校藏书+1	1	10000 元	新中国农业丛书；有卡
492	中国各地土产（第一辑）	中国土产公司计划处编	十月出版社	1951 年 11 月初版	29.379/Z619	文华图书馆学专科学校藏+6	1		有卡
493	中国工业化的地理条件	孙敬之	中华全国科学技术普及协会	1953 年 3 月北京一版	28.29/S858	文华图专图书馆+1；文华图书馆学专校+3	1	1300 元	有卡
494	中国经济的改造	陈伯达等著	新民主出版社	1949 年 5 月	28.2/C374	文华图书馆学专科学校藏书+8	1	港币贰元	有卡
495	中国经济改造 下册	马寅初	商务印书馆		350.91/M128	武昌文华图书馆学专科学校藏书（反）；钢印：私立武昌文华图书馆学专科学校+3	1		大学丛书；严重缺失，无封底

序号	书　名	作者	出版者	出版时间	分类号/索书号	印　章	复本	定价	备注
496	中国经济改造（下册）	马寅初	商务印书馆	民国二十四年二月（1935年）	351.918/M128/V.2	长方：武昌文华图书馆学专科学校+4	1	二册大洋叁元	残缺，缺封面；有卡；价格为孔夫子旧书网查得
497	中国经济建设	高廷梓著	商务印书馆	民国二十六年十月初版（1937年）	0074/K275	武昌文华图书馆学专科学校+3；钢印：私立武昌文华图书馆学专科学校+3，私立武昌文华图书馆学专科学校	1	国币捌角	无封底；出版时间、价格为孔夫子旧书网查得
498	中国经济史纲	朱伯康、祝慈寿著	商务印书馆	民国三十六年二月再版（1947年）	28.28/Z756	文华图专实验图书馆藏书+3	1		新中学文库；有卡
499	中国经济问题	苏·阿斯塔菲耶夫著，蔡英平译	上海杂志公司	1950年11月第2版	28.24/A169s	文华图书馆学专科学校藏书+2	1	2.40	现实小丛书；有卡
500	中国经济问题讲话	钱俊瑞、徐雪寒、王渔邨、姜君辰、骆耕漠合著	上海新知书店	民国二十六年六月三十日初版（1937年）	28.2/Q321	武昌文华图书馆专科学校藏+2	1	0.35	新知丛书第一辑．第七种；有卡
501	中国经济原论	王亚南著	生活·读书·新知三联书店	1950年5月第1版	28.28/W171j	文华图专实验图书馆藏书+6	1	13.60	新中国大学丛书
502	中国经济原论	王亚南著	生活·读书·新知三联书店	1951年4月第2版	28.28/W171j	文华图书馆学专科学校藏书+7	1	￥13600	新中国大学丛书

序号	书　名	作者	出版者	出版时间	分类号/索书号	印　章	复本	定价	备注
503	中国粮食地理	吴传钧	商务印书馆	民国三十二年四月重庆初版(1943年),民国三十五年六月上海初版(1946年),民国三十六年二月上海再版(1947年)	29.371/W626	文华图专实验图书馆藏书+4	1	3元	新中学文库;有卡
504	中国农佃问题	章柏雨、汪荫元著	商务印书馆	民国三十六年二月上海再版(1947年)	29.331/Z246	文华图专实验图书馆藏书+3	1	国币叁元	新中学文库 文史丛书;有卡
505	中国农家经济(中国七省十七县二八六六田场之研究)下册	卜凯著,张履鸾译	商务印书馆	民国二十五年(1936年)	F329.06		1		大学丛书;金陵大学农学院丛书;缺封面、封底;出版时间、分类号为武汉图书馆查得
506	中国农业经济问题	张则尧	商务印书馆	民国三十五年十月初版(1946年),民国三十六年二月再版(1947年)	29.392/Z349	文华图专实验图书馆藏书+3	1	国币壹元伍角	新中学文库;百科小丛书;有卡

序号	书　名	作者	出版者	出版时间	分类号/索书号	印　章	复本	定价	备注
507	中国农业税问题	伍丹戈	立信会计图书用品社	1952 年	369.151/Z175	文华图书馆学专科学校藏书+3	1	5500	有卡
508	中国社会经济改造思想研究	王亚南著	中华书局	1950 年 11 月初版	28.2/W313	文华图书馆学专科学校藏书+8	1	11	无封底页;价格为孔夫子旧书网查得
509	中国社会经济史	森谷克己著,陈昌蔚译	商务印书馆发行	民国二十五年九月初版(1936年),民国二十六年二月再版(1937 年)	350.0311	武昌文华图书馆学专科学校	1	国币柒角	各国社会经济史丛书;出版时间、价格为网查所得;有卡
510	中国丝业	曾同春著	商务印书馆	民国二十三年一月再版(1934年)	616/TS355	武昌文华图书馆学专科学校+3	1	大洋伍角	商学小丛书;有卡
511	中国桐油贸易概论	李昌隆	商务印书馆	民国二十三/二十四年二/四月(1934/1935 年)	601.1/L319	长方:武昌文华图书馆学专科学校+5	1	大洋捌角	实业丛书;有卡
512	中国邮政(上卷)	张梁任著	商务印书馆	民国二十四年十一月初版(1935年)	626.3/C291v1	钢印:私立武昌文华图书馆学专科学校+2;武昌文华图书馆学专科学校+1	1		大学丛书;有卡
513	中国邮政(中卷)	张梁任著	商务印书馆发行	民国二十五年六月(1936 年)	636.3/C291/V.2	武昌文华图书馆学专科学校(反)+3;钢印:私立武昌文华图书馆学专科学校+1	1	¥2.50	大学丛书;有卡

序号	书　名	作者	出版者	出版时间	分类号/索书号	印　章	复本	定价	备注
514	中国战时公债	尹文敬	财政评论社	民国三十二年十二月(1943年)	369.18/Y495	椭圆:武昌文华图书馆学专科学校章+4	1		有卡
515	中国之新货币制度	林维英著,朱义析译	商务印书馆	民国二十八年五月初版(1939年)	361.91/L539	武昌文华图书馆学专科学校+3	1	国币壹元贰角	银行学会业务丛书;有卡
516	中国之邮政事业	赵曾珏	商务印书馆	民国三十四年九月重庆初版(1945年),民国三十四年十二月上海初版(1945年),民国三十六年三月上海再版(1947年)	29.6782/Z399	文华图专实验图书馆藏书+2	1	国币贰元	新中学文库;有卡
517	中南半岛经济地理	蔡文星著	国民图书出版社	民国三十二年九月初版(1943年)	28.19/C141	私立武昌文华图书馆学专科学校图书馆+4	1	国币八元五角	有卡
518	中日战争与中国经济	伍启元	商务印书馆	1940年	不明		1		缺卷尾页;出版时间为网查所得
519	主计与审计	闻亦有先生讲		民国三十年十一月印(1941年)	369.12/W366	武昌文华图书馆学专科学校+3	1		中央训练团党政训练班讲演录;无封底

序号	书　名	作者	出版者	出版时间	分类号/索书号	印　章	复本	定价	备注
520	资本底循环与周转	托克马拉耶夫著,韩灵锐译	生活·读书·新知三联书店	1951年4月在北京印造初版	27.1053/Z567	文华图书馆学专科学校藏书+4;文华图书馆学专科学校藏+5	2	4100	政治经济学教程第八分册;有卡
521	资本积累与无产阶级贫困化	马罗佐夫著,富润译、何匡校	生活·读书·新知三联书店	1951年5月在北京印造初版	27.1053/Z567	文华图专图书馆+4	1	5000元	政治经济学教程第七分册;有卡
522	资本与剩余价值	库兹涅错夫著,侯敏之译	生活·读书·新知三联书店	1951年5月在北京印造初版	27.1053/Z567	文华图专图书馆+4;文华图书馆学专科学校藏书+5	2	4800	政治经济学教程第五分册;有卡
523	资本主义	刘芝明著	生活·读书·新知上海联合发行所	1949年6月沪初版	355/L653	武昌文华图书馆专科学校藏+2	1	1.60	新中国百科小丛书;有卡
524	资本主义的后战	陶大镛著	生活·读书·新知三联书店	1949年11月再版	27.275/G536	文华图书馆学专科学校藏书+6	1	5.50	新中国青年文库;有卡
525	资本主义底垄断阶段——帝国主义(二)帝国主义底历史地位	列昂节夫著,秋江译,何匡校	中国人民大学	1953年5月30日第一版	27.1053/Z567	文华图专图书馆+3;圆形:文华图专图书馆+2	2	0.38	政治经济学教程16;有卡
526	资本主义底垄断阶段——帝国主义(三)资本主义总危机	列昂节夫著,富澜译	中国人民大学	1953年	27.1053/Z567	圆形:文华图专图书馆+3	1	0.44	政治经济学教程17;有卡

序号	书　名	作者	出版者	出版时间	分类号/索书号	印　章	复本	定价	备注
527	资本主义国家财政论文选集	中国人民大学财政教研室	中国人民大学	1953年2月10日第一版	28.15/Z591	文华图专图书馆+3/4	2		有卡
528	资本主义国家的强制劳动	契泼拉阔夫著,陆丰译	正风出版社	1951年6月沪初版	28.15/Q248	文华图书馆学专科学校藏书+4	2	7000元	有卡
529	资本主义国家底货币流通与信用(上册)	布列格里著,中国人民大学货币流通与信用教研室译	中国人民大学	1953年3月20日第二版第二次印刷	29.75917/L863Z	文华图专图书馆+2	1		
530	资本主义国家底货币流通与信用(下册)	艾・雅・布列格里著,中国人民大学货币流通与信用教研室译	中国人民大学	1953年4月	29.75917/L8632	圆形;文华图专图书馆+3	1	2.90	有卡
531	资本主义国家经济概况 一九五〇	新贸易译丛编辑委员会编	新华书店	1951年12月20日初版	28.15/X481	文华图书馆学专科学校藏书+6	1	¥16000	新贸易译丛
532	资本主义经济恐慌	胡今著	生活・读书・新知三联书店	1950年10月第一版	355/H495	文华图专实验图书馆藏书+1;武昌文华图书馆学专科学校藏+2	1	5.3	新中国青年文库;有卡
533	资本三义生产方式底准备	科兹洛夫著,高铭译	生活・读书・新知三联书店	1951年5月初版	27.1053/Z567	文华图书馆学专科学校藏书+5	2	3800.00	政治经济学教程第三分册;有卡
534	资本主义以前的诸社会经济形态	奥斯特罗维强诺夫著,何匡、秋江译	生活・读书・新知三联书店	1951年7月在北京印造初版	27.1053/Z567	文华图书馆学专科学校藏书+4	1	6700元	政治经济学教程第二分册;有卡

序号	书　名	作者	出版者	出版时间	分类号/索书号	印　章	复本	定价	备注
535	资本主义以前的诸社会经济形态	奥斯特罗维强诺夫著,何匡、秋江译	生活·读书·新知三联书店	1951 年 7 月在北京印造初版	27.1053/Z568	文华图专图书馆+4	1	6700 元	政治经济学教程第二分册;有卡
536	资本主义再生产与经济危机(上)	托克马拉耶夫著,高铭、陆宝槐译,何匡校	中国人民大学	1953 年 5 月 15 日第二版	27.275/T448	文华图专图书馆+3	2	0.32	政治经济学教程之十四
537	资本主义再生产与经济危机(上册)	托克马拉耶夫著,高铭、陆宝槐译	生活·读书·新知三联书店	1951 年 11 月在北京印造初版	27.1053/Z567	文华图书馆学专科学校藏+4;文华图书馆学专科学校藏书+1;文华图书馆学专科学校藏+4	2	5500	政治经济学教程第十三分册;有卡
538	资本主义总危机	列昂节夫著,富澜译,何匡校	生活·读书·新知三联书店	1951 年 10 月初版	27.1053/Z567	文华图书馆学专科学校藏书+11	2	0.71	政治经济学教程第十六分册资本主义底垄断阶段——帝国主义(三);有卡
539	最近经济思想的批判	许涤新著	耕耘出版社	1950 年 1 月沪五版	27.39/X379g;350.41/0830	文华图书馆学专科学校藏书+4	1	¥4.00	有卡
540	最近四川财政论	许钱农	中央政治学校研究部发行		369.19/H412	武昌文华图书馆学专科学校+1	1		刘振东主编:中央政治学校研究部丛书;无封底

(七)G 文化、科学、教育、体育

现存 522 种，585 册。

序号	书 名	作者	出版者	出版时间	分类号/索书号	印 章	复本	定价	备注
1	A Bibliography of Canadian Bibliogaphies	Classes in Bibliography of the Mcgill University Library School	Marion V.Higgins, M.A, Instructor in Bibliography	1930 年		武昌文华图书馆学专科学校藏+2	1		加拿大书目目录学；字母索引
2	A.L.A Catalog, 1904: 8000 Volumes for a Popular Library	Editor Melvil Dewey	Washington Government Printing Office	1904 年 10 月	91.33/A512	椭圆：私立武昌文华图书馆学专科学校图书馆+6	1		作者为武汉大学图书馆查得
3	American Universities and Colleges 1948	A.J.Brumbaugh	Washington, D.C.: American Council on Education	1948 年	R378.73/Am35	武昌文华图书馆学专科学校藏+2	1		美国大学 1948；分卷索引
4	Arsenals of a Democratic Culture	Sidney H.Ditzion	American Library Association	1947 年		文华图书馆学专科学校藏+3	1		A Social History of the American Public Library Movement in New England and the Middle States From 1850 to 1900；有卡

序号	书　名	作者	出版者	出版时间	分类号/索书号	印　章	复本	定价	备注
5	Catalogue of the Harvard University Press		Cambridge, Massachusetts: Harvard University Press	1923 年	017.73/H262	武昌文华图书馆学专科学校藏+2	1		哈佛大学出版社目录;字母索引分类索引
6	Encyclopedia of Modern Edution	Harry N.Rtvlin	The Philosophical of New York City	1943 年	R370.3/En19	武昌文华图书馆学专科学校藏+2	1		现代教育百科全书;字母索引
7	English-Chinese And Chinese-English List Of Subject Headings	Samuel Csu-Yung Seng	Boone Library School	1936 年			1		
8	Hand Book of American Museums	The American Association of Museums Washington D.C	Washington, D. C.: The American Association of Museums	1932 年	R069.0973/H192	武昌文华图书馆学专科学校藏+2	1		美国博物馆手册
9	Library Literature	Marian Shaw	The H.W.Wilson Company	1943 年	Ro16.02/L616	武昌文华图书馆学专科学校藏+2	1		图书馆文献;字母索引
10	Official Map Publications	Walter Thiele	American Library Association	1938 年		武昌文华图书馆学专科学校藏+5	1		有卡
11	Subject Headings for Children's Books	Elva S.Smith	Chicago: American Library Association	1933 年	R025.5s/M55	武昌文华图书馆学专科学校藏+2	1		儿童读物主题词表;篇目索引
12	The Book Review Digest	Mertice M.James and Dorothy Beown	The H.W.Wilson Company	1946 年	Ro15/B724	武昌文华图书馆学专科学校藏+2	1		书评文摘;字母索引
13	The Bookman's Manual	Bessie Graham	New York: R.R.Bowker Co.	1928 年	Ro16/G76t	武昌文华图书馆学专科学校藏+2	1		图书管理员手册(封面缺失)

序号	书　名	作者	出版者	出版时间	分类号/索书号	印　章	复本	定价	备注
14	The Choice of Editions	Pearl G.Carlson	American Library Association	1942 年 4 月	O252/C197	武昌文华图书馆学专科学校藏+4	1		有卡
15	The Cumulative Book Index1938. 01-1939. 12	Mary Burnham and Regia Goldman	The H.W.Wilson Company	1940 年	O15.73/B9251938-39	武昌文华图书馆学专科学校藏+2	1		累计账面指数 1938. 1—1939. 12;字母索引
16	The Cumulative Book Index1941.1-	Mary Burnham and Regia Goldman	The H.W.Wilson Company	1941 年	RO15.73/B9351941	武昌文华图书馆学专科学校藏+2	1		累计图书指数 1941. 1-　;字母索引
17	воспитатемвная			1949 年	37.217/P676	文华图专图书馆+3	1		级主任的教育工作;有卡
18	инслектировалиж			1950 年	371.27	文华图专图书馆+3	1		学校考试检查制度;有卡
19	ъукВАРЬ				491.7/P277	文华图专实验图书馆藏书+4	1		
20	八项体育锻炼方法	文汇报文化体育组编	上海文汇报	1952 年 9 月初版	39.93/W458	文华图书馆学专科学校藏书+4	1		文汇报体育小丛书;有卡
21	巴浦洛夫的学说与教育学上的几个问题		三风出版社	1951 年 6 月沪初版	38.1/K287	文华图书馆学专科学校藏书+4	1	0.25	有卡
22	把新中国的体育运动成为经常的广泛的运动		青年出版社	1951 年 11 月初版	39.91/F446	文华图书馆学专科学校藏书+2-4;文华图书馆学专科学校藏+3(1 本无此)	2	3.4	有卡

序号	书　名	作者	出版者	出版时间	分类号/索书号	印　章	复本	定价	备注
23	班主任概论	N. M. 杜贺夫内伊著，方德厚译	作家书屋	1952 年版	38.24/D561f	文华图书馆学专科学校藏+6	1		苏联教育丛书第十六种；有卡
24	办理机关业余学校的经验	金默生、丁羽合著	生活·读书·新知三联书店	1950 年 5 月第一版	338.8/G425	文华图专实验图书馆藏书+4	1	2.1	有卡
25	保育教材	东北民主妇女联合会	东北教育出版社	1952 年 1 月初版	61.271/D465	文华图书馆学专科学校藏书+6	1		幼儿教育丛书；有卡
26	保育教材		东北教育出版社	1952 年 8 月再版	61.271/D465	文华图书馆学专科学校藏+5	1	5	有卡
27	报纸编辑部的群众工作	葛烈勃涅夫等著	生活·读书·新知三联书店发行	1950 年	37.47/G353	文华图书馆学专科学校藏书+5	1	¥4.00	新闻工作丛书；有卡
28	报纸工作文选 第二辑	中南报纸工作会议筹备会编	中南人民出版社出版	1951 年 8 月初版	37.4/Z665	文华图书馆学专科学校藏书+2	1		有卡
29	比较社会教育	马宗荣著	世界书局	民国二十二年九月版(1933 年)	330.124/M128	文华图书馆学专科学校藏+5	1		高中师范课适用
30	伯林斯基论教育		中央人民政府政务院文化教育委员会	1952 年	38.1/B739	文华图书馆学专科学校藏书+6	1	0.73	有卡
31	博物馆	陈端志著	商务印书馆	民国二十六年六月初版（1937 年）	990.079/C392	武昌文华图书馆学专科学校+5	1		社会教育小丛书；有卡
32	博物馆	曾昭燏、李济合著	正中书局印行	民国三十二年七月(1943 年)	990.079/T355；7.7039/Z177	私立武昌文华图书馆学专科学校图书馆+3	1	1.2	教育部社会教育司主编；社会教育辅导丛书；有卡

序号	书　名	作者	出版者	出版时间	分类号/索书号	印　章	复本	定价	备注
33	博物馆学概论	费鸿年、费畊雨著	中华书局	民国二十五年六月(1936年)	990.079/F236	私立武昌文华图书馆学专科学校+2	1		有卡
34	布尔什维克报刊.资产阶级报刊	萨丘柯夫、萨斯拉夫斯基著	人民出版社		37.4/S134	文华图书馆学专科学校藏书+4	1	2200	苏联大百科全书选译;有卡
35	簿记学	嵇储英、程云桥	商务印书馆	民国三十六年二月八版(1947年)	29.83/J142	文华图专实验图书馆藏书+4	1		新中学文库;有卡
36	成绩考查与苏联五级分制	教育资料丛刊社编	人民教育出版社	1950年7月新华书店原版,1952年10第二次修订原版	38.165/J458	文华图专图书馆+4	1		教育资料丛刊;有卡
37	成绩考查与苏联五级分制	教育资料丛刊社编	人民教育出版社	1953年4月上海第三次印刷	38.165/J458	文华图专图书馆+4	1	4600元	教育资料丛刊;有卡
38	出版检查制度研究	陶滌亚	独立出版社	民国二十八年二月(1939年)	010.43/T256	文华图书馆学专科学校+2	1		有卡
39	初中化学教本	周毓莘编著	上海大东书局	民国二十一年七月四版(1932年)		小方阳印:张泽人+2	1	全一册,银八角	缺封底
40	初中几何(附数值三角)下册	黄泰编	世界书局	民国二十五年一月四版(1936年)	51.23/H568	武汉大学图书馆藏+1;图专+1	1		新课程标准世界中学教本,初级中学学生用

序号	书　名	作者	出版者	出版时间	分类号/索书号	印　章	复本	定价	备注
41	丛书集成初编:孙氏祠堂书目	孙星衍	商务印书馆	民国二十四年十二月(1935年)	CS91.465/S842		1		
42	村学乡学须知		山东乡村建设研究所	民国廿四年九月三版(1935年)	338.41/L428	武昌文华图书馆学专科学校+4;私立武昌文华图书馆学专科学校图书馆+1	1	0.1	封面和扉页脱落
43	大家来做广播体操	新体育社编	青年出版社	1952年10月版	338.631/0270:1	文华图书馆学专科学校藏+3	1		新体育丛书;有卡
44	大象千字课(第三册)		青年协会书局	1950年6月初版	418.5/T551.V3;39.29/Q528	本书承张主教海松捐赠 特此鸣谢 文华图专实验圕 公元1950年11月15日;武昌文华图书馆学专科学校藏+3	1	4	捐赠;有卡
45	大象千字课(第四册)		青年协会书局	1950年6月初版	418.5/Ts551.v4	武昌文华图书馆学专科学校藏+3;本书承张主教海松捐赠 特此鸣谢 文华图专实验圕 公元1950年11月15日	1	4	捐赠
46	大象千字课(第一册)		青年协会书局	1950年6月初版	39.29/Q528	武昌文华图书馆学专科学校藏+3;本书承张主教海松捐赠 特此鸣谢 文华图专实验圕 公元1950年11月15日	1	4	捐赠;有卡

序号	书　名	作者	出版者	出版时间	分类号/索书号	印　章	复本	定价	备注
47	大学毕业论文的作法		商务印书馆	民国二十六年(1937年)	S334.74/Y434.C3	武昌文华图书馆学专科学校+4;私立武昌文华图书馆学专科学校+3;文华图专学生课本+2;私立武昌文华图书馆学专科学校图书馆+1	1		封底缺失
48	大学之行政		商务印书馆	民国十七年四月初版(1928年)	338.7/Y318	武昌文华图书馆学专科学校+1;私立武昌文华图书馆学专科学校+4	1		有卡
49	代数 下册	虞明利编著,段育华校订	商务印书馆	民国三十四年十月审定本第九版(1945年)	512/Y722	私立武昌文华中学初中第二部教务处+1;椭圆:私立武昌真理中学教务处+3	1	国币叁角陆分	复习初级中学教科书
50	代数学教科书 下册	杨少严编		民国二十二年版(1933年)	512/46922	武汉大学图书馆藏+1;图专+1	1		初级中学;缺封底;有卡
51	当前教育建设的方针	教育资料丛刊社编	新华书店发行		330.91/4803	文华图书馆学专科学校藏书+4	1	2.7	教育资料丛刊;有卡
52	当前教育建设的方针		教育资料丛刊社	1952年4月原版;1953年4月北京三版	38.11/J458	文华图专图书馆+4	1	6.3	有卡
53	到处可以学文化		华东人民出版社	1952年3年初版	39.29/W453	文华图书馆学专科学校藏书+3	1	0.08	

序号	书　名	作者	出版者	出版时间	分类号/索书号	印　章	复本	定价	备注
54	道尔顿式教育的研究		商务印书馆	民国廿二年三月（1933 年）	337.33/L536	尹华中同学赠+1；私立武昌文华图书馆学专科学校图书馆+4	1	26	捐赠；有卡
55	地方教育行政		商务印书馆	民国二十四年十一月初版（1935 年），民国二十五年十月再版（1936 年）	331/TS355	武昌文华图书馆学专科学校+2；私立武昌文华图书馆学专科学校+6	1		全书散开；有卡
56	第一届全国出版会议纪念刊	第一届全国出版会议大会秘书处	人民出版社	1951 年北京初版	37.592/D385	文华图专图书馆+7	1		有卡
57	电影教育论	陈友兰编	商务印书馆		48.6/C534	文华图书馆学专科学校藏+4	1		电影小丛书
58	东日本现存宋版书目初稿	长泽规矩也	日本书志学会	昭和九年七月（1934 年）	91.51/Cg86	文华图专图书馆；文华图书馆学专科学校	1		作者和出版者查自孔夫子旧书网
59	冬季体育锻炼手册	一九五一年上海市学生冬季体育锻炼标准推行委员会，青年报编辑部	华东青年出版社	1951 年 12 月初版	39.9073/H479	文华图书馆学专科学校藏书+4	1		体育小丛书；有卡
60	冬学参考手册	湖北省人民政府教育厅编印	湖北省人民政府教育厅编印		39.29/H453	文华图专实验图书馆藏书+4；本书承张主教海松捐赠 特此志谢 文华图专实验圕 公元一九五〇年 月 日	1		社教丛书之二；有卡

序号	书　名	作者	出版者	出版时间	分类号/索书号	印　章	复本	定价	备注
61	冬学政治教材		华东人民出版社	1951 年 10 月初版	39.2332/H479	文华图书馆学专科学校藏+6	1	2.7	有卡
62	动物学	赵级晋编	商务印书馆	民国二十四年十月改订五版（1935 年）	59.1/Z379	私立武昌文华图书馆学专科学校图书馆+1	1		初中复习丛书
63	读报员手册	张家口市文化馆	察哈尔人民出版社	1952 年 8 月张家口初版	39.171/Z294	文华图书馆学专科学校藏书+4	1		有卡
64	读和写		开明书店	民国廿五年十二月初版（1936 年），民国卅八年一月十二版（1949 年）	41.23/M686	文华图专实验图书馆藏书+5;本书承张主教海松捐赠 特此鸣谢 文华图专实验圕 公元 年 月 日	1	0.7	捐赠;有卡
65	读书方法论		大华书局	民国三十三年四月（1944 年）	027.5/A153	私立武昌文华图书馆学专科学校图书馆+4	1	熟料纸每册 65 元，生料纸每册 40 元	
66	读书指导（第一辑）	李伯嘉编	商务印书馆	民国三十六年一月订正六版（1947 年）	37.651/L185	文华图专实验图书馆藏书+6	1		新中学文库；有卡
67	读书指导（第二辑）	李伯嘉编	商务印书馆	1936 年	N027.5/L337	文华图专实验图书馆藏书+7	1		有卡

序号	书　名	作者	出版者	出版时间	分类号/索书号	印　章	复本	定价	备注
68	读书指导第一辑	李伯嘉编	商务印书馆	1935 年	37.615/L185		1		有卡
69	儿童保护	钱弗公编著	商务印书馆	民国二十六年六月初版（1937 年）	313.36/TS478	武昌文华图书馆学专科学校+4	2		社会教育小丛书;有卡
70	儿童集体力量		五十年代出版社	1953 年 5 月北京初版	38.1/L232	文华图专图书馆+1;文华图书馆学专校+3	1	8.5	有卡
71	儿童教育丛书第四种——儿童阅读书报导法		上海大东书局	民国二十二年三月（1933 年）	37.651/Y213	武昌文华图书馆学专科学校+4;文华图专学生课本+2;私立武昌文华图书馆学专科学校+2;私立武昌文华图书馆学专科学校图书馆+1	1	0.2	有卡
72	儿童新文法	唐文粹编辑	儿童书局	民国二十三年十月（1934 年）	416.8/T222	文华图书馆学专科学校藏书;张主教海松捐赠	1		有卡
73	范式万能式中文打字机实习范本		范式研究所	1949 年 8 月初版，1951 年 3 月二版		文华图书馆学专科学校藏+4	1		
74	非常时期的电影教育		正中书局	民国二十六年四月初版（1937 年）	788.019/K898	私立武昌文华图书馆学专科学校图书馆+1;武昌文华图书馆学专科学校学生服务团巡回文库+2;私立武昌文华图书馆学专科学校+2	1	0.5	缺封底

序号	书　名	作者	出版者	出版时间	分类号/索书号	印　章	复本	定价	备注
75	福建卫生教育之推进				593/F545	文华图书馆学专科学校藏+6	1		问政丛刊;有卡
76	辅仁大学概况					文华图专图书馆+1;文华图书馆学专科学校藏书+1	1		残页,缺封面和封底,剩内页2—21
77	干部带头和模范教师	人民教育社编	人民教育出版社	1951年3月北京初版	39.29/R125	文华图书馆学专科学校藏书+3	1		人民教育丛书;有卡
78	高等教育文件及参考资料	中南军政委员会教育部编			38.8079/Z665	文华图专实验图书馆藏书+3	1		有卡
79	高等教育文件及参考资料		中南军政委员会教育部	1950年9月10日	38.81079/Z665	文华图专实验图书馆藏书+3	1		有卡
80	高等数学简明教程	维诺格拉陀夫著,傅尚民译	东北教育出版社	1952年9月初版	51.5/W381F	文华图书馆学专科学校藏书+5	1		高等教育丛书;有卡
81	高等学校教师思想改造学习资料(上辑)	广东省人民政府文教厅编辑	华南人民出版社	1952年5月初版	32.283079/G624	文华图书馆学专科学校藏书+7	2		有卡
82	高等学校教师思想改造学习资料(下辑)	广东省人民政府文教厅编辑	华南人民出版社	1952年5月初版	32.283679/G624	文华图书馆学专科学校藏+7;文华图书馆学专科学校藏书+6	2		有卡
83	高等学校课程草案		光明日报社	1950年10月初版	38.8/Z680	文华图专图书馆+2	1	3.5	封面较脏;有卡

序号	书　名	作者	出版者	出版时间	分类号/索书号	印　章	复本	定价	备注
84	高级中学国文	叶楚伧主编，汪懋祖、叶溯中校阅，许梦因选注	正中书局	民国三十七年三月沪十一版（1948年）	418.6/Y398V1	武昌文华图书馆学专科学校藏+5	1		
85	高级中学国文第六册	叶楚伧主编，汪懋祖、叶溯中校阅，穆济波选注	正中书局	民国三十六年四月沪四四版（1947年）	418.6/Y398v.6	武昌文华图书馆学专科学校藏+4	1		
86	高级中学国文第五册	叶楚伧主编，汪懋祖、叶溯中校阅，穆济波选注	正中书局	民国三十七年三月沪九版（1948年）	418.6/Y398v.5	武昌文华图书馆学专科学校藏+2	1		有卡
87	高级中学立体几何课本	刘薰宇编	人民教育出版社	1951年11月上海初版	51.233/L677	文华图专图书馆+1；文华图书馆学专科学校藏书+3	1		有卡
88	高级中学平面几何学	居秉瑶编著	正中书局	民国三十一年三月三八版国纸本（1942年）	517.3/D552	私立武昌文华图书馆学专科学校图书馆+2	1		建国教科书
89	高级中学语文课本	周祖谟、游国恩、杨晦等编	人民教育出版社	1952年10月上海十一版	38.7341/Z749	文华图书馆学专科学校藏书+3	2		有卡
90	高中公民（四）伦理大义	叶楚伧、陈立夫主编，刘国钧编著	正中书局		180/U644	私立武昌文华图书馆专科学校图书馆+2	1		有卡
91	高中平面三角学	余介石著	正中书局	民国二十六年五月二〇版（1937年）	516.1/Y682	武昌文华图书馆学专科学校藏+3	1		

序号	书　名	作者	出版者	出版时间	分类号/索书号	印　章	复本	定价	备注
92	高中三角复习指导	钱洪翔编	现代教育研究社	1942年版	518.1/S.479（皮高品分类法）	文华图书馆学专科学校藏+5；尹华中同学赠+1	1		升学会考必备，高中复习指导丛书
93	高中物理复习指导		上海现代教育研究初版	1941年	S30.07/T481	私立武昌文华图书馆学专科学校图书馆+5	1	3.2	
94	高中语文复习指导	黄永续编	现代教育研究社	民国三十一年三月蓉版（1942年）	456/H666	私立武昌文华图书馆学专科学校图书馆+3	1		
95	各国教育制度	常导之	中华书局	民国二十六年七月发行（1937年）	331.2/C.238/v.2	武昌文华图书馆学专科学校+1；钢印：私立武昌文华图书馆学专科学校+6；私立武昌文华图书馆学专科学校+2	1		有卡
96	各国教育制度 上卷		中华书局	民国二十五年八月（1936年）	331.2/C238.V1	私立武昌文华图书馆学专科学校图书馆+1；私立武昌文华图书馆学专科学校+4；武昌文华图书馆学专科学校+5	1	2.4	有卡
97	各国社会教育事业		商务印书馆	民国二十六年六月初版（1937年）	330.123/C397	武昌文华图书馆学专科学校+4	1	0.3	有卡

序号	书　名	作者	出版者	出版时间	分类号/索书号	印　章	复本	定价	备注
98	给青年的二十封信	朱光潜著	开明书店	1948 年	K188.6/C752	武昌文华图书馆学专科学校藏+5	1	¥1.10	有卡
99	工厂团员(第一册)		青年出版社武汉营业处	1951 年 4 月二版	33.1826/Z540	文华图专图书馆+2	1	1.2	有卡
100	工厂文娱工作的理论与实践	阿英	生活·读书·新知三联书店	1950 年 3 月第一版	39.9903/A193	文华图专实验图书馆藏书+4	1		有卡
101	工会俱乐部工作	上海总工会文教部	劳动出版社	1950 年 11 月	37.9/S340	圆形:文华图专图书馆章+3	1	5.50	工会工作参政资料;有卡
102	工会图书馆的群众工作	[苏]伏耳柯娃(M. Волкова)等撰			O27.64/B523SR	文华图专实验图书馆藏书+4	3	1.90	俄文;有卡
103	工农读写教学的实际经验	程今吴著	生活·读书·新知三联书店	1950 年 1 月第二版	38.763052/C579	文华图专实验图书馆藏书+5;本书承张主教海松捐赠 特此志谢 文华图专实验圕 公元 1950 年 2 月 27 日	1	基价 $ 5.80	有卡
104	工农读写教育的实际经验	程今吴著	生活·读书·新知三联书店	1950 年 12 月第四版	38.763052/C579	文华图书馆学专科学校藏书+5;中国图书发行公司武汉分公司特价部	1	基价 $ 5.8	有卡
105	工人广播手册	华东·上海人民电台编	劳动出版社出版	1951 年	37.3073/H479	文华图书馆学专科学校藏书+6	1	4100 元	有卡
106	工人俱乐部	罗培列夫著,刘光杰、孟冬译	工人出版社	1951 年 11 月	37.9/L963	文华图书馆学专科学校藏书+4	1	3400 元	有卡

序号	书　名	作者	出版者	出版时间	分类号/索书号	印　章	复本	定价	备注
107	工人俱乐部	罗培列夫著，刘光杰、孟冬译	工人出版社		37.9/L963	文华图书馆学专科学校藏书+2	2	2500元	苏联工会基层组织工作经验；有卡
108	工人文化课本（第二册）	东北工人教材读物编委会	中南新华书店	1950年2月初版	34.29/D463	文华图书馆学专科学校图书馆+2；文华图专实验图书馆藏书+2	2		有卡
109	工人文化课本（第一册）	东北工人教材读物编辑委员会	华中新华书店	1949年12月版		文华图书馆学专科学校藏+2；文华图专实验图书馆藏+2	2		有卡
110	工人新文字课本（北方话）	王若望、王青编	劳动出版社	1950年7月再版	41.2473/W272	文华图书馆学专科学校藏+4	1		
111	公民学问答		长沙湘芬书局	民国三十二年一月初版（1943年）	372/K466	武昌文华图书馆学专科学校藏+3；实验图书馆存 甘业精赠 一九三四 二七 +1	1		捐赠
112	龚多塞与民治教育	维亚尔著，刘宝寰译	商务印书馆	民国二十七年四月初版（1938年）	330.11/W319	武昌文华图书馆学专科学校+2	1		西洋教育家小丛书；有卡
113	共产主义教育基本问题	格鲁斯捷夫等著，王易今等译	口央人民政府政务院文华教育委员会印行	1952年12月初版	38.13/W366	文华图书馆学专科学校藏书+4-6	8	8500元	文教参考资料丛刊；有卡

序号	书　名	作者	出版者	出版时间	分类号/索书号	印　章	复本	定价	备注
114	古代东方史教育学大纲	阿夫其耶夫著,林志纯译	东北教育出版社	1952年8月版	21.122/A135L	文华图书馆学专科学校藏+4	1		高等教育丛书;国立大学及教育学院历史系用
115	鼓舞青年前进的好书	中国新民主主义青年团、西南工作委员会宣传部编	四川人民出版社	1953年4月成都初版	42.2/Z547	文华图专图书馆+4	2	0.2	有卡
116	关于军事干部学校招生的重要文件		武汉市军事干部学校招生委员会编	1950年12月15日	31.214/W757	私立武昌文华图书专科学校学生会+1;文华图书馆学专科学校藏书+2	1		
117	广播收音手册	新闻工作社编	生活·读书·新知三联书店发行		338.83/N538;37.34078/X481	文华图专实验图书馆藏书+1;武昌文华图书馆学专科学校藏+7	1	4.7	有卡
118	广西成人教育年度实施报告	广西省政府教育厅编辑	广西省政府教育厅	民国三十年十一月(1941年)		武昌文华图书馆学专科学校+2	1		
119	国立暨南大学概览				339.3/G143	重庆求精图书馆+1	1		有卡
120	国立劳作师范学校劳作教材-竹工		国立劳作师范学校石印部		681/K323	文华图专校 惠存 国立劳作师范学校赠 卅五年五月廿日+1	1		毛边纸;捐赠
121	国民教育		独立出版社		338.2/S433	武昌文华图书馆学专科学校+2	1		封底缺失;有卡

序号	书　名	作者	出版者	出版时间	分类号/索书号	印　章	复本	定价	备注
122	国民学校教师手册	胡叔异著	青年出版社	民国三十五年八月再版（1946年）	336.6/H499		2		五项建设手册
123	国外语文学习指南		光华书店	1948年9月初版	41.19/C521	武昌文华图书馆学专科学校藏+4	1	4.5	
124	国语科教材教法（北京育才小学，各科教学经验第一集修订本）	郭林著	中华书局出版	1953年5月修订6版	38.4321/G683	文华图专图书馆+3	1		有卡
125	哈尔滨工业大学第一、二届科学技术及教学研究工作会议教学方法报告及发言选集		哈尔滨工业大学编印			文华图书馆学专科学校藏书+2	1		有卡
126	行政学之理论与实际	张金鉴	商务印书馆		373/C2821	武昌文华图书馆学专科学校+4；钢印：私立武昌文华图书馆学专科学校+2	1		大学丛书
127	和一个初中学生的通信	戴自俺著	新北京出版社	1951年9月初版	38.75/D184	文华图书馆学专科学校藏书+8	1		有卡
128	河南省农民业余教育资料汇编		文教出版社	1951年5月	39.2079/W455	文华图书馆学专科学校藏书+7	1	0.4	有卡

序号	书　名	作者	出版者	出版时间	分类号/索书号	印　章	复本	定价	备注
129	赫胥黎自由教育论	赫胥黎著,潘光旦译	商务印书馆	民国三十六年三月再版(1947年)	N/330/H275	文华图专实验图书馆藏书+3	1		新中学文库;有卡
130	横滨市立大学纲要		横滨市立大学	昭和二十七年七月(1952年)	13.131/B728	文华图书馆学专科学校藏书+5	1		有卡
131	红角——苏联工厂里的文化俱乐部	高希金娜等著,周若予译	中华书局	1952年8月初版	37.993/Z745	文华图书馆学专科学校藏书+4	1		有卡
132	湖北省教育学院成立一周年校庆专刊	湖北省教育学院校庆专刊编委会编	湖北省教育学院校庆专刊编委会	1950年11月初版	38.8/H451	文华图专图书馆+4	1		
133	华东职工业余教育经验选辑	新教育社编	新华书店华东总分店发行	1951年1月版	39.2/X461	文华图书馆学专科学校藏+5	1		教育工作参考资料;有卡
134	华东职工业余教育经验选辑		新华书店华东总分店	1951年1月初版	39.2/X461	文华图书馆学专科学校藏书+6	1	5.8	
135	滑冰运动	雅·梅里尼柯夫著,郑荣庭译	青年出版社	1951年12月初版	39.981/M379z	文华图书馆学专科学校藏书+4-7	2	0.22	新体育丛书;有卡
136	滑翔驾驶初步教程		中国滑翔出版社	民国三十一年六月十五日初版(渝)(1942年)	379.7/W251	私立武昌文华图书馆学专科学校图书馆+3;武昌文华图书馆学专科学校+2	1	3.6	毛边纸,封底略脱落;有卡
137	基督教学校的青年辅导		上海广学会	1949年11月初版	257/C293	武昌文华图书馆学专科学校藏+4;本书承张主教海松捐赠 特此鸣谢 文华图专实验圕 公元1950年11月15日	1		捐赠

序号	书　名	作者	出版者	出版时间	分类号/索书号	印　章	复本	定价	备注
138	级任导师的训导工作Ⅳ		正风出版社	1951年5月再版	38.25/H327z	文华图书馆学专科学校藏书+6	1	12	有卡
139	级主任的教育工作		中华书局	1951年6月初版	38.25/L964f	文华图书馆学专科学校藏书+5	1	8	缺封底
140	加强团课教育建设	中国新民主主义青年团华东工作委员会宣传部编	华东青年出版社初版	1952年7月6版	33.1826/Z541	文华图书馆学专科学校藏书+3	1		有卡
141	家庭与学校	ф.捷尔任斯基等著，王家骧、杨永等译	中央人民政府政务院文化教育委员会	1951年12月初版	39.47/J477	文华图书馆学专科学校藏书+8	1		有卡
142	教导工作经验点滴（北京育才小学教导经验第一集）	郭林、韩作黎等著	中华书局出版	1953年5月修订5版	38.2/G683	文华图专图书馆+4	1		有卡
143	教师之家(四幕剧)	陈戈著	上海杂志公司	1950年7月二版	44.472/C425		1		新剧丛刊;有卡
144	教学法原理	杜贺夫内伊著,方德厚译	作家书屋	1952年10月初版	38.16032/D561F	文华图书馆学专科学校藏书+4	2		有卡
145	教学工作手册（第一辑）		中原大学		17.6/Z669	文华图书馆学专科学校藏书+5	1	1	
146	教学做合一概论	白桃著	大华书局		337/P275	武昌文华图书馆学专科学校+3	1		有卡

序号	书　名	作者	出版者	出版时间	分类号/索书号	印　章	复本	定价	备注
147	教育播音讲演集 第二辑		教育部社会教育司	民国二十六年六月初版（1937年）	330.4/C298	武昌文华图书馆学专科学校+2;私立武昌文华图书馆学专科学校图书馆+1;私立武昌文华图书馆学专科学校+5	1	0.7	全书散开，缺封面;有卡
148	教育部颁布小学国语常识科课程标准	教育部	四川省政府教育厅国民教育指导月刊印行	民国三十年十二月出版（初版）（1941年）	335.91/c631	武昌文华图书馆学专科学校+2	1		国民教育指导月刊小丛书之二;有卡
149	教育部公布国音常用字汇	教育部国语同于筹备委员会	商务印书馆	民国二十一年五月（1932年）	R413/C298 V.2	文华图专学生课本+2;文华图专实验图书馆藏书+1	2		字母索引
150	教育财政学原论	美国内务部教育署全国教育财政调查团著，陈友松译	商务印书馆	民国二十八年四月再版（1939年）	331.4/M315	武昌文华图书馆学专科学校+3;钢印:私立武昌文华图书馆学专科学校+2	1		师范丛书;有卡
151	教育参考资料		新华书店	1950年3月中南第二版	38.1079/H477	文华图专实验图书馆藏书+5;本书承校友徐家麟 马战楷 陈项 胡昌宁捐赠 特此鸣谢 文华图专实验圕 公元1950年5月一日+1	1	5.8	捐赠;有卡
152	教育测试 ABC		世界书局	民国廿一年十月四版（1932年）	330.17/C771	武昌文华图书馆学专科学校+5	1	0.5	封面脱落;有卡

序号	书　名	作者	出版者	出版时间	分类号/索书号	印　章	复本	定价	备注
153	教育法令汇编 第四辑			民国二十六年一月(1937年)	31.1/D298/C2.V4	武昌文华图书馆学专科学校+1;国立武昌文华图书馆学专科学校图书馆+4	1		封面、扉页和部分目录页脱落,缺封底
154	教育法令汇编 第三辑	教育部参事处	正中书局	民国二十八年十一月四版国纸本(1939年)	R331.1/D298v.3	武昌文华图书馆学专科学校+2	1		
155	教育法令汇编 第四辑	教育部参事处	正中书局		R331.1/D298c1 v.4	武昌文华图书馆学专科学+11	1		
156	教育概论	范任宇著	商务印书馆		N330.1/F151	文华图专实验图书馆藏书+3	1		新中学文库;无卷尾页
157	教育馆		商务印书馆	民国二十六年六月初版(1937年)	330.124/P354	武昌文华图书馆学专科学校+4;私立武昌文华图书馆学专科学校+2	1	2	
158	教育生物学	张粟原	文化供应社	1944年		私立武昌文华图书馆学专科学校图书馆+2	1		出版年为孔网所查
159	教育思想		商务印书馆	民国三十六年二月上海再版(1947年)	330.1/C744	文华图专实验图书馆藏书+4	1	2	有卡
160	教育统计学	王书林著	商务印书馆发行		330.14/W244	钢印:私立武昌文华图书馆学专科学校+2;武昌文华图书馆学专科学校+1	1		大学丛书;有卡,无封底;

序号	书　名	作者	出版者	出版时间	分类号/索书号	印　章	复本	定价	备注
161	教育统计学纲要	赛思顿著,朱君毅译	商务印书馆	民国廿二年二月印行国难后第一版(1933年)	330.14/S183	武昌文华图书馆学专科学校+2;钢印:武昌私立文华图书馆学专科学校+2	1		有卡
162	教育统计学纲要	杨国礎编	上海中华书局	民国二十三年四月(1934年)	330.14/Y213	武昌文华图书馆学专科学校+2;私立武昌文华图书馆学专科学校图书馆+3	1	0.5	有卡
163	教育心理	邰爽秋等合选	教育编译馆印行		330.15/T.149/V.2	武昌文华图书馆学专科学校(反)+4	1	上下两册三元五角	教育参考资料选辑第一种;无封底
164	教育心理(上册)	邰爽秋等合选	教育编译馆		330.15/T149.V1	武昌文华图书馆学专科学校+5;私立武昌文华图书馆学专科学校图书馆+1;私立武昌文华图书馆学专科学校+5	1		封底脱落;有卡
165	教育心理学		正中书局	民国三十三年四月渝初版(1944年)	330.15/S437	武昌文华图书馆学专科学校藏+7	1	0.15	有卡
166	教育学			1950年		文华图专图书馆+3	1	8.85	俄文
167	教育学(上册)	叶喜波夫、网查洛夫著,于卓、王继麟、傅尚民、姜梦兰译	东北教育出版社	1952年4月出版	38.1/y463x	文华图书馆学专科学校藏书+9	1	10	有卡

序号	书　名	作者	出版者	出版时间	分类号/索书号	印　章	复本	定价	备注
168	教育学(上册)	凯洛夫著,沈颖、南致善等译	人民教育出版社	1950年12月新华书店原版;1952年7月上海四版	38.1/K223s	文华图书馆学专科学校藏书+6	4	9.7	缺封面;有卡
169	教育学(上册)	凯洛夫著,沈颖、南致善等译	人民教育出版社	1951年6月北京三版	38.1/K223s	文华图书馆学专科学校藏书+9	2	11.8	有卡
170	教育学(下册)	凯洛夫著,沈颖、南致善等译	人民教育出版社	1952年1月上海初版	38.1/K223s	文华图书馆学专科学校藏书+10	5	14.1	有卡
171	教育学(修订本)	奥戈罗德尼科夫、史姆比夫教授著,高晶齐译	正风出版社	1952年11月修订初版,1953年4月修订四版	38.1/A521g	文华图专图书馆+3	1	25	缺封面;有卡
172	教育学(修订本)	奥戈罗德尼科夫、史姆比夫教授著,高晶齐译	正风出版社	1952年11月修订初版	38.1/A521g	文华图书馆学专科学校藏书+3	1	28	有卡
173	教育学参考资料	华北人民政府教育部教科书编审委员会编	新书书店出版社	根据北京1950年5月版本重印,1950年7月	38.1073/H477	文华图书馆学专科学校藏+4	1		有卡
174	教育学参考资料	华北人民政府教育部教科书编审委员会编	华中新华书店	1949年11月初版	38.1077/H477	文华图专实验图书馆藏书+4;本书承张主教海松捐赠 特此鸣谢 文华图专实验圕 公元1950年2月27日	2		捐赠;有卡

序号	书　名	作者	出版者	出版时间	分类号/索书号	印　章	复本	定价	备注
175	教育学参考资料	华北人民政府教育部教科书编审委员会编	华中新华书店	1949 年 11 月初版	38.1077/H477	文华图书馆学专科学校藏+4	1		有卡
176	教育学教学大纲	东北人民政府教育部委员会主编	东北教育出版社	1952 年 4 月初版	38.1053/J566	文华图书馆学专科学校藏书+3	1		高等教育丛书;有卡
177	教育与学校行政原理		商务印书馆			武昌文华图书馆学专科学校+3	1		已散开,缺封面封底,页码到 272
178	教育之科学研究法	钟鲁齐著	商务印书馆	民国二十四年五月初版(1935 年)	330.7/C642	武昌文华图书馆学专科学校+1	1		大学丛书;无封面;有卡
179	教育制度与教材				331.2/W224	武昌文华图书馆学专科学校+1	1		缺封面和封底
180	教育资料汇编 5		中南军政委员会教育部			武昌文华图书馆学专科学校藏+1	1		缺封底
181	捷克斯洛伐克的教育		中华书局	1950 年 1 月初版	38.1924/Z770	文华图书馆学专科学校藏书+4	1	2.6	有卡
182	解放五年来朝鲜文教实业的发展	文化部对外文华联络事务局编译			37.1942/W453	武昌文华图书馆学专科学校藏+2	1		国际文化资料第二辑;有卡
183	解析几何课本(上册)	刘薰宇	人民教育出版社	1952 年 10 月五版	51.521/L677	文华图专图书馆+1;文华图书馆学专科学校藏书+4	1	2.8	有卡

序号	书　名	作者	出版者	出版时间	分类号/索书号	印　章	复本	定价	备注
184	金陵大学六十周年纪念册					武昌文华图书馆学专科学校藏+1;南京金陵大学图书馆赠+1;李宗仁印+1;蒋中正印+1;陈裕光印+1	1		残页,仅剩封面、目录、题写
185	金陵大学图书丛书子目备检	南京金陵大学图书馆		民国二十三年(1934年)	G/91.562/C157	文华图书馆专校	1		出版时间见武汉大学馆;著者姓氏笔画索引
186	近代中国教育史料(第三册)				330.91/S566.V3	武昌文华图书馆学专科学校+2;私立武昌文华图书馆学专科学校+2	1	1.2	缺封面
187	近代中国教育史料第二册	舒新城编	中华书局	民国廿二年二月三版(1933年)	330.91/S.566v2	钢印:私立武昌文华图书馆学专科学校;武昌文华图书馆学专科学校+2	1		无封面页
188	近代中国教育思想史	舒新城编	中华书局	民国廿二年二月三版(1933年)	330.918205	钢印:私立武昌文华图书馆学专科学校;武昌文华图书馆学专科学校+2	1		无封面页
189	精读指导举隅		商务印书馆	民国三十一年三月初版(1942年)	418.6/Y411.C3	武昌文华图书馆学专科学校+2;文华图专学生课本+2;私立武昌文华图书馆学专科学校图书馆+1	1	1.2	有卡
190	景印说文解字段注	国学整理社	世界书局	民国二十五年十月(1936年)	41.242/D451		1	国币四元	作者、出版社、定价查自孔夫子旧书网

序号	书　名	作者	出版者	出版时间	分类号/索书号	印　章	复本	定价	备注
191	竞走与赛跑		青年出版社	1951 年 10 月再版	39.95/W127	文华图书馆学专科学校藏书+6	1	2.5	有卡
192	旧教育批判		中华书局	民国三十八年九月初版（1949 年）	38.1039/D492	本书承张主教海松捐赠特此鸣谢 文华图专实验圕 公元 1950 年 2 月 23 日;文华图专实验图书馆藏书+3	1	2.6	捐赠;有卡
193	俱乐部工作	武汉市总工会文教部编	武汉工人出版社印行		37.9/W744	文华图书馆学专科学校藏书+4	1	2000	有卡
194	俱乐部中的演讲宣传	别尔金著,张厚润译	工人出版社		329/B357	武汉大学图书馆藏+1	1		
195	开明音乐讲义	丰子恺编	开明函授学校	民国廿三年十一月初版（1944 年）	48.91/F394	武昌文华图书馆学专科学校+2	1	大洋四角	开明中学讲义
196	开展人民体育运动		西南青年出版社	1952 年 4 月 21 日	39.9/X133	文华图书馆学专科学校藏书+4	1	0.3	有卡
197	康乐球	虹云编著	文娱出版社	1952 年 12 月再版	39.969/H376	文华图书馆学专科学校藏书+6	1		有卡
198	科学方法漫谈	汪敬熙	商务印书馆	民国二十九年六月初版（1940 年），民国三十五年十二月三版（1946 年）	N/500.1/W254	文华图专实验图书馆藏书+3	1	国币壹元伍角	新中学文库;有卡

序号	书名	作者	出版者	出版时间	分类号/索书号	印章	复本	定价	备注
199	科学教学仪器设备目录(卷一)		联合国文华科学教育组	1950年初版	38.2742/L487	文华图专图书馆+4	1		
200	科学与科学思想发展史(下册)	丹丕等著,任鸿隽等译	商务印书馆	民国三十六年三月初版(1947年)	N/500.9/T178	文华图专实验图书馆藏书+4	1		新中学文库;有卡
201	课外活动		商务印书馆	民国二十五年八月初版(1936年)	333/S895	武昌文华图书馆学专科学校+3	1	3	封面脱落,部分散开;有卡
202	课外运动	教育部训导委员会主编,吴伟邦编著	正中书局	民国三十二年一月初版(1943年)	338.63/W488	私立武昌文华图书馆学专科学校图书馆+5;武昌文华图书馆学专科学校+1	1		训导丛刊
203	劳卫制的科学基础	刘天锡、许汉文合编	上海北新书局	1953年5月初版	39.915/L703	文华图专图书馆+3	1		有卡
204	礼氏高中化学		中华书局	1952年8月初版	54.1/L263	文华图书馆学专科学校藏书+10	1	3.15	封底脱落;有卡
205	理性与自由——文化思想批评论文集	胡绳著	生活·读书·新知三联书店	1951年4月第2版	330.23/472.7/C.2;13.75/H444	文华图书馆学专科学校藏书+4;文华图专图书馆+4	2	5000	有卡
206	论东北教育的改革	东北教育社编	东北新华书店印行	1950年5月三版	38.16/P465	文华图书馆学专科学校藏书+5	1		东北教育丛书之二;有卡
207	论儿童新教育(上册)		作家书屋	1950年10月六版	38.6/K446	文华图书馆学专科学校藏书+5	1	5.5	缺封面;有卡

序号	书　名	作者	出版者	出版时间	分类号/索书号	印　章	复本	定价	备注
208	论儿童新教育（下册）	N.K.克鲁拍斯卡耶著，宗华译	作家书屋	1950年版	38.5/K446	文华图书馆学专科学校藏+5	1		苏联教育丛书第六种；有卡
209	论共产主义教育	加里宁著	青年出版社	1950年9月再版	38.13/J261		1		中国青年社推荐青年读物
210	论共产主义教育		外国文书籍出版局	1950年莫斯科	38.13/J561	文华图书馆学专科学校藏书+13；1本：武汉大学图书馆藏（其中一本）1，大馆+1	3		1本缺封底；1本残缺，内页剩1—326；有卡
211	论教师的修养	东北新华书店编审部编	东北新华书店	1950年5月初版	38.24/D455	文华图专图书馆+5；本书承张主教海松捐赠 特此志谢 文华图专实验圕 公元 年 月 日	1		有卡
212	论教师底任务	加里宁等著	群众书店	1953年1月五版	38.24/J261	文华图书馆学专科学校藏+4	1		新教育丛书；有卡
213	论教育工作的改造	湖北省人民政府教育厅编	湖北新华书店	1949年8月出版	38.1/H452	武昌文华图书馆学专科学校藏+4	1		有卡
214	论马卡连柯的教育学遗产	维格多洛娃等著，维加 天浪译	中外出版社	原书：1950—1951年，译本：1952年3月	38.1/W379	文华图书馆学专科学校藏书+4	1		有卡
215	论人民教师的威信	H.A.彼得洛夫著，方德厚译	作家书屋	1951年10月初版	38.24/B554f	文华图书馆学专科学校藏书+6；文华图书馆学专科学校藏书+7	2	20	有卡

序号	书　名	作者	出版者	出版时间	分类号/索书号	印　章	复本	定价	备注
216	论社会主义文化问题	加里宁著，高齐云译	光明书局第三版	1950 年 11 月初版	37.102/J2619	文华图书馆专科学校藏书+9	3	9500	有卡
217	论苏联的教育		中南新华书店	1950 年 4 月再版	38.193/J367	文华图书馆学专科学校藏书+6	1	4.1	有卡
218	论苏维埃社会主义文化	阿布罗先科著，康丁译	中华书局		37.193/A118	文华图书馆学专科学校藏书+5	2	3600	有卡
219	论沃道沃佐娃底幼稚教育理论与实践	傅罗洛娃著，徐思予译	正风出版社	1952 年 8 月版	338.1/Z363；38.5/F593	文华图书馆学专科学校藏+6	1		马列主义教育丛书；有卡
220	论小学生的家庭教育		大象书店	1952 年 2 月	38.65/F295	文华图书馆学专科学校藏书+6	1	4.1	有卡
221	论新民主主义教育（修订版）		文光书店	民国三十八年九月再版（1949 年）	37.1/Z770	武昌文华图书馆学专科学校藏+4	1	5	缺封底和封面，内页页码到 132
222	马卡连柯教育论文选（一）	马卡连柯著，石光、天浪译	中外出版社	1951 年 6 月初版	38.1/M184s	文华图书馆学专科学校藏书+6	1	12300 元	原书 1949 年出版
223	马卡连柯教育论文选（二）		中外出版社	1951 年 6 月初版	38.1083/M184z	文华图专图书馆+5	1	6200 元	有卡
224	马卡连柯教育论文选（三）	马卡连柯著，天浪、维加译	中外出版社	1951 年 7 月初版	38.1083/M184z	文华图专图书馆+5	1		有卡
225	马卡伦柯教育文集塔上旗（上部）	A.C.马卡伦柯著，陆庚译	王风出版社	1952 年 2 月版	45.52/M184	文华图书馆学专科学校藏+9	1		有卡

序号	书　名	作者	出版者	出版时间	分类号/索书号	印　章	复本	定价	备注
226	马列主义教育论文选译Ⅰ	正风出版社编辑部编译	正风出版社	1952年9月沪三版	38.1083/Z432	文华图书馆学专科学校藏书+6	1		有卡
227	马列主义教育论文选译Ⅱ	正风出版社编辑部编译	正风出版社	1952年9月	18.1083/Z432	文华图书馆学专科学校藏书+12	1	15	有卡
228	马列主义教育论文选译Ⅲ	正风出版社编辑部编译	正风出版社	1951年7月沪初版,1951年11月再版	38.1083/Z432	文华图书馆学专科学校藏书+6	1	16.5	有卡
229	马列主义教育论文选译Ⅳ	正风出版社编辑部编译	正风出版社	1951年7月沪初版,1951年11月再版	38.1083/Z433	文华图书馆学专科学校藏书+7	2	17.5	有卡
230	美国教育的破产		潮锋出版社	1951年3月初版	38.19563/Q499	文华图专图书馆+4	1	0.35	有卡
231	美国教育的真相		正风出版社	1951年6月初版	37.19563/B326	文华图书馆学专科学校藏书+4	1	2	有卡
232	美国文化教育透视	M.伯恩斯坦等著,王家骧等译	中央人民政府政务院文化教育委员会	1951年9月版	38.1963/B326w	文华图书馆学专科学校藏+5	1		文教参考资料丛刊;有卡
233	美国校外职业指导实况	H.D.Kiston著,何清儒、郑文汉译	商务印书馆	1950年	338.48/C123	武昌文华图书馆学专科学校+3	1		封面脱落,缺扉页、封底
234	萌芽学校		教育书店	1951年8月初版	38.6/G218	文华图书馆学专科学校藏书+8	1	9.3	
235	民本主义与教育	杜威著,邹恩润译	商务印书馆	民国二十四年六月国难后第二版(1935年)	330.1/T634	武昌文华图书馆学专科学校+10	1		大学丛书

序号	书　名	作者	出版者	出版时间	分类号/索书号	印　章	复本	定价	备注
236	民众谚物	徐卓呆编著	商务印书馆	民国二十六年六月初版（1937年）	330.124/S915	私立武昌文华图书馆学专科学校图书馆+2；钢印：私立武昌文华图书馆学专科学校；武昌文华图书馆学专科学校学生服务团巡回文库	1		社会教育小丛书；有卡
237	民众教育馆	沈吕默编，俞庆棠校	中华书局印行	民国三十七年七月初版（1948年）	37.9/S292	文化学院图书馆藏书+1	1		中华文库民众教育第一集
238	民众阅报处	蒋建白编著	商务印书馆	民国二十六年六月初版（1937年）	37.9/J2970	重庆市立图书馆+6；重庆市市立通俗图书馆图记+2	1		封面、封底脱落；有卡
239	民众阅报处	蒋建白编著	商务印书馆	民国二十六年六月初版（1937年）	330.124/T439	武昌文华图书馆学专科学校+3；私立武昌文华图书馆学专科学校+2；武汉大学图书馆学系资料室+1	1	2.5	有卡
240	民族文化建立论	苏渊雷著	独立出版社印行		910.21/S738	武昌文华图书馆学专科学校（反）+2	1		无封底页
241	模范的人民教师	教育资料丛刊社编	人民教育出版社	1951年11月北京初版	37.14/J458	文华图书馆学专科学校藏书+5	1		教育资料丛刊；有卡
242	模范的人民教师		人民教育出版社	1951年11月	37.14/J458	文华图书馆学专科学校藏书+8	1	4.9	

序号	书　名	作者	出版者	出版时间	分类号/索书号	印　章	复本	定价	备注
243	模范英语作文精华		上海进修书店	民国三十三年二月桂一版(1944年)	456.8/H124	私立武昌文华图书馆学专科学校图书馆+3	1		
244	南阳堂本店和汉样古书贩卖目录	楠林安三郎	南阳堂	昭和十二年五月发行(1937年)			1		无封底
245	农村民众教育		上海大华书局			武昌文华图书馆学专科学校+2	1		全书散开
246	农村青年政治教材(适用土地改革地区)	中国新民主主义青年团西北工作委员会编	青年出版社西北营业处	1950年11月出版	39.15/Z547	文华图书馆学专科学校藏书+6	1		有卡
247	农民冬学课本 教学参考资料		中南人民出版社	1951年12月初版	39.29/Z665	文华图书馆学专科学校藏书+4	1	3.9	有卡
248	农民识字教育的组织形式和教学方法	人民教育社编	新华书店	1950年10月中南第一版	39.29/R152	文华图书馆学专科学校藏书+4	1		人民教育丛书之三;有卡
249	女教师的笔记Ⅲ		正风出版社	1951年9月沪四版	45.52/W372s	文华图书馆学专科学校藏书+9	1	8	有卡
250	女子全能运动		青年出版社	1953年4月	39.9/L185z	文华图书馆学专科学校藏书+1;文华图专图书馆+4	1	1.4	有卡
251	普通教学法	[美]斯菊野著,邓竣壁、许绍桂合译	文通书局	民国三十一年八月初版(1942年)	337.1/S133	私立武昌文华图书馆学专科学校图书馆+5;尹华中同学赠+1	1	20	捐赠;有卡

序号	书　名	作者	出版者	出版时间	分类号/索书号	印　章	复本	定价	备注
252	普通学校思想政治教育文选	西北军政委员会教育部编	新华书店西北总分点	1950年11月初版	39.16/x120	文华图书馆学专科学校藏书+4	1		有卡
253	七岁儿童的教育	福尔穆纳多娃编著，梅静远、郭一民合译	人民教育出版社	1951年7月原版，1951年10月北京初版	38.6/F475	文华图书馆学专科学校藏书+4	1		教育资料丛刊；有卡
254	青木关实验民众教育馆一年来实验事业记	王义周	青木关实验民众教育馆	民国三十一年一月初版（1942年）	388.8/L636	武昌文华图书馆学专科学校+1；私立武昌文华图书馆学专科学校+1	1		有卡
255	青年俱乐部 1	北京青年社编	北京青年社	1950年5月1日出版	39.9/B473	文华图专实验图书馆藏书+3	1	2.2	有卡
256	青年军事常识	林朝岚、胡希明著	上海杂志公司	民国二十七年一月五日（1938年）	379/L536	何怀宝赠+1；上海杂志公司赠阅+1；私立武昌文华图书馆学专科学校图书馆+3	1	二角	缺封底；有卡
257	青年修养	程今吾编著	新华书店发行		188.6/C.447；17.3/C579	武昌文华图书馆学专科学校藏+4	1	3.7	初级中学政治课本；有卡
258	球类教材	北京市中小学体育教师学会	大众书店	1951年12月初版	39.96054/B487	文华图书馆学专科学校藏书+4	2	3500	有卡
259	全国高等教育概况	教育部高等教育司编		民国二十八年三月（1939年）	338.7/G298	武昌文华图书馆学专科学校；武昌文华图书馆学专科学校图书馆+5	1		有卡

序号	书　名	作者	出版者	出版时间	分类号/索书号	印　章	复本	定价	备注
260	全国社会教育统计		教育部统计室	民国二十八年七月初版（1939年）	330.14/C298	武昌文华图书馆学专科学校+1；私立武昌文华图书馆学专科学校+1；私立武昌文华图书馆学专科学校图书馆+2	1	2	
261	全苏联体育节	晨光出版公司	晨光出版公司			文华图书馆学专科学校藏书+4	1		苏联书库
262	人民报纸和通讯员	缪雨著	群联出版社	1951 年	37.44/M547	文华图专图书馆+4	1	1400	农村丛书；有卡
263	人民的小学教师	光明日报社编	光明日报社印	1952 年 9 月初版	26.125/G622	文华图书馆学专科学校藏书+4	1	3000	有卡
264	人民民主专政学习手册		青年协会书局	1950 年 3 月初版	32.21073/L681	武昌文华图书馆学专科学校藏+4	1	4	有卡
265	人民千字课（第二册 第二届世界保卫和平大会）		上海元昌印书馆	1951 年 3 月	39.29/X874	文华图专图书馆+3	1	3	有卡
266	人民体育运动的方针与任务	新体育社编	青年出版社印行		39.92/Z587；332.51/O270	文华图书馆学专科学校藏书+4	1	2400	新体育丛书；有卡
267	人事管理之理论与实际		国讯书店	民国三十三年四月初版（1944年）	603/H156	私立武昌文华图书馆学专科学校图书馆+5	1		有卡
268	扔砂袋	张文广著	中国青年出版社	1953 年 6 月版	39.953/Z332	文华图书馆学专科学校藏+3	1		劳卫制锻炼方法小丛书；有卡

序号	书　名	作者	出版者	出版时间	分类号/索书号	印　章	复本	定价	备注
269	容易写错的字和有几种写法的字		华东人民出版社	1952年12月十版	41.259/S614	文华图书馆学专科学校藏书+4	1	1.2	有卡
270	如何教阅读课		五十年代出版社	1952年9月北京初版	38.16/W136	文华图书馆学专科学校藏书+4	1	4.6	有卡
271	三十年辑中华民国教育统计	国民政府教育部参事处公报室编	国民政府教育部参事处公报室编发行		330.14918/G298	私立武昌文华图书馆学专科学校图书馆+5	1		以1941年12月为下限；无卷尾页；有卡
272	三岁前儿童的集体教育(上册)		人民教育出版社	1951年8月原版，1951年10月北京初版	38.5/S384	文华图书馆学专科学校藏书+8	1	7.3	有卡
273	商务十五年 一个出版家的生长及其发展		商务印书馆	1950年9月	37.59204/S314	文化图书馆学专科学校藏+3	1		全国出版会议纪念；有卡
274	尚仲衣遗著全集	尚仲衣著	生活书店	民国二十九年五月版(1940年)	330.4/S296	文华图书馆学专科学校藏+5	1		有卡
275	社会教育概况		教育部社会教育司	民国三十一年一月出版(1942年)	330.91/C631	武昌文华图书馆学专科学校图书馆+2	1	1	有卡
276	社会教育纲要	马宗荣	商务印书馆	民国二十六年三月初版(1937年)，民国三十六年二月三版(1947年)	N/330.124/M128	文华图专实验图书馆藏书+3	1	国币叁元伍角	新中学文库；有卡

序号	书　名	作者	出版者	出版时间	分类号/索书号	印　章	复本	定价	备注
277	社会教育行政	赵冕编著	商务印书馆			钢印:私立武昌文华图书馆学专科学校+2;武昌文华图书馆学专科学校+4	1		无封面页
278	社会教育行政		国立编译馆	民国三十六年四月初版(1947年)	338.8/C642	武昌文华图书馆学专科学校藏+5	1	11	有卡
279	升学指导		全国高等学校招生委员会	1952年	38.167/Q719	文华图书馆学专科学校藏书+4	1	0.3	有卡
280	生活教育	唐振宗著	上海联合发行所	民国三十八年六月版(1949年)	38.1/T229	文华图专实验图书馆藏+6	1		新中国百科小丛书
281	师范大学教学工作的种种形式	北京师范大学教授波波夫著,北京师范大学翻译室译,光明日报社编	光明日报社印	1952年7月初版	38.428/B727B	文华图书馆学专科学校藏+5	1		有卡
282	师范学院的思想政治教育		东北教育社	1951年6月	38.13/S715w	文华图书馆学专科学校藏书+4	1	0.25	有卡
283	识字学校		商务印书馆	民国二十六年六月初版(1937年)	330.127/Ts436	武昌文华图书馆学专科学校+4;私立武昌文华图书馆学专科学校+3	1	0.3	
284	识字运动民众学校经营的理论与实际		商务印书馆	民国二十八年九月三版(1939年)	330.127/M128	武昌文华图书馆学专科学校学生服务团巡回文库+1	1	0.3	缺封面、扉页;有卡

序号	书 名	作者	出版者	出版时间	分类号/索书号	印 章	复本	定价	备注
285	世界教育史		生活·读书·新知三联书店	1950年12月第一版	38.104/M452y	文华图书馆学专科学校藏书+8	2	27.5	封底部分破损；有卡
286	世界教育史上册(改订本)	[苏]卖丁斯基著，叶文雄译，王语今订校	五十年代出版社	1953年3月北京九版	38.104/M277	文华图书馆学专科学校藏书+5	2	24	有卡
287	世界教育学史	哥兰塔、加业林著，柏嘉译	作家书屋	1951年3月初版	28.104/G233P	文华图专图书馆+5	3	22	有卡
288	世界体育史纲要	程登科	商务印书馆	1946年		文华图专实验图书馆藏书+3	1		
289	事业管理与职业修养	邹韬奋著	生活·读书·新知三联书店		186/Z744；186/C685	文华图专实验图书馆藏书+4；张主教海松捐赠文华图专实验圕+1	1	7.63	有卡
290	数学教学法教学大纲	H.K.安德洛诺夫、M.A.兹纳明斯基、B.T.乞乞金合著，傅尚民译	东北教育出版社	1952年8月版	38.16053/A394	文华图书馆学专科学校藏+4	1		东北人民政府文化教育委员会主编；高等教育丛书；有卡
291	谁是文化的保卫者	爱伦堡等著	光华书店发行		33.814/A334；300.4/A149	文华图专实验图书馆藏书+3；张明捐赠文华图专实验圕+1；纪念列宁诞生日1950.4.22	1		有卡
292	私立福建协和大学二十五周年纪念册	福建协和大学编	福建协和大学	1941年	339.3F545	武昌文华图书馆学专科学校+2	1		有卡

序号	书　名	作者	出版者	出版时间	分类号/索书号	印　章	复本	定价	备注
293	私立金陵大学要览	金陵大学总务处编	金陵大学总务处	民国三十年春季初版(1941年)	339.32/D425	私立武昌文华图书馆学专科学校图书馆+2	1		有卡
294	宋元学案(重编)(二)		国立编译馆出版;正中书局印行		111.5/H665.v2;13.41/H578	武昌文华图书馆学专科学校藏+5	1		缺封底,全书散开
295	宋元学案(重编)(一)		国立编译馆		111.5/H665.V1	武昌文华图书馆学专科学校藏+6	1		有卡
296	苏联"准备劳动与卫国"体育制度	中华全国体育总会北京分会编	青年出版社	1951年6月	39.915/Z644	文华图书馆学专科学校藏书+3	1	1.6	北京体育丛书;有卡
297	苏联"准备劳动与卫国"制度的体操课程	佛·佛·斯别史涅夫著,郑荣庭译	青年出版社	1952年9月初版	39.915/S706	文华图书馆学专科学校藏书+4	1		新体育丛书;有卡
298	苏联"准备劳动与卫国"制度的通过分区障碍物	伊·波·谢尔盖也夫著,蕴健译,阎海校	青年出版社	1953年4月第一版	332.513/O414	文华图专图书馆+4	1		有卡
299	苏联初等学校的工作经验		大象书店	1951年12月	38.693/K185w	文华图书馆学专科学校藏书+4	1	3	有卡
300	苏联档案工作的理想与实践	中国人民大学档案教研室	中国人民大学	1953年	37.8/X422Z	武汉大学图书馆学专修科图书室+1	1		本校教材;有卡
301	苏联的出版	马尔库斯著,杨重光译	时代出版社	1950年3月	37.593/M116y	文华图专实验图书馆藏书+4;本书承 张主教海松捐赠 特此志谢 文华图专实验圕 公元 年 月 日	1		

序号	书　名	作者	出版者	出版时间	分类号/索书号	印　章	复本	定价	备注
302	苏联的高等教育	卡夫坦诺夫著,高士彦译	中央人民政府 政务院文化教育委员会	1951 年 12 月初版	38.893/R1388	文华图书馆学专科学校藏书+5	3	5.4	文教参考资料丛刊;有卡
303	苏联的高等教育		人民教育出版社	1951 年 4 月北京初版	38.893/J458	文华图书馆学专科学校藏+4	1	0.41	有卡
304	苏联的家庭教育原则	涅夫斯基著,孙以弗译	五十年代出版社	1953 年 6 月版	39.4/N265	文华图书馆学专科学校藏+4	1		有卡
305	苏联的教育		中华书局	1950 年 4 月初版	38.193/X667	文华图书馆学专科学校藏书+5	1	3.2	
306	苏联的人民教育	米定斯基著	人民教育出版社	1953 年 11 月	37.193/D451	武汉大学图书馆学专修科图书室+2	1	9600 元	师范教育丛书;有卡
307	苏联的实事和美国的童话	费希著,林秀译	生活·读书·新知三联书店	1951 年 8 月北京印造初版	65.847/F359	文华图专图书馆+4	1	5000 元	莫斯科国家儿童书籍出版局 1950 年版;有卡
308	苏联的文化宫和俱乐部	卢正义选辑	新华书店发行		37.993/L817;330.938/L813	文华图专实验图书馆藏书+4;张主教海松捐赠文化图专实验圕+1	1	3.6	
309	苏联高等教育	S.卡弗达诺夫著,刘君宝编译	火星社	1950 年 6 月	38.893/K136L	文华图书馆学专科学校藏书+8	1		有卡
310	苏联国民教育	卡拉施尼科夫著,何歌翻译	时代书报出版社	1948 年 11 月初版	37.193/K147h	武昌文华图书馆学专科学校藏+3	1		有卡

序号	书　名	作者	出版者	出版时间	分类号/索书号	印　章	复本	定价	备注
311	苏联国民教育		Foreign Languages Publishing Houese	1950 年			1	0.4	英文;封面脱落
312	苏联国民教育组织		新华书店	1950 年 11 月初版	38.193/M629y	文华图书馆学专科学校藏书+6	1	2.2	有卡
313	苏联基本早操	谢雷伊著,仇标译	上海北新书局	1953 年 2 月初版	338.631/O412	文华图书馆学专科学校藏书+4	1		有卡
314	苏联教师的修养与社会地位	杜霍夫耐著,郭大可译	中外出版社	1951 年 11 月初版	38.193/D563g	文华图书馆学专科学校藏书+5	2	2900 元	有卡
315	苏联教师们的教学经验	东北教育社编	新华书店东北总分店发行	1950 年 9 月初版	38.16/D465	文华图书馆学专科学校藏+7/6	2		有卡
316	苏联教师与少先队组织	卜鲁斯尼奇娜著,郭大可译	中外出版社	1951 年 10 月初版	38.62/B8369	文华图书馆学专科学校藏书+4	1		有卡
317	苏联教育工作的基本问题		新华书店	1950 年 3 月初版	38.193/D463	文华图专实验图书馆藏书+3	1	0.18	捐赠;有卡
318	苏联教育工作者的经验	瑞尔托夫著,林东、徐警青译	五十年代出版社	1953 年 9 月北京四版	38.424/R227（L）	武汉大学图书馆藏+1;武汉大学图书馆学专修科+3	1	9400 元	有卡
319	苏联教育制度	梅丁斯基著,庄季铭译	开明书店	1949 年 7 月再版	38.263/M365	文华图专实验图书馆藏+5	1		有卡
320	苏联科学	克罗守著,包玉珂译	商务印书馆	民国二十七年三月再版（1938 年）	500/K238	私立武昌文华图书馆学专科学校图书馆+12	1		王云五、韦慤主编;苏联小丛书;有卡

序号	书　名	作者	出版者	出版时间	分类号/索书号	印　章	复本	定价	备注
321	苏联全面教育	比提斯金著,成庆生译	学生书店	1950 年 5 月初版	38.193/B5492	文华图书馆学专科学校藏书+7	1		有卡
322	苏联全面教育		学生书店	1950 年 5 月初版	330.938/2154.c1	文华图书馆学专科学校藏书+11	1	3	封面封底散开
323	苏联人民教育制度Ⅵ		正风出版社	1951 年 8 月初版	38.193/M275	文华图书馆学专科学校藏书+6	1	6.5	有卡
324	苏联少年军事游戏		开明少年丛书	1950 年 6 月初版	38.64/G461L	文华图专实验图书馆藏书+4;本书承张主教海松捐赠 特此鸣谢 文华图专实验圕 公元 年 月 日+1	1	0.35	捐赠;有卡
325	苏联少年先锋队的工作 辅导员手册		青年出版社	1950 年 4 月初版,1950 年 6 月三版	313.67/A173	文华图专实验图书馆藏书+4	1	5	有卡
326	苏联体育运动的“准备劳动与卫国”制度	[苏]И.诺西波夫著,张涛译	青年出版社	1951 年 9 月初版	39.915/A557z	文华图书馆学专科学校藏书+4	1		新体育丛书;有卡
327	苏联团体操教材		上海北新书局	1952 年 10 月	39.94054/F115x	文华图书馆学专科学校藏书+6	1	12	有卡
328	苏联文化教育之发展		大东书局	1949 年 12 月初版	37.193/K138	文华图专实验图书馆藏书+4;本书承张主教海松捐赠 特此鸣谢 文华图专实验圕 公元 50 年 5 月 20 日+1	1	5.9	捐赠;有卡

序号	书名	作者	出版者	出版时间	分类号/索书号	印章	复本	定价	备注
329	苏联文教事业	林举岱编译	三联书店	1949 年 6 月	37.193/L584	武昌文华图书馆学专科学校藏+2	1		有卡
330	苏联文教事业		生活・读书・新知 上海联合发行所	1949 年 6 月沪初版	37.193/L584	文华图书馆学专科学校藏书+3	1	6.3	剩内页 1—148,缺封面封底
331	苏联文艺界的批评与自我批评	A.法捷耶夫等著,王子野译	新华书店	1950 年 11 月再版	45.02/F133w	文华图书馆学专科学校藏+5	1		有卡
332	苏联学生的思想政治教育		新华书店	1949 年 12 月	39.16/A168w	本书承张主教海松捐赠特此鸣谢 文华图专实验圕 公元 50 年 5 月 17 日+1;文华图专实验图书馆藏书+6	1	0.78	捐赠;有卡
333	苏联学生的思想政治教育 1		新华书店	1950 年 4 月初版	39.16/A168j	文华图书馆学专科学校藏书+11	1	0.41	有卡
334	苏联学生的思想政治教育 2		新华书店	1950 年 8 月中南第一版	39.16/A168j	文华图书馆学专科学校藏书+11	1	0.48	有卡
335	苏联学校教育讲座	索柯洛夫著,小英等译	新华书店	1949 年 6 月再版	38.19/S890x	文华图书馆学专科学校藏+4	1		有卡
336	苏联学校教育讲座		人民教育出版社	1951 年 9 月初版	38.193/S890x	文华图书馆学专科学校藏书+4	1	0.27	有卡
337	苏联学校教育讲座		人民教育出版社	1952 年 3 月北京初版	38.263/S890s	文华图书馆学专科学校藏书+4	1	0.17	有卡

序号	书　名	作者	出版者	出版时间	分类号/索书号	印　章	复本	定价	备注
338	苏联语文教学的新方向		五十年代出版社	1952 年 6 月北京初版	38.16/W136	文华图书馆学专科学校藏书+3	1	0.45	有卡
339	苏联知识分子的马列主义教育		上海出版社	1952 年 12 月第一版	32.38/B222z	文华图书馆学专科学校藏书+4	1	0.34	有卡
340	苏联知识分子的马列主义教育		上海出版社	1953 年 2 月第二版	38.13/B227z	文华图专图书馆+1；文华图书馆学专科学校藏书+3	1	1.34	有卡
341	苏联中学高年级历史课提问教学法		人民教育出版社	1955 年 8 月	38.73/K163(L)	图专+3；武汉大学图书馆+3	1	0.22	有卡
342	苏维埃教授学问题	柯罗列夫等著，高晶齐译	正风出版社印行	1953 年 3 月初版	38.16/K3239	文华图专图书馆+3	1		有卡
343	苏维埃教授学问题 I		正风出版社	1953 年 3 月初版	38.16/K323g	文华图专图书馆+3	2	1.26	有卡
344	苏维埃社会主义文化	[苏]齐尔诺夫著，裘振刚译	上海振先书屋	1950 年 11 月再版	938.2/T365；37.193/Q133	文华图专图书馆+4	1	5.5	有卡
345	速成识字法		察哈尔人民出版社	1952 年 6 月张家口修订版	41.259/C225	文华图书馆学专科学校藏书+4	1	1.8	有卡
346	速成识字法教学讲话		东北人民出版社	1952 年 8 月初版	39.29/D468	文华图书馆学专科学校藏+4	1	1.1	有卡
347	速成识字法教学手册	华东人民出版社	华东人民出版社	1952 年 8 月初版	39.29/H479	文华图书馆学专科学校藏书+6	1		有卡

序号	书　名	作者	出版者	出版时间	分类号/索书号	印　章	复本	定价	备注
348	速成识字法介绍	武汉市人民政府文教局编	中南人民出版社	1952年6月初版	39.28/W1738	文华图书馆学专科学校藏书+4	1		有卡
349	速成识字简明字汇		商务印书馆	1953年4月初版	41.25/B477	文华图专图书馆+5	1	0.6	有卡
350	速成识字教学经验		山东人民出版社	1952年11月初版	39.29/S290	文华图书馆学专科学校藏书+4	1	1.8	有卡
351	速成识字手册		北京人民出版社	1952年7月三版	41.259/B474	文华图书馆学专科学校藏书+3	1	1.5	有卡
352	台湾省教育要览	台湾省政府教育厅编		民国三十六年十月(1947年)	330.91/T148	武昌文华图书馆学专科学校藏+2	1		
353	谈谈青年的生活、工作和学习		中国青年出版社	1953年6月第一版		文华图专图书馆+2;文华图书馆学专校+4	1	3.1	
354	陶行知	麦青著	上海联合发行所	民国三十八年六月版(1949年)	26.12678/S272	文华图书馆学专科学校藏+6	1		新中国百科小丛书;有卡
355	陶行知教育论文选辑	陶行知著,方与严编	生活书店发行	民国三十七年七月初版(1948年)	38.1083/T271	武昌文华图书馆学专科学校藏+5	1		有卡
356	特殊学校	李万育编著	商务印书馆	民国二十六年六月初版(1937年)	338.8/L346	武昌文华图书馆学专科学校藏+4;钢印:私立武昌文华图书馆学专科学校+2	1		
357	誊写技术铁笔使用法	孙皵铨编	上海勤业公司风筝牌蜡纸所誊印		85.34/S854	文华图专图书馆+2	2		有卡

序号	书　名	作者	出版者	出版时间	分类号/索书号	印　章	复本	定价	备注
358	提高中小学教育质量问题		中央人民政府政务院文化教育委员会	1951 年	38.1/K189w	文华图书馆学专科学校藏书+5	1	0.6	有卡
359	体育场	邵汝干、江良规编著	商务印书馆		338.639/S.336	钢印:私立武昌文华图书馆学专科学校;武昌文华图书馆学专科学校+3	1		社会教育小丛书;有卡
360	体育场地.设备手册		青年出版社	1952 年 11 月初版	39.92/X487	文华图书馆学专科学校藏书+4	1	0.14	有卡
361	体育概论	王学政	商务印书馆	民国三十三年六月(1944 年)	39.91/W293	文华图专实验图书馆藏书+5	1	6 元	新中学文库,复兴丛书;有卡
362	体育设备	马瑜著	商务印书馆	1951 年 3 月四版	39.92/M266	文华图专图书馆+4;文华图书馆学专科学校藏书+5	1		有卡
363	体育设备图解		教育书店	1952 年 10 月初版	39.92074/Y877	文华图书馆学专科学校藏书+4	1	0.55	有卡
364	体育译丛(第 1 辑)		青年出版社	1953 年 1 月初版	39.91/X489	文华图书馆学专科学校藏书+4	1	2.7	封面、封底和扉页脱落;有卡
365	体育与运动 苏联工会工作者手册		二人出版社	1952 年 10 月北京第一版	39.9/Z648	文华图书馆学专科学校藏书+4	1	1.3	有卡
366	天文学及中学天文学教学法教学大纲		东北教育出版社	1952 年 8 月初版	55.053/B415	文华图书馆学专科学校藏书+4	1	2.5	有卡

序号	书　名	作者	出版者	出版时间	分类号/索书号	印　章	复本	定价	备注
367	田径教材		北京市中小学体育教师学会	1951 年 11 月	39.95/B487	文华图书馆学专科学校藏书+4	1	1.8	有卡
368	田径赛规则	新体育社编	青年出版社	1951 年 5 月再版	39.95/X487	文华图书馆学专科学校藏+4	1		新体育小丛书;有卡
369	田径运动练习法		青年出版社	1953 年 4 月	338.634/1062	文华图书馆学专科学校藏书+1;文华图专图书馆+3	1	2.2	有卡
370	跳绳	王厚熙编著	中国青年出版社	1953 年 6 月第一版	39.99/x487	文华图书馆学专科学校藏书+2	1		“劳卫”制锻炼方法小丛书;有卡
371	通过各课进行爱国主义教育的经验介绍		大象书店	1951 年 11 月	38.13/L831	文华图书馆学专科学校藏书+5	1	5	有卡
372	通俗报刊与写作通俗化问题	高健民编	华南人民出版社	1951 年 9 月初版	37.46/G233	文华图书馆学专科学校藏书+3	2		有卡
373	通讯员学习手册	劳动报编辑部编	劳动出版社	1951 年 6 月版	37.44073/L19	文华图书馆学专科学校藏+4	1	6500 元	有卡
374	童子军教育概论	吴耀麟	商务印书馆		N/332.6/W498	文华图专实验图书馆藏书+4	1		新中学文库;缺封底
375	图书馆的财政问题	[美]卫迟(Care Vitz)编,戴镏龄译	武昌文华圕学专科学校	民国二十三年(1934 年)	O22/V836	武昌文华图书馆学专科学校图书馆+3;文华图专学生课本+1	1	大洋五角	文华图书馆学专科学校小丛书;有卡

序号	书　名	作者	出版者	出版时间	分类号/索书号	印　章	复本	定价	备注
376	徒手体操图解		教育书店	1952年2月初版，1952年10月再版	39.944/G217	文华图书馆学专科学校藏书+4	1	6.5	
377	团结进步办好学校	河北教育社	河北教育社	1951年8月初版	38.24/H248	文华图书馆学专科学校藏书+6	1		河北教育丛书；有卡
378	团体游戏精选集		青年协会书局	1950年2月	256.35/T551	武昌文华图书馆学专科学校藏+3；本书承张主教海松捐赠 特此鸣谢 文华图专实验圃 公元1950年11月15日	1	6	捐赠；有卡
379	为加深和巩固儿童的知识而斗争（辅导员学习资料）		青年出版社	1953年1月第一版	33.19/Z548	文华图专图书馆+4	1	0.18	有卡
380	伟大的思想家柏林斯基论教育	波兹纳斯基著，宗华译	作家书屋	1952年4月初版	38.1/B758	文华图书馆学专科学校藏书+4	1		有卡
381	文化建设书丛（第一辑）	三民主义青年团中央干事会文化建设运动委员会编	青年出版社	民国三十五年六月初版（1946年）	902/S216	武昌文华图书馆学专科学校藏+4	1		文化建设丛书之一
382	文化教育与青年	罗家伦著	商务印书馆		330/L714/c.2	私立武昌文华图书馆学专科学校图书馆+1	1		无封底页
383	文化形态学研究	斯勃朗格著，王文俊译	独立出版社		130/S133	私立武昌文华图书馆学专科学校图书馆+2	1		哲学名著译丛；缺封底

序号	书　名	作者	出版者	出版时间	分类号/索书号	印　章	复本	定价	备注
384	文化哲学	朱谦之著	商务印书馆	民国二十四年十二月初版(1935年)	902/C744	钢印:私立武昌文华图书馆学专科学校;武昌文华图书馆学专科学校+3	1	国币一元三角	有卡
385	文教工作者的思想改造问题(上册)		人间书屋	1952年6月	32.283/Z582	文华图书馆学专科学校藏书+5	1	5.5	有卡
386	稳步改革高等教育	新教育社编	新华书店华东总分店发行	1950年11月再版	38.81/X461	文华图书馆学专科学校藏+7	1		教育工作参考资料;有卡
387	我的十项运动成功经验	[苏]沃尔科夫(B. Волков)撰,刘烈光译,新体育社编辑	青年出版社	1953年4月	39.91/W497	文华图书馆学专科学校藏书+1;文华图专图书馆+4	1	2	有卡
388	我对于教学俄文的一点经验		五十年代出版社	1951年	41.659/W634	文华图书馆学专科学校藏书+4	1	2	有卡
389	我对于教育之今昔意见		商务印书馆	民国三十四年三月初版(1945年)	330.4/C685	私立武昌文华图书馆学专科学校图书馆+4	1	1.2	有卡
390	我们教学的经验 I		正风出版社	1951年2月沪三版	38.16/L286g	文华图专图书馆+6	1	9.4	
391	我们能劳动	吴伟邦编	青年出版社	1951年8月初版	39.998/W586	文华图书馆学专科学校藏书+2	1		新体育丛书;有卡
392	我是怎样自学的	甦旅著	天津大众书店印行	1951年	338.81/1508/C.3;39.49/S831	文华图书馆学专科学校藏书+4	1	5000	有卡

序号	书　名	作者	出版者	出版时间	分类号/索书号	印　章	复本	定价	备注
393	我是怎咩自学的	甦旅著	天津大众书店	1952 年 9 月七版	39.49/S831	文华图书馆学专科学校藏书+3	1		有卡
394	我为祖国做了些什么工作(第一本)	文化学习社编	华东人民出版社		39.29/W453	文华图书馆学专科学校藏书+3	1	1000	文化学习读物;有卡
395	我怎样当报纸通讯员	王占顺等作	东北人民出版社	1952 年 8 月初版	37.44/W231	文华图书馆学专科学校藏书+4	1	700	有卡
396	五级分制记分法实施经验		察哈尔教育社		38.165/C227	文华图书馆学专科学校藏书+3	1	2.2	有卡
397	五级分制与考试的检查工作	外国语学校外语教学丛书编辑委员会编	五十年代出版社	1952 年 6 月北京初版	38.165/W136	文华图书馆学专科学校藏书+3	1		外国语教学丛书;有卡
398	西桥小孩创造记	西桥工学团编	亚东图书馆	民国二十六年三月版(1937 年)	39.282/x133	武昌文华图书馆学专科学校+2;钢印:私立武昌文华图书馆学专科学校+3	1		无封底页
399	现代教育原理	钱亦石编,杨复耀修订	中华书局	1949 年 11 月修订一版	38.13/Q357	文华图书馆学专科学校藏+6	1		有卡
400	乡村教学经验谈	毕德蔓著,赵叔愚译	商务印书馆	民国三十六年四月二版(1947 年)	N/338.41/P394c	文华图专实验图书馆藏书+5	1		新中学文库,现代教育名著;有卡
401	乡村教育		上海三民图书公司		338.1/K563	私立武昌文华图书馆学专科学校图书馆+3	1	1	缺封面和封底,内页页码到 112

序号	书　名	作者	出版者	出版时间	分类号/索书号	印　章	复本	定价	备注
402	乡村教育纲要	杨效春著	中华书局	1934年	330.124/Y211	武昌文华图书馆学专科学校+2;私立武昌文华图书馆学专科学校+1	1		缺封底
403	小学教师的工作与学习问题	史瑞芬等著	展望周刊社	1952年12月八版	38.62/S561	文华图专图书馆+1;文华图书馆学专科学校藏书+3	1		生活小丛书;有卡
404	小学教师业务学习讲座	张腾霄著	大众书店印行	1952年10月增订四版	38.1/Z323	文华图书馆学专科学校藏书+5	1		教师月报丛书之一
405	小学教学方法研究		教育书店出版,联营书店发行	1951年9月再版	38.66051/T242	文华图书馆学专科学校藏书+5	1	7.2	
406	小学教育概论	程其保编	商务印书馆		N/338.2/C447	文华图专实验图书馆藏书+3	1		新中学文库,师范丛书;无封底
407	小学课本语文第一册 注音字母教学手册	周彦伯编,黎维岳校	上海春明出版社	1952年11月初版	41.247/Z743	文华图书馆学专科学校藏书+4	1		有卡
408	小学五年一贯制学习资料(第一辑)		光明日报	1952年10月初版	38.6079/G622	文华图书馆学专科学校藏书+4	1	0.3	有卡
409	校具和教具怎样设备	俞子夷主编	上海儿童书局	民国三十六年五月五版(1947年)	331.02/Y694v1	文华图专实验图书馆藏书+3;本书承张主教海松捐赠,特此志谢 文华图专实验圕 公元1949年12月	1		小学应用丛书;有卡
410	校长教导主任班主任	河南省人民政府教育厅编		1950年9月	38.24/H254	文华图书馆学专科学校藏+5	1		文教丛刊;有卡

序号	书　名	作者	出版者	出版时间	分类号/索书号	印　章	复本	定价	备注
411	新编女童子军中级课程		二二五童子军书报用品社	民国二十六年八月六版（1937年）	313.67/F153	私立武昌文华图书馆学专科学校图书馆+7	1	0.48	封底和最后几页脱落；有卡
412	新儿童教育（原名活教育）（第六七卷）		上海儿童书局	1950年1月至1951年12月止	38.6087/X296	文华图专实验图书馆藏书+10；武昌文华图书馆学专科学校藏+4；文华图专图书馆+15	1		杂志合集；有卡
413	新教育体系		文治出版社	1945年	330/C447	江都孙氏映雪书屋德安藏书+3；武昌文华图书馆学专科学校藏+5	1		缺封底；捐赠
414	新民主主义教育课程		上海杂志公司	1950年11月第一版，1951年3月第三版	38.1/C315	文华图书馆学专科学校藏书+9	1	17	有卡
415	新民主主义教育学资料选辑		河南大学	1951年6月	38.11073/H253	文华图专图书馆+5	1	5.8	有卡
416	新式标点使用法		中华书局	民国二十六年四月初版（1937年）	416.4/M124	武昌文华图书馆学专科学校+3；武昌文华图书馆学专科学校学生服务团巡回文库+2	1		全书散开，缺封底
417	新体育的理论与实践	新教育社编	华东人民出版社	1951年2月版	39.9/X461	文华图书馆学专科学校藏+5	1		教育工作参考资料；有卡

序号	书　名	作者	出版者	出版时间	分类号/索书号	印　章	复本	定价	备注
418	新闻采访与写作	戈阳著	生活·读书·新知三联书店发行		040/K433;37.45/G287	文华图专实验图书馆藏书+5;张主教海松捐赠文华图专实验圕	1	3.2	新中国百科小丛书;有卡
419	新学制高中教科书本国史		商务印书馆	民国十八年九月十三版(1929年)	910/L948	私立武昌文华图书馆学专科学校图书馆+5	1		缺封面和扉页,书散开
420	新中国的新气象	新华社地方新闻编辑部编	生活·读书·新知三联书店	1953年4月在北京印造初版	44.652/X457	文华图书馆学专科学校藏书+1;文华图专图书馆+2	1		有卡
421	学生小字典	王云石			41.25/w312;G/41.25/W223c		1		作者、分类号查自武汉大学图书馆
422	学生字典	陆尔奎、方毅	商务印书馆	民国二十二年一月(1933年)			1		缺封面封底;笔画索引
423	学习 实践 生活	读者书店编委会编辑	读者书店印行		38.16/D532	文华图书馆学专科学校藏书+3	1	2.7	有卡
424	学习生活	徐真著	实践出版社	1951年9月(沪)初版	39.17/X611	文华图书馆学专科学校藏书+6	1	¥3100	有卡
425	学习苏联先进的教学方法-课堂讨论		北京师范大学出版部	1951年12月初版	38.1632/B477	文华图书馆学专科学校藏书+3	1	0.45	封面破损脱落;有卡

序号	书　名	作者	出版者	出版时间	分类号/索书号	印　章	复本	定价	备注
426	学习苏联先进的教育方法——课堂讨论	习明纳尔	北京师范大学出版部	1952 年 5 月再版	38.1632/B477	文华图书馆学专科学校藏书+2	1		有卡
427	学习五级分制计分法	广东教育与文化月刊社	华南人民出版社	1952 年 8 月再版	38.165/G625	文华图书馆学专科学校藏+2	1		教师学习小丛书;有卡
428	学校教师与团的合作		中外出版社	1951 年 8 月初版	38.27/K439G	文华图书馆学专科学校藏书+8	1	6.5	有卡
429	学校墙报工作	嘉普洛娃著,冬明、冯力合译	大众书店印行	1951 年 11 月初版	38.74/J273	文华图书馆学专科学校藏书+6	1		有卡
430	学校中的政治思想教育		棠棣出版社	1951 年 7 月初版	39.1/Z558	文华图专图书馆+6	1	13.8	有卡
431	学艺汇刊 诗论一册	潘大道著	商务印书馆	民国十三年五月(1924 年)	811.104/P178	武昌文华图书馆学专科学校+2	1		有卡
432	亚洲及太平洋地区和平会议筹备会议	中国人民保卫世界和平委员会编	世界知识出版社	1952 年 9 月初版	33.8143/Z591	文华图书馆学专科学校藏书+5	1	三千六百元	缺封底
433	一个办农民文化学习版的报告		新华书店	1950 年 8 月中南第一版	39.29/L585	文华图书馆学专科学校藏书+4	1	1.9	有卡
434	一个技术学校校长的手记	拉基诺著,吴锋译	东北教育出版社	1950 年版译出,1952 年 8 月初版	38.27/L132	文华图书馆学专科学校藏+4	1		有卡

序号	书　名	作者	出版者	出版时间	分类号/索书号	印　章	复本	定价	备注
435	印度古代文化	武田丰四郎著，杨链译	商务印书馆	1936 年 4 月	24.613/W738	武昌文华图书馆学专科学校+3	1		史地小丛书
436	英国之成人教育		商务印书馆	民国二十六年六月初版（1937年）	39.28511/G217	武昌文华图书馆学专科学校+4；私立武昌文华图书馆学专科学校+2	1	0.4	封面脱落，缺封底
437	迎中国的文艺复兴	李长之	商务印书馆	民国三十三年八月（1944 年）	910.2/L312	私立武昌文华图书馆学专科学校图书馆	1		有卡
438	游戏与教育	王国元编	中华书局	民国二十九年一月发行（1940年）	333.3/W233	武昌文华图书馆学专科学校藏+3	1		教育丛书；有卡
439	幼儿的世界（下册）		广学会	1950 年 7 月初版	338.92/H581.V2	武昌文华图书馆学专科学校藏+4	1		有卡
440	幼稚教育大纲		中央训练委员会内政部	民国三十一年一月（1942 年）	338.13/W487	武昌文华图书馆学专科学校+2	1		有卡
441	幼稚园的课程			1949 年	372.2/Y596	文华图专图书馆+4	1	3.2	俄文；有卡
442	幼稚园教育概论	张雪门	商务印书馆	民国三十六年三月四版（1947年）	N/338.13/C299	文华图专实验图书馆藏书+4	1		新中学文库，师范小丛书；有卡
443	语文教学的方向问题（修订本）	西北军政委员会教育部编	西北人民出版社	1950 年 12 月修订一版	41/X120	文华图书馆学专科学校藏书+4	1		有卡

序号	书　名	作者	出版者	出版时间	分类号/索书号	印　章	复本	定价	备注
444	阅读与写作	夏丏尊、叶绍钧合著	开明书店	民国二十七年一月(1938年)	810.07/H157	武昌文华图书馆学专科学校	1		缺封底;有卡
445	阅读与写作	夏丏尊、叶绍钧合著	开明书店	民国三十七年七月特一版(1948年)	K416/H157A3	武昌文华图书馆学专科学校藏+5	1		开明青年丛书;有卡
446	运动对国防的实用性	依·特·奥西波夫著,阎海译,蕴健校	青年出版社	1953年3月第一次印刷	39.916/A557F	文华图专图书馆+4	2	1100元	有卡
447	运动员的生活制度	恩·恩·雅科甫列夫著,阎海译	中国青年出版社	1953年5月第一版	39.913/y119Q;39.91/Y118y	文华图专图书馆+3;文华图专图书馆+4	2	0.11	有卡
448	在成长中的人民文化馆	教育资料丛刊社编	人民教育出版社		33.992/J458	文华图书馆学专科学校藏书+5	1	4700	教育资料丛刊;有卡
449	怎样办好农村黑板报	林音频编著	新华书店山东总分店发行		338.8/L539;39.182/L598	武昌文华图书馆学专科学校藏+3	1	1.8	有卡
450	怎样办好人民文化馆	工农教育丛刊编委会编	生活·读书·新知三联书店发行	1950年10月初版	338.94/K464;37.9/G239(2)	文华图专实验图书馆藏书+1;武昌文华图书馆学专科学校藏+3	2	4.6	工农教育丛刊;1本有卡
451	怎样办好人民文化馆(增订版)	工农教育丛刊编委会编	生活·读书·新知三联书店	1951年3月第四版	37.9/G435	文华图专图书馆+3;文华图书馆学专科学校藏书+3-4	5	5400	工农教育丛刊;2本无封底;有卡
452	怎样办好政治学习班		作家书屋	1951年10月初版	39.121/K544x	文华图书馆学专科学校藏书+7	1	7	有卡

序号	书　名	作者	出版者	出版时间	分类号/索书号	印　章	复本	定价	备注
453	怎样帮助儿童好好学习		中外出版社	1952年2月	38.6/S711	文华图书馆学专科学校藏书+7	1	2.9	有卡
454	怎样编写通俗报刊	柯蓝著	新华书店	1950年4月中南第一版	37.47/K317	文华图专实验图书馆藏书+4	1		有卡
455	怎样补救解决应用题的困难	俞子夷主编，沈寿金、秦启文编辑	上海儿童书局	民国三十六年五月五版（1947年）	331.02/y694v.5	文华图专实验图书馆藏书+1;本书承张主教海松捐赠特此志谢 文华图专实验圕公元1949年12月	1		小学应用丛书之一;有卡
456	怎样订立教学计划	李伯棠编著	商务印书馆	1951年7月再版	38.6/L273	文华图书馆学专科学校藏+7	1		小学教学技术丛刊;有卡
457	怎样读书	布尔勤娜等著	群众书店	1951年7月	39.49/B849	文华图书馆学专科学校藏+5	1		群众文库;有卡
458	怎样读书		青年出版社	1952年5月初版	39.49/P619z	文华图书馆学专科学校藏书+4	1	1.8	有卡
459	怎样读书		中外出版社	1951年10月再版	39.49/L618	文华图书馆学专科学校藏书+4	1	2.9	有卡
460	怎样搞读报组	沈涯夫、徐常、葛娴著	劳动出版社	1951年8月初版	39.171/S438	文华图书馆学专科学校藏+4	3	1200	有卡
461	怎样记分和结分	主编俞子夷，沈寿金、陈情编辑	儿童书局	民国三十六年五月五版（1947年）	38.63/Y822	文华图专实验图书馆藏书+3;本书承张主教海松捐赠特此志谢 文华图专实验圕公元1949年12月 日	1		小学应用丛书;有卡

序号	书　名	作者	出版者	出版时间	分类号/索书号	印　章	复本	定价	备注
462	怎样记账	梁思光编写	通俗文化出版社	1950 年 8 月初版	29.83/L517	文华图专实验图书馆藏书+3;本书承张主教海松捐赠 特此志谢 文华图专实验圕 公元 年 月 日	1		有卡
463	怎样教学注音字母	万茜著,魏建功、黎锦熙、萧家霖、孙伏园校订	商务印书馆	1952 年	41.2472/W159	文华图书馆学专科学校藏书+3	1	1200	有卡
464	怎样教育儿童	教师月报社编	大众出版社	1953 年 6 月第一版	38.6/J456	文华图书馆学专校+4	1		教师月报丛书之二;有卡
465	怎样进行体育锻炼		西南青年出版社	1952 年 4 月 26 日渝初版;1952 年 10 月 6 日渝五版	39.9/X133	文华图书馆学专科学校藏书+5	1	4	有卡
466	怎样进行职工文教工作?	东北总工会编	沈阳:东北新华书店	1949 年 12 月初版	33.215/D465	文华图专实验图书馆藏书+4;本书承 张主教海松捐赠 特此鸣谢 文华图专实验圕 公元 1950 年 2 月 27 日	1		捐赠;有卡
467	怎样经济批改卷簿的时间	赵欲仁编辑	上海儿童书局	民国三十六年五月五版(1947 年)	38.63/y822	文华图专实验图书馆藏书+2;本书承张主教海松捐赠 特此志谢 文华图专实验圕 公元一九四九年十二月	1		俞子夷主编:小学应用丛书之一;有卡

序号	书　名	作者	出版者	出版时间	分类号/索书号	印　章	复本	定价	备注
468	怎样经营农业（蒙文）	内蒙古出版社	内蒙古自治区人民政府出版局	1952年3月初版;此版中央民族印刷厂重印		文华图书馆学专科学校藏书+2	1		有卡
469	怎样考绩	俞子夷主编	上海儿童书局	民国三十六年五月五版（1947年）	38.63/Y822	文华图专实验图书馆藏+4	1		小学应用丛书;有卡
470	怎样练习六人排球		上海文艺报	1952年9月初版	39.961/R132	文华图书馆学专科学校藏书+4	1	1.5	有卡
471	怎样练习乒乓球	陆汉俊编著	中国文化事业出版社	1953年4月修订新一版	39.966/L890	文华图专图书馆+4	1		
472	怎样实行小学五年一贯制	察哈尔教育社编	新华书店察哈尔分店	1952年11月22日三版	38.66/C227	文华图书馆学专科学校藏+4	1		有卡
473	怎样实施复式教学与单级教学计划		上海儿童书局	民国三十六年五月五版（1947年）	38.162/Y822	本书承张主教海松捐赠特此鸣谢 文华图专实验圕 公元一九四九年十二月 日;文华图专实验图书馆藏书+3	1		有卡
474	怎样统计	俞子夷主编	上海儿童书局	民国三十六年五月五版（1947年）	29.91/Y838	文华图专实验图书馆藏书+3	1		小学应用丛书;有卡
475	怎样作工作总结——关于调查研究业务之总结	洪彦林著	文化供应社	1951年3月	17.7/H381	文华图专图书馆+6	1	8	有卡

序号	书名	作者	出版者	出版时间	分类号/索书号	印章	复本	定价	备注
476	怎样做好人民文化馆工作	孟式钧编	文化供应社印行	1951年	37.9/M437	文华图书馆学专科学校藏书+9	4	7500	有卡
477	怎样做级任导师		中外出版社	1952年1月初版	38.24/D563g	文华图书馆学专科学校藏书+8	1	0.8	有卡
478	怎样做一个人民的小学教师	中国新民主主义青年团西南工作委员会宣传部编	西南青年出版社	1952年7月30日渝初版	38.62/S289	文华图书馆学专科学校藏+4	1		有卡
479	怎样做一个人民教师		山东人民出版社	1951年8月初版	38.62/S289	文华图书馆学专科学校藏+4	1	0.26	有卡
480	战后美国之国民教育	曾大钧译	商务印书馆	民国三十四年三月重庆初版(1945年),民国三十五年十月上海初版(1946年),民国三十六年三月上海再版(1947年)	N/330.941/N213	文华图专实验图书馆藏书+3	1	国币壹元伍角	新中学文库;有卡
481	战时教育	欧元怀等编著	正中书局印行	民国三十六年六月初版(1947年)	330.40146	武昌文华图书馆学专科学校+4	1		教育小丛书;有卡
482	战时教育方针		正中书局	民国二十八年十月初版(1939年)	330.122/C381	私立武昌文华图书馆学专科学校图书馆+3	1	0.35	缺封面和封底;捐赠

序号	书　名	作者	出版者	出版时间	分类号/索书号	印　章	复本	定价	备注
483	战时教育论集		生活教育社	民国二十七年五月初版（1938年）	330.4/S463	武昌文华图书馆学专科学校+4;私立武昌文华图书馆学专科学校+2	1	7.5	封面脱落，缺封底;有卡
484	战时社会教育		中正书局	民国二十八年四月初版（1939年）	338.8/C298s	私立武昌文华图书馆学专科学校图书馆+2;武昌文华图书馆学专科学校+3;私立武昌文华图书馆学专科学校+3	1	0.3	
485	战时新闻工作入门	中国青年记者学会编	生活书店	民国二十八年三月（1939年）	040/C431	私立武昌文华图书馆学专科学校图书馆+3;武昌文华图书馆学专科学校藏	1		无底皮
486	战时言论出版自由	张九如、童蒙圣、马星野等著	独立出版社印行	民国二十八年四月六版（1939年）	040.13/C287	私立武昌文华图书馆学专科学校图书馆+2;武昌文华图书馆学专科学校（反）+1	1	0.2	战时综合丛书第四辑;无封底
487	战士学文化	文化学习社编	华东人民出版社	1952年1月初版	39.29/W453	文华图书馆学专科学校藏书+4	1		有卡
488	政治学校的工作经验		人民出版社	1951年9月中南重印初版	39.121/L689	文华图书馆学专科学校藏书+4	1	4	
489	知识分子与教育问题	解放社编	新华书店	1949年11月再版	32.2715/J525	文华图书馆学专科学校藏+4	1		有卡
490	职业教育		正中书局		338.4/4265	武昌文华图书馆学专科学校+1	1		封底缺失，底页破损;有卡

序号	书　名	作者	出版者	出版时间	分类号/索书号	印　章	复本	定价	备注
491	职业教育通论	庄泽宣	商务印书馆	民国三十六年五月三版（1947年）	N/338.4/C876	文华图专实验图书馆藏书+2	1		新中学文库，师范丛书；有卡
492	掷标枪	王士林著	中国青年出版社	1953年6月第一次印刷	39.953/W294	文华图书馆学专科学校藏书+2	1		“劳卫”制锻炼方法小丛书；有卡
493	中大丛书之七 中大讲座		中大教务处		38.11/Z513	中原大学图书馆 赠 文华图专科学校+1；武昌文华图书馆学专科学校藏+2	1		捐赠；有卡
494	中等学校的领导	B. M. 沙姆莱著，任民、唐季文译	学习书店	1951年12月版	38.271/S237	文华图书馆学专科学校藏+2	1		新教育丛书；有卡
495	中等学校课外工作Ⅺ		正风出版社	1952年10月	38.75/A122	文华图书馆专科学校藏书+6	1	9.5	有卡
496	中等学校适用应用文	张须编辑	商务印书馆	民国二十三年三月国难后第六版（1934年）	818.1/C299	私立武昌文华图书馆学专科学校图书馆+6	1		
497	中国革命读本（修订本）	王惠德、于光远著	人民出版社	1951年	32.209/W229	文华图专图书馆+3	1	11000	有卡
498	中国革命读本（修订本）上册	王惠德、于光远著	新华书店发行	1950年4月四版	32.209/W239	文华图书馆学专科学校藏书+9	1	4	中等学校政治课适用；有卡
499	中国革命读本（修订本）下册	王惠德、于光远著	人民出版社	1951年4月修订三版	29.245/W229	文华图书馆学专科学校藏书+9	1	6000	中等学校政治课适用；有卡

序号	书　名	作者	出版者	出版时间	分类号/索书号	印　章	复本	定价	备注
500	中国教育史	王凤喈编著	正中书局	民国三十四年三月初版（1945年）	330.91/W227	私立武昌文华图书馆学专科学校图书馆+4	1	国币6.8元	缺封面，内页页码从11开始；有卡
501	中国教育史略	徐式圭著	中华学艺社、商务印书馆	民国二十年十二月初版（1931年），民国二十三年一月国难后第一版（1934年）	330.91/S914	武昌文华图书馆学专科学校+3；私立武昌文华图书馆学专科学校+1	1	大洋捌角	学艺汇刊；缺封底；有卡
502	中国教育史一册		商务印书馆	民国二十五年四月初版（1936年）	330.91/C395	武昌文华图书馆学专科学校+12；私立武昌文华图书馆学专科学校+2	1	5.5	书散开；有卡
503	中国科学社第二十次年会纪事	中国科学社编	中国科学社	民国二十四年十一月（1935年）	37.2239/Z559	武昌文华图书馆学专科学校+2	1		有卡
504	中国社会教育行政		商务印书馆	民国二十六年六月初版（1937年）	330.124/S439	武昌文华图书馆学专科学校+4	1	0.5	封底脱落；有卡
505	中国书院制度	盛朗西编	中华书局	民国二十三年十一月（1934年）	22.3/H647	武昌文华图书馆学专科学校+5	1	0.8	封底脱落；有卡
506	中国童子军教育					武昌文华图书馆学专科学校+3	1		缺封面、封底

序号	书 名	作者	出版者	出版时间	分类号/索书号	印 章	复本	定价	备注
507	中国西部博物馆概况	四川北碚编印		民国三十六年九月（1947年）	37.792/Z626；990.079/C631	武昌文华图书馆学专科学校藏+3	1		有卡
508	中国战时教育		正中书局	民国二十九年六月初版（1940年）	330.91/K566	武昌文华图书馆学专科学校+5；私立武昌文华图书馆学专科学校+1	1	1.15	封面和扉页缺失；有卡
509	民国二十二年度全国社会教育统计（1936年）	教育部编	商务印书馆	民国二十五年五月初版（1936年）	R330.14/G298	武昌文华图书馆学专科学校+3；私立武昌文华图书馆学专科学校图书馆+2；钢印：私立武昌文华图书馆学专科学校+2	1		有卡
510	中苏文化交流	郭沫若著	上海联合发行所	1949年6月沪初版	33.8233/G753	文华图书馆学专科学校藏书+3	1		有卡
511	中学各科学习法	夏丏尊、林语堂等著	开明书店	民国三十七年七月特版（1948年）	38.76052/X224	武昌文华图书馆学专科学校藏+4	1		开明青年丛书；有卡
512	中学教学参考资料（第一辑）		天津教育社	1950年6月6日	38.7079/T333	本书承张主教海松捐赠特此鸣谢 文华图专实验圕公元 年 月 日；文华图专实验图书馆藏书+6	1	12	捐赠；有卡
513	中学劳作教学实施法	游荣耀、熊仁安编著，徐康民校订	国立劳作师范学校印行	民国三十五年元月（1946年）	330/y628	私立武昌文华图书馆学专科学校图书馆+3	1		有卡

序号	书 名	作者	出版者	出版时间	分类号/索书号	印 章	复本	定价	备注
514	中学历史教学的改进		人民教育出版社	1952年10月初版	38.16/J458	文华图书馆学专科学校藏+6	1	0.4	有卡
515	中学生物教学的改造		人民教育出版社	1951年2月上海初版	38.16/X461	文华图书馆学专科学校藏书+4	1	0.46	有卡
516	中学语文教学的改进		教育资料丛刊社	1951年10月原版，1951年12月北京初版	38.16/J458	文华图书馆学专科学校藏书+7	1	5.5	有卡
517	注音单字本	武汉通俗出版社	武汉通俗出版社	1952年7月初版	41.2472/W738	文华图书馆学专科学校藏书+3	1	1500元	有卡
518	注音单字手册（修订本）	中南总工会文教部编	中南工人出版社	1952年6月中南第二版	41.247/Z665	文华图书馆学专科学校藏书+4	1		有卡
519	专科以上学校教员名册	教育部编	该教育部	1942年	G529.6		1		无封面、封底；分类号据国图
520	资本主义国家教育批判		中华书局		38.16039/G182	文华图书馆学专科学校藏书+4	1		封面仅剩一半，缺封底
521	自学方法漫谈		棠棣出版社	1952年12月	39.49/C491	文华图书馆学专科学校藏书+3	1	5.5	有卡
522	邹平的村学乡学	萧克木编	邹平乡村书店	民国二十五年十一月（1936年）	338.41/S436	武昌文华图书馆学专科学校+5；私立武昌文华图书馆学专科学校图书馆+1	1	0.45	封底脱落，缺封面；有卡

（八）H 语言、文字

现存 126 种，161 册。

序号	书名	作者	出版者	出版时间	分类号/索书号	印章	复本	定价	备注
1	Animals of Ancient Egypt	David Paton	Frinceton University Press	1925 年		武昌文华图书馆学专科学校藏+3	1		
2	Articles and Pamphlets	Maxim Gorky	Foreign Languages Publishing House	1950 年			1		
3	Compilbd From the Best Authorities in Both Languages	Karl Breul				武昌文华图书馆学专科学校藏+2	1		用两种语言从最好的权威编译
4	Comp_ete French Grammar	W.H.Fraser、J.Squair	D.C. Heath CO. Publishers	1921 年	445/F864	武昌文华图书馆学专科学校图书馆+2	1		完整的法语语法；分类索引
5	English and Chinese Standard Dictionary		Shanghai：The Commercial Press, Ltd	1910 年	R/41.685/Y181	私立武昌文华图书馆学专科学校图书馆+2；武昌文华图书馆学专科学校+2	1		英汉标准词典；字母索引
6	The New Method Supplementary Readers：The Hair Tree and The Story of The Opal	Mary De Morgan 原著，Michael West 潜释重述	Chung HWA Book CO., LTD.	民国二十四年十月（1935 年）	853/M823		1		韦氏英文辅助读本：发树；有卡
7	北方话新文字两用检字	笪志昂	群众图书公司	1950 年 8 月	37.6897/D133	文华图专图书馆+2	2		字母索引

序号	书　名	作者	出版者	出版时间	分类号/索书号	印　章	复本	定价	备注
8	标准英语字汇	陆殿扬编译	正中书局	民国三十一年十二月(1942年)		武昌文华图书馆专科学校+2	1		
9	常用简体字汇	黄若舟	上海东方书店发行	1951年3月初版	41.2469/H575	文华图专图书馆+2	1	3000元	定价查自孔夫子旧书网
10	常用字表	中央人民政府教育部	人民教育出版	1952年	41.24/Z657		1	700元	笔画索引;定价查自孔夫子旧书网
11	初级俄文读本	郭德洲	哈尔滨中苏友好协会	1951年12月1日初版,1952年10月1日再版	41.657	文华图书馆学专科学校藏书+2	1		课程索引
12	初级俄文读本 第二册		哈尔滨中苏友好协会	1953年	41.657/H122	文华图书馆学专科学校藏书+2	1		有卡
13	初级俄文读本 第三册		哈尔滨中苏友好协会	1952年	41.657/H121	文华图书馆学专科学校藏书+2	1		有卡
14	初级俄文读本 第四册		哈尔滨中苏友好协会	1952年	41.657/H121	文华图专图书馆+2	1		
15	初级俄文读本 第一册	北京市中等学校额与教材编选委员会编	五十年代出版社	1952年	41.657/B476	文华图书馆学专科学校+2	1		有卡
16	处理公文手册	李桐冈编著	华中图书公司	民国三十一年十月再版(1942年)	029/L343	1本:文华图专学生课本	5		

序号	书　名	作者	出版者	出版时间	分类号/索书号	印　章	复本	定价	备注
17	处理公文手册	李桐冈编著	华中图书公司	民国二十九年一月初版（1940年）	029/L343c4	私立武昌文华图书馆学专科学校图书馆+4	1	五角	
18	大众语文丛书：马尔的语言学说	A.P.安德烈也夫著，徐沫译	大众书店	1950年5月	41.039/A349X	文华图书馆学专科学校藏书+2	1		有卡
19	大众语文丛书：一九四九年中国文字改革论文集	杜子劲编	大众书店	1950年9月	41.247083/D577	文华图书馆学专科学校藏书+2	1		有卡
20	德文成语	赖华德著，魏以新译	商务印书馆	1938年	430/L139	武昌文华图书馆学专科学校图书馆+2	1		无封面封底；出版社信息查自孔夫子旧书网；字母索引
21	定型化新文字	林涛编著	生活·读书·新知三联书店发行		41.247/L581	文华图书馆学专科学校藏书+4	1	3	有卡
22	俄华辞典	陈昌浩、A.Г.杜布洛夫斯基、A.B.科托夫	国立外文与民族文辞典出版局	1951年	G/41.655/C313；H356/C3132	文华图书馆学专科学校藏书+2	2		
23	俄华辞典	陈昌浩、A.Г.杜布洛夫斯基、A.B.科托夫	国立外文与民族文辞典出版局	1952年第2版	H356/C3136；G/41.655/C313	1本：文华图专图书馆+2；2本：文华图书馆学专科学校藏书+2	3		拼音索引
24	俄华辞典	郭景天	中华书局出版	1953年1月初版	491.655268	文华图书馆学专科学校藏书+2	1	CNY4.46	定价查自武汉大学图书馆；字母索引

序号	书　名	作者	出版者	出版时间	分类号/索书号	印　章	复本	定价	备注
25	俄华大辞典	王语今、孔柯嘉等著	五十年代出版社	1953 年	D41.655/W321	武汉大学图书馆藏+1;武汉大学图书馆学专修科图书馆+1;1 本:文华图书馆学专科学校+2;1 本:武昌文华图书馆学专科学校校友总会+2	3		字母索引
26	俄华新字典	柳子厚	群众图书公司	1950 年 2 月	R483/L627	文华图专实验图书馆藏书+2	1		群众版;字母索引;出版社查自孔夫子旧书网
27	俄华字典	五十年代出版社编辑部	五十年代出版社	1951 年 6 月	H356	文华图书馆学专科学藏书+2	1		字母索引
28	俄文初级读本	贺青编	生活·读书·新知三联书店	1949 年 11 月	41.657/H318	武昌文华图书馆学专科学校藏+2	1		有卡
29	俄文津梁 第一册	吴索福著	五十年代出版社	1951 年	41.65054/B638	文华图书馆学专科学校藏书+2	1		有卡
30	俄文品词变化表	何万福、金增荫合编	中外出版社	1950 年 1 月	41.652	文华图专实验图书馆藏书+2	1		有卡
31	俄文文法	路绍楹、李之柱合编	中华书局	1952 年 9 月		武昌文华图书馆学专科学校藏+2	1		缺封底
32	俄文新课本第一册(初级适用)	裘振刚著	上海振先书屋出版	1951 年 7 月	41.65054/Q631	文华图书馆学专科学校藏+3	1		有卡

序号	书　名	作者	出版者	出版时间	分类号/索书号	印　章	复本	定价	备注
33	俄语朝鲜语字典		ГОСУДАРСТВЕННОЕ ИЗДАТЕЛЬСТВО ИНОСТРАННЫХ И НАЦИОНАЛЬНЫХ СЛОВАРЕЙ	1951 年	491.73	文华图专图书馆+2	1		有卡
34	俄语会话读本		哈尔滨外国语专门学校编印	1952 年 8 月	41.657/H119	文华图书馆学专科学校藏书+2	2		封底缺失
35	俄语课的词条工作——非俄俄罗斯初等学校俄语课的词条工作	A.Ф.博依佐娃著,孔柯嘉译	五十年代出版社	1953 年	486.2	文华图书馆学专科学校藏书+2	1		有卡
36	俄语语法 上册	龚人放编	中华书局出版	1953 年 6 月	41.653/G421	文华图专图书馆+2	1		有卡
37	法语进阶(10)		上海徐家汇土山湾印书馆印行	1932 年	448.2/B661	文华图书馆学专科学校藏书+2	1		有卡
38	法语进阶(11)		上海徐家汇土山湾印书馆印行	1932 年	448.2/B661	文华图专实验图书馆藏书+2	1		有卡
39	法语进阶(12)		上海徐家汇土山湾印书馆印行	1932 年	448.2/B661	文华图书馆学专校+2	1		有卡
40	法语进阶(13)		二海徐家汇土山湾印书馆印行	1932 年	448.2/B661	武昌文华图书馆学专科学校藏+2	1		有卡
41	法语文法新解	萧石君	中华书局	民国二十四年五月(1935 年)	H324		1	银一元二角	缺封面封底;分类号、定价查自武汉大学图书馆

序号	书　名	作者	出版者	出版时间	分类号/索书号	印　章	复本	定价	备注
42	古书读法略例	孙德谦	商务印书馆	民国二十五年四月再版（1936年）	H141		1	CNY1.54	分类号、定价查自武汉大学图书馆
43	古书读校法	陈钟凡	商务印书馆	民国廿二年二月（1933年）	H141	钢印：私立武昌文华图书馆学专科学校+1	1	大洋伍角	东南大学丛书；分类号查自国图
44	古书句读释例	杨树达	商务印书馆	民国二十三年二月（1934年）	41.272/Y313	武昌文华图书馆学专科学校+2	1		有卡
45	古书修辞例	张文治编	中华书局印行		41.231/Z333	武昌文华图书馆学专科学校+2	1		缺封底，封面脱落
46	国音常用字汇	教育部国语统一	商务印书馆	民国二十一年五月（1932年）	R413/C29/V2	文华图专学生课本+2	3		字母索引；书名
47	国音字母演进史	罗常培	商务印书馆	民国二十三年九月初版（1934年），民国三十六年二月四版（1947年）	41.247/L967	文华图专实验图书馆藏书+3	1	2元	新中学文库；有卡
48	汉法新词典			民国二十三年（1934年）	R413.14/T482	武昌文华图书馆学专科学校+2	1		笔画索引；无封面封底
49	汉语词类	张木汉著，张世禄译	商务印书馆	民国二十六年一月（1937年）	416/K269	武昌文华图书馆学专科学校+2	1	0.5元	国学小丛书，有卡

序号	书　名	作者	出版者	出版时间	分类号/索书号	印　章	复本	定价	备注
50	华俄词典	国立外文与民族文辞典出版局	国立外文与民族文辞典出版局	1953年	H356	文华图专图书馆+2	2		笔画索引；作者、出版社、分类号查自国图
51	华法启蒙二级（外文）		Lε Presse Commerciale	1933年		私立武昌文华图书馆学专科学校图书馆+2	1		缺封底
52	基本字汇	庄泽宣	中华书局	1930年	G41.25/Z755；H164	文华图书馆学专科学校+2	1		四角号码索引；出版时间、分类号查自武汉大学图书馆
53	精读指导举隅	朱自清、叶绍钧	商务印书馆		418.6/Y411	文华图专学生课本+2；武昌文华图书馆学专科学校	2		有卡
54	拉丁化新文字概论	倪海曙	时代出版社	1949年	412.2/2736:3	文华图书馆学专科学校藏书+2；张主教海松捐赠	1		有卡
55	列宁格勒的故事	吉洪诺夫著，林陵译	时代出版社	1952年12月	45.52/J152	文华图书馆学专科学校藏书+2	1		有卡
56	论汉字的简化	于在春	上海北新书局出版	1953年5月	41.247/Y756	武昌文华图书馆学专科学校藏+2	1		有卡
57	日本现代语辞典一册	葛祖兰	商务印书馆	民国十九年初版（1930年）	R41.595/G363	私立武昌文华图书馆学专科学校+2	1		拼音索引
58	容易读错的字	周文熙编	华东人民出版社	1952年8月初版	41.259/Z739	文华图书馆学专科学校藏+4	1		通俗语文知识小丛书；有卡

序号	书　名	作者	出版者	出版时间	分类号/索书号	印　章	复本	定价	备注
59	沙布洛夫上尉的功绩	[苏]西蒙诺夫(K. Симонов)作,丁正元译	中华书局	1951年5月初版	41.6597/X1310	文华图书馆学专科学校藏书+4	1	0.34元	中华俄汉对照丛书;有卡
60	识字心理	姜建邦编著	正中书局	民国三十七年六月初版(1948年)	330.15/D268	武昌文华图书馆学专科学校藏+2	1		有卡
61	实用俄文读本	胡昌旭、韦光华合编	五十年代出版社	1951年11月	41.65054/H429	文华图专图书馆+2	1		有卡
62	实用俄语发音指南	胡叔炜编	中华书局出版	1953年4月	41.651/H833	文华图书馆学专科学校藏书+2	1		有卡
63	四角号码检字法:附检字表	王云五	商务印书馆	民国二十四年一月第二版(1935年)	H124.5		1		分类号查自国家图书馆
64	四角号码检字法:附检字表	王云五	商务印书馆	民国二十四年一月第二版(1935年)	H124.5	4本:文华图专学生课本+2	9		
65	四角号码增订王云五小字典	王云五	商务印书馆	1935年	Q41.25/W223c		1		四角号码索引
66	四声实验录	刘复著	中华书局	1950年5月初版	H116.4	文华图书馆学专科学校藏书+3	1	基价9元	破损严重;分类号查自武汉大学图书馆

序号	书　名	作者	出版者	出版时间	分类号/索书号	印　章	复本	定价	备注
67	苏联简字简语词典	戴镇	五十年代出版社	1950 年	R483/T154	文华图专图书馆+2	1	5000 元	字母索引；定价查自孔夫子旧书网
68	苏联简字简语辞典	戴镇	五十年代出版社	1950 年	4834384	文华图书馆学专科学校藏书+2；武汉大学图书馆学资料室+2	1	5000 元	字母索引；定价查自孔夫子旧书网
69	谈批改作文	张守谦等著	天津大众书店印行	1952 年 7 月	41.238/Z253	文华图书馆学专科学校藏+2	1		有卡
70	条条道路通向拼音文字	张芷著	上海东方书店	1952 年 10 月修订一版	41.247/Z292	文华图书馆学专科学校藏书+7	1	3000 元	拼音文字研究实验丛书；有卡
71	头尾号码标准国音检字	陆衣言、马国英合编	中华书局	1931 年 4 月			1		
72	文心（读写的故事）	夏丏尊、叶圣陶合著	开明书店	民国二十二年六月（1933 年）	41.238/X221	武昌文华图书馆学专科学校藏+2	1		有卡
73	文章概论	汪馥泉著	商务印书馆	民国二十八年四月（1939 年）	41.238/W167	私立武昌文华图书馆学专科学校图书馆+2	1		有卡
74	文章例话	叶圣陶著	开明书店				1		
75	文章作法	夏丏尊、刘熏宇合著	上海开明书店印行	1926 年		私立武昌文华图书馆学专科学校图书馆+2	1		封面脱落，缺封底

序号	书　名	作者	出版者	出版时间	分类号/索书号	印　章	复本	定价	备注
76	文字会通（上册）	何仁楷纂辑	广州：国学研究社	民国三十八年五月版（1949年）	41.2428/H229；41.245/H272	文华图专实验图书馆藏+5	1		广东海南师范学院图书馆赠；有卡
77	文字学概说	邵祖平	商务印书馆	民国二十二年三月初版（1933年），民国三十六年二月三版（1947年）	41.24/S354	文华图专实验图书馆藏书+3	1	1元	新中学文库，国学小丛书；有卡
78	五笔检字法之原理效用	陈立夫	中华书局	民国十七年十一月（1928年）	H124.5	2本：钢印：私立武昌文华图书馆学专科学校+2；2本：文华图专学生课本+2	3		分类号查自国图
79	五笔检字学生字典	吴研因	中华书局		G41.25/W472a	武昌文华图书馆学专科学校+2；文华图专学生课本+2	1		五笔索引
80	现代日语上卷	童伯章			428/t439/v.1v.22	武昌文华图书馆学专科学校+2，文华图专学生课本+2	3	四角	课程索引；定价查自孔夫子旧书网
81	现代应用文	董坚志	新村书局	民国二十四年一月四版（1935年）	41.2383/D384		1	大洋四元	
82	现行公文程式集成	朱翊新	世界书局	1937年			1	国币五角	缺封面和版权页

序号	书　名	作者	出版者	出版时间	分类号/索书号	印　章	复本	定价	备注
83	新编大一国文(下册)	章靳以编	商务印书馆	1950 年 2 月	38.8342/D435	文华图书馆学专科学校藏书+2	1		有卡
84	新公文程式大全	段世源	华星书局	1944 年	029/T679	1 本:文华图专学生课本+2	4		
85	新公文程式大全	段世源编著	华星书局	1944 年	029/T679/c1	私立武昌文华图书馆学专科学校图书馆+3	4		1 本无封底;3 本有卡
86	新公文程式大全	段世源编著	华星书局	1944 年	029/T679/c1	私立武昌文华图书馆学专科学校图书馆+4	1		有卡
87	新公文手册	苏翻	上海北新书局	1952 年 10 月	37.841/S811		1	6000 元	
88	新名词解释辞典	韩采尼	新光出版社	民国二十八年七月十五日初版(1939 年)	93/H174	武昌文华图书馆学专科学校藏+2	1		笔画索引
89	新名词手册	仓年	上海长风书店	1949 年	G20.73/C143;H136-62	武昌文华图书馆学专科学校藏+2	1	0.50	笔画索引;分类号、定价查自武汉大学图书馆
90	新文字字母俄文字字母拼音略号	中国文字改革协会秘书处	中国人民大学	1951 年	32.2071/Z348	文华图专图书馆+2	1		字母索引
91	形状相像的字	王自强编	华东人民出版社	1952 年 8 月四版	41.259/W327	文华图书馆学专科学校藏书+3	1	1700 元	通俗语文知识小丛书;有卡
92	修辞新例	谭正璧编著	棠棣出版社	1953 年 11 月九版	416.8/0117;41.237/T183	文华图书馆学专科学校藏书+4	1	6600 元	有卡

序号	书　名	作者	出版者	出版时间	分类号/索书号	印　章	复本	定价	备注
93	修辞学发凡	陈望道著	开明书店	1950 年 4 月	41.237/C492	文华图书馆学专科学校藏+2	1		有卡
94	袖珍本王云五大辞典	王云五	商务印书馆	民国十九年(1930 年)	MG/H164/W223a		1	大洋 6.00 元	
95	续古文辞类撰	黎庶昌	世界书局印行		44.1/L253	私立武昌文华图书馆学专科学校图书馆+2	1		分卷索引
96	演说学	刘奇	商务印书馆	民国三十六年三月再版(1947 年)	N/808.4/H379	文华图专实验图书馆藏书+7	1		新中学文库
97	音韵学	张世禄著	商务印书馆	民国二十一年十一月初版(1932 年)	41.21/C318		1		百科小丛书;有卡
98	英汉对照百科名汇	王云五主编	上海商务印书馆	民国二十年四月初版(1931 年)	500.3/W185E.2;H316	武昌文华图书馆学专科学校+2	1	大洋二元伍角	字母索引
99	英华万字字典	T.Lauphit.B.S.,M.S.A.,桐乡陸费逵	Chung HWA Book CO.LTD,中华书局	民国十五年(1926 年)	R423/L372;H316	武昌文华图书馆学专科学校+2	1	布面精装九角纸面洋装六角	字母索引;作者、出版者查自孔夫子旧书网;分类号查自国图
100	英文通译手册	李慕白	中华文化服务社	1944 年	379.07/L332;H319.9	私立武昌文华图书馆学专科学校+2	1		分类索引;分类号查自国图
101	语法初步	谭庸编	上海北新书局出版	1952 年 6 月	41.233/T182	文华图书馆学专科学校藏书+2	1		

序号	书　名	作者	出版者	出版时间	分类号/索书号	印　章	复本	定价	备注
102	语体文应用字汇	陈鹤琴	商务印书馆	民国廿四年四月(1935年)	41.25/C491	武昌文华图书馆专科学校+2	2		笔画索引
103	语言学通论	福尔著,张世禄、蓝文海译	商务印书馆	民国二十六年七月初版(1937年)	N400/F545	文华图专实验图书馆藏书+3	1		新中学文库,百科小丛书;有卡
104	怎样教学中国语法		商务印书馆	1953年3月初版	41.23052/L244	文华图书馆学专科学校藏书+2	1	0.24	有卡
105	怎样纠正错别字	关锋编著	山东人民出版社	1952年4月初版	41.259/G567	文华图书馆学专科学校藏书+7	1		有卡
106	怎样使用标点符号	周振甫著	开明书店	1951年12月初版	41.2381/Z747	文华图书馆学专科学校藏+4	1		语文学习丛书;有卡
107	怎样作工作总结	洪彦林著	联营书店北京分店	1950年1月四版	17.7/X381	文华图专实验图书馆藏书+4;本书承张主教海松捐赠 特此志谢 文华图专实验圕 公元1950年2月27日	1	4.3	有卡
108	怎样作工作总结	洪彦林	联营书店	1950年5月沪一版	330.23404/c2	文华图专实验图书馆藏书+4;本书承李爱珠捐赠 特此志谢 文华图专实验圕 公元1950年5月1日	1	4元	有卡
109	章句论	吕思勉	商务印书馆	民国十九年四月初版(1930年)	416.3/L948	武昌文华图书馆学专科学校+3	1		万有文库第一集一千种,国学小丛书;有卡

序号	书　名	作者	出版者	出版时间	分类号/索书号	印　章	复本	定价	备注
110	震旦大学院课本(法文科)第一年用法语进阶		上海徐家汇土山湾印书馆	1932 年	448.2/B661	武昌文华图书馆学专科学校藏+2	1		
111	中国拼音文字研究	周有光著	上海东方书店出版	1952 年 5 月	41.247/Z745	文华图专实验室图书馆藏书+2	1		有卡
112	中国拼音文字运动史简编	倪海曙著	时代出版社	1950 年 6 月再版	412.2/2736:1;41.24704/N231	文华图书馆学专科学校藏书+4	1	7.5	有卡
113	中国文字的演变	曹伯韩	生活·读书·新知三联书店	1949 年 6 月	41.24/C155	文华图书馆学专科学校藏+2	1		有卡
114	中国文字改革问题	郑林曦,魏建功,曹伯韩等	新建设杂志社		41.247/Z462	文华图书馆学专科学校藏书+2	1	8500	新学术小丛书 9;有卡
115	中国文字学史(上、下)	胡樸安著	商务印书馆发行	民国二十六年二月(1937 年)	44.24042/H428	钢印:私立武昌文华图书馆学专科学校+2;武昌文华图书馆专科学校+2	1	国币四元	王云五、王纬平主编:中国文化史丛书第一辑;有卡
116	中国文字与语言(上)	黎锦熙著	北京师范大学出版部	1951 年 6 月初版	41.042/J244	文华图专图书馆+4	1		黎锦熙选集;有卡
117	中国文字与语言(上)	黎锦熙著	北京师范大学出版部	1951 年 8 月	41.042/L244	武昌文华图书馆学专科学校藏+2	1		黎锦熙选集之一;有卡
118	中国文字与中国社会	丁易	中外出版社	1950 年 5 月	41.204/D446		1		

序号	书　名	作者	出版者	出版时间	分类号/索书号	印　章	复本	定价	备注
119	中国现代语法（下册）	王力	商务印书馆	民国三十三年八月重庆初版（1944年），民国三十六年二月上海初版（1947年）	4/233/W244	文华图专实验图书馆藏书+4	1		新中学文库；有卡
120	中国语文的新生	倪海曙	时代书报出版社	1949年3月	41.247083/N231	武昌文华图书馆学专科学校+2	1		缺封底；有卡
121	中国语文学丛书：助字辨略	刘淇著，章锡琛校注	开明书店	民国廿九年一月（1940年）	41.259/Q691	武昌文华图书馆学专科学校图书馆+2	1		有卡
122	中国语文学研究	光华文学中国语文学会著	中华书局		410.7/K681		1		缺封面、缺封底；有卡
123	中国字之结构及其形母创说	蒋一前	识字教育社	民国二十八年一月（1939年）	41.241/J299	文华图书馆学专科学校藏书+2	2		有卡
124	中山大辞典一字长编	王云五	商务印书馆	民国二十八年五月（1939年）	R413/W251；MG/H164/W223	武昌文华图书馆专科学校+2	1	国币五元	笔画索引；分类号、定价查自武汉大学馆
125	注音汉字	黎锦熙编	商务印书馆	民国二十五年八月初版（1936年），民国三十六年三月四版（1947年）	41.247/L244	文华图专实验图书馆藏书+5	1	3元	新中学文库；有卡
126	字辨	顾雄藻	商务印书馆		41.259/G546	文华图专实验图书馆藏书+3	1		新中学文库；有卡

（九）I 文学

现存138种，151册。

序号	书　名	作者	出版者	出版时间	分类号/索书号	印　章	复本	定价	备注
1	Hints on English Composition	Tseu Yin-Zan	Shanghai: Commercial Press, LTD:	1921 年, Seventh Edition		私立武昌文华图书馆学专科学校图书馆+2	1		教育部审定；英语作文要略
2	Literature and Authorship in India	Iyengar, K.R.Srinivasa	George Allen & Unwin LTD	1943 年	890/Iy9	私立武昌文华图书馆学专科学校图书馆+3	2		有卡
3	Men With A Clear Conscience	P.Vershigora	Foreign Languages Publishing House	1949 年	FV614	文华图专实验图书馆藏书+3；本书承张主教海松捐赠 特此志谢 文华图专实验圕 公元一九四九年十二月	1		有卡；作者为武汉大学图书馆查得
4	Nisso	P.Luknitsky	Foreign Languages Publishing House	1949 年	FL969		2		有卡
5	Phoenix House Books Early 1947		Phoenix House				1		
6	Star	E.Kazakevich	Foreign Languages Publishing House	1950 年		文华图专实验图书馆藏书+3	1		
7	МАРЬЯ	Гридорий Мебьноний	Совет. Писатель Ленинград	1949 年			1		有卡；玛丽亚
8	ПОВЕСТИ О ДЕТЯХ	Н АРТЮХОВА	СОВЕТСКИЙ ПИСАТЕЛЬ	1949 年		文华图专图书馆+1	1		有卡；儿童小说

序号	书　名	作者	出版者	出版时间	分类号/索书号	印　章	复本	定价	备注
9	爱国诗歌选	费洁心编注	正中书局	民国二十六年六月初版（1937年）	811.18/F236	私立武昌文华图书馆学专科学校图书馆+3	1	国币贰角	儿童之友
10	爱国者 四幕剧	宋之的著	上海杂志公司	1950年7月一版，1950年9月二版	44.472/S799	文华图书馆学专科学校藏+4	1	$ 6.30元	人民艺术丛刊第三辑；有卡
11	把眼光放远点 独幕歌剧选	冀中火线剧社等撰，中国人民文艺丛书社编辑	新华书店	1949年5月出版	44.472/J185	武昌文华图书馆学专科学校藏+4	1	¥3,300	中国人民文艺丛书；有卡
12	不是蝉	魏连珍著	新华书店华东总分店	1950年9月初版	44.472/W429	文华图书馆学专科学校藏书；文华图书馆学专科学校藏+2	1	4.8	三幕九景话剧；有卡
13	不要杀他	华北抗敌剧社集体创作，刘佳执笔，张非、许曙、韦虹、王佩之、丁双吉配曲	新华书店	1949年5月	44.462/K267	武昌文华图书馆学专科学校藏+2；武昌文华图书馆学专科学校藏（反）+2	1		中国人民文艺丛书；有卡
14	崇高的荣誉	中南通讯选集编委会编	武汉通俗出版社	1952年11月版	44.652/Z665	文华图书馆学专科学校藏+2	1	1700元	中南通讯选集第九辑；有卡
15	仇敌 三幕剧	高尔基著，芳信译	旅大中苏友好协会	民国三十八年五月初版（1949年）	882/G677	武昌文华图书馆学专科学校藏+4	1	2000	友谊文艺丛书之三；有卡

序号	书　名	作者	出版者	出版时间	分类号/索书号	印　章	复本	定价	备注
16	创作的准备	茅盾著	生活·读书·新知上海联合发行所	1949年6月沪初版	42.33/M332	武昌文化图书馆学专科学校藏+4	1	三元五角	新中国青年文库;无封底
17	从军乐(四幕抗战喜剧)	余上沅、王思曾著	正中书局	民国二十九年四月初版(1940年)	812.8/Y686	武昌文华图书馆学专科学校学生服务团巡回文库+2;私立武昌文华图书馆学专科学校图书馆+2	1	国币四角五分	国立戏剧学校战时戏剧丛书之五
18	地覆天翻记	王希坚著	人民文学出版社	1949年5月初版,1952年5月北京重印第一版	C4.567/L929.4	文华图书馆学专科学校藏+4	1	7500元	中国人民文艺丛书
19	电影戏剧的编剧方法	洪深编著	正中书局	民国三十五年十一月沪一版(1946年)	48.62/H376	武昌文华图书馆学专科学校+4	1	国币肆元伍角	
20	东蒙民歌选	安波、许直合编	新文艺出版社	1952年1月第一版上海印	44.78/A345	文华图书馆学专科学校藏书+4	1	15000元	民间文学丛书
21	儿童生活故事	曾叔子编	儿童书局总店	民国三十六年八月十三版(1947年)	815.08/E192k/v2	文华图专实验图书馆藏+4	1		有卡
22	反对文学批评中的庸俗化	“真理报”专论,齐思闻译	新文艺出版社	1952年9月第一版	42.2/S158	文华图书馆学专科学校藏书+4	1	1500元	文艺理论学习小译丛;有卡
23	改变旧作风	太行武乡光明剧团集体创作	新华书店	1949年5月出版	44.472/G212	武昌文华图书馆学专科学校藏+4	1	1700元	中国人民文艺丛书;有卡

序号	书　名	作者	出版者	出版时间	分类号/索书号	印　章	复本	定价	备注
24	歌唱杨根思英雄排	于风等著	上杂出版社	1951 年 12 月第一版	44.4/Y746	文华图书馆学专科学校藏书+5	1	7000 元	人民艺术丛刊；有卡
25	小说纂要	蒋祖怡编著	正中书局	民国三十七年五月（1948 年）	44.504/J419	武昌文华图书馆学专科学校藏+2	1		国学汇纂丛书之六；有卡
26	黑白.书的故事	伊林著，董纯才译	开明书店	民国二十五年八月（1936 年）	41.07/Y517	武昌文华图书馆学专科学校+2	1		开明青年丛书；有卡
27	黑海——美丽的黑海	黄叶药眠著	文化供应社出版	1951 年 6 月京修改版	44.62/H57Q	文华图书馆学专科学校藏书+3	1	人民币 8000 元	
28	黑龙江	汤尔和译	商务印书馆	1931 年 11 月	22.7693/T191	武昌文华图书馆学专科学校+7；私立武昌文华图书馆学专科学校+2	1		东省丛刊；出版年信息为网查所得
29	红花朵朵开	左介贻	人民文学出版社	1953 年 3 月	44.572/Z955		1		有卡
30	红旗兄弟	王质玉著	上海杂志公司	1951 年 1 月第一版	44.572/W232	文华图书馆学专科学校藏+5	1	5000 元	人民艺术丛刊；有卡
31	后方小喜剧	陈白尘著	生活书店	民国三十一年二月（1942 年）	812.8/C387	武昌图书馆学专科学校藏（反）	1	4 元	有卡
32	虎符（信陵君与如姬）五幕史剧	郭沫若著	群益出版社	民国三十一年十月初版（1942 年）	44.472/G685	文华图书馆学专科学校藏书+2	1	国币拾圆	五幕史剧；有卡
33	华东地方戏曲介绍	华东文化部艺术事业管理处编	新文艺出版社	1952 年 11 月第一版	48.97/F479	文华图书馆学专科学校藏书	1	￥16300	

序号	书　名	作者	出版者	出版时间	分类号/索书号	印　章	复本	定价	备注
34	火光在前	刘白羽著	人民文学出版社	1952年4月北京重印第一版		文华图书馆学专科学校藏+2	1	5600	
35	霍尔蒙与人类之生存	朱洗	文化生活出版社	1950年10月初版	59.57/Z.791	文化图书馆学专科学校藏书+3	1		有卡
36	奖金剧选	寒荔编	商务印书馆	1950年11月初版	44.4/L165	文华图书馆学专科学校藏书	1	12.5元	有卡
37	绞索套着脖子时的报告	尤·伏契克著,刘辽逸译	生活·读书·新知三联书店出版	1948年2月初版,1951年12月北京第五版	47.2462/F532c	文华图书馆学专科学校藏+2	1	人民币5800	有卡
38	近代法国文选	邵可侣选注	中华书局	民国二十八年一月三版(1939年)	840/S336c4	钢印:私立武昌文华图书馆学专科学校+1;文华图专学生课本+2	1		有卡
39	近代法国文选		上海中华书局	1932年	840/S336/C3	文华图专学生课本+2;私立武昌文华图书馆学专科学校图书馆+3;私立武昌文华图书馆学专科学校+7	2	3.8	1本缺封面、封底,书页散开;有卡
40	晋察冀的小姑娘 鼓词选	王尊三等著	新华书店	1949年5月出版	814.7/W247	武昌文华图书馆学专科学校藏+3	1		中国人民文艺丛书;有卡
41	井冈山的新山歌	井冈山报	中南人民出版社	1951年9月初版	44.78/J626	文华图书馆专科学校藏书+6	1	4500元	

序号	书　名	作者	出版者	出版时间	分类号/索书号	印　章	复本	定价	备注
42	抗美援朝独幕剧选集 第二集	雪立等	五十年代出版社	1951 年 7 月初版	44.471/X733	文华图书馆学专科学校藏+4	1	8000 元	有卡
43	抗美援朝小调集	常春元著	武汉通俗图书出版社	1951 年 3 月初版	48.952/C291	文华图专图书馆+2	1	4000 元	有卡
44	抗清英雄李定国	黄宁著	大中国图书局出版	1952 年 6 月	26.126/L315N	文华图书馆学专科学校藏书+2	1	人民币叁仟元	
45	考验（四幕话剧）	中原大学文艺学院创作组集体创作	上海杂志公司	1951 年 2 月第一版，1951 年 3 月第二版	44.472/Z670	文华图书馆学专科学校藏书+6	1		文艺创作丛书；有卡
46	可笑的女才子	莫里哀著，李健吾译	开明书店	1949 年 6 月初版	47.1347/M638L	文华图书馆学专科学校藏书+2	1	○.三○	莫里哀戏剧集上辑之一
47	莲湘	顾也文编著					1		中国舞蹈丛书
48	粮食（戏剧）	朱星南、洛汀・海默合著	上海杂志公司	1949 年 11 月第一版	44.472/L979	文华图书馆学专科学校藏书+4	1	$ 3.30	人民艺术丛刊第二辑；有卡
49	龙须沟（三幕剧）	老舍著	人民文学出版社	1953 年 6 月北京第一版	44.472/L181	文华图专图书馆+2	1	3600	有卡
50	龙须沟（演出本）	老舍原著，焦菊隐改编	文化生活出版社	1951 年 6 月初版，1952 年 1 月再版	44.472/L188	文华图书馆学专科学校藏书+8	1	一万一千元	北京人民艺术剧院戏剧丛书
51	鲁迅全集正误表	孙用	作家书屋	1950 年	44.2/L867S；I210.1/S843	文华图书馆学专科学校藏书	1	CNY2.00	分类号、定价查自武汉大学图书馆

序号	书　名	作者	出版者	出版时间	分类号/索书号	印　章	复本	定价	备注
52	鲁迅——伟大的思想家与伟大的革命家	徐懋庸作	中南人民出版社	1951年12月	43.4/L849X	文华图书馆学专科学校藏书	1		有卡
53	陆贽文	周养初选注	商务印书馆发行	民国二十三年一月初版（1934年），民国三十六年二月三版（1947年）	44.62/L891Z	文华图专实验图书馆藏书	1		新中学文库；有卡
54	论陀思退夫斯基	V.叶尔米洛夫等著，真琛、潘际炯等译	文光书店	1950年1月二版（沪）	45.04/T458y	文华图书馆学专科学校藏书+4	1	四元	有卡
55	论语文选	林语堂选	时代图书公司		813.8/S539	私立武昌文华图书馆学专科学校图书馆+3；武昌文华图书馆学专科学校+2	1	￥9000	有卡
56	论走私主义的哲学	黄药眠著	求实出版社	民国三十八年五月出版（1949年）	43.2/H575	文华图书馆学专科学校藏书+5	1	港币三元	求实文艺丛刊；有卡
57	没有弦的炸弹 通讯报告选	丁奋等著	新华书店	1949年5月出版	44.652/D433	武昌文华图书馆学专科学校藏+5	1	3400	中国人民文艺丛书；有卡
58	美国人民的声音	拉夫列尼约夫著，洪涛译	生活·读书·新知三联书店发行	1950年12月初版	45.47/L123H	文华图书馆学专科学校藏书	1	$4.80	苏联文艺丛书；有卡

序号	书　名	作者	出版者	出版时间	分类号/索书号	印　章	复本	定价	备注
59	美国印象记	巴普联连科，蔡时济译	海燕书店	1950 年 12 月	45.62/B162c		1	¥4.00	有卡
60	苗家月（戏剧）	臧云远著	东方书社	民国三十三年二月初版（1944 年）	44.362/Z141	武昌文华图书馆学专科学校藏+2	1	$17	东方文艺丛书之九；有卡
61	牛全德与红萝卜（长篇小说）	姚雪垠著，郑伯奇主编	文艺出版社	民国三十一年十月初版（1942 年）	44.572/Y365	武昌文华图书馆学专科学校藏+2	1	国币六元	创作丛书之二；有卡
62	牛永贵挂彩 小歌剧选	周而复、苏一平等著	新华书店	1949 年 5 月出版	44.462/Z719	武昌文华图书馆学专科学校藏+4	1		中国人民文艺丛书
63	农村新文艺运动的开展	荒煤	上海杂志公司发行	1949 年 9 月一版	43.2/H546	文华图书馆学专科学校藏书+11	1	$7.50	人民艺术丛刊 7 论文集；目录检索
64	爬山歌选	韩燕如编	人民文学出版社	1953 年 6 月北京第一版	44.78/H185	文华图书馆学专科学校藏书+2	1	6800	民间文学丛书
65	潘长有	张谛创作	上海晨光出版公司	1951 年 8 月 15 日初版	48.379/Z271	文华图书馆学专科学校藏书+5	1	人民币 4500 元	工厂文艺习作丛书；有卡
66	批评精神	李长之著	南方印书馆印行	民国三十二年六月（1943 年）	43.2039/L347；800.4/L319/4073	武昌文华图书馆学专科学校藏+4；献给母校实验图书馆 学生李+1	1		有卡

序号	书　名	作者	出版者	出版时间	分类号/索书号	印　章	复本	定价	备注
67	旗舰出云号 抗战五幕剧	宋之的著	上海杂志公司	民国二十七年八月十日汉初版(1938年)	44.472/S199	私立武昌文华图书馆学专科学校图书馆+3;钢印:私立武昌文华图书馆学专科学校+2;武昌文华图书馆学专科学校学生服务团巡回文库+2	1	四角五分	大时代文库第十二种;有卡
68	乔治·党丹	莫里哀著,李健吾译	开明书店	1949年6月初版	47.1347/M638L	文华图书馆学专科学校藏书+7	1	0.30元	莫里哀戏剧集上辑之四;有卡
69	秦洛正 土改秧歌短剧集	中央戏剧学院创作室	生活·读书·新知三联书店发行	1950年5月初版,1951年4月第三版	44.462/Z673	文华图书馆学专科学校藏书+4	1	5500	戏剧创作丛书(第一辑);有卡
70	屈原	郭沫若著	人民文学出版社	1953年5月北京第二版	44.472/G691	文华图专图书馆+2	2	5900	有卡
71	屈原	郭沫若著	群益出版社	民国三十四年九月四版(1945年)	812.8/K782	武昌文华图书馆学专科学校藏+3	1	四元	群益历史剧丛之一 历史悲剧 郭沫若著文集之八;有卡
72	十八世纪外国文学史教学大纲	阿尔塔莫诺夫著,张维训译	东北教育出版社	1952年3月	42.44053/A132z	文华图专实验图书馆藏+4	4	2200元	东北人民政府文化教育委员会主编:高等教育丛书;教育学院俄罗斯语文学系用;有卡

序号	书　名	作者	出版者	出版时间	分类号/索书号	印　章	复本	定价	备注
73	十九世纪外国文学史教学大纲(至巴黎公社)	国立莫斯科波乔木金教育学院外国文学教研组编,穆木天译	东北教育出版社	1951 年 10 月版	42.44053/M723	文华图专实验图书馆藏+5	3	2300 元	东北人民政府文化教育委员会主编:高等教育丛书;有卡
74	书的故事	伊林著,张允和译	中华书局	民国二十五年六月(1936 年)	I512.85	钢印:私立武昌文华图书馆学专科学校+1	1	精装:国币三角	翻译文学
75	苏联的剧场	马科夫著,魏南潜译	商务印书馆	民国二十七年四月再版(1938 年)	780.8/M124	武昌文华图书馆学专科学校+3;钢印:私立武昌文华图书馆学专科学校+1	1	国币捌角	苏联小丛书;有卡
76	苏联的文学		新华书店	1950 年 2 月中南第一版	43.04/G226c	文华图书馆学专科学校藏书+4	1	4.8	有卡
77	他们没有童年		中国青年出版社	1953 年 5 月	45.86/L817c	文华图书馆学专校+4	1	6.6	有卡
78	陶渊明	梁启超	商务印书馆	民国十二年九月初版(1923 年),民国三十六年二月第三版(1947 年)	26.126252/T274	文华图专实验图书馆藏书+3	1	国币壹元伍角	新中学文库;国学小丛书;有卡
79	铁砂 四幕剧	胡绍轩著	独立出版社	民国三十年九月初版(1941 年)	812.8/H499	私立武昌文华图书馆学专科学校图书馆+4	1	6 元	
80	同志,替我们报仇!	陶熊著	上杂出版社	1953 年 3 月第一版	44.482/T264	文华图书馆学专科学校藏书+2	1	2800	独幕剧集

序号	书　名	作者	出版者	出版时间	分类号/索书号	印　章	复本	定价	备注
81	王秀鸾	傅铎编剧	新华书店	1949年5月出版	44.462/F588	武昌文华图书馆学专科学校藏	1		中国人民文艺丛书;有卡
82	为创造新的英雄典型而努力	陈荒煤著,文艺建设丛书编辑委员会编辑	人民文学出版社	1952年5月北京初版	43.2/C428	文华图书馆学专科学校藏书+7	1	7000元	文艺建设丛书;有卡
83	为提高文艺思想水平而斗争	于黑丁著	武汉通俗出版社	1951年12月初版	43.2/Y752	文华图书馆学专科学校藏书+2	1	2400元	有卡
84	为祖国而战的朝鲜青年	朝鲜民主青年同盟中央委员会编,冰蔚译	青年出版社	1952年	26.1425/C339b		1		有卡
85	文学理论教学大纲	阿伯拉莫维奇、哥洛芬琴科、季莫费叶夫著,曲秉诚、蒋锡金译	东北教育出版社	1951年	42.2053/A114Q	文华图书馆学专科学校藏+4	1	2200元	东北人民政府文化教育委员会主编:高等教育丛书;有卡
86	习作改评	吕叔湘、周振甫著	开明书店	1951年9月初版	41.238/L925	文华图书馆学专科学校藏书+4	1		开明少年丛书;有卡
87	戏曲改革论集	马少波著	华东人民出版社	1952年1月初版	48.792/M244	文华图书馆学专科学校藏书+5	1	5800	有卡
88	小品文作法	冯三昧著	大江书谱	1932年11月15日初版	42.3/F443	私立武昌文华图书馆学专科学校图书馆+6;陈邦昌印+6;冯三昧+1	1		百科文库

序号	书名	作者	出版者	出版时间	分类号/索书号	印章	复本	定价	备注
89	小学实验园地	沙拉耶夫著，陆丰译	三风出版社	1951年4月沪初版	38.6/S234	文华图书馆学专科学校藏书+5	1		人民百科小册；有卡
90	新型文艺教程	田仲济	华中图书公司	民国二十九年九月二十日初版（1940年）	42.2/T355	私立武昌文华图书馆学专科学校图书馆+2；武昌文华图书馆学专科学校学生服务团巡回文库+2	1	9角	有卡
91	幸福山 童话歌舞剧	丁毅著，庄映曲	三杂出版社	1951年9月第一版	44.462/D446	文华图书馆学专科学校藏+5	1	8000	人民艺术丛刊第四辑；有卡
92	兄妹开荒 小型歌剧选	王大化等著	新华书店	1949年5月出版	44.462/W197	武昌文华图书馆学专科学校藏+4	1		中国人民文艺丛书；有卡
93	修订平剧选（第三集）	李效厂、吴伯威、程虚白修订	国立编译馆	民国三十五年十月沪一版（1946年）	44.42/G788	武昌文华图书馆学专科学校藏+4	1	国币一元八角	
94	修订平剧选（第五集）	李效厂、吴伯威修订	国立编译馆	民国三十六年二月初版（1947年）	44.42/G788	武昌文华图书馆学专科学校藏+4	1	一元八角	有卡
95	修订平剧选（第八集）	林柏年、姜作栋、李效厂、程虚白修订	国立编译馆	民国三十六年七月初版（1947年）	44.42/G788	武昌文华图书馆学专科学校藏+2	1	国币一元七角	有卡
96	修订平剧选（第九集）	姜作栋、林柏年、李效厂修订	国立编译馆	民国三十六年九月初版（1947年）	44.42/G788	武昌文华图书馆学专科学校藏+3	1	国币一元八角	有卡

序号	书　名	作者	出版者	出版时间	分类号/索书号	印　章	复本	定价	备注
97	修订平剧选（第十一集）	程虚白、李效厂、林柏年修订	国立编译馆	民国三十七年一月初版（1948年）	44.42/G788	武昌文华图书馆学专科学校藏+3	1	一元八角	有卡
98	修订平剧选（第十二集）	姜作栋、林柏年、李效厂修订	国立编译馆	民国三十七年二月初版（1948年）	44.42/G788	武昌文华图书馆学专科学校藏+2	1	国币一元八角	有卡
99	玄武门之变	宋云彬著	开明书店	1950年		私立武昌文华图书馆学专科学校图书馆+2	1		开明青年丛书；出版时间为网查所得
100	学文化第二卷	学文化杂志社编	工人出版社		37.087/X431	文华图专图书馆+2	1		有卡
101	压邪传	姜维朴	劳动出版社	1951年	44.572/Q337		1		劳动文艺丛书；有卡
102	野猪林	马彦祥主编，李少春著	上杂出版社	1951年9月第一版	44.42/L346	文华图书馆学专科学校藏书+6	1	￥4800	大众戏曲丛书
103	一个工程师的笔记	波德沃伊斯基，杨昌辉译	工人出版社	1951年4月	45.677/B554Y	文华图书馆学专科学校藏书+5	1	2800元	有卡
104	一个民主的斗士：公民汤·潘恩	［美］法斯脱著，艾秋译	良友复兴图书印刷公司	1945年	47.6352/F137A	私立武昌文华图书馆学专科学校图书馆+2	1		有卡
105	艺术工作者必须掌握马克思列宁主义	加里宁著，何勤译	新文艺出版社	1952年9月第一版	I0（中图法）	文华图书馆学专科学校藏+3	1	￥1000	文艺理论学习小译丛；有卡
106	永远向着前面		生活·读书·新知三联书店	1951年3月第二版	44.572/L426	文华图专图书馆+5	1	4.5	有卡

序号	书　名	作者	出版者	出版时间	分类号/索书号	印　章	复本	定价	备注
107	原动力	草明著	新华书店	1949年5月出版	44.572/C186y	武昌图书馆学专科学校藏+3	1	￥6100	中国人民文艺丛书;有卡
108	韵史(第一册)	何萱	商务印书馆		41.21/H574	武昌文华图书馆学专科学校(反)+2;私立武昌文华图书馆学专科学校+1	1		有卡
109	韵史(第二册)	何萱撰著	商务印书馆		811.09/H372	武昌文华图书馆学专科学校+2;私立武昌文华图书馆学专科学校	1		有卡
110	韵史(第三册)	何萱撰著	商务印书馆		811.09/H372	武昌文华图书馆学专科学校+2;私立武昌文华图书馆学专科学校	1		有卡
111	韵史(第四册)	何萱撰著	商务印书馆		811.09/H372	武昌文华图书馆学专科学校+2;私立武昌文华图书馆学专科学校+2	1		无卷尾页
112	韵史(第五册)	何萱	商务印书馆		41.217/H234(5)	钢印:私立武昌文华图书馆专科学校+2	1		有卡
113	韵史(第六册)	何萱	商务印书馆		41.217/H234(6)	钢印:私立武昌文华图书馆专科学校+2	1		有卡
114	韵史(第七册)	何萱	商务印书馆		41.217/H234(7)	钢印:私立武昌文华图书馆专科学校+2	1		有卡

序号	书　名	作者	出版者	出版时间	分类号/索书号	印　章	复本	定价	备注
115	韵史(第八册)	何萱	商务印书馆		41.217/H234（8）	钢印:私立武昌文华图书馆专科学校+2	1		有卡
116	韵史(第九册)	何萱	商务印书馆		41.217/H234（9）	钢印:私立武昌文华图书馆专科学校+2	1		有卡
117	韵史(第十册)	何萱	商务印书馆		41.217/H234（10）	钢印:私立武昌文华图书馆专科学校+2	1		有卡
118	韵史(第十二册)	何萱	商务印书馆		41.217/H234（12）	钢印:私立武昌文华图书馆专科学校+2	2		有卡
119	韵史(第十三册)	何萱	商务印书馆		41.217/H234（13）	钢印:私立武昌文华图书馆专科学校+2	1		有卡
120	韵史(第十四册)	何萱	商务印书馆		41.217/H234（14）	钢印:私立武昌文华图书馆专科学校+2	1		有卡
121	在战斗中成长	大公报青年群编辑室	棠棣出版社	1950 年	44.652/D142	文华图专实验图书馆藏书+3	1		大公报青年群丛书;有卡
122	怎样学文学	陆地著	三联书店	1949 年 6 月沪初版	42.2/L886	文华图专实验图书馆藏书+4;本书承张主教海松捐赠 特此志谢 文华图专实验圕 公元 1950 年 2 月 26 日	1		新中国百科小丛书;有卡
123	战斗的朝鲜后方	丁易著	北京师范大学出版社出版	1951 年 8 月	32.282/D446	文华图书馆学专科学校藏书+2	1		有卡

序号	书　名	作者	出版者	出版时间	分类号/索书号	印　章	复本	定价	备注
124	战时戏剧选	欧阳予倩等著	战时出版社		44.471/O119	私立武昌文华图书馆学专科学校图书馆+1；钢印：私立武昌文华图书馆学专科学校+2	1		战时小丛刊之十七；无封底
125	长征（三幕九场歌剧 第一次公演演出本）	李伯钊、于村等编	北京人民艺术剧院编印	1951 年 10 月初版	44.462/Z273	文华图书馆学专科学校藏书+4	1	7500 圆	北京人民艺术剧院戏剧丛刊；有卡
126	智者千虑必有一失	奥斯特罗夫斯基著，林陵译	时代书报出版社	1949 年 4 月初版	45.47/A552L	文华图专实验图书馆藏书+3；本书承张主教海松捐赠 特此志谢 文华图专实验圕 公元 1949 年 12 月	1		奥斯托罗夫斯基戏剧集 2；有卡
127	中国出了个毛泽东（歌谣集）	中国民间文艺研究会编	人民文学出版社	1951 年 10 月初版	44.98/L584	文华图书馆学专科学校藏书+4	1	4600	民间文学丛书；有卡
128	中国历史教程绪论		华中新华书店	1949 年 12 月初版	22.054/W669	文华图专实验图书馆藏书+4；本书承校友杨昌沅捐赠 特此鸣谢 文华图专实验圕 公元 1950 年 5 月 1 日+1	1	1	捐赠；有卡
129	中国铁路戏剧选集第一辑	中国铁路工会全国委员会文教部编印	中国铁路工会全国委员会文教部编印	1950 年 9 月第一版	44.471/Z619	文华图书馆学专科学校藏书+4	1	10 元	有卡
130	中国文化问题之探讨	陈安仁	新新书店	民国卅四年十月初版（1945 年）	22.3/C368	私立武昌文华图书馆学专科学校+2	1		

序号	书　名	作者	出版者	出版时间	分类号/索书号	印　章	复本	定价	备注
131	中国戏曲论丛	周贻白著	中华书局	1952 年 2 月	48.792/Z738	文华图书馆专科学校藏书+6	1	一万零八百元	新中国文艺丛书;无封底
132	中华民族大团结——兄弟民族人民歌颂毛主席	袁丁、杨瑾、天鹰编	华东人民出版社		44.78/Y876	文华图书馆学专科学校藏+2	1		无封底
133	中南——祖国的宝库	中南通讯选集编委会编	武汉通俗出版社	1952 年 1 月初版	28.295/Z665	文华图书馆学专科学校藏书+4	2	2400 元	中南通讯选集第二辑;有卡
134	中世纪文艺复兴期和十七世纪西欧文学教学大纲	普利雪夫著,穆木天译	东北教育社	1951 年 10 月版	47.1099053/P619m	文华图书馆学专科学校藏+4	3	CNY0.22	东北人民政府文化教育委员会主编;高等教育丛书;有卡
135	中苏友好演唱集	东北中苏友好协会编	东北中苏友好协会	1952 年 10 月	48.951/D474	文华图书馆学专科学校藏书+2	1		有卡
136	重回家园 第二辑	常工著	上海杂志公司	1950 年 5 月一版	44.652/L295	文华图书馆学专科学校藏书+4	1	5.3	人民艺术丛刊;有卡
137	嘱咐	孙犁著,吴劳图	天下图书公司印行	1949 年 8 月	44.572/S862	文华图书馆学专科学校藏书+2	1		大众文艺丛书;有卡
138	走向新中国	洪吴天	上杂出版社	1951 年 11 月	44.48/H379	文华图书馆学专科学校藏书+2	1		有卡

（十）J 艺术

现存 127 种，144 册。

序号	书　名	作者	出版者	出版时间	分类号/索书号	印　章	复本	定价	备注
1	Classification of Musical Compositions; A Decimal-symbol System	George Sherman Dickinson	Varrar College	1938 年	57.6441	钢印：文华图专藏书+2；武昌文华图书馆学专科学校藏+2	1	¥ 3200	
2	To-night The Ballet	Adrian Stokes	Readers Union Limited	1942 年	792.8/S767	私立武昌文华图书馆学专科学校图书馆+4	1	¥ 6650	
3	阿尔泰斯基夫艺术		国际书店		771T/S353/v5	文华图专图书馆+4	1	1000	俄文
4	保卫和平歌	周巍峙	上海杂志公司	1951 年 4 月第一版	48.951/Z739	文华图书馆学专科学校藏+4	1	¥ 4500	人民艺术丛刊；有卡
5	表演艺术问题（修正本）	王啸平著	群益出版社	1950 年 3 月第一版，1951 年 6 月第二版	48.732/W298	文华图书馆学专科学校藏书+4	1	¥ 5300	文艺学习丛书；有卡
6	创作歌选（第 2 集）	中华全国音乐工作者协会上海分会编	华东人民出版社	1952 年 4 月初版	48.952/Z647	文华图书馆学专科学校藏书+3	1	1000 元	有卡
7	大家唱 第 4 集	曾昭正编	上海教育书店	1950 年 1 月沪初版	48.952/Z166	本书承 张主教海松捐赠；文华馆专实验图书馆藏书+2	1	5 元	

序号	书　名	作者	出版者	出版时间	分类号/索书号	印　章	复本	定价	备注
8	大家唱 第5集 抗美援朝保家卫国专辑	大家唱编辑部	上海教育书店	1951年2月初版			1		缺封面封底；编者为网上查得
9	导演的艺术创造	焦菊隐著	文化生活出版社	1951年9月再版	48.622/J441	文华图书馆学专科学校藏书+4	1	人民币六千三百元	北京人民艺术剧院戏剧丛书；有卡
10	导演方法论	阎哲吾、张石流合著	独立出版社	民国三十一年九月初版（1942年）	48.72/L1194	武昌文华图书馆学专科学校+5	1	3元5角	战时戏剧理论丛书；有卡
11	导演与表演诸问题	王啸平著	正风出版社	1951年6月沪初版	48.7203/W164	文华图书馆学专科学校藏书+5	1	￥5400	有卡
12	导演与演员	章泯著	生活·读书·新知上海联合发行所	民国卅八年六月沪初版（1949年）	48.72/Z253	文华图专实验图书馆藏书+4；本书承张主教海松捐赠 特此志谢 文华图专实验圕 公元1950年2月26日	1	二元五角	新中国百科小丛书；有卡
13	德国进步电影在新道路上	S.许伐布等著，纪年、邵牧君、高国淦等译，中国电影局艺术委员会编	中央电影局出版	1952年12月第一版	48.69518/X661J	文华图书馆学专科学校藏书+2	1	12000	电影艺术丛书；有卡
14	电影场	徐公美编著	商务印书馆		48.6/X591	武昌文华图书馆学专科学校藏+3	1		社会教育小丛书

序号	书名	作者	出版者	出版时间	分类号/索书号	印章	复本	定价	备注
15	电影化装法	金光洲编	商务印书馆	民国二十七年七月初版（1938年）	788/J557	武昌图书馆学专科学校藏（反）+3	1	国币三角	电影小丛书；有卡
16	东洋美术史（上卷）	史岩著	商务印书馆	民国二十五年七月初版（1936年）	48.04/S565	私立武昌文华图书馆学专科学校图书馆+2；武昌文华图书馆学专科学校+1	1	国币贰元肆角	有卡
17	儿童美术鉴赏指导法	吴成均编著	上海大东书局	民国二十二年五月初版（1933年）	760.16/W469	武昌文华图书馆学专科学校+4；钢印：私立武昌文华图书馆学专科学校+4	1	大洋二角五分	蒋息岑主编：儿童教育丛书第七种；有卡
18	儿童戏曲集	J. G and M. Endicott著，Michael West英译	中华书局	民国三十七年六月再版（1948年）	8.55/E +25		1	二元二角	韦氏英文辅助读本（11）；有卡
19	观赏植物图谱 上册	沐绍良编译	商务印书馆		58.8/M686	武昌文华图书馆学专科学校+6	1		王云五、周建人主编：中学生自然研究丛书；有卡
20	和平鸽飞翔在天空	沙梅作曲	万叶书店	1952年11月25日初版	48.950/S237	文华图书馆专科学校藏书+2；文华图专图书馆+2	1	四千二百圆	大众合唱曲集，有卡
21	湖北民间雕花艺术	湖北省美术工作室选编	中南人民文学艺术出版社	1953年6月	48.49/1H451	文华图专图书馆+2	1	7000元	有卡
22	画版 第一辑	木刻研究室编	人民美术出版社	1951年10月北京初版	48.38/M691	文华图书馆专科学校藏书+8	1	7200元	有卡

序号	书　名	作者	出版者	出版时间	分类号/索书号	印　章	复本	定价	备注
23	幻灯手册	中央文化部科学普及局	商务印书馆	1951 年 8 月再版		文华图专图书馆+1	1	4000 元	无封面封底;作者、出版者、出版年为孔网所查
24	绘画基本理论	周方白著	商务印书馆	1950 年 3 月初版,1951 年 6 月四版		文华图书馆学专科学校藏书+2	1	人民币 5000 元	美术丛书
25	解放歌声 第一集	解放歌声社	解放歌声社	1949 年 4 月 1 日出版	48.952/J525	武昌文华图书馆学专科学校藏+2	1		有卡
26	晋天颂赞(数字谱简本)	联合圣歌委员会	广学会	民国三十八年四月初版(1949 年)	253.5/L511	文华图专实验图书馆藏书+2;本书承张主教海松捐赠 特此志谢 文华图专实验圕 公元 1950 年 2 月 28 日	1		有卡
27	抗美援朝新歌选集	中央戏剧学院研究部编	三联书店	1951 年 7 月在北京印造第三版	48.952/Z673	文华图书馆学专科学校藏+4	1	3800 元	有卡
28	傀儡戏考原	孙楷弟著	上杂出版社	1952 年 9 月第一版	48.761/S858	文华图书馆专科学校藏书+3	1	7200 元	中国戏曲理论丛书;有卡
29	乐队指挥法	谌亚选编译	上海万叶书店	1951 年 10 月 1 日初版	48.917/B474	文华图书馆学专科学校藏书+4	1	700 元	北京人民艺术剧院音乐丛书;有卡
30	鲁迅与木刻	陈烟桥著	开明书店	1949 年 10 月初版,1950 年 12 月再版	46.4/C531	文华图书馆学专科学校藏书+2	1	三.三〇	有卡

序号	书　名	作者	出版者	出版时间	分类号/索书号	印　章	复本	定价	备注
31	论苏联电影	И. 波尔沙科夫等著,戴彭荫译	时代出版社	1951 年 5 月初版	48.693/B7350	文华图书馆学专科学校藏书+3	1	12500 元	电影艺术丛书;有卡
32	马克思主义与现代艺术——对于社会的现实主义探讨	克林兼德著,未知译	三联书店	1951 年 3 月初版	42.2/K426M	文华图书馆学专科学校藏书+6	1	¥4300	有卡
33	漫画艺术讲话	黄茅	商务印书馆	民国三十六年三月上海初版(1947 年)	48.368/H562;N/730.08/H658	文华图专实验图书馆藏书+3	2	国币贰元伍角	新中学文库;有卡
34	美术丛书 1 /初集第一辑 第二辑	黄宾虹、邓实编	神州国光社	民国三十六年秋四版增订(1947 年)	48.3/H563	武昌文华图书馆学专科学校藏+2	1	¥496000(20 本合加)	有卡
35	美术丛书 2 /初集第三辑 第四辑	黄宾虹、邓实编	神州国光社	民国三十六年秋四版增订(1947 年)	48.3/H563	武昌文华图书馆学专科学校藏+2	1	¥496000(20 本合加)	有卡
36	美术丛书 3 /初集第五辑 第六辑	黄宾虹、邓实编	神州国光社	民国三十六年秋四版增订(1947 年)	48.3/H563	武昌文华图书馆学专科学校藏+2	1	¥496000(20 本合加)	有卡
37	美术丛书 4/ 初集第六、七辑	黄宾虹、邓实编	神州国光社	民国三十六年秋四版增订(1947 年)	48.3/H563	武昌文华图书馆学专科学校藏+2	1	¥496000(20 本合加)	有卡

序号	书　名	作者	出版者	出版时间	分类号/索书号	印　章	复本	定价	备注
38	美术丛书 5 /二集 第七辑 第八辑	黄宾虹、邓实编	神州国光社	民国三十六年秋四版增订（1947年）	48.3/H563	武昌文华图书馆学专科学校藏+3	1	¥496000（20本合加）	有卡
39	美术丛书 6 /二集 第一辑 第二辑	黄宾虹、邓实编	神州国光社	民国三十六年秋四版增订（1947年）	48.3/H563	武昌文华图书馆学专科学校藏+2	1	¥496000（20本合加）	有卡
40	美术丛书 7 /二集 第三辑 第四辑	黄宾虹、邓实编	神州国光社	民国三十六年秋四版增订（1947年）	48.3/H563	武昌文华图书馆学专科学校藏+2	1	¥496000（20本合加）	有卡
41	美术丛书 8 /二集 第五辑 第六辑	黄宾虹、邓实编	神州国光社	民国三十六年秋四版增订（1947年）	48.3/H563	武昌文华图书馆学专科学校藏+2	1	¥496000（20本合加）	有卡
42	美术丛书 9/ 二集 第七辑 第八辑	黄宾虹、邓实编	神州国光社	民国三十六年秋四版增订（1947年）	48.3/H563	武昌文华图书馆学专科学校藏+3	1	¥496000（20本合加）	有卡
43	美术丛书 10 /二集 第九辑 第十辑	黄宾虹、邓实编	神州国光社	民国三十六年秋四版增订（1947年）	48.3/H563	武昌文华图书馆学专科学校藏+2	1	¥496000（20本合加）	有卡
44	美术丛书 11 /三集 第一辑 第二辑	黄宾虹、邓实编	神州国光社	民国三十六年秋四版增订（1947年）	48.3/H563	武昌文华图书馆学专科学校藏+6	1	¥496000（20本合加）	有卡

序号	书　名	作者	出版者	出版时间	分类号/索书号	印　章	复本	定价	备注
45	美术丛书 12 /三集 第三辑 第四辑	黄宾虹、邓实编	神州国光社	民国三十六年秋四版增订(1947年)	48.3/H563	武昌文华图书馆学专科学校藏+3	1	¥496000(20本合加)	有卡
46	美术丛书 13/ 三集 第五辑 第六辑	黄宾虹、邓实编	神州国光社	民国三十六年秋四版增订(1947年)	48.3/H563	武昌文华图书馆学专科学校藏+2	1	¥496000(20本合加)	有卡
47	美术丛书 14/ 三集 第七辑 第八辑	黄宾虹、邓实编	神州国光社	民国三十六年秋四版增订(1947年)	48.3/H563	武昌文华图书馆学专科学校藏+2	1	¥496000(20本合加)	有卡
48	美术丛书 15 /三集 第九辑 第十辑	黄宾虹、邓实编	神州国光社	民国三十六年秋四版增订(1947年)	48.3/H563	武昌文华图书馆学专科学校藏+2	1	¥496000(20本合加)	有卡
49	美术丛书 16/ 四集 第一辑 第二辑	黄宾虹、邓实编	神州国光社	民国三十六年秋四版增订(1947年)	48.3/H563	武昌文华图书馆学专科学校藏+2	1	¥496000(20本合加)	有卡
50	美术丛书 17 /四集 第三辑 第四辑	黄宾虹、邓实编	神州国光社	民国三十六年秋四版增订(1947年)	48.3/H563	武昌文华图书馆学专科学校藏+2	1	¥496000(20本合加)	有卡
51	美术丛书 18 /四集 第五辑 第六辑	黄宾虹、邓实编	神州国光社	民国三十六年秋四版增订(1947年)	48.3/H563	武昌文华图书馆学专科学校藏+5	1	¥496000(20本合加)	有卡

序号	书　名	作者	出版者	出版时间	分类号/索书号	印　章	复本	定价	备注
52	美术丛书 19/ 四集第七辑 第八辑	黄宾虹、邓实编	神州国光社	民国三十六年秋四版增订(1947年)	48.3/H563	武昌文华图书馆学专科学校藏+3	1	¥496000(20本合加)	有卡
53	美术丛书 20 四集第九辑 第十辑	黄宾虹、邓实编	神州国光社	民国三十六年秋四版增订(1947年)	48.3/H563	武昌文华图书馆学专科学校藏+2	1	¥496000(20本合加)	有卡
54	美术字讲话(修订版)	宋石作	教育书店	1951年6月修订四版	48.42/S794	文华图书馆学专科学校藏书+5;文华图专图书馆+5;文华图书馆学专科学校藏书+6;文华图专图书馆+5;文华图书馆学专科学校藏书+6;文华图专图书馆+3	9	5000	美术工作丛书之一;有卡
55	民族音乐论	佛格汉·威廉士著,沈敦行译	新文艺出版社	1951年7月新一版	48.91/W344s	文华图书馆学专科学校藏书+5	1	5500	有卡
56	辟氏 和声学	丰陈宝译,沈敦行校订	新文艺出版社	1951年	48.91/B573	文华图书馆学专科学校藏书+2	1	26000	音乐理论技术丛书;有卡
57	群众口琴曲集	中央音乐学院主编,严隽慧编选,钱君匋装帧	万叶书店	1953年1月10日初版	48.9474/Y213	文华图专图书馆+4	1	3200元	中央音乐学院研究部资料丛刊;有卡
58	人民歌声	中原大学文艺研究室编	山河书店	1949年4月	48.952/Z669	文华图书馆学专科学校藏	1		有卡

序号	书　名	作者	出版者	出版时间	分类号/索书号	印　章	复本	定价	备注
59	人民民主国家民间舞 第一集	叶·马尔戈里斯记录,杨羽编译	文娱出版社	1952年8月印刷,9月初版	48.85/M144	文华图书馆学专科学校藏书+4	1	4000元	国际舞蹈丛书;有卡
60	人民英雄董存瑞	石化玉等著,武汉人民艺术出版社编选	上海杂志公司总发行	1949年8月	44.1161/S518	文华图书馆学专科学校藏+3	1		有卡
61	书学概论	陈康著	教育书店	民国三十四年八月初版(1945年)	41.246/Z451	长方:武昌文华图书馆学专科学校藏+1	1	6.5	有卡
62	双人舞(我在草原上)	乌斯季诺娃演出记录,顾乃晴译	文娱出版社	1951年11月初版,1952年9月五版	48.893/Y525j	文华图书馆学专科学校藏书+3	1	2200	苏联舞蹈小丛书6;有卡
63	水手舞	奥库聂娃编舞,郑硕人译	文娱出版社	1951年11月初版,1952年9月五版	48.893/A4872	文华图书馆学专科学校藏书+3	1	2200	苏联舞蹈小丛书4;有卡
64	宋元戏曲史	王国维	商务印书馆	1935年	43.494/W197	钢印:私立武昌文华图书馆专科学校+2	1		
65	宋元戏曲史	王国维	商务印书馆	民国四年九月初版(1915年),民国二十四年五月国难后第三版(1935年)	43.494/W197	武昌图书馆学专科学校藏 BOONE LIBRARY SCHOOL, WUCHANG +3	1	国币陆角	国学小丛书;有卡
66	苏联的电影	曹雪松	商务印书馆	1950年10月	48.693/C177	文华图书馆学专科学校藏书+2	1		有卡

序号	书　名	作者	出版者	出版时间	分类号/索书号	印　章	复本	定价	备注
67	苏联的戏剧	田禽著	商务印书馆	1950年6月初版	48.793/T351	文华武昌图书馆学专科学校藏书+4;中国图书发行公司武汉分公司特价部+1	1	2元	人民百科小册;有卡
68	苏联电影500个问答	伯奋编述	潮锋出版社	1952年12月初版	48.6055v/B324	文华图书馆学专科学校藏书+3	1	7800元	有卡
69	苏联民间舞蹈 第2集	C.霍耳斐娜编作,郑硕人、顾乃晴 编译	文娱出版社	1951年11月三版	48.85/B739	文华图书馆学专科学校藏书+5	1	9500元	有卡
70	苏联民间舞蹈 第3集	M.拉斯孟等编作,郑硕人、顾乃晴 编译	文娱出版社	1951年9月初版	48.85/B739	文华图书馆学专科学校藏书+6	1	8000元	有卡
71	苏联民间舞蹈 第4集	Л.波加柯娃等编作,郑硕人、顾乃晴 编译	文娱出版社	1951年12月初版	48.85/B739	文华图书馆学专科学校藏书+5	1	8500元	有卡
72	苏联图案集	姜宝泉编	上海万叶书店印行	1951年11月1日初版	48.42/C374	文华图书馆学专科学校藏书+3	1	8000元	
73	苏联土风舞	伊·莫依榭也夫著,赵勤英、吴之仁译	教育书店	1952年11月三版	48.85/M661	文华图书馆学专科学校藏书+3	1	5000	苏联舞蹈丛书之一;有卡
74	苏联舞蹈	齐国卿、冯和光 编译	青年出版社	1953年4月第一版	48.89/Q142	文华图专图书馆+2	1	6400元	无封底

序号	书　名	作者	出版者	出版时间	分类号/索书号	印　章	复本	定价	备注
75	旋舞	加里宁编舞，索斯诺娃、波加柯娃记录，郑硕人译	文娱出版社	1951年11月初版，1952年9月五版	48.893/J259S	文华图书馆学专科学校藏书+4	1	1800	苏联舞蹈小丛书5；有卡
76	苏联演剧方法论	诺里斯·霍顿著，贺孟斧译	上海杂志公司	1949年11月，1951年4月第二版	48.73/H641H	文华图书馆学专科学校藏+2	1	7000	戏剧理论与方法丛刊；有卡
77	图案新编	石涛编	同人书屋	1950年9月初版	48.42/S526	文华图专实验图书馆藏书+5	1	五元	无封底
78	晚会舞 第一集	耳·波加柯娃记录，杨羽编译	文娱出版社	1952年7月初版，1952年11月三版	39.99/B759	文华图书馆学专科学校藏书+2	1	3600	国际舞蹈丛书；有卡
79	乌克兰舞	伊瓦尼欣演出，杰尼索夫记录，顾乃晴译	文娱出版社	1952年8月七版	48.893/Y525j	文华图书馆学专科学校藏书+4	1	1500	苏联舞蹈小丛书2；有卡
80	乌兹别克舞	伊斯拉莫娃编舞，波加柯娃记录，顾乃晴译	文娱出版社	1952年6月再版	48.893/Y521	文华图书馆学专科学校藏书+2	1	2000	苏联舞蹈小丛书12；有卡
81	舞台导演初程	许幸之著	商务印书馆	1950年7月初版，1951年6月再版	781.60843	文华图书馆学专科学校藏书+3	1	2500	人民百科小册；有卡
82	舞台技术基础	刘露著	上海杂志公司	1949年3月第一版，1951年4月第三版	48.74/M493	文华图书馆学专科学校藏+4	1	8000	戏剧理论与方法丛刊；有卡

序号	书　名	作者	出版者	出版时间	分类号/索书号	印　章	复本	定价	备注
83	西画概要	吴梦非	商务印书馆	民国三十六年三月四版（1947年）	48.36/W621	文华图专实验图书馆藏书+3	2	国币壹元伍角	新中学文库；百科小丛书
84	西洋美术史纲要	萧石君编	中华书局	1928年		武昌文华图书馆学专科学校+2	1	银一元二角	严重残缺；出版社、定价为网上查得
85	戏剧常识	吴获舟著	三联书店	民国卅八年六月沪初版（1949年）	48.7031/W576	文华图专实验图书馆藏书+4；本书承张主教海松捐赠 特此志谢 文华图专实验圕 公元1950年2月26日	1		新中国百科小丛书；有卡
86	戏剧导演手册	海夫纳著，章泯译	天下出版社	1951年12月出版	48.72/H145.2	文华图书馆学专科学校藏书+3	1	9900元	
87	戏剧演出教程	M. 史密士原著，田禽译述	上海杂志公司	1951年6月第三版	48.73/S557t	文华图书馆学专科学校藏+8	1		戏剧理论与方法丛刊；无封底
88	向苏联电影学习“中苏友好月”苏联影片展览专集	中国影片经理公司中南区公司编	中南人民文学艺术出版社	1952年11月初版	48.618/Z633	文华图书馆学专科学校藏书+3	1	2500元	有卡
89	写字的常识	倪海曙著	华东人民出版社	1951年5月	41246/N231	文华图书馆学专科学校藏书+2	1		有卡
90	新疆民间歌曲集	北京人民艺术剧院编辑，老志诚编曲	天下出版社	1951年9月初版	48.98235/B474	文华图书馆学专科学校藏书+5	1	5000	北京人民艺术剧院音乐丛刊

序号	书　名	作者	出版者	出版时间	分类号/索书号	印　章	复本	定价	备注
91	新美术论集	王琦	新文艺出版社	1951年9月第一版上海	48.33/W221	文华图书馆学专科学校藏书+7	2	13600元	有卡
92	新图案的理论和做法	雷圭元	上海万叶书店	1950年10月初版		文华图书馆学专科学校藏书+5	1	基价14元	
93	新演员手册	饶生、史亭等著，田禽译	上海杂志公司	1948年9月第一版，1951年8月第三版	48.72/W144T	文华图书馆学专科学校藏+5	1		戏剧理论与方法丛刊
94	新艺术论	蔡仪	商务印书馆	民国三十六年二月上海再版（1947年）	48.03/C142；N700.1/S187	文华图专实验图书馆藏书+3	2	国币叁元伍角	新中学文库；有卡
95	新中国的木刻	陈烟桥著	商务印书馆	1951年7月初版	48.22/C532	文华图书馆学专科学校藏书	1	2200元	人民百科小丛书；有卡
96	新中国的新美术	温肇桐著	商务印书馆	1950年3月初版，1951年7月再版	48.35/W446	文华图书馆学专科学校藏书+2	1	1200	人民百科小册；有卡
97	星海歌曲集	冼星海著	新音乐研究社	1942年9月	48.952/X189		1	国币四元二角	新音乐丛刊2；有卡
98	匈牙利集体舞	斐也编	文娱出版社	1952年10月三版	39.99/F326	文华图书馆专科学校藏书+4	1	2000	国际舞蹈丛书；有卡
99	演剧教程	拉波泊、查哈瓦著，曹葆华、天蓝译	新华书店	1950年4月中南第一版	48.72/L116C	文华图书馆学专科学校藏书+4	1	4.8	有卡

序号	书　名	作者	出版者	出版时间	分类号/索书号	印　章	复本	定价	备注
100	演员初步	约翰·包尔尼著,田禽译	上海杂志公司	1951年4月第一版	781.22771	文华图书馆学专科学校藏+4	1	￥6200	戏剧理论与方法丛刊;有卡
101	演员艺术论集	韩塞编	上杂出版社	1951年8月第一版	48.72/H187	文华图书馆学专科学校藏+2	1	￥5000	戏剧理论与方法丛刊;有卡
102	艺术的社会根源	哈拉普著,朱光潜译	新文艺出版社	1951年10月第一版	48.03/H129Z	文华图书馆学专科学校藏+2;文华图书馆学专科学校藏书+2	2	￥11600	有卡
103	艺术论集					武昌文华图书馆学专科学校+1	1		缺首页和尾页
104	艺术与社会生活	普列汉诺夫(G. V. Plekhanov)著,雪峰译	生活书店	民国二十七年二月再版(1938年)	700.19/P635	武昌文华图书馆学专科学校+2;私立武昌文华图书馆学专科学校图书馆+1;钢印:私立武昌文华图书馆学专科学校+2	1	国币叁角	世界名著译丛;有卡
105	艺术哲学	泰勒著,沈起予 译	群益出版社	1949年11月	48.03/T1575	文华图书馆专科学校藏书+5	1	二十八元	有卡
106	音乐通论	黎青主著	商务印书馆	民国二十二年十二月初版(1933年),民国三十六年三月三版(1947年)	48.91/L251	文华图专实验图书馆藏书+3	2	国币贰元	新中学文库;百科小丛书;有卡

序号	书　名	作者	出版者	出版时间	分类号/索书号	印　章	复本	定价	备注
107	应用和声学	乔治·韦治著,汪培元译	上海万叶书店印行	1949 年 9 月 15 日初版,1950 年 4 月 15 日二版	770.0254733	武昌文华图书馆学专科学校藏+4	1	14	音乐理论丛书;有卡
108	应用图案讲话	郑川谷著	上海杂志公司	民国三十二年三月二版(1943 年);(B)1943 年 2 月二版	48.42/Z450	武昌文华图书馆学专科学校+2	1	12 元	无封底封面;出版日期书上有两种
109	在音乐战线上	杨琦著	江南出版社	1951 年 5 月	48.91/Y282	文华图书馆专科学校藏书+4	1	七千元	有卡
110	怎样利用油画颜色		国际书店	1951 年	A29-39		1	3	俄文;有卡
111	战地戏剧理论与实践	侯枫著	独立出版社	民国三十年十一月初版(1941 年)	48.7/H392	武昌文华图书馆专科学校学生服务团巡回文库+2;私立武昌文华图书馆学专科学校图书馆;文化学院图书馆藏书+2	1	八角五分	戏剧理论丛书
112	战时剧团组织与训练	阎哲吾著	独立出版社		48.71/Y194	文化学院图书馆藏书+2;武昌文华图书馆专科学校学生服务团巡回文库;私立武昌文华图书馆学专科学校图书馆+1	1	¥1100	战时戏剧理论丛
113	张继英练字法	中南人民出版社编辑	中南人民出版社	1952 年 12 月初版	85.314/Z665	文华图书馆学专科学校藏书+3	1	1500 元	有卡

序号	书　名	作者	出版者	出版时间	分类号/索书号	印　章	复本	定价	备注
114	长江歌声(第一集)	武汉市音协筹委会编	华中新华书店	1949年12月初版	48.952/W751	文华图专实验图书馆藏书+3;本书承张主教海松捐赠 特此志谢 文华图专实验圕 公元50年5月20日	1	4	有卡
115	长江歌声(第二集)	武汉市音协筹委会编	中南新华书店	1950年1月初版	48.952/W751	文华图专实验图书馆藏书+3;本书承张主教海松捐赠 特此志谢 文华图专实验圕 公元50年5月20日	1	3.3	有卡
116	长江歌声(第三集)	武汉市音乐工作者协会编	中南新华书店	1950年2月出版	48.952/W751	文华图专实验图书馆藏书+3;本书承张主教海松捐赠 特此志谢 文华图专实验圕 公元50年5月20日	1	2.7	有卡
117	长江歌声(第四集)	武汉市音乐工作者协会编	中南新华书店	1950年4月出版	48.952/W751	文华图专实验图书馆藏书+3;本书承张主教海松捐赠 特此志谢 文华图专实验圕 公元50年5月20日	1		有卡

序号	书　名	作者	出版者	出版时间	分类号/索书号	印　章	复本	定价	备注
118	长江歌声(第九集)	武汉市音乐工作者协会编	中南人民出版社	1951 年 3 月初版	48.952/W744	文华图专图书馆+2;文华图书馆学专科学校藏书+2	1	2900	有卡
119	中国画学浅说	诸宗元著	商务印书馆	民国三十六年三月五版(1947 年)	48.35/Z754	文华图专实验图书馆藏书+3	1	国币壹元伍角	新中学文库,百科小丛书;有卡
120	中国绘画史 上	俞剑华著	商务印书馆	民国二十六年一月初版(1937 年)	730.109/Y692	钢印:私立武昌文华图书馆学专科学校+3;武昌图书馆学专科学校藏(反)+2	1	每部国币叁元陆角	中国文化史丛书第一辑;有卡
121	中国绘画史 下	俞剑华著	商务印书馆	民国二十六年一月初版(1937 年)	48.3504/Y822	武昌文华图书馆学专科学校藏	1	每部国币叁元陆角	中国文化史丛书第一辑
122	中国美术发达史	刘思训	商务印书馆	民国三十五年四月重庆初版(1946 年),民国三十五年四月上海初版(1946 年),民国三十六年二月上海再版(1947 年)	48.39204/L699	文华图专实验图书馆藏书+4	2	国币贰元伍角	新中学文库,艺术研究丛书;有卡

序号	书　名	作者	出版者	出版时间	分类号/索书号	印　章	复本	定价	备注
123	中国美术年表	傅抱石著	商务印书馆	民国二十六年三月初版（1937年）	48.35088/F599	武昌文华图书馆学专科学校+3	1	国币壹元	有卡
124	中国书学浅说	诸宗元	商务印书馆	民国十七年四月初版（1928年），民国三十六年三月第四版（1947年）	41.246/Z752	文华图专实验图书馆藏书+3	2	国币壹元	新中学文库，百科小丛书；有卡
125	中国书学浅说	诸宗元	商务印书馆	民国十七年四月初版（1928年），民国三十六年三月第五版（1947年）	41.246/Z752	文华图专实验图书馆藏书+3	1	国币壹元伍角	新中学文库，百科小丛书
126	中国戏剧简史	董每戡	商务印书馆	1950年9月再版	44.404/W496	文华图书馆学专科学校藏书+4	1	￥6.50	有卡
127	中国音乐史纲	杨荫浏著	上海万叶书店印行	1952年2月10日初版	48.93204/Y326；770.14643	文华图书馆学专科学校藏书+2	2	2000	有卡

（十一）K 历史、地理

现存 98 种，111 册。

序号	书 名	作者	出版者	出版时间	分类号/索书号	印 章	复本	定价	备注
1	A Critical Study of The First Anglo-Chinese War	P.C.Kuo	Shanghai: The Commercial Press, Limited	1935 年	951/K9645	武昌文华图书馆学专科学校藏+2	1		有卡
2	Argument of Empire	W.K.Hancock	Penguin Books	1943 年	321.0342/H191	国立中央图书馆 NATIONAL CENTRAL LIBRARY CHINA +2；私立武昌文华图书馆学专科学校图书馆+2	1		A Penguin Special；有卡
3	History of The Communist Party of The Soviet Union / Bolsheviks/	Edited by A Commission of The C. C. of The C. P. S. U. (B.) Authorized by The C. C. of The C. P. S. U. (B.)	Foreign Languages Publishing House	1951 年	335.409	文华图专图书馆+2	1		
4	New China		Foreign Language Press	1952 年		文华图书馆学专科学校藏书+4	1		相册/图册
5	The Concise Dictionary of National Biography 1901—1930	George Smith	London: Oxford University Press	1939 年	R920.042/D544c	武昌文华图书馆学专科学校藏+2	1		1901—1930 年国家传记简明辞典；字母索引

序号	书　名	作者	出版者	出版时间	分类号/索书号	印　章	复本	定价	备注
6	The Shorter Oxford English Dictionary	William Little	Oxford: The Clarendon Press	1944 年	R423o/X2v.2	武昌文华图书馆学专科学校藏+2	1		较短的牛津英语词典;字母索引
7	They are Betraying Peace	Cathala	Literaturnaya Gazeta Publishers	1951 年		文华图书馆学专科学校藏书+2	1		作者为国图查得
8	奥地利	鲁宾斯坦等著,刘丕坤、何仙槎、陈书声译	人民出版社	1953 年 5 月北京第一版	S/25.226/L492(L)	文华图专图书馆+1;文华图书馆学专校+3	1	3100 元	苏联大百科全书选译;有卡
9	北平市立图书讲习班同学录			民国三十七年六月(1948 年)	37.623/B482	武昌文华图书馆学专科学校+1;小方印:李宝勋+1	1		“北平市立圕学讲习班第一期毕业纪念李宝勋敬题”;有卡
10	参加苏联中国艺术展览会 古代艺术品目录	中央文化部文物局编	中央文化部文物局	1950 年 8 月	48.071/Z637	文华图书馆学专校+2;文华图书馆学专科学校藏书+2	1		有卡
11	惨无人道的细菌战争:日寇的滔天罪行	储华编	大东书局	1951 年 3 月	33.8163/C672	文华图书馆学专科学校藏书+4	1	5000	有卡
12	地名大辞典				22.72072/X326	民国二十二年中秋月 余春阶置	1		字母索引;缺封面封底
13	地学通论(数理之部)		正中书局	民国三十七年四月初版(1948 年)	56.2/H571	武昌文华图书馆学专科学校藏+4	1	6.7	有卡

序号	书　名	作者	出版者	出版时间	分类号/索书号	印　章	复本	定价	备注
14	东洋文库地方志目录	岩井大慧	东洋文库	昭和十年十二月(1935年)		文华图专图书馆+1	1		
15	二十年来的日本	李执中	独立出版社	民国三十一年一月(1942年)	921.88/L318	文华图书馆学专科学校+2	1		有卡
16	方志敏烈士遗著:可爱的中国	方志敏	人民文学出版社	1952年5月		文华图书馆学专科学校藏+2;文华图书馆学专科学校藏书+2	1		有卡
17	访苏杂记	陈希文	工人出版社	1952年1月	32.32/C522	文华图书馆学专科学校藏书+2	2		有卡
18	服尔德传	莫罗阿著,傅雷译	商务印书馆	民国三十六年二月再版(1947年)	26.15136/F543	文华图专实验图书馆藏书+4	1	国币贰元五角	新中学文库汉译世界名著;有卡
19	革命文豪高尔基	亚历山大・康恩著,韬奋编译		民国三十一年一月(1942年)	45.04/G213	武昌文华图书馆学专科学校+2	1		有卡
20	古今人物别名索引	陈德芸	广州岭南大学图书馆	民国二十六年一月(1937年)	G26.12103/C284;MG/K82-63/C316		1	精装:国币六元,平装:国币四元	岭南大学图书馆丛书;笔画索引;索书号、定价查自武汉大学图书馆
21	古史甄微	蒙文通	商务印书馆	民国二十二年七月再版(1933年)	MG/K220.7/M2692	钢印:私立武昌文华图书馆学专科学校+2	1	大洋五角	国学小丛书;分类号在武汉大学图书馆查得

序号	书　名	作者	出版者	出版时间	分类号/索书号	印　章	复本	定价	备注
22	古中国的跳舞与神秘故事(附法国汉学小史)	李璜译	中华书局	民国二十二年二月发行(1933年)	910.23/L325	武昌图书馆学专科学校藏(反)+2	1	四角五分	无封底;出版时间、定价为网上查得
23	广东族谱目录	广东省立图书馆编印	广东省立图书馆	民国三十六年一月(1947年)	26.103/G492	武昌文华图书馆学专科学校藏+2	1		广东省立图书馆丛刊之二;油印;索书号在武汉大学图书馆查得
24	广西石刻展览特刊	广西省政府秘书处编译室编印	广西省政府秘书处编译室编印	民国三十五年十月(1946年)	26.3294/Z995		1		有卡
25	国立武汉大学一览合刊			民国二十七年(1938年)			1		
26	国民历	国立中央研究院天文研究所编	国民政府行政院内政教育部	民国三十五年(1946年)	T528.6/C631		1		
27	国史研究六篇	梁启超著	中华书局	民国二十五年三月(1936年)	22.03/L511	钢印:私立武昌文华图书馆学专科学校+2;武昌文华图书馆学专科学校+2	1		封面脱落
28	可爱的中国	方志敏烈士遗著	人民文学出版社	1952年5月		文华图书馆学专科学校藏书+2	2		
29	李大钊先生传	张次溪编著	北京宣文书店			文华图书馆学专科学校藏书+2	1		有卡

序号	书　名	作者	出版者	出版时间	分类号/索书号	印　章	复本	定价	备注
30	历代名人年里碑传总表	姜亮夫撰	商务印书馆	民国二十六年一月(1937年)	K82-64/233.01	国立武汉大学图书馆	1	精装:国币叁元	四角号码索引加笔画索引;作者、分类号、定价查自武图
31	历代贤豪传记	中国国民党中央执行委员会宣传部主编	教育部教科用书编辑委员会	民国三十年九月(1941年)		武昌文华图书馆学专科学校藏	1		
32	历史人物的评判问题——为展开武训批判而试论	吴泽著	棠棣出版社	1951年7月初版	22.03/W681	文华图书馆学专科学校藏+3	1		有卡
33	历史统计学	卫聚贤著	商务印书馆	民国二十四年二月再版(1935年)	341/W326	武昌文华图书馆学专科学校+5	1		有卡
34	历史唯物论、社会发展史	艾思奇著	生活·读书·新知三联书店	1951年3月初版,1952年8月第七版	11.5/A277	文华图书馆学专科学校藏书+6	1	8300元	有卡
35	历史唯物论——社会发展史	艾思奇著	三联书店	1951年7月在北京印造第四版	9044464:1c2	文华图专图书馆+3;文华图书馆学专科学校藏书+5	1	人民币8300	中央人民广播电台丛书;有卡
36	历史唯物论——社会发展史	艾思奇著	三联书店	1951年11月在北京印造六版	11.5/A277	文华图书馆学专科学校藏+10	1	8300元	中央人民广播电台丛书;有卡

序号	书　名	作者	出版者	出版时间	分类号/索书号	印　章	复本	定价	备注
37	历史唯物论——社会发展史讲授提纲（订正本）	艾思齐	新华书店	1949年10月初版	11.5/A277	武昌文华图书馆学专科学校藏+4	1	1.2	有卡
38	历史唯物论——社会发展史讲授提纲（订正本）	艾思齐	新华书店	1950年5月	11.3053/A277	文华图书馆学专科学校藏书+5	1	2.6	有卡
39	历史唯物论——社会发展史讲义 第一重改本	艾思奇著	工人出版社	1952年1月第一重改本北京第四版	9044464:ac1	文华图书馆学专科学校藏书+9	1	7500元	有卡
40	林公铎先生学记	徐英编著	正中书局	民国三十二年四月初版（1943年）	979/L537	武昌文华图书馆学专科学校+1;私立武昌文华图书馆学专科学校图书馆+1	1	米纸本：国币九角	
41	刘胡兰小传	梁星著	青年出版社印行	1951年7月	26.12679/L517	文华图书馆学专科学校藏书+2	2		有卡
42	马列主义基础课程计划	谢甫卓夫主编,王继麟译	东北人民政府文化教育委员会	1951年6月初版	09.053/X425	文华图书馆学专科学校藏书+3	8	2300元	苏联高等教育部社会科学教育司1950年6月1日批准;有卡
43	蒙古人民共和国鸟瞰	H.B.查布金著,梁彦译	人民出版社	1948年	24.125/C233	文华图书馆学专科学校藏书	1		有卡

序号	书　名	作者	出版者	出版时间	分类号/索书号	印　章	复本	定价	备注
44	民俗艺术考古论集	张道藩主编，常任侠编著	正中书局	民国三十二年九月初版（1943年）	900.7/C238	私立武昌文华图书馆学专科学校图书馆+3	1	国币一元	现代文艺丛书；有卡
45	廿四史传目引得	梁启雄编	中华书局	民国二十五年十二月（1936年）	G22.11071/L411		1	国币一元五角	笔画索引；定价查自孔夫子旧书网
46	批判“武训传”（第二集）	人民出版社编辑部	人民出版社	1951年7月中南重印版	43.2/R148	文华图专图书馆+2	1	2700	有卡
47	日本大陆政策的真面目	国难资料编辑社编	生活书店		385.11/K774	文华图书馆学专科学校藏+2；生活书店廉价	1		缺封面；有卡
48	日本政府	金长佑著	商务印书馆	民国二十六年七月初版（1937年）	373.21/D424	武昌文华图书馆学专科学校+2；钢印：私立武昌文华图书馆学专科学校+2	1		大学丛书；有卡
49	日本知识丛刊：日本现代人物传（中册）	孔志澄、叶祝久编	商务印书馆	民国二十八年七月（1939年）		武昌文华图书馆学专科学校图书馆+2	1		有卡
50	容美纪游	顾彩				文华图专图书馆；中南图书馆赠阅	1		
51	蓉灌纪行	冯玉祥				武昌文华图书馆学专科学校图书馆+2	1		缺封面；有卡
52	少年米邱林	上海晨光出版公司编	晨光出版公司	1951年1月	K835.126.3-5t	文华图书馆学专科学校藏书+2	1		苏联画库；作者、分类号据国家图书馆

序号	书　名	作者	出版者	出版时间	分类号/索书号	印　章	复本	定价	备注
53	社会形态发展史	沈志远撰	生活·读书·新知三联书店	1949年10月京再版	21.09/S423	文华图专实验图书馆藏书+4;本书承张主教海松捐赠 特此鸣谢 文华图专实验圕 公元1950年2月27日	1	1.9	捐赠
54	社会主义农业及其在苏联国民经济发展中的作用	C.聂德林著	人民出版社	1951年1月初版	610.3938/1024	文华图书馆学专科学校藏书+4	1	0.23	
55	生物学者小史	薛德錥	正中书局	民国三十七年三月(1948年)	58.04/X713	武昌文华图书馆学专科学校+3	1		有卡
56	史瑞芬		工人出版社	1951年8月初版,1952年8月三版	26.125/Z558	文华图书馆学专科学校藏书+3	1	2	
57	私立武昌文华图书馆学专科学校校友录			民国三十二年十月(1943年)		私立武昌文华图书馆学专科学校图书馆+1	2		
58	苏联科学家	温济泽	生活·读书·新知三联书店	1950年9月	37.213/W448	文华图书馆学专科学校藏书+3	1	基价 $5.60	有卡
59	苏联知识通俗丛书:苏联科学家的故事	海清编写,孔乙插图	上海群众书店		50.43/H146	文华图书馆学专科学校藏+2	1		有卡
60	他们出卖和平	Jean Cathala(让·卡大拉)原著,群力译	学习书店	1951年8月	33.8513/K121Q	文华图书馆学专科学校藏书+2	1		有卡

序号	书　名	作者	出版者	出版时间	分类号/索书号	印　章	复本	定价	备注
61	土地改革与新民主主义革命 第二辑	陶大镛、吴觉农、马寅初、温超	展望周刊编行	1952年2月四版	29.3232/T261	文华图书馆学专科学校藏书+3	1	人民币1300元	展望丛刊第二辑；目录检索
62	王安石评传	柯昌颐	商务印书馆	民国三十六年三月五版（1947年）	26.2644/W312	文华图专实验图书馆藏书+7	1	国币七元	新中学文库
63	威廉斯的生平及其学说	斯米尔诺夫著，梓丁译	华北农业科学研究所编译委员会	1951年10月	610.01/4291	文华图专图书馆+2	1	10元	
64	为团结青年一代二斗争		青年出版社	1949年6月初版，1951年6月六版	33.18/Z587	文华图书馆学专科学校藏书+5	1	7.4	有卡
65	我是个飞机制造家	雅可福烈夫著，叶芙译	开明书店	民国三十七年十一月初版（1948年）	S7.8059/Y121y	文华图专实验图书馆藏书+4；本书承张主教海松捐赠 特此志谢 文华图专实验圕	1	金圆七角二分	开明少年丛书；有卡
66	“五四”纪念文辑	东北大学编	东北新华书店印行	1950年4月	22.278/D459	文华图专实验室图书馆藏书+2；张主教海松捐赠	1		封底缺失
67	“五四”卅周年纪念专辑	“五四”三十周年纪念专辑编辑委员会编	新华书店	1949年7月	33.362/W758	文华图书馆学专科学校藏书+2	1		校友余傑赠送；封皮封底脱落
68	“武训传”讨论参考资料	天津市文学艺术界联合会编	大众书店	1951年5月初版	43.24037/T335	文华图专图书馆+3	1	2800	有卡
69	武训和《武训传》批判		人民出版社	1953年		文华图书馆学专科学校藏书+2	2		有卡

序号	书　名	作者	出版者	出版时间	分类号/索书号	印　章	复本	定价	备注
70	武训思想批判	中南人民出版社出版	新华书店中南总分店发行	1951 年 8 月初版	43.2/Z665	文华图书馆学专科学校藏书+2	1		有卡
71	武训思想批判	中南人民出版社编辑部	中南人民出版社	1951 年 8 月	43.2/Z665	文华图书馆学专科学校藏书+5	1		有卡
72	武训与(武训传)的批判	文汇报读报组学习资料	上海文汇报发行	1951 年 6 月	43.2/W458	文华图专图书馆+4	1		有卡
73	武训与“武训传”批判 增订本	华南人民出版社编	华南人民出版社	1951 年 7 月初版,1951 年 9 月增订一版	43.2/H472	文华图书馆学专科学校藏书+3	1	7600	有卡
74	暹罗	曹绵之	联合发行所发行	1949 年 8 月初版	K336.0/C153	文华图专实验图书馆藏书+2	1	$ 2.90	新中国百科小丛书;分类号、定价查自武汉大学图书馆
75	现阶段地理教学诸问题	翁大草著	商务印书馆发行	1950 年 11 月初版	38.6356/W482	中国图书发行公司武汉分公司特价部+1;文华图书馆学专科学校藏书+3	1		人民百科小册;有卡
76	新朝鲜纪行	徐光霁著,张铭三译	大众书店	1951 年 7 月		文华图书馆学专科学校藏书+2;文华图专图书馆+2	1		缺封底
77	西北回族革命简史	马霄石著	东方书社	1951 年 3 月	22.913/M241	文华图书馆学专科学校藏书+2	1		新时代亚洲小丛书之三;有卡
78	新五年计划的生产战士	实人编译	新华书店	1949 年 12 月初版	26.135/S506	文华图书馆学专科学校藏书+5	1	4.40	有卡

序号	书　名	作者	出版者	出版时间	分类号/索书号	印　章	复本	定价	备注
79	巴士特	秦似著	生活·读书·新知三联书店	1938年6月	61.04/B141	文华图专实验图书馆藏书+2;张主教海松捐赠	1		新中国百科小丛书;有卡
80	林肯	曾干著	生活·读书·新知三联书店	1949年6月	26.15634/L587	文华图专实验图书馆藏书+2	1		新中国百科小丛书;封底脱落;有卡
81	闻一多	勉之著	生活·读书·新知三联书店	1949年6月	26.126/W478M	文华图书馆学专科学校藏书+2;张主教海松捐赠	1		新中国百科小丛书;有卡
82	新中国观感集	陈嘉庚著		1950年	44.62/Z438	文华图专实验室图书馆藏书+2	2		有卡
83	曾国藩家书选	张雨苍选注	商务印书馆				1		新中学文库
84	狱中书信集	杜克洛著,伍仁译	人民出版社	1953年3月	33.15136/D564w	文华图书馆学专科学校藏书+2	1		有卡
85	元史译文证补(上)	洪钧撰	商务印书馆	1937年	22.249/H371	武昌文华图书馆学专科学校+2	1		国学基本丛书;封皮脱落
86	元史译文证补(下)	洪钧撰	商务印书馆	1937年	915.9/H432		1	国币肆角	国学基本丛书;有卡
87	在祖国的地图上		Foreign Languages Publishing House	1949年			1		外文
88	战争贩子脸谱	时代社编	时代出版社	1951年6月	26.159/S532	文华图书馆学专科学校藏书+2	1		有卡
89	震撼世界的朝鲜人民解放战争	邓超	世界知识出版社	1951年6月初版	32.282/D291	文华图书馆学专科学校藏书+2	1	7000元	有卡;目录检索

序号	书　名	作者	出版者	出版时间	分类号/索书号	印　章	复本	定价	备注
90	中国的世界第一(第三册)	大公报出版委员会编	上海大公报	1951年7月5日初版	22.3074D142	文华图专图书馆+5	1		反轰炸手册;有卡
91	中国帝号标题一览	胡正支	燕京大学引得校印所	民国二十八年四月(1939年)	91.622/H448	文华图专图书馆+2	1		笔画索引;出版者查自孔夫子旧书网
92	中国古今地名大辞典	臧励龢等编	商务印书馆	民国二十年五月初版(1931年)	K928.6-61;Z3:K928.6	武汉大学图书馆学系资料室+2	1	CNY13.00	作者、定价查自武汉大学图书馆
93	中国人名大辞典索引	王云五	商务印书馆	民国二十五年四月(1936年)	G26.12102/S375	武昌文华图书馆专科学校+2	1	CNY0.40	定价查自武汉大学图书馆;四角号码索引
94	中国文化史(上册)	柳诒徵	南京钟山书局	民国二十四年一月(1935年)	22.3/L434z	武昌文华图书馆学专科学校+2	1		有卡
95	中国文化史(下册)	柳诒徵	南京钟山书局	民国二十四年一月(1935年)	22.3/L434z	武昌文华图书馆学专科学校+2	1		有卡
96	中西对译日本现代人名地名表	李藉	正中书局印行	民国三十四年二月初版(1945年)	K833.130.5-61 K931.3-62	校友捐赠文华图专实验圕+2	1	国币二元五角	字母索引;分类号、定价查自国图
97	专科以上学校教员名册	教育部编	教育部	1944年	38.82/T458	私立武昌文华图书馆学专科学校图书馆+6	1	1	缺封面、封底
98	自然的改造者	沙福诺夫、鲁瑟斯基	新华书店	1949年12月	50.43/S226	文华图专实验图书馆藏书+3;本书承张主教海松捐赠特此致谢文华图专实验圕	1		有卡

（十二）N 自然科学总论

现存 24 种，26 册。

序号	书　名	作者	出版者	出版时间	分类号/索书号	印　章	复本	定价	备注
1	俄国自然科学之特点	库茨尼佐夫著，泰佚译	大众书店	1950 年 1 月	500.9038/K417	文华图专实验图书馆藏书+2；本书承张主教海松捐赠 特此致谢 文华图专实验圕	1	2.30	出版年、价格为孔网查得；有卡
2	科学概论	石兆棠著	文华（化）供应社	民国三十六年二月港初版（1947 年）	500.8/s144	武昌文华图书馆学专科学校+6	1	7 元	出版年、价格为孔网查得；有卡
3	科学单位	张济翔	商务印书馆	民国十五年七月（1926 年）	500.1/C314	文华图专实验图书馆藏书+3	1	每册大洋贰角；每辑十二种定价大洋壹元伍角	百科小丛书第一百十七种；定价据孔夫子网；有卡
4	科学趣味	顾均正著	开明书店	民国三十七年七月特一版（1948 年）	50.59/G555	武昌文华图书馆学专科学校藏+5	1		开明青年丛书
5	科学思想概论	何兆清著	商务印书馆印行	民国三十五年十一月上海再版（1946 年）	500.1/H362；19633c/00525	私立武昌文华图书馆学专科学校图书馆+4	1	币肆元伍角	无封页；出版年、价格为孔网所查；有卡

序号	书　名	作者	出版者	出版时间	分类号/索书号	印　章	复本	定价	备注
6	科学小品集	海登著,南铣译	三联书店	1951 年 8 月在北京印造初版	50.59/H143n	文华图书馆学专科学校藏书+4;文华图专图书馆+3	1	9000	有卡
7	科学新话	海登教授,林曦、李亚译	生活·读书·新知三联书店	1950 年 3 月	50.59/H143	文华图书馆学专科学校藏书+6	1	$ 6.00	有卡
8	科学之惊异	顾均正著	开明书店	民国三十年四月初版(1941 年),民国三十七年七月特一版(1948 年)	K/500/K563/A2	武昌文华图书馆学专科学校藏+5	1	国币一元二角	开明青年丛书
9	科学之新趋势	严鸿瑶著	独立出版社	1942 年	501/Y456	武昌文华图书馆学专科学校+2;武昌文华图书馆学专科学校藏+4	2		无封底;出版年为孔网所查;有卡
10	马克思主义的哲学与科学	[英]海登著,佘守宪、陈鄂译	正风出版社	1950 年 12 月沪初版	50/H123	文华图书馆学专科学校藏书+5	1	8500	马列主义丛书;有卡
11	人类征服自然	伊林著,诸琦真译	生活·读书·新知三联书店发行	1950 年 4 月第一版	50.59/Y517Z	文华图书馆学专科学校藏书+8	1	基价 $ 11.00	地理教学参考资料;有卡
12	人类征服自然的武器	温济泽著	青年出版社	1950 年 2 月出版	50.1/w448r	文华图专实验图书馆藏书+3;本书承张主教海松捐赠 特此志谢 文华图专实验圕 公元 1950 年 4 月 28 日	1	基价 2.50	中国青年丛书;有卡

序号	书　名	作者	出版者	出版时间	分类号/索书号	印　章	复本	定价	备注
13	人与自然力	S. 瓦里特赫著，青山译	三联书店	1951 年 7 月在北京印造第一版	50.59/W122	文华图专图书馆+4	1	2300	有卡
14	任何人之科学（原名现实之传奇）	克拉克著，顾均正译	开明书店	1946 年 3 月初版，1950 年 12 月京 1 版	50/K457	文华图书馆学专科学校藏+7	2	基价 8.00	开明青年丛书；有卡
15	苏联的发明故事	华西列夫斯基著，克定、应申合译	三联书店	1950 年 11 月第一版（重排）	50.43/H495	文华图书馆学专科学校藏书+5	1	基价 $ 4.80	有卡
16	苏联技术进步问题	叶菲莫夫著，邹宁、何帆、丁方、李鸿礼、王青译	工人出版社	1954 年 11 月第一版	28.743/y424z	武汉大学图书馆藏+2；图专+2	1	5600 元	有卡
17	苏联科学珍闻	方堃编	上海杂志公司	1951 年 4 月第三版	50.59/F215	文华图书馆学专科学校藏书+4	1	¥ 5400	有卡
18	通俗科学	李熙谋编著	商务印书馆发行	民国二十六年六月（1937 年）	500/L326	武昌文华图书馆学专科学校（反）+4	1	0.4	社会教育小丛书；有卡
19	西洋科学史	［美］李贝著，尤佳章译	商务印书馆发行	民国十七年九月（1928 年）	50.41/L276y；500.3/L337	武昌文华图书馆学专科学校（反）+1；钢印：私立武昌文华图书馆学专科学校+4	1	2.8	科学丛书；有卡
20	怎样战胜天灾		中央民族印刷厂	1952 年 10 月	14705	文华图书馆学专科学校藏+4	1	1.2	蒙古文；有卡
21	征服自然	伊林著，德厚译	作家书屋	1953 年 2 月初版	50.59/Y517F	文华图书馆学专科学校藏书+4	1	9500 元	分省地志；只有书皮

序号	书　名	作者	出版者	出版时间	分类号/索书号	印　章	复本	定价	备注
22	植物标本采集制作法	凌昌焕编译	中华书局		58.1056/L610	武昌文华图书馆学专科学校+2;钢印:私立武昌文华图书馆学专科学校+3	1		初中学生文库
23	中华全国自然科学工作者代表会议纪念集	中华全国自然科学工作者代表会议筹备委员会	人民出版社	1951年			1		有卡
24	自然发展简史	裴文中著	耕耘出版社	1950年3月	50.59/P278	文华图书馆学专科学校藏书	1		有卡

(十三)O 数理科学和化学

现存69种，73册。

序号	书　名	作者	出版者	出版时间	分类号/索书号	印　章	复本	定价	备注
1	X射线	胡珍元	商务印书馆	民国三十六年二月三版(1947年)	53.785/H448	文华图专实验图书馆藏书+4	1	国币壹元伍角	新中学文库,自然科学小丛书;定价为孔网所查;有卡
2	测量学(增订本)	李海观编著	龙门联合书局	1952年10月增订十一版	56.1/L293	文华图书馆学专科学校藏书+6	1		大学用书,有卡
3	大力推广郝建秀工作法	劳动出版社	劳动出版社	1951年	85.111/L179	文华图书馆学专科学校藏书+5	1	2300	有卡

序号	书　名	作者	出版者	出版时间	分类号/索书号	印　章	复本	定价	备注
4	大学物理学 第三册 电学	山东大学物理系大学物理学编译委员会译述	中华书局	1952年6月三版	53.054/X181	文华图书馆学专科学校藏书+2;文华图专图书馆+1	2	25000	有卡
5	大学物理学 第二册 热学与声学	山东大学物理系大学物理学编译委员会译述	中华书局	1952年9月4版	53.054/X181	文华图书馆学专科学校藏书+3;文华图专图书馆+1	1		有卡
6	代数	[苏]吉西略夫著,东北人民政府教育部编译	人民教育出版社	1952年1月东北人民出版社原版,1952年10月上海七版	51.22/J161D	文华图书馆学专科学校藏书+7	2	11000元	高级中学课本;有卡
7	电学大纲	殷懋德	商务印书馆	民国二十四年十月初版(1935年),民国三十六年二月七版(1947年)	53.61/Y5.96	文华图专实验图书馆藏书+5	1	国币伍元伍角	新中学文库;缺封底
8	盖氏对数表(附用法)		口央陆军军官学校印	民国二十八年一月(1939年)	510.23/C631	武昌文华图书馆学专科学校+1;钢印:私立武昌文华图书馆学专科学校+1	1		有卡
9	高等代数学概论	刘遂生、余源编	中华书局	民国三十七年五月初版(1948年)	51.43031/L702	文华图书馆学专科学校藏书+4	1		

序号	书　名	作者	出版者	出版时间	分类号/索书号	印　章	复本	定价	备注
10	工场算数与代数	郭寿铎、王复生编译	商务印书馆	1953 年 9 月版	51.9/G728	武汉大学图书馆藏+1;武汉大学图书馆学专修科+1	1		实用工场数学;有卡
11	光线告诉我们些什么	苏伏洛夫著,滕砥平译	开明书店	1951 年 7 月初版	53.71/S811	文华图书馆学专科学校藏书+7	1	3500 元	苏联青年科学丛书
12	化学计算	陈善晃译	商务印书馆	民国三十五年十二月再版(1946年)	54.13/L779c	文华图专实验图书馆藏书+4	1	国币伍元	新中学文库;有卡
13	化学热力学	箕作新六原著,陆志鸿原译,吕克明补译修订	商务印书馆	1952 年 2 月第一版	81.1/J131L	文华图书馆学专科学校藏书+5	1	17000	增订化学工业大全(31)
14	化学问题详解	刘诒谨著	商务印书馆	民国三十六年一月三版(1947年)	54.055/L714	文华图专实验图书馆+3	1		新中学文库;有卡
15	化学学校(上册)	欧斯伐著,汤元吉译	商务印书馆		54/O116t	文华图专实验图书馆藏书+4	1		新中学文库,汉译世界名著;有卡
16	化学学校(中册)	欧斯伐著,汤元吉译	商务印书馆		540.07/O146/V.2;N338.54/O146/v.2	文华图专实验图书馆藏书+3	1		新中学文库,汉译世界名著;无封底;有卡

序号	书 名	作者	出版者	出版时间	分类号/索书号	印 章	复本	定价	备注
17	化学仪器设备名词	前国立编译馆编订	商务印书馆	1937年3月公布	R/54.1511072/G788	文华图书馆学专科学校藏+4	1	15000元	缺封底
18	几何 下册	周宣德编辑，段育华校订	商务印书馆	民国十九年九月六十九版（1930年）	51.232/Z274		1		
19	几何光学	Paul Drude著，清华大学物理系译	商务印书馆	1952年1月	53.73/D564j	文华图书馆学专科学校藏书+4	1	10000元	大学丛书；有卡
20	几何及代数之基本	味白兰、罕廷顿著，郑太朴译	商务印书馆	民国三十六年二月五版（1947年）	N/517.1/F225	文华图专实验图书馆藏书+4	1		新中学文库；有卡
21	几何及代数之基本		商务印书馆	民国廿二年四月（1933年）	517.1/W291	武昌文华图书馆学专科学+4；私立武昌文华图书馆学专科学校+2	1	0.4	封面和封底脱落
22	几何学讲义 平面部（上册）	上野清著，张廷华译	商务印书馆	1951年	51.232/S338Z	文华图书馆学专科学校藏书+4	1		出版年为孔网所查；有卡
23	几何学讲义 平面部（下册）	上野清著，张廷华译	商务印书馆	1951年3月8版	51.232/S338Z	文华图书馆学专科学校藏书+4	1	25000元	出版年、价格为孔网所查；有卡
24	胶体的科学	苏丝罗夫著，滕砥平译	开明书店	1951年7月初版	82.4/S827T	文华图书馆学专科学校藏书+6	1	2200元	苏联青年科学丛书；有卡
25	胶质化学概要	大幸勇吉著，高铦译	中华学艺社	民国廿二年印行国难后第一版（1933年）	54.57/D154G		1	大洋叁角	学艺丛刊；有卡

序号	书　名	作者	出版者	出版时间	分类号/索书号	印　章	复本	定价	备注
26	近代数学概论 第三册	Richard Courant Herbert Robbins 原著，杨宗磐译	中华书局	1951 年 4 月初版	5.1/Y334	文华图书馆学专科学校藏书+5	1		缺封面;有卡
27	近世几何学	Roger A.Johnson 著，丘丕荣译	商务印书馆	1951 年 7 月再版	51.23/Q593	文华图书馆学专科学校藏书+5	1	18000 元	出版年、价格为孔网所查;有卡
28	锻造工作时间的标准			1949 年		文华图专图书馆+2	1	20.20	俄文;有卡
29	理化常数要览	林篴梅	商务印书馆	民国二十六年六月初版（1937 年）	50.73/L583	文华图专实验图书馆藏书+4	1	3.5 元	新中学文库;有卡
30	理论化学精义	鲛岛实三郎著，薛德炯译	商务印书馆	1951 年 11 月 5 版	54.1/J444x	文华图书馆学专科学校藏书+6	1		有卡
31	量子力学原理 下册	白乐亨采夫著，叶蕴理译	商务印书馆	1952 年 8 月初版	53.36/B264y	文华图书馆学专科学校藏书+6	2	¥28000	苏联科学专著译丛;有卡
32	摩擦力	李索夫斯基、沙洛茂诺维奇，叶明译	开明书店	1952 年 2 月		文华图书馆学专科学校藏书+4	1	4000 元	
33	平面几何学习指导	许莼舫编	中国青年出版社	1950 年 4 月第一版，1952 年 7 月第二版	51.232/X661	文华图专图书馆+1;文华图书馆学专校+2	1	6600 元	有卡
34	普通化学 下	薛德炯、薛鸿达译	龙门书局	1952 年 6 月四版	54.1/X713	文华图书馆学专科学校藏书+5	1		大学用书;有卡

序号	书　名	作者	出版者	出版时间	分类号/索书号	印　章	复本	定价	备注
35	普通化学(上)	Linus Pauling 原著，薛德炯、薛鸿达合译	龙门联合书局印行	1950年7月初版，1951年11月四版	54.1/X713	文华图书馆学专科学校藏书+5	1	16000元	大学用书;有卡
36	少年化学实验手	顾均正	开明书店	民国二十六年五月初版(1937年)		文华图专实验图书馆藏书+3;本书承张主教海松捐赠 特此致谢 文华图专实验圕	1	国币四角	
37	矢算初步一册	张永立编纂	商务印书馆	民国二十六年一月初版(1937年)，民国二十六年四月再版(1937年)		武昌文华图书馆学专科学校+1;钢印:私立武昌文华图书馆学专科学校+2	1	国币贰元	缺封面、封底
38	数理丛谈	朱言钧	商务印书馆	民国三十六年二月五版(1947年)	51/Z793;N510/C771	文华图专实验图书馆藏书+4	1	国币贰元伍角	新中学文库，算学小丛书
39	数书九章(上)	秦九韶著	商务印书馆	1912年	51.125/Q476	武昌文华图书馆学专科学校+3	1		国学基本丛书;缺封面;有卡
40	数书九章(下)	秦九韶著	商务印书馆	民国二十六年三月初版(1937年)	51.125/Q476	武昌文华图书馆学专科学校+3	1	国币肆角	国学基本丛书;有卡
41	数学趣味	刘薰宇著	开明书店	民国三十五年十月六版(1946年)			1		开明青年丛书;无封面、封底

序号	书　名	作者	出版者	出版时间	分类号/索书号	印　章	复本	定价	备注
42	数学全书	韦伯著,郑太朴译	商务印书馆	民国十三年五月(1924年)	51/W335Z	文华图专实验图书馆藏书+2	1		有卡
43	数学全书 第二册 代数	韦柏著,郑太朴译	商务印书馆	民国三十六年四月四版(1947年)	51/W355;N/512/W298	文华图专实验图书馆藏书+5	1	国币伍元	新中学文库;有卡
44	数学全书 第三册 解析	韦柏著,郑太朴译	商务印书馆	民国二十六年三月初版(1937年),民国三十六年四月二版(1947年)	51/W355	文华图专实验图书馆藏书+3	1	国币肆元	新中学文库;有卡
45	苏联化学发展的近况	С.И.伏里甫柯维契著,舒山译	生产与技术社	1952年5月初版	81.1/F525	文华图书馆学专科学校藏书+4	1	4500元	有卡
46	算学通论	余介石	中华书局	民国二十二年三月(1933年)	51/Y799	武昌文华图书馆学专科学校+1;钢印:私立武昌文华图书馆学专科学校+2	1	银八角	缺封面、封底;出版信息为孔网所查
47	通俗相对论大意	爱因斯坦著,费祥译	商务印书馆	民国三十六年三月三版(1947年)	N/530.7/A149	文华图专实验图书馆藏书+3	1	国币壹元伍角	新中学文库,百科小丛书;有卡
48	图表格与用品 附商务印刷所圕部目录	杜定友编	商务印刷所	民国二十三年一月再版(1934年)	37.63D553	武昌文华图书馆学专科学校藏+4	1		有卡

序号	书　名	作者	出版者	出版时间	分类号/索书号	印　章	复本	定价	备注
49	物理学	F. W. Sears 著，王子昌译	龙门联合书局印行			文华图书馆学专科学校藏书+4	1		
50	物理学(第二册)	F. W. Sears 著，王子昌译	龙门联合书局印行	1951 年 11 月	5.3/X181W	文华图书馆学专科学校藏书+2	1	¥20000	有卡
51	物理学概论(第二册)	石原纯著，周昌寿译	商务印书馆		53/S526	文华图专实验图书馆藏书+4	1		新中学文库，自然科学小丛书
52	物理学概论(第四册)	石原纯著，周昌寿译	商务印书馆	民国三十六年四月再版(1947年)	53/S526	文华图专实验图书馆藏书+4	1	国币拾贰元	新中学文库，自然科学小丛书
53	物理学教学大纲		东北教育出版社	1952 年 8 月初版	53.053/T452	文华图书馆学专科学校藏书+4	1	0.13	架上暂未见；有卡
54	物理学小史	郑太朴	商务印书馆	民国三十六年二月三版(1947年)	53.04/Z453	文华图专实验图书馆藏书+4	1	国币贰元伍角	新中学文库，百科小丛书；有卡
55	西洋近世算学小史	斯密斯著，段育华、周元瑞译	商务印书馆	民国三十六年二月四版(1947年)	N/511.09/S51t	文华图专实验图书馆藏书+3	1	国币贰元	新中学文库，百科小丛书；有卡

序号	书　名	作者	出版者	出版时间	分类号/索书号	印　章	复本	定价	备注
56	现代几何学概观	Godeaux 著，黄缘方译	商务印书馆	1951 年 10 月初版	51.5/H574	文华图书馆学专科学校藏书+4	1		大学丛书
57	相对论	田渠	正中书局	1948 年	53.364/T355	武昌文华图书馆学专科学校+4	1	国币四元三角	出版年、价格为孔网所查；无底皮
58	盐	郑尊法	商务印书馆	民国三十六年三月四版（1947 年）	83.2/Z478	文华图专实验图书馆藏书+3	1		新中学文库，工学小丛书；有卡
59	因数和因式	刘薰宇著	开明书店	1951 年 7 月初版	51.222/L711	文华图专图书馆+4	1		开明青年丛书；有卡
60	应用力学	徐骧	商务印书馆	民国二十三年二月初版（1934 年），民国三十六年二月十一版（1947 年）	52.9/X598	文华图专实验图书馆藏书+3	1	国币肆元	新中学文库，工学小丛书；有卡
61	于振善尺算法课本	于振善著	工人出版社	1951 年 10 月北京第一版	51.217/Y769	文华图书馆学专科学校藏+5；文华图书馆学专科学校藏书+2	2	6000 元	有卡
62	宇宙是什么构成的	A. Л. 柯列斯尼可夫著；庞川译	商务印书馆	1952 年 8 月初版	55.74/K321	文华图书馆学专科学校藏书+4	1		苏联大众科学丛书；有卡

序号	书　名	作者	出版者	出版时间	分类号/索书号	印　章	复本	定价	备注
63	原子趣话	郝乐著，李泽彦译	商务印书馆	民国二十八年四月初版（1939年），民国三十六年三月再版（1947年）	53.82/H235	文华图专实验图书馆藏书+4	1	国币叁元	新中学文库，自然科学小丛书；有卡
64	原子世界	席斯曼著，滕砥平译	中国青年出版社	1952年8月初版	53.82/X182T	文华图书馆学专科学校藏书+4	1	0.25元	苏联青年科学丛书
65	原子物理学概论	三寸刚昂、助川已之七著，余潜修译	商务印书馆	1950年7月4版	53.82/S177y	文华图书馆学专科学校藏书+2	1		大学丛书，有卡
66	运动学	中国物理学会上海分会	新知识出版社出版	1957年5月第二版	531.3/W497	武昌文华图书馆学专科学校（反）+2；钢印：武昌文华图书馆学专科学校+2	1	0.24元	作者、出版项、价格据孔夫子旧书网
67	中国炼丹术考	约翰生著，黄素封译	商务印书馆发行	民国二十四年十二月（1935年）	970.5	武昌文华图书馆学专科学校+2	1		百科小丛书；封底缺失
68	中算家的代数学研究	许莼舫著	开明书店	1952年4月初版	51.12/X671	文华图书馆学专科学校藏书+3	1	7500元	开明青年丛书；有卡
69	紫外线	山田幸五郎著，程思进译	商务印书馆	民国三十六年三月再版（1947年）	53.784/S287	文华图专实验图书馆藏书+3	1	国币贰元	新中学文库，自然科学小丛书；有卡

（十四）P 天文学、地球科学

现存 37 种，38 册。

序号	书　名	作者	出版者	出版时间	分类号/索书号	印　章	复本	定价	备注
1	Introduction to the Study of Minerals	Austin Flint R.Gers		1937 年		私立武昌文华图书馆学专科学校图书馆+2	1		有卡
2	测量术	冯雄	商务印书馆	民国三十六年二月六版（1947年）	56.1/F433	文华图专实验图书馆藏书+4	1	国币叁元	新中学文库，工学小丛书；价格信息为孔网所查；有卡
3	潮汐概说	李新雨	中华书局	民国二十九年六月发行（1940年）	56.3831/L371	武昌文华图书馆学专科学校藏+1	1	国币叁角	常识丛书；有卡
4	地球概论	王安宅	商务印书馆	民国三十六年二月三版（1947年）	N/525/W221	文华图专实验图书馆藏书+4	1	国币肆元	新中学文库
5	地震	［苏］葛尔什果夫著，高亚天译	三联书店	1950 年 6 月第一版	551.3/k438	文华图专实验图书馆藏书+2；本书承张主教海松捐赠 特此志谢 文华图专实验圕 公元 年 月 日	1		新中国百科小丛书；有卡
6	地质学浅谈	周太玄	商务印书馆	民国三十六年二月三版（1947年）	N/550.07/T681	文华图专实验图书馆藏书+3	1		新中学文库，百科小丛书；有卡

序号	书名	作者	出版者	出版时间	分类号/索书号	印章	复本	定价	备注
7	河流的生命	包达阔夫著，石英、安吉合译	商务印书馆	1952年6月初版	56.371/B386	文华图书馆学专科学校藏书+5	1		中国旅行社旅行丛书；有卡
8	矿床生因论	加藤武夫著，张资平译	商务印书馆	1950年9月3版	56.57/J265	文华图书馆学专科学校藏书+4	1		大学丛书；有卡
9	矿物学	董常	商务印书馆	民国二十三年三月初版（1934年）		文华图专实验图书馆藏书+4	1	大洋伍角	新中学文库，百科小丛书；缺封底
10	矿物学名词	前国立编译馆编订	商务印书馆	1936年12月初版，1951年6月4版	R/56.8072/Q288	文华图专图书馆+2	1	50000元	有卡
11	煤	谢家荣	商务印书馆	民国二十三年三月第一版（1934年），民国三十六年二月第四版（1947年）	74.6/X416	文华图专实验图书馆藏书+4	1	国币壹元伍角	新中学文库，工学小丛书；有卡
12	普通自然地理（试行教学大纲）		中华人民共和国教育部	1955年3月	980.11/5048	武汉大学图书馆藏+2；图专+1	1	0.09	有卡
13	普通自然地理教学大纲	东北人民政府文化教育委员会主编，丁浩然译	东北教育出版社	1952年10月初版	57.1053/D435	文华图书馆学专科学校藏书+4	2	1800元	高等教育丛书；苏俄教育部1949年6月23日批准，师范学院博物及地理系用；有卡

序号	书　名	作者	出版者	出版时间	分类号/索书号	印　章	复本	定价	备注
14	气体的云						1		俄文;有卡
15	气象学	竺可桢	商务印书馆	民国十二年一月初版(1923年),民国三十六年二月第四版(1947年)	56.4/Z802	文华图专实验图书馆藏书+3	1	1.5元	新中学文库,百科小丛书;有卡
16	气象学	朱炳海著	商务印书馆	1946年1月初版,1951年11月3版(修订本)	56.4/Z777	文华图书馆学专科学校藏书+6	1	人民币40000元	东北人民政府文化教育委员会主编:高等教育丛书;有卡
17	气象学讲话	王培育	开明书店	1935年	56.4/W266	武昌文华图书馆学专科学校图书馆+4;武昌文华图书馆学专科学校学生巡回文库	1		出版年为孔网所查;有卡
18	气象学名词	国立编译馆	商务印书馆	民国二十六年三月(1937年)	P4-61	文华图书馆学专科学校+3	1		文华图书馆学专科学校丛书;分类号参国图
19	人与自然	伊林著,观海译	时代出版社	1950年	50.59/Y517R	文华图书馆学专科学校藏书+4	1		有卡
20	石油的起源	[苏]B.A.索柯洛夫撰,张焱译	商务印书馆	1951年7月初版	74.7611/S890z	文华图书馆学专科学校藏书+4;中国图书发行公司武汉分公司特价部+1	1		中央燃料工业部石油管理总局审定;有卡
21	史前的地球	裴立尔著,伍况甫译	商务印书馆	民国三十六年二月再版(1947年)			1		新中学文库

序号	书　名	作者	出版者	出版时间	分类号/索书号	印　章	复本	定价	备注
22	太阳	亚里斯托夫著，滕砥平译	于明书店	1951年11月初版	55.54/y153t	文华图书馆学专科学校藏书+6	1		史地教育丛刊；有卡
23	天象读话	J. H. Fabre 著，陶宏译	商务印书馆发行	民国二十六年一月初版（1937年）	55.059/F125T	武昌文华图书馆学专科学校+4	1	国币壹元	苏联青年科学丛书；缺封面、封底，已散
24	通俗天文学	纽康著，金克木译	商务印书馆	1947年4月	55/N3123	文华图专实验图书馆藏书+4	1		王云五、苏继庼主编：新时代科学丛书；无封面、封底；出版时间为网查所得
25	我们约地球	芮乔松著	上海春明出版社	1952年3月10日	57.15R332		1		有卡
26	我们的地球	莫伟夫著	生活·读书·新知上海联合发行所发行	1949年6月沪初版	56.21/M658	文华图专实验图书馆藏书+3；本书承 张主教海松捐赠 特此志谢 文华图专实验圕 公元1950年2月26日	1	二元四角	新地理知识丛书之一；有卡
27	星空的巡礼	皮脱著，王幼于译	开明书店	民国三十七年七月特一版（1948年）	K520/B393	武昌文华图书馆学专科学校藏+4	1	国币一元四角	有卡
28	验矿学 增订本	耿步蟾编著	中华书局	1950年6月初版	56.8/G387	文华图书馆学专科学校藏书+7	1	基价十九元	大学用书；有卡

序号	书　名	作者	出版者	出版时间	分类号/索书号	印　章	复本	定价	备注
29	一九五三年新历书	华北人民出版社	华北人民出版社	1953 年	P195.2/H552	文华图书馆学专科学校藏书	1		分类号查自武汉大学图书馆
30	原子弹的性能和防御	徐愈著	商务印书馆	1952 年 1 月初版	33.8162X644	文华图书馆学专科学校藏书+4	1	3600 元	有卡
31	原子弹是可以防御的	徐愈、吴中伟著	科学技术出版社	1951 年 3 月初版	33.8162/X643	文华图书馆学专科学校藏书+5	1	￥2000	“工业技术通讯”丛刊;有卡
32	怎样读地图	李海晨编著	中国青年出版社	1953 年 6 月第一版	56.195/L293	文华图书馆学专科学校藏书+2	1	每册 1700 元	有卡
33	中国的金	朱夏编著	商务印书馆	1953 年 4 月初版	74.93/Z790	文华图专图书馆+4	1		中国富源小丛书;有卡
34	中国地质变迁小史	李四光	商务印书馆	民国十二年一月初版(1923 年),民国三十六年二月第三版(1947 年)	N/550.19/L339	文华图专实验图书馆藏书+3	1	1 元	新中学文库,百科小丛书;有卡
35	自然地理学	马东著,王勤堉	商务印书馆	民国三十六年四月三版(1947 年)	57.1/M137	文华图专实验图书馆藏书+5	1	国币肆元	新中学文库,地理学丛书;有卡
36	祖国的地形	任美锷著	开明书店	1951 年 7 月初版	57.15/R189	文华图书馆学专科学校藏书+5	1	人民币 3800 元	初级中学教科书;有卡
37	祖国的气候	王鹏飞编著	开明书店	1953 年 4 月	56.4572/W262	文华图专图书馆+2	1		开明青年丛书;无封面

(十五)Q 生物科学

现存 40 种，41 册。

序号	书　名	作者	出版者	出版时间	分类号/索书号	印　章	复本	定价	备注
1	雌雄之变	朱洗著	文化生活出版社	1950 年 12 月四版	59.1168/Z790	文华图书馆学专科学校藏书+6	1	16.10 元	现代生物学丛书
2	从开花到结果	元直著	三联书店	1949 年 10 月京初版	58.81/Y874	文华图专实验图书馆+4；本书承张主教海松捐赠特此志谢 文华图专实验圕 公元 1950 年 2 月 26 日	1	1.55 元	新中国百科小丛书；有卡
3	从猿到人的故事		商务印书馆	1950 年 5 月		文华图专实验图书馆藏书+3；本书承张主教海松捐赠 特此鸣谢 文华图专实验圕 公元 年 月 日+1	1	1.6	捐赠；上图有1951 年范焕基编
4	从猿到人的研究	林耀华著	耕耘出版社	1951 年 3 月北京初版	21.0911/L598	文华图书馆学专科学校藏+4；文华图专图书馆+4	3	8000 元	有卡
5	从猿到人通俗画史	承名世、方诗铭合著	人世间出版社	1951 年 7 月	21.09/C567	文华图书馆学专科学校藏书+3		0.85	有卡
6	从猿到人透视	方且著	上海编译社	1950 年 8 月初版	59.31/F236	文华图书馆学专科学校藏书+4	1	基价 3.90	有卡
7	达尔文学说基础	张宗炳著	大众出版社	1953 年 7 月第一版	58.122/Z347	武汉大学图书馆藏+1；武汉大学图书馆学专修科+2	1	16000 元	有卡

序号	书　名	作者	出版者	出版时间	分类号/索书号	印　章	复本	定价	备注
8	达尔文主义概论	М.И.梅列尼柯夫、А. А.舒巴诺夫、Б. М.柯尔松斯卡娅著,毅敏译	作家书屋	1952年6月初版	58.122/M381Y	文华图书馆学专科学校藏书+7	2	17000元	苏俄教育部审定中学九年级教材;有卡
9	动物的分类	费鸿年编著	商务印书馆	民国三十六年二月四版(1947年)	59.17/F344	文华图专实验图书馆藏书+4			新中学文库,中学生自然研究丛书;有卡
10	动物的演化	张春霖	北京师范大学	1951年4月初版	58.121/Z266	文华图书馆学专科学校藏书+3	1	2.200	出版时间、定价为孔网所查;有卡
11	动物学小史	刘咸	商务印书馆	民国三十六年二月三版(1947年)	59.11/L673	文华图专实验图书馆藏书+3	1	国币贰元	新中学文库;有卡
12	父母子女	宋慕法 译	开明书店	民国三十六年十月初版(1947年)	592.6/p388	文华图专实验图书馆藏书+4;本书承张主教海松捐赠 特此志谢 文华图专实验圕 公元 年 月 日	1	0.35	开明少年丛书;有卡
13	关于米邱林路线:生物科学的新方向	孟庆哲编	知识书店	1950年1月	560.01/M364	文华图专实验图书馆+3	1	7.00	有卡
14	进化论之今昔	纽门著,刘正训译	商务印书馆	民国三十六年一月再版(1947年)	58.121/N312	文华图专实验图书馆藏书+4	1		新中学文库,自然科学小丛书;有卡

序号	书　名	作者	出版者	出版时间	分类号/索书号	印　章	复本	定价	备注
15	普通动植物学名辞	郑作新编	私立福建协和大学出版课	民国三十一年四月初版（1942年）	58.8072/Z478	私立武昌文华图书馆学专科学校图书馆+3;中华教育文化基金董事会+1	1		私立福建协和大学生物学系丛书;有卡
16	普通生物学	郑作新编著	新农出版社	1952年11月初版	58.1/Z478	文华图书馆学专科学校藏书+1	1		有卡
17	人类起源的科学解释与宗教传说	M.C.普列雪茨基著，黄澄中译	作家书屋	1950年12月初版	59.31/P623H	文华图书馆学专科学校藏书+4	1	基价3.30	有卡
18	人类起源的科学解释与宗教传说	M.C.普列雪茨基著，黄澄中译	作家书屋	1952年10月五版	903/8011/c.1;59.31/P623H	文华图书馆学专科学校藏书+4	1	3300	苏联集体农场学习组讲义;有卡
19	人类是怎么样长成的	古列夫著，陈应新译	开明书店	民国三十六年三月再版（1947年）	59.33/C477	文华图专实验图书馆藏书+4	1	国币一元三角	开明少年丛书;有卡
20	人类是怎样产生和发展的	普黎西茨基著，华黎译	中华书局	1951年5月初版	21.09/D617b	文华图书馆学专科学校藏书	1	0.53	大众文化丛书;有卡
21	人种地理学	格里菲次·泰罗著，葛绥成译	ㇾ华书局	1937年	57.33/G334g	武昌文华图书馆学专科学校+2;钢印:私立武昌文华图书馆学专科学校+1	1		科学普及小丛书;无封面、封底;作者、出版项为网查
22	日用生物学	汤姆逊著，况伍甫译	商务印书馆	民国三十六年三月二版（1947年）	58.1/T213w	文华图专实验图书馆藏书+4	1	国币叁元	新中学文库，百科小丛书;有卡

序号	书　名	作者	出版者	出版时间	分类号/索书号	印　章	复本	定价	备注
23	生化学	Benjamin Harrow著,薛德炯译	上海新亚书店出版	1952年9月初版	58.173/X713	文华图书馆学专科学校藏书	1		有卡
24	生命之科学 第三册(上)	威尔士著,郭沫若译	商务印书馆		58.11/W344	武昌文华图书馆学专科学校藏+10	1		有卡
25	生物进化浅说	周建人著	生活·读书·新知三联书店	1950年2月第一版	58.121/Z731	文华图书馆学专科学校藏书+5	1	3.4美元	新中国青年文库;有卡
26	生物科学与爱国主义	北京师范大学生物系	北京师范大学初版部	1952年4月初版	17.6/B477	文华图书馆学专科学校藏书+4	1	4000元	缺封底
27	生物实验材料制备法	张宗炳、吴宝铃、王富全、张述祖合编	大泉书店印行	1951年11月初版	58.105/Z319	文华图书馆学专科学校藏书+6	1	18000元	
28	生物学小史	古津直秀著,林重光译	商务印书馆	民国二十八年八月初版(1939年),民国三十六年三月再版(1947年)	58.04/G524L	文华图专实验图书馆藏书+3	1	国币贰元伍角	新中学文库,自然科学小丛书;有卡
29	生物哲学论评	乐天宇选	新农出版社	1953年4月初版	58/L191	文华图专图书馆+4	1	8000元	有卡
30	史前人类	陈兼善	中华书局	1941年	59.31/C499	武昌文华图书馆学专科学校+2;私立武昌文华图书馆学专科学校+1	1		有卡
31	天演论	赫胥黎著,严复译	商务印书馆	民国三十六年五月四版(1947年)	58.121/H311	文华图专实验图书馆藏书+3	1		新中学文库,严译名著丛刊;有卡

序号	书　名	作者	出版者	出版时间	分类号/索书号	印　章	复本	定价	备注
32	微生物	竹内松次郎著，魏喦寿译	商务印书馆	民国二十四年六月初版（1935年），民国三十六年二月三版（1947年）	58.6/Z807W	文华图专实验图书馆藏书+4	1	国币贰元伍角	新中学文库
33	为达尔文主义奋斗的战士	史巴诺夫著，万峰译	新华书店	1950年5月	26131/S548；560.097/5070	武汉大学图书馆藏+1；图专+1 新华书店资料室注销+1	1	¥3.60	有卡
34	新时代的生物科学	李森科著，华汝成译	中华书局	1949年11月	58.1/L3513	文华图专实验图书馆藏书+3；本书承张主教海松捐赠 特此致谢 文华图专实验圕	1	4000元	有卡
35	演化的实证与过程	杨钟健著译	商务印书馆	1952年7月初版	59.11/Y334	文华图书馆学专科学校藏+6	1	¥13000	有卡
36	遗传及变异	T. D. 雷先柯著，李景均、陈延熙译	新华书店	1950年1月	563.3/L341	文华图专实验图书馆藏书+2；本书承校友徐家麟 马盛楷 陈颂 胡昌宁 捐赠 特此志谢 文华图专实验圕	1		有卡
37	中国裸子植物志	郝景盛著	正中书局	民国三十六年十月沪一版（1947年）	58.8911/H233	武昌文华图书馆学专科学校藏+2	1		有卡

序号	书　名	作者	出版者	出版时间	分类号/索书号	印　章	复本	定价	备注
38	中国植物图鉴	贾祖璋、贾祖珊著	开明书店	1936 年再版	R/570.0391/E194;58.8074/J293	武昌文华图书馆学专科学校藏+1	1	22	缺损;有卡
39	自花授粉植物的种内杂交及其他	李森科	北京农业大学生物科学研究室印	1950 年 12 月	65.6202/L346	文华图书馆学专科学校藏书+3	1	基价 4.5	有卡
40	自然选择和种内竞争	李森科著,北京农业大学农业生物科学研究室译	北京农业大学农业生物科学研究室	1950 年	58.1022/L346L	文华图书馆学专科学校藏书+4	1	基价 3.20	有卡

(十六)R 医药、卫生

现存 143 种，151 册。

序号	书　名	作者	出版者	出版时间	分类号/索书号	印　章	复本	定价	备注
1	Selected Works	I.V.Michvrin	Foreign Languages Publishing House	1950 年	A21	文华图书馆学专科学校藏书	1		有卡
2	巴夫洛夫及其学派:交替反射论之发展	福罗乐夫著,王光煦译	商务印书馆	1951 年 6 月初版	59.502/F482	文华图书馆学专科学校藏书+3	1	人民币 15000 元	有卡
3	病原学	余濱	商务印书馆	1951 年 6 月第 3 版增订本	63.14/Y786	文华图书馆学专科学校藏+3	1	30000 元	有卡

序号	书　名	作者	出版者	出版时间	分类号/索书号	印　章	复本	定价	备注
4	传染病	余云岫	商务印书馆	民国九年六月初版(1920年),民国三十六年二月第五版(1947年)	61.24/Y798	文华图专实验图书馆藏书+3	1	国币壹元	新中学文库,医学小丛书;有卡
5	传染病管理	李希圣	华东医务生活社	1951年7月	63.86/L372	文华图书馆学专科学校藏书+3	1	20000元	有卡
6	传染病媒介昆虫及鼠的防制与扑灭	胡汉升、徐幼云	北京健康书店	1953年4月初版	63.86/H434	文华图专图书馆+3	1	6500元	有卡
7	春季卫生及传染病	东北人民政府卫生部编		1950年4月初版	61.1/D468	文华图书馆学专科学校藏+4	1	1500元	国民卫生常识丛书;有卡
8	大脑两半球机能讲义	伊凡·巴夫洛夫著,戈绍龙译	上海文通书局	1953年5月初版	59.5978/B162G	文华图专图书馆+3	1	每册57000元	有卡
9	防空救护常识	家杂志编辑部选编	家出版社	1950年3月初版	36.175/J213	文华图专实验图书馆藏书+5;本书承校友徐家麟,马盛楷,陈颂,胡昌宁捐赠特此志谢 文华图专实验圕 公元1950年5月1日	1	$ 6.00	反轰炸手册;有卡
10	防疫常识	中华医学会总会	人民出版社	1952年4月		文华图书馆学专科学校藏书+4	1		架上暂未见;有卡

序号	书　名	作者	出版者	出版时间	分类号/索书号	印　章	复本	定价	备注
11	防疫工作手册 防疫参考教材	中南军政委员会卫生部	中南军政委员会卫生部	1952 年 4 月	61.246/Z665	文华图专图书馆+2	2		防疫宣教丛书；有卡
12	防疫简要读本	中华医学会	中华医学会		61.246/Z664	文华图书馆学专科学校藏书+4	2		防疫教材之一；有卡
13	肺病疗养法	王鸿智医师著	博文书局	民国三十四年五月二版（1945 年）	595.8/W228	私立武昌文华图书馆学专科学校+3	1	1400 元	有卡
14	肺结核疗养新术	远藤繁清著，文介藩、彭丰根译	中华学艺社	1934 年 10 月初版，1950 年 2 月再版	63.874/Y893	文华图专实验图书馆藏书+3；武昌湘芬图书文具社经售 地址：解放路 867 号+1	1	基价陆元	学艺丛书；有卡
15	肺结核疗养院护指南		北京国际书店			文华图专图书馆+4	1	基价 8.90	俄文；有卡
16	肺结核之常识	今村荒男著，付麓崖译	中华书局	民国三十八年三月再版（1949 年）	63.874/F593	文华图专实验图书馆藏书+3	1	国币四元八角	卫生丛书；有卡
17	肺结核治疗问题	埃尼斯等著	时代出版社	1950 年 7 月初版	63.874/A225Z	文华图书馆学专科学校藏书+5	1	4900	医师临床手册；有卡
18	费拉托夫在医学上的三大贡献	梅雁心编著	开明书店	1952 年 6 月初版	61/M361	文华图书馆学专科学校藏书+2	1	3000	开明青年丛书；有卡

序号	书　名	作者	出版者	出版时间	分类号/索书号	印　章	复本	定价	备注
19	福建省环境卫生之推进				593.2/F545	重庆(十六)十七××一日××,私立武昌文华图书馆学专科学校图书馆;武昌文华图书馆学专科学校,钢印;私立武昌文华图书馆学专科学校	1		闽政丛刊;有卡
20	福建省鼠疫之防治				61.249/F476	私立武昌文华图书馆学专科学校图书馆+1;武昌文华图书馆学专科学校+2	1	3800元	闽政丛刊;有卡
21	工厂卫生	余志华编	医药学杂志社	1951年5月初版	61.216/Y813	文华图书馆学专科学校藏书+5	1	人民币8000	医药学小丛书;有卡
22	工人与卫生	王文仲	新华书店	1950年2月重印	61.117/W22	文华图专实验图书馆藏书+5	1	5	有卡
23	工业卫生学	仝锦陪编	上海广协书局	1952年3月初版	61.216/T378	文华图书馆学专科学校藏+6	1	1.5	有卡
24	公共卫生学	毕汝刚	商务印书馆	民国三十五年十二月上海初版(1946年)	61.2/B594	文华图专实验图书馆藏书+4	1	国币肆元伍角	新中学文库;有卡
25	公共卫生在苏联	N. A. Vinogradov 原著	上海广协书局	1951年9月初版	61.2/W4572	文华图书馆学专科学校藏书+6	2	6000	有卡
26	关于巴甫洛夫及巴甫洛夫学说	中国人民大学辩证唯物论与历史唯物论教研室编辑	中国人民大学	1952年12月30日第一版第一次印刷	59.502/Z593	文华图专图书馆+3	1		有卡

序号	书　名	作者	出版者	出版时间	分类号/索书号	印　章	复本	定价	备注
27	呼吸系统的疾病与卫生	叶维法主编,罗英彩著	文通书局	1950 年 12 月初版	63.94/L963	文华图书馆学专科学校+4	1	基价 1.60 元	保健文库;有卡
28	皇汉医学丛书(第一册)《总类(一)》	陈存仁编校	世界书局		590.108/C395.V1	文华图书馆学专科学校藏+1	1		皇汉医学丛书;有卡
29	皇汉医学丛书(第二册)《总类(二)》	陈存仁编校	世界书局		590.108/C395.V2	文华图书馆学专科学校藏+1	1		皇汉医学丛书;有卡
30	皇汉医学丛书(第三册)中国医籍考(上)《总类(三)》	陈存仁编校	世界书局		61.081/C545	武昌文华图书馆学专科学校藏+1	1		皇汉医学丛书;有卡
31	皇汉医学丛书(第四册)《总类(四)》	陈存仁编校	世界书局		590.108/C395.V4	文华图书馆学专科学校藏+1	1		皇汉医学丛书 缺扉页;有卡
32	皇汉医学丛书(第五册)《内科学(一)》	陈存仁编校	世界书局		590.108/C395.V5	文华图书馆学专科学校藏+1	1		皇汉医学丛书;有卡
33	皇汉医学丛书(第六册)《内科学(二)》	陈存仁编校	世界书局		590.108/C395.V6	文华图书馆学专科学校藏+1	1		皇汉医学丛书;有卡
34	皇汉医学丛书(第七册)《内科学(三)》	陈存仁编校	世界书局		590.108/C395.V7	文华图书馆学专科学校藏+1	1		皇汉医学丛书;有卡

序号	书　名	作者	出版者	出版时间	分类号/索书号	印　章	复本	定价	备注
35	皇汉医学丛书（第八册）《内科学、外科学（四）》	陈存仁编校	世界书局		590.108/C395/v.8	武昌文华图书馆学专科学校藏+2	1		皇汉医学丛书；有卡
36	皇汉医学丛书（第九册）《女科学 儿科学》	陈存仁编校	世界书局		590.108/C395.V9	文华图书馆学专科学校藏+1	1		皇汉医学丛书；有卡
37	皇汉医学丛书（第十册）《眼科学、花柳科学、针灸学、治疗学、诊断学》	陈存仁编校	世界书局		590.108/C395.V10	文华图书馆学专科学校藏+1	1		皇汉医学丛书；有卡
38	皇汉医学丛书（第十二册）《方剂学（二）》	陈存仁编	世界书局		590.108/C395/v.12	武昌文华图书馆学专科学校藏+2	1		皇汉医学丛书；有卡
39	皇汉医学丛书（第十四册）药徵《药物学 论文集》	陈存仁编校	世界书局		61.081/C545	武昌文华图书馆学专科学校藏+1	1		皇汉医学丛书；有卡
40	活机器	海尔著，薛以恒译	商务印书馆	民国三十六年一月再版（1947年）	59.4/H151x	文华图专实验图书馆藏书+5	1	国币叁元伍角	新中学文库，自然科学小丛书；有卡
41	急性传染病学	杨宜编著	华东医务生活社	1952年10月初版	61.24/Y324	文华图书馆学专科学校藏书+5	1	10000元	有卡

序号	书　名	作者	出版者	出版时间	分类号/索书号	印　章	复本	定价	备注
42	家畜传染病学	吴信法著,陈之长校	正中书局	民国二十五年十一月(1936年),民国三十六年五月沪一版(1947年)	599/W491	武昌文华图书馆学专科学校+2	1	国币四元五角	应用科学从书;有卡
43	健康之路;家庭卫生概要;死的前奏;圣殿里的故事	史敏贞	广学会	民国三十一年三月出版(1942年),民国三十六年十月再版(1947年)	250.16/S138	文华图专实验图书馆藏书+13	4	2800	四册书装订在一起;有卡
44	结核病人的生活和治疗	[苏]扬诺芙斯卡耶著	上海文通书局	1952年3月初版,1952年10月初版2次印	63.87/Y289G	文华图书馆学专科学校藏书+4	1	6000	有卡
45	精神病理学名词	国立编译馆 编订	国立编译馆	民国二十六年六月初版(1937年)	R64.1072/G788	文华图书馆学专科学校+4	1	国币2元	有卡
46	居民区设计卫生	A. H. Марзеев 教授著,霍儒学译	东北医学图书出版社	1952年10月初版	61.2/M241H	文华图书馆学专科学校藏书+4	1	5400元	苏联公共卫生学丛书;有卡
47	看护学	师哲著,陈雨苍校	正中书局	民国二十五年十月初版(1936年),民国二十六年十一月再版(1937年)	595.89/S.159	武昌文华图书馆学专科学校学生服务团巡回文库校址:重庆习家岩求精中学内+1;武昌文华图书馆学专科学校+1;私立武昌文华图书馆学专科学校图书馆+1	1	国币平装五角五分,精装九角	应用科学丛书;有卡

序号	书　名	作者	出版者	出版时间	分类号/索书号	印　章	复本	定价	备注
48	看护学总论	杨鹤庆编	商务印书馆	民国十四年六月初版(1925 年),民国二十年四月三版(1931 年),民国二十二年一月国难后第一版(1933 年),民国二十七年十月国难后第五版(1938 年)	595.89/Y199	武昌文华图书馆学专科学校+5;武昌文华图书馆学专科学校学生服务团巡回文库+1	1	国币肆角	医学小丛书;有卡
49	抗菌药物制造及实验		国际书店	1951 年		文华图专图书馆+4	1	18300	俄文;有卡
50	抗生素	朱介飞编著	商务印书馆	1951 年 12 月初版	63.383/Z767	文华图书馆专科学校藏+5	1	10000 元	医学小丛书;有卡
51	抗战与防疫	高士其	读书生活出版社	1937 年 3 月初版	593.235/K273	私立武昌文华图书馆学专科学校图书馆+2	1	国币六角	缺封面;有卡
52	科学小品集	海登著,南铣译	生活·读书·新知三联书店	1951 年 8 月在北京印造初版	50.59/H143N	文华图专图书馆+3;文华图书馆学专科学校藏书+4	1	9000 元	有卡
53	口腔卫生	萧卓然著	文通书局	1951 年 3 月五版	61.1171/X329	文华图书馆学专科学校藏书+5	1	3000	叶维法主编:保健文库;有卡
54	矿物质与健康	叶维法著	文通书局	1951 年 3 月 3 版	61.1/	文华图书馆专科学校藏书+5	1	2000 元	叶维法主编:保健文库;有卡

序号	书　名	作者	出版者	出版时间	分类号/索书号	印　章	复本	定价	备注
55	米丘林学说介绍 2	华北农业科学研究所编译委员会	华北农业科学研究所	1950 年 4 月	58.1/L348	文华图专实验图书馆藏书+3	1	2 元	有卡
56	民族健康之医学基础	胡定安	正中书局	民国三十二年五月初版（1943 年）；民国三十四年十一月沪复一版（1945 年）	590/H511	武昌文华图书馆学专科学校藏+2	1	国币壹圆八角	有卡
57	脑髓营养的机育法		北京国际书店	1949 年		文华图专图书馆+3	1	13.4	俄文
58	农民常患的三种寄生虫病	陆梵	生活·读书·新知三联书店	1949 年 11 月沪初版	63.88/L888	文华图专实验图书馆藏书+3	1	2 元 3 角	新中国百科小丛书；有卡
59	盘尼西林	拉特克里夫著，范存恒译	商务印书馆	民国三十六年六月初版（1947 年）	N596.2/L112	文华图专实验图书馆藏书+3	1	国币叁元	新中学文库；有卡
60	邱氏最新内科学	邱倬	文通书局	1950 年 9 月增订七版	63.8/Q611	文华图书馆学专科学校藏书+12	1	拾万元	大学丛书；封面缺失
61	人体解剖学名词	国立编译馆	国立编译馆	民国三十六年一月初版（1947 年）	R59.42/G788	文华图书馆学专科学校藏+5	1	国币六元	有卡
62	日光疗法		国际书店	1950 年	615.83/616	文华图专图书馆+3	1	基价 7.70	俄文
63	沙眼防治学	赵文清	东北医学图书出版社	1952 年 2 月初版	64.524/Z392	文华图书馆专科学校藏书+4	1	人民币 4200	有卡

序号	书　名	作者	出版者	出版时间	分类号/索书号	印　章	复本	定价	备注
64	砂眼	叶维法主编	文通书局	1951 年 3 月初版	64.524/C432	文华图书馆学专科学校藏+4	1	2000 元	
65	上帝与人的健康	迪克斯著	广学会	民国三十八年六月初版(1949 年)	250.18/T346	文华图书馆学专科学校藏+4	1	2700 元	有卡
66	生物学现状[英]	T.D.Lysenko	Foreign Languages Publishing House	1949 年		文华图书馆学专科学校藏书+3	1	2800 元	无封面、封底
67	生药学	李承祜	中国科学图书仪器公司	1952 年 11 月初版	63.35/L279	文华图书馆学专科学校藏书+3	1	人民币 3 万 9 千元	有卡
68	实用绷带学	刘兆霖、葛秉仁著	商务印书馆	民国二十五年九月初版(1936 年)	595.814/L634	武昌文华图书馆学专科学校+5	1	国币贰元	大学丛书(教本);已散开;有卡
69	实用护病学				63.6/X138	文华图专实验图书馆藏书+2	1		缺封面、缺封底
70	实用急救学	刘球编译	华东医务生活社	1951 年 12 月再版	63.69/L692	文华图书馆学专科学校藏+6	1	12000 元	有卡
71	实用家庭药物常识	汪泱著,叶维法主编	文通书局	1951 年 3 月四版	85.99/W177	文华图书馆学专科学校藏书+5	1	3500 元	保健文库
72	实用救急法	王羲和	商务印书馆	民国三十六年一月第八版(1947 年)	63.69/W299	文华图专实验图书馆藏书+3	1	国币二元	新中学文库,家庭丛书;有卡

序号	书　名	作者	出版者	出版时间	分类号/索书号	印　章	复本	定价	备注
73	实用人体寄生虫学	王福溢、理辉汉	东华医务生活社	1951年3月再版	63.88/W218	文华图书馆学专科学校藏书+7	1	35000元	封底脱落成两片;有卡
74	实用治疗概要(上册)	Harrv Beckman著,吴兴业编译	商务印书馆	1950年12月改编第1版	63.4/W655	文华图书馆学专科学校藏书+6	1	18000元	有卡
75	食物常识	上官悟尘编纂	商务印书馆	民国二十一年十一月初版(1932年),民国三十六年一月七版(1947年)	61.115/S329	文华图专实验图书馆藏书+3	1	国币壹元伍角	新中学文库,医学小丛书;有卡
76	兽医学	陆思曼编著	新医书局	1951年1月初版,1951年12月二版	69.3/L897	文华图专图书馆+1	1	15000元	
77	苏联保健站工作的组织	Фрейдпин著	上海文通书局	1952年9月初版	61.26/F524G	文华图书馆学专科学校藏书+4	2	人民币16500元	有卡
78	苏联的保健	K. V. Maistrakh、G. V. Guestsou教授合著,朱滨生译	苏商时代书报出版社	1947年	61.273/Z757	武昌文华图书馆学专科学校藏+3	1		苏联医学丛书
79	苏联的医学和保健	Henry E.Sigerist著	华东医务生活社	1951年5月第三版	61.2643/X123	文华图专图书馆+3;文华图书馆学专科学校藏书+6	1	14000元	有卡
80	苏联红十字会简史	中国红十字会总会新中国红十字编委会编印	中国红十字会总会	1952年9月再版	33.6912/Z557	文华图书馆学专科学校藏书+4	1	1500元	有卡

序号	书　名	作者	出版者	出版时间	分类号/索书号	印　章	复本	定价	备注
81	苏联健康生活介绍	东北医学图书出版社	东北医学图书出版社	1952 年	61.1/D474	文华图书馆专科学校藏书+3	1	2500 元	卫生报丛书；有卡
82	苏联劳动卫生学	[苏]伊士拉耳生等著；秦正氏、川越、石川等译	东北人民政府卫生部出版	1950 年 7 月初版，1951 年 4 月再版	61.216/Q497	文华图书馆学专科学校藏书+6	1		
83	苏联劳动者的保健	维诺格拉陀夫、斯特拉舜著，涛 译	时代出版社	1950 年 6 月再版	61.216/W379t	文华图专图书馆+1；文华图书馆学专科学校藏书+2	1	4.8 元	苏联医学丛书；有卡
84	苏联卫生行政材料选集	胡振东、川越、霍儒学、贾同彪译	东北医学图书出版社	1952 年 7 月初版	61.22/C682	文华图书馆学专科学校藏书+3	1	7000 元	有卡
85	苏联学校卫生学	C. E. Советов 教授编，霍儒学、莫椿涓、胡尚一、颜士纯译	东北人民政府卫生部	1951 年	61.215/S830H	文华图书馆学专科学校藏书+4	1		
86	外科护病学	Hugh Cabot、Mary M. Giles 著	上海广协书局	民国二十六年初版（1937 年）	598/K242	私立武昌文华图书馆学专科学校图书馆+10	1		全书散开；有卡
87	维他命	王平陵著	青年出版社	民国三十一年五月初版（1942 年）	812.8/W242	武昌文华图书馆学专科学校+6	1	贰圆	有卡
88	蚊虫防治法	李凤荪、吴希澄	商务印书馆	民国二十三年十二月初版（1934 年）	61.249/L294	文华图书馆学专科学校+3	1	大洋壹圆叁角	封面、封底脱落；有卡

序号	书　名	作者	出版者	出版时间	分类号/索书号	印　章	复本	定价	备注
89	我热爱自己医生的职业	傅连暲著	华东医务生活社	1953 年 4 月第一版	61.22/F593	文华图专图书馆+4	1	平装 4000 元，精装 10000 元	有卡
90	西药浅说	程瀚章著	商务印书馆	民国二十年十月初版(1931 年)	63.329/C577	文华图专实验图书馆藏书+3	1	国币壹圆五角	新中学文库，百科小丛书;有卡
91	细菌学	黄翠芬、荆永志、李辉合编	华东医务生活社	1952 年 10 月第 5 版修订本	R37	文华图书馆学专科	1	6500 元	医士学校临时教;有卡
92	细菌与人	高士其	开明书店	民国二十五年八月初版(1936 年)，民国三十七年七月特一版(1948 年)	58.67/059.G241	文华图书馆学专科学校藏+5	1	国币二元二角	开明青年丛书
93	夏季卫生及传染病	东北人民政府卫生部编	东北人民政府卫生部	1950 年 5 月初版	61.241/D468	文华图书馆学专科学校藏书+4	1	流通券 20000	国民卫生常识丛书;有卡
94	小儿科 下卷之一	三轮信太郎著，宋虞琪、牟鸿彝译，牟鸿彝增订	商务印书馆	1952 年 2 月	R73	文华图专实验图书馆藏书+2	1		
95	小儿科 下卷之二	三轮信太郎著，宋虞琪、牟鸿彝译，牟鸿彝增订	商务印书馆	1952 年 2 月	R72	文华图书馆学专科学校藏书+2	1		书页残缺，缺封底

序号	书　名	作者	出版者	出版时间	分类号/索书号	印　章	复本	定价	备注
96	心理与生活	魏善海著，华丁夷译	青年协会书局	民国三十七年十二月三版（1948年）	158.2/W329	武昌文华图书馆学专科学校藏	1		青年丛书第三十一种；书本已散开
97	新医学发展道路	王克锦	文通书局		61/W242	文华图专图书馆+ 2	1		有卡
98	学校家庭传染病预防消毒及救急疗法	郭人骥	中华书局	民国二十九年六月（1940年）	61.24/G699	文华图书馆学专科学校藏+2	1	国币六角	封面脱落；有卡
99	药物学疗学合编	Linnette A. Parker 原著，刘国华、裴伟廉合译	上海广协书局	民国二十五年六月增订（1936年），民国二十六年三月重版（1937年）	63.329/L667	私立武昌文华图书馆学专科学校图书馆+4	1	12400	有卡
100	医疗体育	伊凡诺夫，凌治镛译，新体育社编	青年出版社	1951年7月初版	39.913Y4951	文华图专图书馆+4	1	人民币2400元	新体育丛书；有卡
101	医院膳食	国立北京协和医学院附属医院营养部编著	北京华东书店	1950年3月1日初版	61.115/B485	文华图专图书馆+6	1	12000元	
102	饮食物的营养	叶维法著	文通书局	1951年2月二版	61.115/Y459	文华图书馆学专科学校藏书+5	1	人民币2000	保健文库；有卡
103	营养概论	吴宪	商务印书馆	民国十八年十二月初版（1929年），民国二十九年五月增订一版（1940年），民国三十六年二月增订六版(1947年)	59.5181/W655	文华图专实验图书馆藏书+4	1	国币肆元伍角	新中学文库；有卡

序号	书　名	作者	出版者	出版时间	分类号/索书号	印　章	复本	定价	备注
104	战地救护法	李兆时	商务印书馆		无	武昌文华图书馆学专科学校+2	1		
105	战时救援	索非编著	开明书店	民国二十八年十月初版(1939年),民国二十九年四月桂一版发行(1940年)	595.89/S637	私立武昌文华图书馆学专科学校图书馆+3	1	国币七角五分	有卡
106	战时医药	教育部社会教育司编印	正中书局印行	民国二十七年八月初版(1938年)	379.2590/C298	私立武昌文华图书馆学专科学校图书馆+3;武昌文华图书馆学专科学校学生服务团巡回文库+2	1	国币二角	教育部播音小丛书第十二种——抗战讲演集第三辑;封底破损严重,已散开;有卡
107	赵氏英汉医学辞典	赵师震	中华书局	1952年2月初版	R61.072/Z388	文华图书馆学专科学校藏书+16	1	人民币98000元	缺封底
108	珍本医书集成(第一册)	裘吉生主编	世界书局	民国二十五年七月初版(1936年)	590.108/C411.V1	文华图书馆学专科学校藏+6	1	全14册国币60元	有卡
109	珍本医书集成(第二册)	裘吉生主编	世界书局	民国二十五年七月初版(1936年)	590.108/C411.V2	文华图书馆学专科学校藏+10	1	全14册国币60元	有卡
110	珍本医书集成(第四册)	裘吉生主编	世界书局	民国二十五年七月初版(1936年)	590.108/C411.V4	文华图书馆学专科学校藏+8	1	全14册国币60元	有卡

序号	书名	作者	出版者	出版时间	分类号/索书号	印章	复本	定价	备注
111	珍本医书集成 第五册	裘吉生主编	世界书局	民国二十五年七月初版（1936年）	590.108/C411/V.5	武昌文华图书馆学专科学校藏	1	全14册国币59元	有卡
112	珍本医书集成 第六册	裘吉生主编	世界书局	民国二十五年七月初版（1936年）	590.108/C411/V.6	武昌文华图书馆学专科学校藏	1	全14册国币57元	有卡
113	珍本医书集成 第十册 不知医必要	裘吉生主编	世界书局	民国二十五年七月初版（1936年）	590.108/C411/V.10	武昌文华图书馆学专科学校藏+5	1	全14册国币58元	有卡
114	珍本医书集成（第十四册）	裘吉生主编	世界书局	民国二十五年七月初版（1936年）	590.108/C411.V14	文华图书馆学专科学校藏+20	1	全14册国币60元	有卡
115	中国古生物志 总号134册，新丙种第13号，禄丰晰龙动物群	杨钟健，中国科学院古生物研究所编辑	中国科学院印行	1951年12月		文华图书馆学专科学校藏书+3	1		
116	中国卫生画刊	中央人民政府卫生部卫生画刊编审委员会	中央人民政府卫生部资料室	1950年	48.372/Z688	文华图专图书馆+2	1	精装本35000元，普及本25000元	有卡
117	中国医药汇海（一）	蔡陆仙	中华书局		62/C135	文华图专图书馆+3	1		全书脱落，剩封面页和内页1—226

序号	书　名	作者	出版者	出版时间	分类号/索书号	印　章	复本	定价	备注
118	中国医药汇海(二)	蔡陆仙	中华书局		62/C135	文华图专图书馆+1	1		已散开,缺封面和封底,内页剩243—579
119	中国医药汇海(三)经部 黄帝内经(素问一)	蔡陆仙	中华书局		62/C135	文华图专图书馆	1		有卡
120	中国医药汇海(四)经部 皇帝内经(素问二)	蔡陆仙	中华书局		62/C135	文华图专图书馆	1		有卡
121	中国医药汇海(七)经部黄帝内经(灵枢上)	蔡陆仙	中华书局		62/C135	文华图专图书馆	1		有卡
122	中国医药汇海(八)经部黄帝内经(灵枢下)	蔡陆仙	中华书局		62/C135	文华图专图书馆+3	1		有卡
123	中国医药汇海(九)	蔡陆仙	中华书局		62/C135	文华图专图书馆+3	1		有卡
124	中国医药汇海(十)经部 神农百草经(上)	蔡陆仙编	中华书局		62/C135	文华图专图书馆+2	1		有卡
125	中国医药汇海(十一)	蔡陆仙	中华书局		62/C135	文华图专图书馆+4	1		有卡
126	中国医药汇海(十二)	蔡陆仙	中华书局		62/C135	文华图专图书馆+2	1		已散开;有卡

序号	书　名	作者	出版者	出版时间	分类号/索书号	印　章	复本	定价	备注
127	中国医药汇海(十三)经部 中藏经	蔡陆仙	中华书局		62/C136	文华图专图书馆+3	1		有卡
128	中国医药汇海(十四)	蔡陆仙	中华书局		62/C135	文华图专图书馆+4	1		有卡
129	中国医药汇海(十五)	蔡陆仙	中华书局		62/C135	文华图专图书馆+4	1		有卡
130	中国医药汇海(十七)论说部(中)	蔡陆仙	中华书局		62/C135	文华图专图书馆+2	1		封底脱落;有卡
131	中国医药汇海(十八)论说部(下)	蔡陆仙	中华书局		62/C135	文华图专图书馆+2	1		封底脱落;有卡
132	中国医药汇海(十九)方剂部(一)	蔡陆仙	中华书局		62/C135	文华图专图书馆+2	1		有卡
133	中国医药汇海(二十)方剂部(二)	蔡陆仙	中华书局		62/C135	文华图专图书馆+4	1		有卡
134	中国医药汇海(廿一)方剂部(三)	蔡陆仙	中华书局		62/C135	文华图专图书馆+3	1		有卡
135	中国医药汇海(廿二)	蔡陆仙	中华书局		62/C135	文华图专图书馆+4	1		有卡
136	中国医药汇海(廿三)方剂部(五)	蔡陆仙	中华书局		62/C135	文华图专图书馆+3	1		有卡
137	中国医药汇海(廿四)	蔡陆仙	中华书局		62/C135	文华图专图书馆+3	1		封底脱落;有卡

序号	书　名	作者	出版者	出版时间	分类号/索书号	印　章	复本	定价	备注
138	中华人民共和国药典	中央人民政府卫生部编	商务印书馆	1953 年 7 月初版	63.30742/Z687	1 本：文华图书馆学专校+7；另 1 本：文华图书馆学专校+8	2	70000	有卡
139	中外医学史概论	李廷安	商务印书馆	民国三十三年十一月重庆初版（1944 年），民国三十五年三月上海初版（1946 年），民国三十六年二月上海再版（1947 年）	61.04/L356	文华图专实验图书馆藏书+2	1	国币壹元伍角	新中学文库；有卡
140	组织疗法	李维清	中南军区兼第四野战军后勤卫生部教育处	1951 年 4 月再版	63.45/L362	文华图专图书馆+ 2	1	10000 元	苏联医学介绍丛书之一；有卡
141	组织疗法	[苏]费拉托夫著，东北人民政府卫生部辑译	东北人民政府卫生部教育处出版科	1951 年 4 月初版	63.45/D468	文华图专图书馆+4	1		缺封底，扉页已经脱落；有卡
142	组织疗法资料选辑	健康报社辑	健康报社	1951 年 8 月	63.45/D345	文华图书馆专科学校藏书+3	1		人民卫生丛刊
143	最新注射疗法	张坚著	中华书局	民国十四年四月发行（1925 年），民国二十八年八月六版（1939 年）	63.474/Z294	武昌文华图书馆学专科学校藏+2	1	国币一角三分	有卡

（十七）S 农业科学

现存 53 种，57 册。

序号	书　名	作者	出版者	出版时间	分类号/索书号	印　章	复本	定价	备注
1	仓库害虫及其防治	曾省、李隆术编著	正中书局	民国三十三年二月初版（1944年）	611.94/TS355	武昌文华图书馆学专科学校藏+4	1	国币五元三角	有卡
2	草原造林底农学技术	李森科等撰，梓丁译，华北农业科学研究所编译委员会编译	中华书局	1951年10月初	68.52/L343	文华图书馆学专科学校+2	1	8400元	苏联农业科学丛书；有卡
3	稻作害虫学	张景欧	商务印书馆	民国二十六年五月初版(1937年)	65.821/Z295	武昌文华图书馆学专科学校藏+2	1	国币2元	大学丛书（教本）；有卡
4	稻作活动	邰爽秋计划	教育编译馆	民国三十三年五月初版（1944年）	338.41/L327	私立武昌文华图书馆学专科图书馆+3	1	0.13	中国民生建设实验院民生经济活动教材丛刊第一种；有卡
5	福建粮食问题	陈明璋著	福建省研究院编译出版室	民国三十二年二月一日初版（1943年）	610.3/C.382	私立武昌文华图书馆学专科学校图书馆+3；武昌文华图书馆学专科学校+2	1		福建省研究院社会科学丛刊之四；有卡
6	高粱的一生	陈琰著，科学普及局编	开明书店	1953年2月第一版	66.16/C513	文华图书馆学专科学校藏书+4	1	2200元	科学普及小丛书；有卡
7	工农技术人员手册：促成栽培手册	胡绪渭	中华书局	1951年7月初版	67.2/H446	文华图书馆学专科学校藏书+4	1	人民币9400元	有卡

序号	书　名	作者	出版者	出版时间	分类号/索书号	印　章	复本	定价	备注
8	果树学泛论	胡昌炽	中华书局	民国三十五年五月初版（1946年），民国三十七年六月再版（1948年）	67.5/H429	文华图专实验图书馆藏书+1	1	国币八元	中华农学会丛书；有卡
9	果树学各论	孙云蔚	新农出版社	1951年1月初版	67.5/S866	文华图专图书馆+1	1	32000元	大学教本；有卡
10	护林地带的有害及有益野兽		北京国际书店	1950年		文华图专图书馆+3	1	15	俄文；有卡
11	护田林带营造法	郝特洛维契著	中国林业出版社	1952年3月初版	68.567/H314	武汉大学图书馆学专修科；武汉大学图书馆藏+2	1	10000元	林业科学丛书；有卡
12	华北经济植物志要	崔友文编，中国科学院植物研究所编辑	中国科学院	1953年5月再版	28.294/C771	文华图专图书馆+3	1	平装50000元，精装120000元	有卡
13	旧世界的农业与新世界的农业	解树民编著	中华书局	1950年9月初版	29.303/J525	文华图书馆学专科学校藏书+5	1	六元五角	缺封面，封底脱落；有卡
14	控制植物有机体的方法和成就	李森科著	北京农业大学农业生物科学研究室印	1950年	58.8/L349	文华图书馆专科学校藏书+3	1	0.2	农业生物科学丛刊；有卡
15	论农业生物学与农学	B.H.斯托列托夫、B.C.德米特里耶夫著，傅子祯译	中国科学院	1953年6月初版	65.28/S728f		1	3700元	科学译丛　生物学；第3册；有卡

序号	书　名	作者	出版者	出版时间	分类号/索书号	印　章	复本	定价	备注
16	马事汇编		中央陆军军官学校教育处印	民国二十八年（1939年）	S821.4	武昌文华图书馆学专科学校藏+2；钢印：私立武昌文华图书馆学专科学校+2	1		
17	米丘林选集	米丘林撰，华北农业科学研究所译	人民出版社	1951年8月初版	58.102/M482	文华图书馆学专科学校藏书+9	1	60000元	有卡
18	米丘林学说在果树园艺中的成就	叶尼基夫著，中央农业部米丘林农业植物选种及良种繁育讲习班编译，张名恢译，陈仁、崔志学校	中华书局	1952年11月初版	67.02/Y439	文华图书馆学专科学校藏书+4	1	人民币两千元	有卡
19	米丘杯遗传选种与良种繁育学（第一集）	中央农业部米丘林农业植物选种及良种繁育讲习班编译	中国科学院	1953年4月初版	65.6202/Z675	文华图专图书馆+5	1	报纸本18000元，精装本50000元	中央农业部米丘林农业植物选种及良种繁育讲习班讲义；有卡
20	农产制造学	邹德谨编，龚厥民增订	商务印书馆	民国二十三年八月国难后第二版（1934年）	65.69/Z892	武昌文化图书馆学专科学校+1	1	大洋肆角	初级农业学校教科书；有卡
21	农谚	张佛	商务印书馆	民国三十六年二月四版（1947年）	65.23/Z278	文华图专实验图书馆藏书+3	1	国币一元五角	新中学文库；有卡
22	农业常识	中华平民教育促进会总会，冯锐、步毓森、蒋涤旧编	商务印书馆	民国十九年十一月初版（1930年）	610/F329/C.1	何处之章+4；篆字大方印模糊+1	1	大洋柒角	普及农业科学丛书；有卡

序号	书　名	作者	出版者	出版时间	分类号/索书号	印　章	复本	定价	备注
23	农业常识	中华平民教育促进会总会，冯锐、步毓森、蒋涤旧编	商务印书馆		610/F329/C.3	私立武昌文华图书馆学专科学校图书馆+1；私立武昌文华图书馆学专科学校+1；武昌文华图书馆学专科学校学生服务团巡回文库+1	1		普及农业科学丛书；缺封底（目测与上本书同，但未见版本信息，暂存）
24	农业概论（上）	黄绍绪	商务印书馆	民国二十七年九月改编本第二版（1938年）	65.2/H567	武昌文华图书馆学专校+1	1	国币玖角	职业学校教科书
25	农业概论（上）	黄绍绪编著	商务印书馆	民国二十七年四月一版（1938年）	65.031/H567	文华图书馆学专科学校藏+7	1	国币四元伍角	职业学校教科书；有卡
26	农业概论（下）	黄绍绪编著	商务印书馆	民国二十七年四月一版（1938年）	65.031/H567	文华图书馆学专科学校藏+7	1	国币四元伍角	职业学校教科书；有卡
27	农业概论（下）	黄绍绪	商务印书馆		610/H663	武昌文华图书馆学专校+1	1		职业学校教科书；缺封底
28	农业概论（下册）	黄绍绪	商务印书馆	民国二十七年四月改编本第一版（1938年），民国三十六年二月改编本第七版（1947年）	65/H566	文华图专实验图书馆藏书+3	1	国币四元伍角	新中学文库；有卡

序号	书　名	作者	出版者	出版时间	分类号/索书号	印　章	复本	定价	备注
29	农业十篇	汤佩松、巫宝三合著	独立出版社		610.31/Y223	武昌文华图书馆学专科学校+4	1		封面破损严重，无封底
30	农艺科事业计划大纲				611.01/	武昌文华图书馆学专科学校+3	1		有卡
31	人怎样征服自然	华尔德加德著，什之译	天下图书公司	1949 年 4 月在北平印造华北版第一版	50.1/H493s	武昌文华图书馆学专科学校藏+4	1	三元二角	人民科学丛书；有卡
32	蔬菜留种手册	吴耕民、吴光林编著	中华书局出版	1951 年 5 月初版	67.311/W597	文华图书馆学专科学校藏书+3；中国图书发行公司武汉武汉分公司特价部+1	1	7000 元	工农技术人员手册；有卡
33	蔬菜园艺学	徐绍华编译	新农出版社	1952 年 7 月初版	67.3/X595	文华图专图书馆+1	1	36000 元	有卡
34	四川经济考察团考察报告第二编 农林	西南经济调查合作委员会编	独立出版社	民国二十九年五月初版（1940 年）	610.07/S336	私立武昌文华图书馆学专科学校图书馆+2	1	2 元	有卡
35	苏联茶叶栽培	Й M 别列日诺著，汪玢译	上海永祥印书馆出版	1952 年 4 月初版	66.81/B656	文华图书馆学专科学校藏书+2	1	人民币 9000 元	有卡
36	苏联的科学工作者	根纳地·费许著，滕砥平译	居然出版社	1950 年 2 月北京初版	26.13/G379	文华图书馆学专科学校藏书+3	1	七元	有卡
37	苏联的农业组织	吴清友	中华书局	民国三十八年五月初版（1949 年）	29.393/W628	文华图专实验图书馆藏书+3	1	国币壹圆八角	大众文化丛书；有卡

序号	书　名	作者	出版者	出版时间	分类号/索书号	印　章	复本	定价	备注
38	苏联集体农场的生产组织	M P 敖沙季柯著	作家书屋	1949 年 12 月初版	29.3412/A443a	文华图书馆专科学校藏书+4	1	3.3	苏联经济建设丛书;有卡
39	苏联农业	A 卡拉瓦也夫等著	三联书店	1950 年 6 月第一版	29.393/K145e	文华图书馆学专科学校藏+5	1	5.8	苏联介绍丛书;有卡
40	土地改良法	万国鼎编著	商务印书馆	民国二十二年九月初版（1933 年）	65.266/W154	武昌文华图书馆学专科学校+3	1	大洋三角	农学小丛书;已散开;有卡
41	新中国第一个集体农庄的故事	吕仁编写	中南人民出版社	1952 年 11 月初版	29.343/L930	文华图书馆专科学校藏书+4	1	1100 元	有卡
42	养蚕指导技术手册	殷狄松	中华书局	1951 年 6 月	69.5/Y595	文华图书馆学专科学校藏书+3	1	人民币 8000 元	工农技术人员手册;有卡
43	养鸡之学理与实际	齐凝之编著，薛德焴校	正中书局	民国二十五年七月京初版（1936 年），民国三十六年六月沪一版（1947 年）	615.2/B366	武昌文华图书馆学专科学校藏+5	1	国币七元	已散开;有卡
44	养羊手册	冯焕文	中华书局	1951 年 7 月	69.146/F453	文华图书馆专科学校藏书+3	1	人民币 5600 元	工农技术人员手册;有卡
45	鱼类学	陈兼善、费鸿年著	商务印书馆	民国二十五年四月初版（1936 年）	59.1912/C446	文华图专实验图书馆藏书+6	1	国币五元五角	王云五 周昌寿主编：自然科学小丛书;有卡

序号	书　名	作者	出版者	出版时间	分类号/索书号	印　章	复本	定价	备注
46	怎样防治蔬菜害虫	谢传维	上海联合发行所	1949 年 6 月初版	65.842/X397	文华图专实验图书馆藏书+4	1	二元五角	新中国百科小丛书;有卡
47	战时农业政策	王兆新著	独立出版社	1950 年	610.21/W222	武昌文华图书馆学专科学校+2	1		抗战建国纲领丛书;有卡
48	植物进化原理	凯勒尔著	中华书局	1953 年 6 月初版	58.81032/K223	文华图专图书馆+1	1	20000 元	有卡
49	中等农学通论(全一册)	陆费执、陈赓飏编	上海中华书局	民国十七年六月十一日(1928年)	610/L788	武昌文华图书馆学专科学校+4	1		新学制农业教科书;已散,剩封面、扉页和内页1—142
50	中国茶叶问题	吴觉农、范和钧	商务印书馆	民国二十六年六月初版(1937年)	29.3754/W593	武昌文华图书馆学专科学校+7	1	国币玖角	现代问题丛书;有卡
51	中国的畜牧	许振英	上海永祥印书馆	1950 年 10 月	69.1/X664	文华图书馆学专科学校藏书+1	1	人民币5000 元	新中国农业丛书;有卡
52	中国的飞蝗	吴福桢著	永祥印书馆	1951 年 5 月初版	65.8472/W582	文华图书馆学专科学校藏+4	1	10500 元	新中国农业丛书;有卡
53	中国飞蝗与飞机灭蝗	傅守三	商务印书馆	1953 年 4 月	65.8472/F598	文华图书馆学专科学校藏书+1;文华图专图书馆+3	1	2400	有卡
54	中国农家经济 中国七省十七县二八六六田场只研究(上册)	卜凯著	商务印书馆		610.3/P658.V1	武昌文华图书馆学专科学校+5	1		大学丛书,金陵大学农学院丛书;全书散开;有卡

序号	书　名	作者	出版者	出版时间	分类号/索书号	印　章	复本	定价	备注
55	中南区一九五二年农业税收工作手册	中南人民出版社	中南人民出版社	1952 年 9 月初版	22.051/Z665	文华图书馆学专科学校藏书+4	1	2000 元	有卡
56	种子	王伏雄	文化生活出版社	1951 年 10 月初版	65.62/W218	文华图书馆专科学校藏+5	1	4500 元	现代科学小丛书;有卡
57	祖国的蔬菜园艺	吴耕民著	大中国图书局	1952 年 10 月初版	67.3/W611	文华图书馆学专科学校藏书+3	1	4000 元	地理小丛书;有卡

(十八)T 工业技术

现存 119 种，124 册。

序号	书　名	作者	出版者	出版时间	分类号/索书号	印　章	复本	定价	备注
1	Civil Engineering Handbook	Leonard Church Urquhart, C. E., Editor-in-Chief	New York and London: Mcgraw-Hill Book Company, Inc.	1940 年		武昌文华图书馆学专科学校藏+2	1		土木工程手册
2	DDT	周泗	三联书店	民国卅八年六月沪初版（1949 年）	85.923/Z737	文华图专实验图书馆藏书+4,本书承张主教海松捐赠 特此志谢 文华图专实验圕 公元 1950 年 2 月 26 日	1	二元三角	新中国百科小丛书;有卡
3	报纸工作文选 第一辑	中南报纸工作会议筹备会编	中南人民出版社	1951 年 7 月初版	37.4/Z665	文华图书馆学专科学校藏书+7	1		有卡

序号	书　名	作者	出版者	出版时间	分类号/索书号	印　章	复本	定价	备注
4	材料强度学(上册)	陆志鸿	商务印书馆		71.221/L903	文华图专实验图书馆藏书+5	1		新中学文库,工学小丛书;有卡
5	材料强度学(下册)	陆志鸿	商务印书馆	民国三十六年一月十版(1947年)	71.221/L903	文华图专实验图书馆藏书+5	1	国币捌元伍角	新中学文库,工学小丛书;有卡
6	城市科学	W. B. Little 著,吴廉铭译	中华书局	民国二十八年七月发行(1939年)	86.6/W616	武昌文华图书馆学专科学校+3	1	法币六元	科学丛书;有卡
7	醋及调味料制造法	铃木彰著,蔡叶民译	商务印书馆	民国三十八年九月六版(1949年)	83.633/L628	文华图专实验图书馆藏书+2	1	伍元伍角	新中学文库;实用工艺丛书第一集;缺封底;出版时间、价格为孔网所查
8	地下电线的装设与利用						1		俄文
9	电池及电化学工业	周昌寿	商务印书馆	1951 年 12 月			2		缺前半部分
10	电灯	张廷祥,余昌菊著	商务印书馆	民国三十六年二月六版(1947年)	73.283/Z344	文华图专实验图书馆藏书+4	1		新中学文库,工学小丛书;有卡
11	电工原理及实用 上册	A. gray、G. A. Wallace,王国松等译	商务印书馆	1952 年 2 月初版	73.7/W221y	文华图书馆学专科学校藏书+3	1	22000	出版时间、价格为孔网所查

序号	书　名	作者	出版者	出版时间	分类号/索书号	印　章	复本	定价	备注
12	电机工程概论	陈章	商务印书馆	民国二十三年一月初版（1934年），民国三十六年一月十版（1947年）	73.21/C542	文华图专实验图书馆藏书+4	1	国币叁元	新中学文库，工学小丛书
13	电器装置规则		北京电业局	1953年			1		无封面封底；出版项为孔网所查
14	电热炼钢学	王怀琛	商务印书馆	1950年7月3版	76.256/W227	武昌文华图书馆学专科学校（反）+2；钢印：武昌文华图书馆学专科学校+2	1	基价22元	无封底；出版时间、定价为孔网所查
15	俄华英电力工业用语汇编	中央燃料工业部编审委员会编	燃料工业出版社	1953年2月北京第一版	7.21/E +113	文华图书馆学专科学校藏书+6	1	25000元	有卡
16	发酵学		正中书局	民国三十五年十月沪一版（1946年）	83.605/G753	武昌文华图书馆学专科学校藏+6	1	5.5	有卡
17	防火概论	黄晋甫	商务印书馆	民国二十四年八月初版（1935年），民国三十六年二月三版（1947年）	33.6929/H581	文华图专实验图书馆藏书+4	1	2元	新中学文库，百科小丛书；有卡
18	防空避难室建筑学	吴国柄	华中印书馆	民国二十六年十月初版（1937年）	379.76/W479		1		

序号	书　名	作者	出版者	出版时间	分类号/索书号	印　章	复本	定价	备注
19	房屋构造学	唐英、王寿宝编著	商务印书馆	民国二十八年十二月五版（1939年）	86.3/W283	武昌文华图书馆学专科学校+3；钢印：私立武昌文华图书馆学专科学校+2	1		有卡
20	纺织（下册）	朱升芹著	商务印书馆	民国二十三年二月初版（1934年），民国三十六年一月五版（1947年）	85.1/Z782	文华图专实验图书馆藏书+3	1	国币伍元伍角	新中学文库；工学小丛书；有卡
21	纺织工业的创造与改进（第一辑）	中国纺织编辑委员会	中央人民政府纺织工业部	1951年7月	85.11/Z680	文华图书馆学专科学校藏书+4	1	7000元	有卡
22	分度头工作法	派克兰特著，严志良译	科学技术出版社	1951年11月初版	78.31/P137y		1	7800元	机械工作法丛书；有卡
23	给水工程学	王寿宝编	商务印书馆	民国二十六年二月初版（1937年）	86.63W283	武昌文华图书馆学专科学校+2；钢印：私立武昌文华图书馆学专科学校+2	1	国币贰元	有卡
24	工程人员手册	杨家瑜	青年出版社	民国三十三年（1944年）	MG/T-62/Y1972	武昌文华图书馆学专科学校藏+2	1		五项建设手册5；出版时间和分类号查自武汉大学图书馆
25	工程人员手册	杨家瑜	青年出版社	民国三十五年（1946年）	MG/T-62/Y197	武昌文华图书馆学专科学校藏+2	1		五项建设手册；出版时间和分类号查自武汉大学图书馆

序号	书　名	作者	出版者	出版时间	分类号/索书号	印　章	复本	定价	备注
26	河工	冯雄	商务印书馆	民国二十三年一月初版（1934年），民国三十六年五月六版（1947年）	56.3/F433	文华图专实验图书馆藏书+3	1	国币叁元	新中学文库，工学小丛书；有卡
27	河工要义	波达波夫，丁承额译	商务印书馆	1953年3月	86.86/B728D	文华图专图书馆+3	1	¥9000	有卡
28	黑色的金子——石油	卡特仑科著，舒山译	开明书店	1951年4月初版	74.7611/K186S	文华图书馆学专科学校藏书+7	1	2900元	有卡
29	洪水防治法一册	Alvord Burdick 著，冯雄译	商务印书馆	民国二十五年七月初版（1936年）			1		无封面
30	化工原理 上册	苏元复、张震旦、王承明编译	龙门联合书局		81.1/S830	文华图专图书馆+2	1		有卡
31	化学工程名词	国立编译馆	正中书局	民国三十五年一月渝初版（1946年），民国三十五年九月沪一版（1946年）	TQ-61		1		工具书
32	化学工程学	八田四郎次著，唐汉三译，张声补译修订	商务印书馆	1951年12月第一版	81.1/B241T	文华图书馆学专科学校藏书+4	1	14000元	增订化学工业大全；有卡

序号	书　名	作者	出版者	出版时间	分类号/索书号	印　章	复本	定价	备注
33	化学工业概论;附工厂测定及操作自动化	田中芳雄著,聂汤谷、谭勤余译,张声补译修订;松井元太郎、神原周著,陈文祥译,张声补译修订	商务印书馆	1951年6月第1版	81.19/T355y	文华图书馆学专科学校藏书+5	1	¥0.85	增订化学工业大全;有卡
34	锪孔与铰孔	丁莱伯尔著,金以康译	科学技术出版社	1952年2月初版	78.11/D438j		1	7000元	机械工作法丛书;有卡
35	活版印刷术	[日]俊山幸男编,苏士清译	国立四川造纸印刷科职业学校出版部	民国三十一年九月(1942年)	85.312/S825TS811		1	法币二十六元	
36	机构学	冯雄	商务印书馆	民国二十三年一月初版(1934年),民国三十六年二月九版(1947年)	78.112/F433	文华图专实验图书馆藏书+4	1	4元	新中学文库,工学小丛书;有卡
37	机械设计原理 上册	许镇宇、关廷栋编著	商务印书馆	1952年1月初版	78.13/X667	文华图书馆学专科学校藏书+6	1		大学丛书;有卡
38	机械设计原理 下册	许镇宇、关廷栋编著	商务印书馆	1952年1月初版	78.13/X667	文华图书馆学专科学校藏书+7	1		大学丛书;有卡
39	机械制造学机械设计百科全书参考书十三卷 第四编		北京国际书店发售			文华图书馆学专科学校藏书+3	1	基价100.00	俄文

序号	书　名	作者	出版者	出版时间	分类号/索书号	印　章	复本	定价	备注
40	嘉氏提花机及综线穿吊法	王芸萱编译	商务印书馆	民国二十四年六月初版（1935年）	675.09/W251c1	武昌文华图书馆学专科学校+2	1		工学小丛书；有卡
41	碱	高铦	商务印书馆	民国二十三年二月初版（1934年），民国三十六年二月五版（1947年）	81.23/G231	文华图专实验图书馆藏书+5	1	国币贰元	新中学文库，工学小丛书；有卡
42	建筑工业先进工作方法	中华全国总工会建筑业工会工作委员会编	工人出版社	1952年9月北京第四版	651.1/1583	文华图书馆学专科学校藏书+3	1		有卡
43	建筑工业先进工作方法 第二册	中华全国总工会建筑业工会工委委员会编	工人出版社	1952年9月北京第四版	86.1051/Z648	文华图书馆学专科学校藏书+3	1	1900元	有卡
44	建筑图学	火永彰著	商务印书馆	1950年8月5版	48.11/H635	文华图专图书馆+3	1		职业学校用书；有卡
45	建筑物结构设计暂行标准	东北人民政府工业部编	东北工业出版社	1952年6月	86.2/D468	文华图书馆学专科学校藏书+4	1	12000元	有卡
46	建筑学家(下)托芒			1950年			1		俄文
47	酱油酿造法	植村定治郎著，蔡弃民译	商务印书馆	民国三十六年一月五版（1947年）	83.632/Z492c	文华图专实验图书馆藏书+2	1		实用工业丛书；无封面；有卡

序号	书　名	作者	出版者	出版时间	分类号/索书号	印　章	复本	定价	备注
48	接触反应	田中芳雄、小林良之助原著，吕克明补译修订	商务印书馆	1952 年	81.179/T355Z	文华图书馆学专科学校藏书+4	1		增订化学工业大全(34)；缺封底
49	金工	冯雄	商务印书馆	民国三十六年三月六版（1947 年）	77.98/H433	文华图专实验图书馆藏书+3	1	国币壹元伍角	新中学文库，工学小丛书
50	金属学	骆桢著	商务印书馆	1932 年	75/L997	武昌文华图书馆学专科学校+2；钢印：私立武昌文华图书馆学专科学校；私立文华图书馆学专科学校事务处+1	1	￥8100	工学小丛书；无封底；出版年为孔网所查；有卡
51	金属冶炼及合金工业	后藤正治原著，郝新吾原译，吕克明补译修订	商务印书馆	1951 年 12 月第一版	76.2/H419H	文华图书馆学专科学校藏书+5	1	17000 元	增订化学工业大全；有卡
52	酒精制造学	方乘	北平商业印刷局	民国二十二年六月（1933 年）	664.5/F183	武昌文华图书馆学专科学校（反）+2	1	大洋贰元	出版者、价格为孔网所查
53	矿山救护工作的组织	洛夫为耶夫著，中央人民政府燃料工业部译	燃料工业出版社	1952 年 10 月 1 日	74.15/S892	文华图书馆学专科学校藏书+4	1	6200 元	出版时间、价格为孔网所查；有卡
54	矿业工程学 下册	朱华绶著	商务印书馆	1936 年 6 月初版，1949 年 12 月三版	74.054/Z768	文华图书馆学专科学校藏书+8	1	基价肆拾捌元	大学丛书（教本）；有卡

序号	书　名	作者	出版者	出版时间	分类号/索书号	印　章	复本	定价	备注
55	矿业工程学 中册		商务印书馆		74.054/Z768	文华图书馆学专科学校藏书+7	1		封底脱落;有卡
56	雷达	邓拉普著,陈忠杰、舒重则译	商务印书馆	民国三十六年五月初版(1947年)	N/537.81/T313	文华图专实验图书馆藏书+3	1	国币叁元伍角	新中学文库
57	硫及其重要化合物	许雪樵	商务印书馆	民国三十六年二月三版(1947年)	54.416/X672;N661.2/H466	文华图专实验图书馆藏书+3	1	国币壹元伍角	新中学文库,工学小丛书;有卡
58	毛巾织造法	郭秀石著	商务印书馆	1950年5月初版	85.1/G748	文华图专实验图书馆藏书+3;本书承张主教海松捐赠 特此志谢 文华图专实验圕 公元 年 月 日	1	基价9.50	家庭工业小丛书;有卡
59	棉纺工程手册	谈祖彦编	中华书局	1950年4月初版	85.13/T162	文华图书馆学专科学校藏书+5	1	基价四元五角	工农技术人员手册;有卡
60	明渠水力学	S.M. Woodward、C.T. Posey著,王济棠译	商务印书馆	1951年12月初版	86.813/W767w	文华图书馆学专科学校藏书+7	1		有卡
61	内燃发动机讲义	中央陆军军官学校编	陆军军官学校	1937年	78.551/Z673	钢印:私立武昌文华图书馆学专科学校+2;武昌文华图书馆学专科学校+2	1		出版时间据武汉大学校馆

序号	书　名	作者	出版者	出版时间	分类号/索书号	印　章	复本	定价	备注
62	内燃机	刘仙洲	商务印书馆	民国二十三年一月初版（1934年），民国三十六年二月十一版（1947年）	78.55/L711	文华图专实验图书馆藏书+3	1	2.5元	新中学文库，工学小丛书;有卡
63	酿造工业	金培松编著	正中书局	民国二十八年四月三版（1939年）	83.6/J561	私立武昌文华图书馆学专科学校图书馆+3	1	平装国币六角，精装国币九角五分	应用科学丛书;无封封底
64	酿造工业;清凉饮料工业	高桥侦造著，周建侯译，张声补译修订;桑田勉著，舒贻上译，张声补译修订	商务印书馆	1952年6月第一版	83.62/G238z	文华图书馆学专科学校藏书+3	1		增订化学工业大全;有卡
65	皮革	林继庸	商务印书馆	民国三十六年三月五版（1947年）	85.2/L586	文华图专实验图书馆藏书+4	1		新中学文库，工学小丛书;有卡
66	染色术	孟心如	商务印书馆	民国二十二年五月初版（1933年），民国三十六年三月七版（1947年）	85.193/M441	文华图专实验图书馆藏书+2	1	国币贰元	新中学文库，工学小丛书;有卡

序号	书　名	作者	出版者	出版时间	分类号/索书号	印　章	复本	定价	备注
67	人怎样征服水	常锡厚著,中央人民政府文化部科学普及局编辑	开明书局	1951 年 4 月初版	86.8059/C313	文华图专图书馆+3	1		有卡
68	日用工艺品制造法	毛福泉	商务印书馆	民国六年二月(1917 年)	668/M246	武昌文华图书馆学专科学校图书馆+2	1	大洋伍角	有卡
69	石油	谢家荣	商务印书馆	民国二十三年二月第一版(1934 年),民国三十六年二月第四版(1947 年)	74.7/X417	文华图专实验图书馆藏书+4	1	国币贰元伍角	新中学文库,工学小丛书;有卡
70	石油	卡特仑柯著,张炎译	燃料工业出版社	1951 年 5 月北京初版	81.7/K186	文华图书馆学专科学校藏书+4	1	3800 元	有卡
71	石油及页岩油工业附土沥青工业	市川良正著,张资平译	商务印书馆	1952.04	81.74/T355Z	文华图书馆学专科学校藏书+2;文华图专图书馆	1	¥19500	有卡
72	实用静力学	吴之翰、崇安庆编译	中国科学图书仪器公司	1952 年 1 月初版	52.12/W684	文华图书馆学专科学校藏书+4	2	17000 元	有卡
73	食物滋养品及调味品	铃木梅太郎、佐桥佳一著,舒贻上译,吕克明、张声补译修订	商务印书馆	1952 年 6 月第 1 版	83.63/L628s	文华图书馆学专科学校藏书+6	1	14.00 元	增订化学工业大全;有卡
74	食盐及碱工业	松井元太郎著,李敦化译,吕克明补译修订	商务印书馆	1951 年 12 月第一版	83.2/S769L	文华图书馆学专科学校藏书+4	1	13000 元	增订化学工业大全;有卡

序号	书　名	作者	出版者	出版时间	分类号/索书号	印　章	复本	定价	备注
75	市政工程概论	沈怡	商务印书馆	民国二十二年五月初版（1933年），民国三十六年二月五版（1947年）	86.6/S438	文华图专实验图书馆藏书+4	1	国币壹元伍角	新中学文库，工学小丛书
76	水力机	蔡昌年	商务印书馆	民国二十三年二月初版（1934年），民国三十六年二月六版（1947年）	78.62/C126	文华图专实验图书馆藏书+3	1	国币壹元伍角	新中学文库，工学小丛书
77	水利工程学	余家洵著	商务印书馆	1950年3月四版	86.8/Y791	文华图书馆学专科学校藏书+5；中国图书发行公司武汉分公司特价部+1	1		大学丛书；有卡
78	苏联电业专家报告（第二辑）	中央人民政府燃料工业部译	燃料工业出版社	1951年12月	72.7/Z685	文华图书馆学专科学校藏书+4	1	9000元	有卡
79	酸	高铦	商务印书馆	民国三十六年二月五版（1947年）	81.22/G239	文华图专实验图书馆藏书+4	1	国币贰元	新中学文库，工学小丛书；有卡
80	太阳能的利用	［苏］Б.В.别图霍夫著，符其珣译	中华全国科学技术普及协会	1953年3月北京一版	72.99/B639	文华图专图书馆+4	1		有卡
81	陶瓷及耐火物料工业	近藤清治著，章继南译	商务印书馆	1952年1月第一版	81.5/J586W	文华图书馆学专科学校藏书+4	1	￥14000	增订化学工业大全；出版时间、价格为孔网所查

序号	书　名	作者	出版者	出版时间	分类号/索书号	印　章	复本	定价	备注
82	滕写印刷花纹版使用方法	薛民见		1951 年	85.34/X715X	文华图专图书馆+2	1	20 元	有卡
83	滕写印刷技术手册	薛民见、孙黼铨合编	上海正文书局	1953 年 6 月出版	85.34/X715	文华图书馆学专科学校藏书+2	1	5000 元	有卡
84	天然纤维及人造纤维工业	厚木滕基著,马味仲译	商务印书馆	1952 年 1 月	85.52/H418M	文华图书馆学专科学校藏书+2	1		增订化学工业大全
85	铁	彭维基	商务印书馆	民国三十六年五月四版（1947 年）	76.22/P382	文华图专实验图书馆藏书+5	1		新中学文库,工学小丛书;有卡
86	土木工程学讲义	中央陆军军官学校教育处编	中央陆军军官学校教育处印	民国二十八年三月(1939 年)	651/C631	私立武昌文华图书馆学专科学校图书馆+1;武昌文华图书馆学专科学校+1;钢印:私立武昌文华图书高校专科学校+2	1		有卡
87	为产品的优良质量而斗争	沃洛新等著,庄途译	工人出版社	1951 年 11 月	29.246/W516	文华图书馆学专科学校藏书+8	1	4.2	有卡
88	伟大的荆江分洪工程	中南通讯选集编委会	武汉通俗出版社	1952 年 8 月	86.8675/Z665	文华图书馆学专科学校藏书+5	1	4000 元	有卡
89	无机酸工业	松井元太郎著,李敦化译	商务印书馆	1951 年 12 月	81.22/S769L	文华图书馆学专科学校藏书+3	1		有卡

序号	书　名	作者	出版者	出版时间	分类号/索书号	印　章	复本	定价	备注
90	无线电报及无线电话	朱其清	商务印书馆	民国二十三年一月初版（1934年），民国三十六年三月九版（1947年）	N/637.1/C744	文华图专实验图书馆藏书+3	1	国币贰元伍角	新中学文库，工学小丛书；有卡
91	无线电播音	徐卓呆编著	商务印书馆	民国二十六年六月初版（1937年）	73.458/x651	武昌文华图书馆学专科学校+5；钢印：私立武昌文华图书馆学专科学校+3	1		社会教育小丛书；有卡
92	西文打字法实习	翁仲枚著	商务印书馆发行	1931年11月初版	37.6459/W485	文华图书馆学专科学校藏书+6	4	基价五块五	1本封面、封底松落；有卡
93	西文打字法实习	翁仲枚著	商务印书馆发行	缺失	37.6459/W485	文华图书馆学专科学校藏书+6	1		油印；有卡
94	显微镜术与人生	R. M. Neill 原著，费鸿年摘译	商务印书馆	民国三十六年一月四版（1947年）	50.99/F344y	文华图专实验图书馆藏书+3	1	国币贰元伍角	新中学文库，中学生自然研究丛书；有卡
95	显微镜与望远镜	苏赫鲁吉赫著，滕砥平译	开明书店	1951年12月初版	79.844/S830T	文华图书馆学专科学校藏书+8	1	3700元	苏联青年科学丛书
96	香料二业	桑田勉，黄开绳译	商务印书馆	1952年3月	82.19/S196H	文华图书馆学专科学校藏书+5	1		有卡

序号	书　名	作者	出版者	出版时间	分类号/索书号	印　章	复本	定价	备注
97	香料及化妆品	郑尊法	商务印书馆	民国二十三年六月初版（1934年）	668.1/Z532	私立武昌文华图书馆学专科学校图书馆+2	1	大洋叁角	出版时间、价格为孔网所查；有卡
98	香料及化妆品	郑尊法著	商务印书馆	民国二十三年六月初版（1934年），民国三十六年二月七版（1947年）	82.193/Z468	文华图专实验图书馆藏书+4	1	国币贰元伍角	新中学文库，工学小丛书；缺封底
99	橡胶工业	君岛武雄原著，阮觉施原译，吕克明补译修订	商务印书馆	1952年3月第1版	82.4/JT36y	文华图书馆学专科学校藏书+6	1		增订化学工业大全；有卡
100	新誊写版印刷法	刘冠英	北京新中国书店		85.346/L668	文华图书馆学专科学校藏+2	1	1000元	定价据孔夫子旧书网
101	学校建筑		商务印书馆	1952年1月	86.381/T244	文华图书馆学专科学校藏书+5	1	12	有卡
102	颜料及涂料	戴济	商务印书馆	民国三十六年三月七版（1947年）	82.23/D166	文华图专实验图书馆藏书+2	1	国币贰元	新中学文库，工学小丛书；有卡
103	印刷纸张及其应用					文华图专图书馆+2	1		俄文
104	英俄建筑辞典	P.G.Amburger, Editied by A.E.Desov, C.E., D.S.	State Publishing Office for Technical and Theoretical Literature	1951年 Second Revised Edition	A461	文华图专图书馆+2	1		有卡

序号	书　名	作者	出版者	出版时间	分类号/索书号	印　章	复本	定价	备注
105	英文打字	闻亦有、吴德培、王一影	正中书局	1948 年	85.349/W477	文华图书馆学专科学校藏书+2;文华图专图书馆+2	1		出版年为孔网所查;有卡
106	油漆工	蔡耀煌	商务印书馆	民国三十六年三月四版(1947年)	86.3473/C142	文华图专实验图书馆藏书+4	1		新中学文库,工学小丛书;有卡
107	油脂	张辅良	商务印书馆	民国三十六年三月六版(1947年)	82.1/Z308	文华图专实验图书馆藏书+3	1		新中学文库,工学小丛书;有卡
108	油脂工业 附硬化油工业	田中芳雄著,上野诚一著,高铦原译,张声补译修订	商务印书馆	1953 年 6 月第 1 版	82.1/T355G	文华图书馆学专科学校藏书+3	1	¥22600	增订化学工业大全;有卡
109	原子能与宇宙及人生	加谟著,陈忠杰、舒重则译	商务印书馆	民国三十六年五月初版(1947年)	72.3/J262c	文华图专实验图书馆藏书+4	1	国币叁元	新中学文库
110	原子能与原子弹	J.K.Robertson 著,张其耀译	正中书局	民国三十七年二月(1948 年)	72.3/L950Z	武昌文华图书馆学专科学校+3	1	国币四元六角	有卡
111	造纸工业 附墨水工业	丸泽常哉著,马味仲译	商务印书馆	1952 年 1 月	82.6/W144M	文华图书馆学专科学校藏书+3	1	¥16000	有卡

序号	书　名	作者	出版者	出版时间	分类号/索书号	印　章	复本	定价	备注
112	炸药工业	西松唯一著,郝新吾译	商务印书馆	1952年4月	81.67/X144H	文华图书馆学专科学校藏书+4	1		有卡
113	制胶	孙垚	商务印书馆	民国三十六年二月三版(1947年)	82.3/S869	文华图专实验图书馆藏书+3	1		新中学文库,工学小丛书;有卡
114	制图学浅说	张德高	商务印书馆	1952年1月	78.133/Z271	文华图书馆学专科学校藏书+3	1		
115	治淮杂记	姜钟德作	平明出版社	1952年11月初版	44.62/J384	文华图书馆学专科学校藏书+6	1		新时代文丛;有卡
116	製皂	朱积煊著	商务印书馆	民国二十三年二月初版(1934年)	82.16/Z773	文华图专实验图书馆藏书+3	1	大洋壹角伍分	新中华文库;有卡
117	中国的肠衣	蔡无忌、陈荣廷著	上海永祥印书馆	1952年1月初版	69.1/C135	文华图专图书馆+1;文华图书馆学专科学校藏书+4	1	7500	新中国农业丛书;有卡
118	中国度量衡史	吴承洛	商务印书馆	民国二十六年四月三版(1937年)	29.415204/W572	武昌文华图书馆学专科学校(反)+2;私立武昌文华图书馆学专科学校+2	1	¥4.50	有卡
119	中国建筑史一册	伊东忠太著,陈清泉译	商务印书馆	1937年	48.18/Y257	钢印:私立武昌文华图书馆专科学校+2	1		有卡

（十九）U 交通运输

现存 7 种，8 册。

序号	书名	作者	出版者	出版时间	分类号/索书号	印章	复本	定价	备注
1	道路	刘友惠、冯翰飞	商务印书馆	民国十三年十月初版（1924 年），民国三十六年三月第六版（1947 年）	87.3/L716	文华图专实验图书馆藏书+3	1	国币贰元	新中学文库，工学小丛书
2	桥梁	凌鸿勋	商务印书馆	民国二十二年三月初版（1933 年），民国三十六年三月九版（1947 年）	86.5/L611	文华图专实验图书馆藏书+3	1	国币贰元	新中学文库，工学小丛书；有卡
3	轮机问答手册	班端生著	东华书社发行	1952 年 3 版	U664.1-62	文华图专图书馆	1		出版时间、分类号查自国图
4	铁路测量学	吕谌编著	商务印书馆	1950 年 10 月 7 版	87.11/L918	文华图书馆学专科学校藏书+5	1		有卡
5	我们怎样创立了流水作业线	马雷切夫著，刘光杰、笔力译	工人出版社	1951 年 6 月	29.245/M198	文华图书馆学专科学校藏+3	2	2600 元	有卡
6	圬工（上册）	冯雄	商务印书馆	1935 年	86.184/F433W	文华图专实验图书馆藏书+3	1		新中学文库，工学小丛书；有卡
7	圬工（下册）	冯雄	商务印书馆	民国二十三年一月初版（1934 年），民国三十六年一月八版（1947 年）	86.184/F433W	文华图专实验图书馆藏书+5	1	国币伍元伍角	新中学文库，工学小丛书；有卡

(二十)V 航空、航天

现存5种，5册。

序号	书　名	作者	出版者	出版时间	分类号/索书号	印　章	复本	定价	备注
1	飞行原理	柏实义	商务印书馆	民国三十六年二月再版（1947年）	87.8/B296	文华图专实验图书馆藏书+4	1		新中学文库，国防科学丛书；有卡
2	滑翔与滑翔机	朱惠之编著	中国滑翔出版社	民国三十年十二月十日初版（渝）(1941年)		私立武昌文华图书馆学专科学校图书馆+4；武昌文华图书馆学专科学校+2	1		有卡
3	滑翔园地合订本第一集		中国滑翔出版社	民国卅一年十二月一日（1942年）	379.751/C631	武昌文华图书馆学专科学校+2；私立武昌文华图书馆学专科学校图书馆+2	1		有卡
4	我们要飞行	伊格那其也夫著，仇建阳译	中国青年出版社	1953年6月第一版	87.8059/y512c	文华图书馆学专科学校藏书+2	1		[苏]青年科学丛书；有卡
5	我要做飞行家	[苏]波勃罗夫著，萧立译	上海天马书店	民国二十七年三月汉版（1938年）	39.916/B726x	私立武昌文华图书馆学专科学校图书馆+2；钢印：私立武昌文华图书馆学专科学校；武昌文华图书馆学专科学校+2	1		有卡

(二十一)X 环境科学、安全科学

现存1种，1册。

序号	书　名	作者	出版者	出版时间	分类号/索书号	印　章	复本	价格	备注
1	苏联工会的劳动保护工作	劳动出版社编	劳动出版社	1951年9月初版	33.26/L179	文华图书馆学专科学校藏书+5	1	0.18	苏联工会介绍之六;有卡

(二十二)Z 综合性图书

现存93种，139册。

序号	书　名	作者	出版者	出版时间	分类号/索书号	印　章	复本	定价	备注
1	Aggessing Book	Boone University Library		1921年			1		手写式财产登记本(1921年1月—1926年1月)
2	American librarianship from a European angle-An attempt at an evaluation of policies and activities	Wilhelm Munthe	American Library Association	1939年	37.69563/M929	椭圆:私立武昌文华图书馆学专科学校图书馆+5	1		
3	Book Review Digest		H.W.Wilson Company	1927年	R015b724/V.23	武昌文华图书馆学专科学校图书馆+2	1		书评摘要;字母索引

序号	书　名	作者	出版者	出版时间	分类号/索书号	印　章	复本	定价	备注
4	Encyclopedia Britannica Volume1	The University of Chicago	Encyclopedia	1945 年	R032/EN19 V.1-24	武昌文华图书馆学专科学校藏+2	24		大英百科全书1—24;分类索引
5	Order and Accession Department	F.F.HOPPER	American Library Association	1926 年	Z689	武昌文华图书馆学专科学校藏+2	1		有卡;分类号查自国图
6	Personnel Administration in Public Libraries	Clara W.Herbert	Chicago: American Library Association	1939 年	023/H414C.1	武昌文华图书馆学专科学校+3	1	12400	有卡
7	Readers' Guide to Periodical Literature: July 1941 to June1943	Alice M.Dougan Bertha Joel Jeannette Moore-Smith	New York:The H.W.Wilson Company	1943 年	R050/R221/v.13	武昌文华图书馆学专科学校藏+2	1		期刊文献读者指南:1941 年 7 月至 1943 年 6 月;字母索引
8	Reference Books of 1938-1940	Constance M. Winchell Isadore Gilbert Mudge	American Library Association	1941 年	37.656/M884R	武昌文华图书馆学专科学校藏+2	1		1938—1940 年的参考书;分类索引
9	Standard Accsions	Melvil Dewey	Library Bureau	1887 年			1		手写式财产登记本(1914 年 5 月—1921 年 12 月),前有 ALA Standard Accssions-book: Accssions rules
10	Ulrich's Periodicals Directory	Carolyn F Ulrich	New York: R R Bowker Company	1947 年	R016.05/U17	武昌文华图书馆学专科学校藏+2	1		乌尔里希期刊目录;分类索引

序号	书　名	作者	出版者	出版时间	分类号/索书号	印　章	复本	定价	备注
11	1953 人民手册	张篷舟、张仪郑	大公报社	1953 年 7 月 1 日初版	94R145/Z52	文华图书馆学专校	1	人民币二万元	分类号、定价查自武汉大学图书馆;分类索引
12	博物词典	彭世芳等	中华书局	民国廿六年四月(1937 年)	D50.7/P374	武昌文华图书馆专科学校;钢印:私立武昌图书馆学专科学校+2	1		生物学词典;笔画索引
13	传是楼书目		坿马氏钞藏书目	乙卯年二月	B/014/D849	刘兴秋+4;文华图书馆学专校+6	1		线装书,宣纸;另有待识别印章
14	丛书子目索引	金步瀛编纂	浙江省立图书馆铅印部印刷	民国二十年五月一日出版(1931 年)		文华图专图书馆+1	1	大洋一元	
15	大公报要目索引	该报社	该报社	1951 年 1 月	Q91.93/D142	文华图专图书馆+2	1		地名,种类
16	读书管见(下)	金其源著	商务印书馆		37.687/J377;Z9/3	武汉大学图书馆学系图书室+2;文化学院图书馆注销图书+1;文化学院图书馆藏书+1;武汉大学图系+1	1	1.8	"武汉大学图系"印章见于借书证;有卡
17	福建省立图书馆期刊目录	福建省立图书馆编印	福建省军管区政治部工厂印刷	民国三十年九月(1941 年)	91.92/F477	武汉大学图书馆藏+2;武昌文华图书馆学专科学校+3;小方印:陈鸿飞	1		手书"绍期校长我师教正 陈鸿飞敬赠 民三十年十月卅日";有卡

序号	书　名	作者	出版者	出版时间	分类号/索书号	印　章	复本	定价	备注
18	高尔基著作中译本目录	安徽图书馆编印	安徽图书馆编印	1953年	91.645/A375;Z865.12	文华图专图书馆;武汉大学图书业务参考资料+2	1		分类号查自国图;书目索引
19	公民训练	吴剑真编著	商务印书馆	民国二十六年六月(1937年)	372.207/W472	武昌文华图书馆学专科学校+3;私立武昌文华图书馆学专科学校+2	1	国币贰角	社会教育小丛书,
20	古今事物考	王三聘辑	商务印书馆发行	民国二十六年四月(1937年)	26.792/W275	私立武昌文华图书馆学专科学校图书馆+3	1	7100	国学基本丛书;有卡
21	古钱年号索引	卫聚贤	中央银行经济研究处	民国三十一年八月(1942年)	Z89:K875.6		1		
22	官书局书目汇编	朱士嘉	中华图书馆协会	民国二十二年九月(1933年)	Z121.6		1	CNY0.50	中华图书馆协会丛书第七种;分类号查自武汉大学图书馆
23	国立北平图书馆特藏清内阁大库舆图目录	国立北平图书馆	国立北平图书馆	民国二十三年三月(1934年)	Z88:K992.62		1		分类号参照国图
24	国学概论	马瀛编	上海大华书局出版		071/M128	文华图专学生课本;武昌文华图书馆学专科学校	1		封面封底缺失
25	国学概论 覈伪篇、经篇	林之棠			98/L353	武汉大学图书馆藏+1;武汉大学图书馆学系图书室+2	1		书后半部分遗失

序号	书　名	作者	出版者	出版时间	分类号/索书号	印　章	复本	定价	备注
26	国学概论 下	钱穆著	商务印书馆		079/ $ .479/ V.2	武昌文华图书馆学专科学校+4；钢印：私立武昌文华图书馆学专科学校+1	1		已散；有卡
27	国学概论（下）	钱穆	商务印书馆		31.52/Q328	文华图专实验图书馆藏书+4	1		新中学文库；有卡
28	国学论文索引三编	刘修业		1934 年	Z89:Z126.27		1		一册；分类号查自武汉大学图书馆
29	滹南辨惑（上册）	侯毓玠标点	上海大东书局印行		071/H461	武昌文华图书馆学专科学校+2；钢印：私立武昌文华图书馆学专科学校+1	1		缺封面，后半部分遗失；有卡
30	滹南辨惑（下册）	侯毓玠标点	上海大东书局印行	民国二十二年十一月三版（1933 年）	071/H461	武昌文华图书馆学专科学校+2；钢印：私立武昌文华图书馆学专科学校+1	1	大洋八角	缺封面、缺封底
31	纪念鲁迅先生逝世十五周年资料索引	川东人民图书馆编印	人民出版社	1952 年 1 月	Z89:I210.97	请交换，请批评+1；武汉大学图专业务参考资料+2；文华图书馆学专科学校藏书+2	1		有卡
32	鲒埼亭集（四）	全祖望撰	商务印书馆		44.2/Q734	私立武昌文华图书馆学专科学校图书馆+5	1		国学基本丛书；有卡

序号	书　名	作者	出版者	出版时间	分类号/索书号	印　章	复本	定价	备注
33	经学源流浅说	陈燕方著	文明书局印行	民国十七年一月三版(1928年)	090.09/C397	武昌文华图书馆学专科学校(反)+3;钢印:私立武昌文华图书馆学专科学校+3	1	0.3	有卡
34	经学纂要	蒋伯潜编著	正中书局	民国三十三年五月渝初版(1944年),民国三十五年五月沪一版(1946年)	090/ $ 442	武昌文华图书馆学专科学校藏+4	1	国币三元	国学彙纂之十
35	抗美援朝保家卫国参考资料索引	西南人民图书馆	西南人民图书馆	1951年3月1日	Z89:D651.3	图书馆学系+1;文华图专图书馆+3;武汉大学图书馆藏+2	1		有卡;分类号查自国图
36	抗美援朝运动参考资料索引	金陵女子文理学院图书馆编辑	金陵女子文理学院图书馆	1951年3月初版	32.282071/J561	文华图专图书馆+3	1		有卡
37	抗美援朝资料目录	中央人民政府文化部文物局编印	中央人民政府文化部文物局	1950年12月	32.282071/Z688		1	旧币1200元	文物参考资料第十一期附录
38	抗美援朝资料索引(第一辑)	川东人民图书馆编	川东人民图书馆编印	1951年	Z89:D651.3/C465/(3)	文华图专图书馆+1;武汉大学图书馆藏+2;文华图书馆学专科学校藏书+2;图书馆学系+1	1		赠阅;有卡
39	抗美援朝资料索引(第三辑)	川东人民图书馆编印	川东人民图书馆	1951年12月	Z89:D651.3	文华图书馆学专科学校藏书	1		分类索引;分类号查自武汉大学图书馆

序号	书名	作者	出版者	出版时间	分类号/索书号	印章	复本	定价	备注
40	林业资料索引1950—1952	中国林业部力公府图书资料科编	中国林业出版社	1953年5月	68/Z673/Z88:S7	文华图专图书馆;武汉大学图书馆+2	1		分类号查自国图;分类索引
41	满文书籍联合目录	李德启编、于道荣校	国立北平图书馆,故宫博物院图书馆	民国二十二年(1933年)	91.3321/B482	文华图书馆学专校+2	1		无封面封底;分类索引
42	明代版本图录初编	潘承弼、顾廷龙合编	开明书店	民国三十年(1941年)	Z812.48	顾廷龙玺+2	1		一套四册;齐鲁大学国学研究所专著汇编;分类号在国图查得
43	明代敕撰书考附引得	李晋华编著,引得编纂处校订并引得	哈佛燕京学社	1932年6月	Z121.6	图书馆学系+1,文化图书馆学专校+2;武汉大学图书馆藏+2;文华图专图书馆+1	1		引得,特刊之三;民国籍粹;有卡
44	明清间耶稣会士译著提要——耶稣会创立四百年纪念(一五四〇——九四〇)	徐宗泽编著	中华书局	民国三十八年二月初版(1949年)	49.6/X376	武汉大学图书馆(模糊)	1	国币十元	有卡
45	南方日报索引	南方日报社	广州:南方日报社	1952年4月	91.93/N611	文华图书馆学专科学校藏+2	1		分类索引
46	佩文韵府第二册	(清)圣祖敕撰	商务印书馆发行	民国二十六年三月初版(1937年)	92.23/Z287;41.2107/Q 517;Z121.5	武昌文华图书馆学专科学校藏+2;武汉大学图书馆学系+2	2		万有文库 第二集,影印本;四角号码索引
47	佩文韵府第二册	王云五	商务印书馆		41.2107/Q517	武汉大学图书馆学系资料室+2	2		缺封面或卷尾

序号	书　名	作者	出版者	出版时间	分类号/索书号	印　章	复本	定价	备注
48	普选参考资料索引	西南图书馆编印	西南图书馆	1953 年	91.94322;Z89;D621.4	文华图专图书馆+2;武汉大学图书业务参考资料+2	1		分类号查自国图;分类索引
49	清代学者著述表	萧一山	国立编译馆出版,商务印书馆印行	民国三十二年(1943 年)	91.136/X341;MG/Z83/X261	武昌文华图书馆学专科学校图书馆+2	1	国币三元二角	封底残碎;人名索引
50	清军机处档案目录	故宫博物院文献馆编	故宫博物院		37.892/G558	私立武昌文华图书馆学专科学校图书馆+3	1		有卡
51	全国新书目 1952 NO.1—12	中央人民政府出版总署图书馆编印	中央人民政府出版总署图书馆编印	1952 年 1 月至 12 月	Q91.2/Q718	武汉大学图书馆杂志+2;文华图书馆学专校+2;武汉大学图书馆藏+1;武汉大学图书馆学专修科+1	1	8000 元	有卡;目录检索
52	群书拾补三册(上中下)	卢文弨撰	商务印书馆	民国二十六年四月初版(1937 年)	010.9/L814V.1;010.9/L814V.2	武昌文华图书馆学专科学校+3	1	国币柒角伍分	国学基本丛书;有卡
53	人民手册	张篷舟、张仪郑,大公报人民手册编委会	大公报社	1952 年	Q94/R145;Z52	文华图书馆学专校+2	2		出版社、定价查自武汉大学图书馆
54	人民手册	张篷舟、张仪郑	大公报	1953 年	Q94/R146;Z52	文华图书馆学专校+2	1	人民币二万元	分类号、定价查自武汉大学图书馆
55	日用手册	萧长风	武汉通俗图画出版社	1951 年 7 月	92.26/X313;Z228/X249	文华图专图书馆+2	1		分类号查自武汉大学图书馆

序号	书 名	作者	出版者	出版时间	分类号/索书号	印 章	复本	定价	备注
56	生活全国总书目	平心	生活书店	民国二十四年(1935年)	Z812.1		2	四角	缺封面、封底;出版时间、分类号、定价查自武汉大学图书馆;分类索引
57	十三经索引	叶绍钧编	开明书店	民国二十三年(1934年)	98.071y246;G98.09071/Y2465;Z126.1-7/Y2465		1	大洋五元五角	严重残破;作者、出版社、出版时间、分类号、定价查自武汉大学图书馆
58	十三经注疏						1		缺封面、封底,有缺损
59	十三经注疏(上册)						1		缺封面、封底、有缺损
60	世界知识年鉴	世界知识社编	上海生活书店发行	1936年3月初版	G94/S423s	长方:武昌文华图书馆专科学校+2;私立武昌文华图书馆学专科学校钢印+4;武昌文华图书馆学专科学校学生服务团巡回文库+1;小方印:彭印+1	1	每册壹圆整	手书"二十五年四月邮购自上海"
61	世界知识手册	世界知识手册编辑委员会编	世界知识出版社	1953年	Q94/S423	文华图书馆学专校+2	3		分类索引

序号	书　名	作者	出版者	出版时间	分类号/索书号	印　章	复本	定价	备注
62	书目答问	张之洞编			91.18/Z289	武昌文华图书馆学专科学校+2	1		有卡
63	双鉴楼善本书目	傅增湘		民国三十年(1941年)	Z838	文华图书馆学专校+2;文殿阁章+2;张广誉印+1;文华图专图书馆+1	1		线装,1函2册;分类号查自国图
64	四库全书纂修考	郭伯恭	国立北平研究院史学研究会	民国二十六年八月初版(1937年)	91.21/G582;Z121.5	钢印:私立武昌文华图书馆学专科学校+1	2		有卡
65	四库全书提要叙	文华图专		1937年11月		私立武昌文华圕学专科学校教务处+2	10		油印;毛边纸刻印竖排;有卡
66	宋元旧本书经眼录	(清)莫友芝			Z838	文华图专图书馆+5;文华图书馆学专校+3	1		线装,1函2册;分类号查自国图
67	苏联报刊要目索引	人民日报图书资料组编		1952年	91.93/R145;Z89	武汉大学图书馆藏+2;文华图书馆学专科学校藏书+2	5	0.4	数本缺封底,封面已散
68	苏联大百科全书选译 奥地利	鲁密斯坦等	人民出版社	1953年北京	32.522/L837	文华图书馆学专科+2	2		分类索引
69	苏联科学期刊论文索引	中国科学院图书馆	中国科学院	1952	Q91.92/S821;Z89	文华图书馆学专科学校藏+2	1		Z89为国图分类号;分类索引
70	太平御览索引	钱亚新编	商务印书馆	民国二十三年四月初版(1934年)	Z222-7		1	大洋四角	

序号	书　名	作者	出版者	出版时间	分类号/索书号	印　章	复本	定价	备注
71	藤田文库目录	东洋文库	东京神田三秀舍印行	民国三十年仲秋(1941年),昭和五年十二月六日(1930年)		文华图专图书馆+1;文华图书馆学专校+2;文殿阁章+1	1		1函1册
72	天一阁书目	阮元		民国三十年(1941年)		文殿阁章+10;文华图专图书馆+9;文华图书馆学专科学校+20;张广誉印+1	1		线装书,宣纸
73	通俗科学期刊篇目索引1950年1-6月	中央文化部科学普及局	京华印书局	1951年6月初版	Q91.927371	文华图书馆学专科学校藏书+2	2	CNY0.50	定价查自武汉大学图书馆;分类索引
74	图书寮汉籍善本书目	宫内省图书寮	株式会社东京筑地活版制造所	民国辛巳孟冬(1941年),昭和五年十二月(1930年)	91.51/G395	文华图专图书馆+2;张广誉印+1	1	六圆	有卡
75	文华公书林书目	文华公书林编			B91.13/W455	椭圆:私立武昌文华图书馆学专科学校图书馆+3;文华图专学生课本+2	1		宣纸,竖排
76	文求堂善本书目(影印)	田中庆太郎	东京文求堂书店印行	民国辛巳孟冬(1941年)		文华图专图书馆+1;文华图书馆学专校+1;文殿阁记+1;张广誉印+1	1		1函1册;非卖品
77	先秦经籍考(上)	江侠庵编译	商务印书馆	民国二十二年十月(1933年)	13.1/J280	武昌文华图书馆学专科学校	1		有卡

序号	书　名	作者	出版者	出版时间	分类号/索书号	印　章	复本	定价	备注
78	现代知识	陶菊隐著	中华书局		96.4/T265	武昌文华图书馆学专科学校+1	1		缺封面封底
79	小田切文库目录	岩井大慧发行	东洋文库	民国辛巳仲秋（1941年），昭和十三年五月（1938年）		张广誉印+1；文华图专图书馆+1	1		
80	岩崎文库和汉书目录	东洋文库编纂	东洋文库	昭和九年十二月（1934年）			1		
81	鄞范式天一阁书目内编	慈溪、冯贞群、孟颛甫编辑	均和印刷公司	民国二十六年九月三十日（1937年）		文华图专图书馆+4；张广誉印+1；文华图书馆学专校+12；文华殿章+4	1		宣纸；作者为孔夫子网查得
82	引得第十号，艺文志二十种综合引得	引得编撰处	燕京大学图书馆，哈佛燕京学社	1933年1月	91.21/Y244；MG/Z89/Y395/（10）	武汉大学图书馆藏	1		出版社、分类号查自武汉大学图书馆；分类索引
83	曾文正公全集（经史百家杂抄，经史百家简编，曾文正公文集，求缺斋读书录）	曾国藩著，谢华丰标点			810.7/S354V.3	武昌文华图书馆学专科学校+2	1		有卡
84	章氏遗书（第二册）	章学诚	商务印书馆	1936年	Z126.274.9		1	国币二元五角（8册）	分类号、定价查自武汉大学图书馆
85	浙江日报索引			1953年1月		武汉大学图书馆学专修科图书室+1；文华图书馆学专科学校藏书+1	2		

序号	书　名	作者	出版者	出版时间	分类号/索书号	印　章	复本	定价	备注
86	浙江日报索引			1952 年 12 月	91.93/Z417	文华图书馆学专科学校藏书+1	1		
87	直斋书录解题	陈振孙	商务印书馆	民国二十八年三月初版（1939年）	Z812.44		1	国币 1.20	上下两册合订一册
88	中法大学图书馆中文书目	中法大学图书馆	中法大学图书馆编	1933 年	Z822.6	文华图书馆学专校+1	1		缺封面，破损；有卡；分类号查自国图
89	中国河渠水利工程书目	茅乃文	北平图书馆	1952 年	Z88:TV		1		分类号参照国图
90	中国战时学术	孙本文等编著	正中书局印行	民国三十五年五月（1946 年）	087.1	武昌文华图书馆学专科学校+2	1	国币三元	中央文化运动委员会文化运动丛书
91	中央政治学校图书馆中日文图书书名目录初编	汪荫祖编	中央政治学校图书馆	民国二十九年七月（1940 年）	91.342/Z689	武昌文华图书馆学专科学校+2；武汉大学图书馆藏+2	1		手书“赠 私立武昌文华图书馆学专科学校惠存”；缺封底；有卡
92	重编日用百科全书	黄绍绪、江铁编	商务印书馆	民国二十三年（1934 年）	MG/Z226/H6662		1		缺封底；学科索引
93	作家笔名索引	蒋星煜著	重庆：燎原出版社	1944 年	Z89:K825.6		1		文华图专图书馆翻印，油印；出版年据孔夫子旧书网；分类号据武汉大学图书馆

四、其他文献类型

（一）期刊

现存 260 种，342 册。

序号	期刊名	主编	出版者	出版时间	分类号/索书号	印章	复本	定价	备注	大类
1	Book Review Digest 1942	Edited by Mertice M James and Dorothy Brown, Sadie Brachfeld (Managing Editor)	The H W Wilson Company	1943 年	R015b724/V.37	武昌文华图书馆学专科学校藏+4	1		974 页	I
2	Book Review Digest 1943	Edited by Mertice M. James and Dorothy Brown, Sadie Brachfeld (Managing Editor)	New York: The H W Wilson Company	1944 年	R015b724/V.38	武昌文华图书馆学专科学校藏+4	1		1015 页	I
3	Book Review Digest Vol.43 No.8	Edited by Mertice M. James and Dorothy Brown, Sadie Brachfeld (Managing Editor)	The H.W.Wilson Company	1947 年 11 月		武昌文华图书馆专科学校藏+2	1	one year 8dollar		I

序号	期刊名	主编	出版者	出版时间	分类号/索书号	印章	复本	定价	备注	大类
4	Book Review Digest Vol.43 No.9	Edited by Mertice M. James and Dorothy Brown, Sadie Brachfeld (Managing Editor)	The H.W.Wilson Company	1947 年 12 月		武昌文华图书馆学专科学校藏+2	1	one year 8dollar		I
5	Book Review Digest Vol.44 No.4	Edited by Mertice M. James and Dorothy Brown, Sadie Brachfeld (Managing Editor)	The H.W.Wilson Company	1948 年 6 月		武昌文华图书馆学专科学校藏+2	1	one year 8dollar		I
6	China Vol.1 No.1	Dr.sun Yat-sen		1946 年 10 月		武昌文华图书馆学专科学校藏+2	1		法文	K
7	China Año.1 No.2	Dr.sun Yat-sen		1946 年 11 月		武昌文华图书馆学专科学校+1	1		法文;缺封底	K
8	International Organization. V. Ⅱ, Number 3	Leland M Goodrich 主编, World Peace Foundation	Cambridge, Mass., etc.: MIT Press, etc.	1948 年 9 月		武昌文华图书馆学专科学校藏+5	1	$ 1.25	出版者为武汉图书馆查得	D
9	Journal of the Royal Central Asian Society (VOL.XXXI PARTS III.& IV.)		The Royal Central Asian Society	1944 年 7—10 月		私立武昌文华图书馆学专科学校图书馆+4	1		缺封面及封底	K
10	Omnibook Vol.9, No. Ⅱ	John C Lawson	Omnibook	1947 年 10 月		武昌文华图书馆学专科学校藏+2	1	35 cents		

序号	期刊名	主编	出版者	出版时间	分类号/索书号	印章	复本	定价	备注	大类
11	Omnibook	Maxwell M Geffen	Omnibook, Inc	1947 年		武昌文华图书馆学专科学校藏	1	$ 4.00	月刊	
12	Philobiblon a Quarterly Review of Chinese Publications NO.1	Director: Chiang Fu-Tsung, Editor: C. S. Chien(钱锺书)	国立中央图书馆	1946 年 6 月		武昌文华图书馆学专科学校藏+2;国立中央图书馆出版品国际交换处南京+1	1	CN $ 4000	无借书证	I
13	Philobiblon a Quarterly Review Of Chinese Piblication NO.2	Director: Chiang Fu-Tsung, Editor: C. S. Chien(钱锺书)	国立中央图书馆	1946 年 9 月		武昌文华图书馆学专科学校藏+2;国立中央图书馆出版品国际交换处南京+1	1	CN $ 2000	无借书证	I
14	Philobiblon a Quarterly Review of Chinese Publications NO.3	Director: Chiang Fu-Tsung, Editor: C. S. Chien(钱锺书)	国立中央图书馆	1946 年 12 月		武昌文华图书馆学专科学校藏+2;国立中央图书馆出版品国际交换处南京+1	1	CN $ 4000	无借书证	I
15	Philoboblon a Quarterly Review of Chinese Publications Vol.Ⅱ No.1	Director: Chiang Fu-Tsung, Editor: C. S. Chien(钱锺书)	国立中央图书馆	1947 年 9 月		武昌文华图书馆学专科学校藏+2	1	US $ 1	无借书证	I
16	Quarterly Bulletin of Chinese Bibliography Vol.Ⅲ Nos.1-2	T L Yuan(袁同礼)	The Chinese-American Institute of Cultural Relations, The National Library of Peiping	1943 年 3—6 月		私立武昌文华图书馆学专科学校图书馆	1			D
17	Quarterly Bulletin of Chinese Bibliography Vol.Ⅶ Nos.1-4	T L Yuan(袁同礼)	The National Library of Peiping	1947 年 3—12 月		武昌文华图书馆学专科学校藏+3	1			D

序号	期刊名	主编	出版者	出版时间	分类号/索书号	印章	复本	定价	备注	大类
18	Readers' Guide to Periodical Literature (Unabridged) Vol.46 No.6		The H.W.Wilson Company	1946 年 7 月	R050.1/ R226I946V.6	武昌文华图书馆学专科学校藏+4;美国图书馆+1	1	$ 12.00	半月刊	Z
19	The Library Qvarterly Volume X.Number 3	William M Randall	The University of Chicago Press	1940 年 7 月		武昌文华图书馆学专科学校+2	1	5 per year		G
20	The United States Quarterly Book List Volume3 Index		The Library of Congress	1947 年		武昌文华图专图书馆专科学校藏+2	1		缺少封面、封底	I
21	The United States Quarterly Book List Volume 1.Number 2	Joseph P Blickensderfer		1945 年 6 月		武昌文华图专图书馆专科学校藏+2	1	1.25 per volume		I
22	The United States Quarterly Book List Volume 3.Number 3	Joseph P Blickensderfer	The Library of Congress	1947 年 9 月		武昌文华图专图书馆专科学校藏+2;美国图书馆+2	1	1.25 per volume		I
23	The United States Quarterly Book List Volume 3.Number 4	Joseph P Blickensderfer	The Rutgers University Press	1947 年 12 月		武昌文华图专图书馆专科学校藏+2;美国图书馆+2	2	3.5 per year		I
24	Universities Quarterly			1948 年		武昌文华图书馆学专科学校藏+3;Presented by The British Council;英国文化委员会赠+1	1	five shilings		G

序号	期刊名	主编	出版者	出版时间	分类号/索书号	印章	复本	定价	备注	大类
25	Universities Quarterly (VOLUME 2 NUMBER 2)	Universities Quarterly Editoial Board	Turnstile Press Limited	1948 年 2 月		英国文化委员会赠+1;武昌文华图书馆学专科学校藏+3	1	Five Shillings		G
26	北平北海图书馆月刊 第一卷第五号	北平北海图书馆月刊编辑部	北平北海图书馆月刊编辑部	民国十七年十月(1928 年)	G259.251	武汉大学图书馆学系图书室+2	1	大洋 4 角		K
27	北平北海图书馆月刊(合订本)第一卷第五、六号,第二卷第六号	北平北海图书馆月刊编辑部	北平北海图书馆月刊编辑部	民国十七年第一卷第五号、第六号(1928 年),民国十八年第二卷第六号(1929 年)	G259.251	武汉大学图书馆学系图书室+2	1	大洋 4 角、大洋 4 角、大洋 2 角		K
28	北平北海图书馆月刊(合订本)第二卷 1—6 期	北平北海图书馆月刊编辑部	北平北海图书馆月刊编辑部	1929 年	Q37.6087/G788;G259.251	武汉大学图书馆学系图书室+2	1	大洋 2 角	3、4 期合刊	K
29	大众医学(第四卷合订本)	谢毓晋、王天一总编辑	民本出版公司	1950 年 5 月—10 月	P590.05/T122.V4	文华图专实验图书馆藏书+8;文华图专图书馆+1	1	国内半年基价 18	有卡	R
30	地理 第一卷第三期	中国地理研究所地理编辑委员会	中国地理研究所发行	民国三十年九月一日出版(1941 年)	K90	武昌文华图书馆学专科学校+5	1	土报纸 1 元	缺封面、封底;地图 5 张	K
31	东北教育 第三卷第一期至六期 合订本	东北教育编辑委员会	东北教育出版社	1950 年 4 月至 9 月止	P330.5/T567 V.3	文华图专实验图书馆藏书+10	1	每册东北币 3 万元		G

序号	期刊名	主编	出版者	出版时间	分类号/索书号	印章	复本	定价	备注	大类
32	东北教育(月刊)第四卷合订本	东北教育编辑委员会	东北教育出版社	1950年10月1日至1951年2月1日	P330.5/T567 V.4	文华图书馆学专科学校藏+3;文华图专实验图书馆藏+3;圆:文华图专图书馆+3	1	每册东北币3万元		G
33	东方杂志第十九卷第十九号	商务印书馆印行	商务印书馆	民国三十二年十二月十五日发行(1943年)		私立武昌文华图书馆学专科学校图书馆+2	1	国币肆元	封面脱落,无封底	C
34	东方杂志第三十九卷 第十三号			民国三十二年九月十五日发行(1943年)			1		无封面;毛边纸	C
35	东方杂志第四十二卷第三号		商务印书馆印行			私立武昌文华图书馆学专科学校图书馆	1		仅剩封面	C
36	东方杂志 第四十三卷第三号	苏继庼	商务印书馆	民国三十六年二月十五日(1947年)			1	国币肆元		C
37	东方杂志 第四十四卷第六号	苏继庼	商务印书馆	民国三十七年六月(1948年)			1	国币肆元	缺封面、封底	C
38	读者通讯1951年1—7期,8、9期合订本	读者通讯编委会编	新华书店	1951年2月1日—10月25日	Q37.087/D5318	文华图专图书馆+9;文华图书馆学专科学校图书馆+1;文华图书馆学专科学校藏书+1	1		1951年2月创刊;非卖品;有卡	G

序号	期刊名	主编	出版者	出版时间	分类号/索书号	印章	复本	定价	备注	大类
39	读书月报第一卷第二、六期	艾寒松、史枚	生活书店发行	民国二十八年三月一日、七月一日(1939年)	Q37.087/D5319	杜随:杜氏圕学圕+6	1	每册贰角	未入杜先生专藏;有卡	G
40	翻译通报新1—7期	翻译通报编辑委员会编		1953年6月15日—12月15日	Q41.19/F121	武汉大学图书馆杂志+2;武汉大学图书馆学专修科图书室+4;文华图书馆学专科学校藏书+3;文华图书馆学专科学校+1	1		32开;有卡	H
41	翻译通报1—7期(缺第2期)	翻译通报社	翻译通报社	1952年1月15日—7月15日	Q41.19/F121	文华图书馆学专科学校藏+9	1	每期4000元	16开;有卡	H
42	翻译月刊第三卷	翻译月刊编委会	世界知识社	1950年7月—1950年12月	P050/F162V.3	文华图专实验图书馆藏书+8;武昌文华图书馆学专科学校藏+4	1	每册五元	有卡	H
43	翻译月刊第四卷	翻译月刊编委会	世界知识社	1951年1月—1951年6月	P050/F162V.4	文华图专图书馆+9;武昌文华图书馆学专科学校藏+1	1	3000元	有卡	H
44	改造 第二卷合订本	中原大学校刊委员会编印	中原大学校刊委员会编印	1949年10月12日—1951年8月1日	Q32.289/q114	中原大学图书馆赠+2;武昌文华图书馆学专科学校藏+3;文华图专图书馆+4	1	2500元	有卡	G
45	工农兵画报(合订本)	工农兵画报编辑室	华东人民美术出版社	1953年1—14期	48.379/T239	文华图书馆学专科学校藏书+14	1	每本2000元	有卡	

序号	期刊名	主编	出版者	出版时间	分类号/索书号	印章	复本	定价	备注	大类
46	工业技术通讯 1951 年合订本	工业技术通讯编委会	科学技术出版社	1951 年 1 月 15 日—1951 年 12 月 15 日	Q71.1087/G239	文华图专图书馆+14;文华图书馆学专科学校+3	1	每期 3600 元	原名科学技术通讯;有卡	N
47	工业技术通讯 1—9 期	工业技术通讯编委会	科学技术出版社	1952 年 2 月 15 日—1952 年 9 月 15 日	Q71.1089/G239	文华图书馆学专科学校藏+5	1	每册 4000 元	有卡	N
48	观察(半月刊)合订本第六卷第 8—14 期	观察社	观察社发行	1950 年 2 月 16 日—1950 年 5 月 16 日	Q32.1/G299	文华图专实验图书馆藏书+13	1	每售 3000 元	有卡	D
49	国立北平图书馆馆刊 第四卷第二号①	国立北平图书馆馆刊编辑部	国立北平图书馆馆刊编辑部	民国十九年三四月(1930 年)			1	每期大洋四角五分		G
50	国立北平图书馆馆刊(合订本)1930 年 4 卷 1—6 期	国立北平图书馆馆刊编辑部	国立北平图书馆馆刊编辑部	民国十九年一二月—十一十二月(1930 年)	Q37.6087/G788	武汉大学图书馆学系图书室+6	1	每期大洋四角五分	有卡	G
51	国立北平图书馆馆刊(合订本)1931 年 5 卷 1—6 期	国立北平图书馆馆刊编辑部	国立北平图书馆馆刊编辑部	民国二十年一二月—十一十二月(1931 年)	Q37.6087G788	武汉大学图书馆学系图书室+7	1	每期大洋四角五分	有卡	G
52	国立北平图书馆馆刊(合订本)1933 年 7 卷 1—6 期	国立北平图书馆馆刊编辑部	国立北平图书馆馆刊编辑部	民国二十二年一二月—十一十二月(1933 年)	Q37.6087/G788	武汉大学图书馆学系图书室+6	1	每期大洋四角五分	有卡	G

① 此两刊都未见文华图专的印章

序号	期刊名	主编	出版者	出版时间	分类号/索书号	印章	复本	定价	备注	大类
53	国立北平图书馆馆刊(合订本)1935年9卷2—3期,1937年11卷1期	国立北平图书馆馆刊编辑部	国立北平图书馆馆刊编辑部	民国二十四年三四月(1935年),民国二十四年五六月(1935年),民国二十六年二月(1937年)	WtG3-6	武汉大学图书馆学系资料室+9	1	每期大洋四角五分	有卡	G
54	国立北平图书馆馆刊(合订本)1936年10卷1—6期	国立北平图书馆馆刊编辑委员会	国立北平图书馆馆刊编辑部	民国二十五年一二月—十一十二月(1936年)	Q37.6087/G788,WtG3-7	武汉大学图书馆学系图书室+7	1	每期大洋四角五分	有卡	G
55	国立北平图书馆馆刊 第十一卷第一号	国立北平图书馆馆刊编辑委员会编辑	国立北平图书馆出版品发行处发行	民国二十六年二月(1937年)		武汉大学图书馆学系图书室+1	1	每期大洋四角五分		G
56	国立北平图书馆馆刊(合订本)1929年3卷5—6期,1932年6卷2—6期(缺4)	国立北平图书馆月刊/馆刊编辑部	国立北平图书馆月刊/馆刊编辑部	民国十八年十一月—十二月(1929年),民国二十一年三四月—十一十二月(1932年)		武汉大学图书馆学系资料室+18	1	每期四角/四角五分	有卡	G
57	国立北平图书馆月刊(合订本)①1929年3卷1—4期	国立北平图书馆月刊编辑部	国立北平图书馆月刊编辑部	民国十八年七月—十月(1929年)	Q37.6087/G788	武汉大学图书馆学系图书室+5;国立北平图书馆藏+2	1	每期大洋四角	原合订本书脊误将“月刊”作“馆刊”;有卡	G

① 此两刊都未见文华图专的印章

序号	期刊名	主编	出版者	出版时间	分类号/索书号	印章	复本	定价	备注	大类
58	国立劳作师范学校校友会会刊	游荣耀、杜文杰	巴县青木关精业印刷社	民国三十五年二月(1946年)	330.6/Y628	私立武昌文华图书馆学专科学校图书馆+3	1	非卖品	毛边纸;竖排手写;有卡	
59	国立中央大学文史哲季刊 第一卷第一期	国立中央大学文史哲季刊编辑委员会	国立中央大学出版部	民国三十二年一月(1943年)		私立武昌文华图书馆学专科学校图书馆+3	1	贰拾元		K
60	湖北省立农学院二周年纪念特刊	湖北省立农学院二周年纪念筹备会出版组	湖北省立农学院二周年纪念筹备会出版组	民国三十一年十一月十七日出版(1942年)	339/H515	私立武昌文华图书馆学专科学校图书馆+1	1		陈诚题书名;有卡	S
61	湖北文艺 1953年第一本—廿一本	湖北文艺编委会	湖北文联	1953年1月1日—12月15日	43.27/H331	武汉大学图书馆藏+2;武汉大学图书馆学专修科图书室+2;文华图书馆学专科学校藏书+21	1	一千块钱一本	有卡	I
62	教师月报(合订本)1951年1—12期	教师月报社	大众书店	1951年3月15日—12月15日	Q37.14/J331		1	每册三千五百元		G
63	教师月报(合订本)1952年1—12期	教师月报社	大众书店	1952年1月15日—12月15日	Q37.14/J331	文华图书馆学专科学校藏书+16	1	每册贰仟捌佰元		G
64	教师月报(合订本)1953年2—7期	教师月报社	大众书店	1953年2月15日—7月15日	Q37.14/J332	武汉大学图书馆学系图书室+1;文华图书馆学专科学校藏书+8	1	每册贰仟捌佰元		G

序号	期刊名	主编	出版者	出版时间	分类号/索书号	印章	复本	定价	备注	大类
65	教工通报 1953 年第一期—二十一期	中国教育工会教工通报编辑委员会	中国教育工会全国委员会教工通报社	1952 年 12 月 20 日—1953 年 12 月 29 日	Q37.14/J331	武汉大学图书馆藏+2;文华图书馆学专科学校藏书+10;武汉大学图书馆学专修科图书室+4;武汉大学图书馆学专修科+6;文华图书馆学专校+1	1	每册人民币八百元	有卡	G
66	教育丛刊 第三卷第六集	北京高等师范学校编	上海中华书局	民国十二年一月（1923 年）		映雪书屋小型图书馆+1;江都孙氏映雪书屋德安藏书+1	1	银一角半	图书馆学术研究号;封面封底散落;手书“德安老师惠存 学生俞从周赠”	G
67	教育通讯 复刊后第一卷第一期至十二期	教育通讯社	正中书局	民国三十五年三月一日—八月十五日（1946 年）	Q38.16039/J331	武昌文华图书馆学专科学校藏+3;私立武昌文华图书馆学专科学校图书馆+7	1	国币一百元		G
68	教育杂志 第三十二卷第二号		上海商务印书馆	民国三十六年八月（1947 年）		武昌文华图书馆学专科学校藏+3	1		缺封底;“本册德安已制索引”	G
69	教育杂志 第三十三卷 第二号	赵廷为、李季开	上海商务印书馆	民国三十七年二月（1948 年）		武昌文华图书馆专科学校藏+2	1	每册国币肆元	封底散落	G

序号	期刊名	主编	出版者	出版时间	分类号/索书号	印章	复本	定价	备注	大类
70	进步青年 第一至五期合订版	进步青年编委会	进步青年社	1949 年 5 月—9 月	Q33.3/J397	武昌文华图书馆学专科学校藏+9	1		有卡	G
71	进步青年(合订本)216—230 期	进步青年编委会	开明书店	1949 年 10 月—1950 年 12 月	Q33.3/J397	武昌文华图书馆学专科学校藏+10;文华图专实验图书馆藏书+17	1		原名中学生;有卡	G
72	进步青年(合订本)231—242 期	进步青年编委会 代表人贾祖璋	开明书店	1951 年 1 月 1 日—12 月 1 日	Q33.3/J398	文华图专图书馆+19;武昌文华图书馆学专科学校藏+2	1	每册二.五〇〇元	原名中学生;有卡	G
73	经济年报 1952	经济导报社	经济导报社	1952 年 1 月 20 日	28.2088/X271	文华图书馆学专科学校藏书+12	1	每册港币五元	有卡	F
74	科学大众	科学大众社	商务印书馆	1951 年 8 月—1952 年 12 月	Q50.87K388	文华图专图书馆+4;文华图书馆学专科学校藏书+20	1	每册人民币三千元		N
75	科学画报 第十六卷合订本	中国科学社主编	中国科学图书仪器公司发行	1950 年 1 月—12 月	Q50.87K166	文华图专图书馆+2;文华图专实验图书馆藏书+5;武昌文华图书馆学专科学校藏+1	1	每册基价三元		N
76	科学通报 1951 年第二卷第 1 期—第 6 期	中国科学院编印	中国科学院	1951 年 1 月 15 日—6 月 15 日	Q50.8/K166	文华图专图书馆收件之章+1;文华图专图书馆+13	1	每册 6000 元		N

序号	期刊名	主编	出版者	出版时间	分类号/索书号	印章	复本	定价	备注	大类
77	科学通报 第二卷第七期—十二期	中国科学院编印	中国科学院	1951 年 7 月 15 日—12 月 15 日	Q50.8/K166	文华图专图书馆+5;文华图书馆学专科学校图书馆+2;赠阅+2	1	每册 6000 元		N
78	科学通报 一九五三年 2—4 期	科学通报编委会	中国科学院	1953 年	Q50.8/KI66	武汉大学图书馆学系图书室+1;文华图书馆学专科学校藏书+6	1	每册 6000 元		N
79	科学通报反细菌战特刊	科学通报编委会	中国科学院	1952 年	Q50.8/K166	1 本:文华图书馆学专科学校藏书+3;1 本:文华图专图书馆+2	2		一本缺封底	N
80	科学昼报 1951.1—1951.12	中国科学社主编	中国科学图书武器公司	1951 年	50.87/K166	武昌文华图书馆学专科学校藏+2	1		分类索引	K
81	历史教学 第一、二卷合订本	历史教学月刊社编委会	历史教学月刊社	1951 年 1 月 1 日—12 月 1 日	Q/21.087/L4418	武昌文华图书馆学专科学校藏+3;文华图书馆学专科学校藏书+1;文华图专图书馆+18	1	每册二千八百元	有卡	G
82	历史教学 第三卷第一、二期,1952 年 3 月号—十二月号	历史教学月刊编委会	历史教学月刊社	1952 年 1 月 1 日出版	Q21.087/L4418	武汉大学图书馆学专修科图书室+2;武汉大学图书馆杂志+1;文华图书馆学专科学校藏书+19	1	每册二千八百元	有卡	G

序号	期刊名	主编	出版者	出版时间	分类号/索书号	印章	复本	定价	备注	大类
83	历史教学 1953 年 1 月号—十二月号	历史教学月刊编委会	历史教学月刊社	1953 年 1 月 1 日—12 月 1 日	Q21.087/L4418	武汉大学图书馆学专修科图书室+2；武汉大学图书馆杂志+1；文华图书馆学专科学校藏书+12；文华图书馆学专校+4	1	二千八百元	有卡	G
84	岭南学报 第九卷第一期—第二期	私立岭南大学中国文化研究室	私立岭南大学中国文化研究室	民国三十七年十二月（1948 年），民国三十八年六月（1949 年）	41.21/L377	请交换 私立岭南大学图书馆+2；武昌文华图书馆学专科学校藏+1；文华图专实验图书馆藏书+4	1		有卡	C
85	岭南学报 第十卷第 1—2 期	私立岭南大学中国文化研究室	私立岭南大学中国文化研究室	1950 年 6 月，1949 年 12 月	Q41.21/L377	请交换 私立岭南大学图书馆+2；文华图专实验图书馆藏书+2；武昌文华图书馆学专科学校藏书+2	1			C
86	岭南学报 第十一卷第 1—2 期	私立岭南大学中国文化研究室	私立岭南大学中国文化研究室	1950 年 12 月，1951 年 6 月	Q41.21/I377	请交换 私立岭南大学图书馆+1；文华图专图书馆+3	1	每本人民币贰万伍仟元正	有卡	C
87	平原教育第一卷合订本	平原教育社	平原教育社	1950 年 1 月—6 月	Q38.13/P231	文华图专实验图书馆藏书+10；文华图书馆学专科学校图书馆+2	1	五元每本	有卡	G

序号	期刊名	主编	出版者	出版时间	分类号/索书号	印章	复本	定价	备注	大类
88	青年团员	中国新民主主义青年团,鄱阳市委员会青年团员社	新华书店东北总分店	1953 年	37.087/G313	文华图书馆学专科学校藏书+2;武汉大学图书馆藏+1;武汉大学图书馆学专修科图书馆+1	1		有卡	D
89	全国战斗英雄代表会议 纪念刊	人民革命军事委员会总政治部	人民出版社	1951 年 6 月北京初版		文华图书馆学专科学校藏书+5	1	精装 100000 元	有卡	E
90	人民教育 第二卷	人民教育社	新华书店	1950 年 11 月 1 日—1951 年 4 月 1 日	P330.5/J249V.2	武昌文华图书馆学专科学校藏+2;文华图专图书馆+6	1	每册(甲)四元四角;(乙)三元五角		G
91	人民教育 第一卷第一至六期合订本	人民教育社	新华书店印行	1950 年 5 月至 1950 年 10 月	Q38.1/R145	文华图专实验图书馆藏书+13	1	同上	有卡	G
92	人民教育 第三卷 1—6 期	中央人民政府教育部人民教育编辑委员会	人民教育出版社	1951 年 5 月 1 日—1951 年 12 月 1 日	Q38.1/R145	文华图专图书馆+12	1	每册(甲)二八〇〇元,(乙)人民币三千四百元	有卡	G
93	人民教育 1953 年 1 月号—6 月号	中央人民政府教育部人民教育编辑委员会	人民教育出版社	1953 年 1 月 5 日—6 月 5 日	Q/37.1/R145	武汉大学图书馆藏+2;武汉大学图书馆学专修科图书室+3;文华图书馆学专科学校藏书+9	1	每册人民币三千四百元	有卡	G

序号	期刊名	主编	出版者	出版时间	分类号/索书号	印章	复本	定价	备注	大类
94	人民文学 1953 年 1 月号—12 月号	人民文学编辑委员会	人民文学出版社	1953 年 1 月 1 日—12 月 7 日		武汉大学图书馆藏+2；武汉大学图书馆学专修科图书室+3；武汉大学图书馆学专修科+1；文华图书馆学专科学校藏书+13；文华图书馆学专校+2	1	每册四千五百元，五千元，九千元	已散开	I
95	人民音乐 第二卷 1—6 期，第三卷 1—3 期合订本	中华全国音乐工作者协会	人民出版社	1951 年 3 月 5 日—12 月 5 日	Q48.9/R145	文华图专图书馆+23	1	每册四千五百元，三千四百元	有卡	J
96	人民中国第一卷合订本	Foreign Languages Press	Foreign Languages Press	1950 年 1 月 1 日至 6 月 16 日	P051/J249	文华图专实验图书馆藏书+23；文华图书馆学专科学校图书馆+1	1	每册二元，三元	英文期刊	D
97	人民周报 1950 年 1—13 期	人民周报编辑委员会	人民日报社	1950 年 10 月 8 日—12 月 24 日	Q37/R145	文华图专图书馆+11	1	每期一千六百元，二千四百元，二千元	有卡	D
98	人民周报 1951 年第一季合订本 No.1—13	人民周报编辑委员会	人民日报社	1951 年 1 月 7 日—4 月 1 日	Q37/R145	文华图书馆学专科学校藏书+3	1	每期一千六百元，人民币一千元	有卡	D
99	人民周报 1951 年第二季合订本 No.14—26	人民周报编辑委员会	人民日报社	1951 年 4 月 8 日—7 月 3 日	Q37/R145	文华图书馆学专科学校藏书+2	1	每期人民币一千元	有卡	D

序号	期刊名	主编	出版者	出版时间	分类号/索书号	印章	复本	定价	备注	大类
100	人民周报 1951 年第三季合订本 No. 27—39	人民周报编辑委员会	人民日报社	1951 年 7 月 13 日—9 月 30 日	Q37/R145	文华图书馆学专科学校藏书+2	1	每期人民币一千元	有卡	D
101	人民周报 1951 年第四季合订本 40—52 期	人民周报编辑委员会	人民日报社	1951 年 10 月 7 日—12 月 30 日	Q37/R145	文华图专图书馆+4;文华图书馆学专科学校藏书+2	1	每期人民币一千元	有卡	D
102	人民周报 1952 1—26 期	人民周报编辑委员会	人民日报社	1952 年 1 月 6 日—6 月 29 日	Q37/R145	文华图书馆学专科学校藏书+32	1	每期人民币一千元	有卡	D
103	人文月刊第一卷 1—5	人文编辑所	人文编辑所	民国十九年二月十五日—六月十五日(1930 年)	Q20.87/R161	武昌文华图书馆学专科学校+2;私立武昌文华图书馆学专科学校+1	1	每册二角,全年十册一元八角		C
104	人文月刊第一卷 6—10	人文编辑所	人文编辑所	民国十九年八月十五日—十二月十五日(1930 年)	Q20.87/R161	武昌文华图书馆学专科学校+2;私立武昌文华图书馆学专科学校+1	2	每册二角	有卡	C
105	山东省立图书馆季刊				Q37.6087/S288		1		缺封底	G
106	社会科学杂志 第一卷 1—4 期	陶孟和、曾炳钧	社会调查所	民国十九年三月—十二月(1930 年)	Q20.87/S262	椭圆:张宗艺毓村 1;圆:毓村藏书+3	1	每册大洋二元二角	有卡	C
107	时事手册 1953(上) 1—12 期	时事手册社编	时事手册社	1953 年 1 月 10 日—6 月 25 日	Q31.073S381	武汉大学图书馆藏 2;武汉大学图书馆学专修科图书室 3;文华图书馆学专科学校藏书+19	1	每期 700 元	半月刊;有卡	D

序号	期刊名	主编	出版者	出版时间	分类号/索书号	印章	复本	定价	备注	大类
108	世界青年 1953 年 2—12 期	世界民主青年联盟	青年出版社	1953 年 2 月 15 日—12 月 25 日	Q33.32/S423	武汉大学图书馆学系图书室+1;文华图书馆学专科学校藏+5	1	每册一千三百元	有卡	D
109	世界卫生组织汇报第二卷第一、二、三期	世界卫生组织编,世界卫生组织西太平洋区署译述		1949 年 1 月、2 月、3 月		文华图专图书馆+2	1		合订本	R
110	世界知识(合订本)(第廿一卷)1—23 期	世界知识编辑部	世界知识社	1950 年 1 月 1 日—6 月 23 日	Q95/S586	文华图专实验图书馆藏书+46;武昌文华图书馆学专科学校藏+1	1	每册一千、二千、一千五百元不等	国际政治经济文化周刊	D
111	世界知识 1952(1)1—25 期	世界知识编辑委员会	世界知识出版社	1952 年 1 月 5 日—6 月 28 日	Q95/S586	文华图书馆学专科学校藏书+7;文华图书馆学专科学校藏+10	1	每册一千六百元	国际政治经济文化周刊;有卡	D
112	世界知识 1952(2)26—50 期	世界知识编辑委员会	世界知识出版社	1952 年 7 月 5 日—12 月 20 日	Q95/S586	文华图书馆学专科学校藏+27;文华图书馆学专科学校藏书+15	1	每册一千六百元	国际政治经济文化周刊;有卡	D
113	说文月刊(第一卷合订本)	卫聚贤	说文月刊社,中央银行经济研究处	民国二十九年(1940 年)	P990.05/W324.V1	私立武昌文华图书馆学专科学校图书馆+3;武昌文华图书馆学专科学校+2	1	每册五元	毛边纸,竖排	C

序号	期刊名	主编	出版者	出版时间	分类号/索书号	印章	复本	定价	备注	大类
114	说文月刊 第二卷合订本	卫聚贤主编	商务印书馆		P990.05/W324 V.2C2	私立武昌文华图书馆学专科学校图书馆+3	1		缺封底	C
115	说文月刊 第三卷第8期		中央银行经济研究处			武昌文华图书馆学专科学校+2	1		缺封面、封底	C
116	说文月刊(第四卷合刊本)						1		缺封面、封底，已散，信息难寻	C
117	说文月刊合刊本	徐中舒					1		缺封面、封底	C
118	苏联妇女 1952 年1—6 期	主编辑：亚弗襄尼科娃，中译版主编辑：茨维特珂娃	国际书店	1952 年		文华图书馆学专科学校藏书+5；文华图书馆学专科学校藏+3	1		双月刊；苏联妇女反法西斯委员会、苏联职工会中央委员会合办的社会政治和文艺杂志	D
119	苏联医学 1952 年第八卷 1—12 期	时代出版社	时代出版社	1952 年 1 月 20 日—12 月 20 日	Q61.3/S657	文华图书馆学专科学校藏书+7；文华图书馆学专科学校藏+9	1	每册 4000 元	有卡	R

序号	期刊名	主编	出版者	出版时间	分类号/索书号	印章	复本	定价	备注	大类
120	苏联知识 第一卷合订本(上)	上海中苏友好协会	上海中苏友好协会	1950年3月—8月	Q/32.3/S656	文华图专实验图书馆藏书+13;中苏友好协会上海分会图书资料室+5;文华图专图书馆+5;上海中苏友好协会图书资料室赠阅+1	1	基价三元五角,三元		K
121	苏联知识 第一卷合订本(下)	上海中苏友好协会	新华书店华东总分店,华东人民出版社	1950年9月16日—1951年2月16日	Q/32.3/S656	上海中苏友好协会图书资料室赠阅+6;文华图专实验图书馆藏书+3;武昌文华图书馆学专科学校藏+7	1	基价三元,定价人民币2400元	有卡	K
122	图书馆学季刊 第一卷	中华图书馆协会图书馆学季刊编辑部	中华图书馆协会编印,南京书店发行	民国十五年一月—十二月(1926年)	Q37.6087/T419j	文华图专图书馆+8;孙述万印+1	1	零售每期大洋四角	有卡	G
123	图书馆学季刊 1927年第二卷1—4期	中华图书馆协会图书馆学季刊编辑部	中华图书馆协会发行	民国十六年十二月(1927年)—民国十七年十二月(1928年)	Q37.6087/T419j	文华图专图书馆+8;武汉大学图书馆学系资料室+3;武汉大学图书馆学系图书室+1	1	零售每期大洋四角		G
124	图书馆学季刊第三卷第一二期合刊	中华图书馆协会编印	中华图书馆协会编印	民国十八年六月(1929年)			1		缺封底;手书“德安老师惠存,学生俞从周赠”	G

序号	期刊名	主编	出版者	出版时间	分类号/索书号	印章	复本	定价	备注	大类
125	图书馆学季刊1929年第三卷第1—4期合刊	中华图书馆协会图书馆学季刊编辑部	中华图书馆协会发行	民国十八年六月—十二月(1929年)	Q37.6087/T419j	武汉大学图书馆学系图书室+8	1	零售每期大洋四角	有卡	G
126	图书馆学季刊1930年第四卷1—4期合刊	中华图书馆协会图书馆学季刊编辑部	中华图书馆协会发行	民国十九年三月—十二月(1930年)	Q37.6087/T419j	武汉大学图书馆学系图书室+4	1	零售每册大洋四角	有卡	G
127	图书馆学季刊1931年第五卷1—4期合刊	中华图书馆协会图书馆学季刊编辑部	中华图书馆协会发行	民国二十年三月—十二月(1931年)	Q37.6087/T419j	武汉大学图书馆学系图书室+5	1	零售每册大洋四角	附民众图书馆专号(一本)有卡	G
128	图书馆学季刊1932年第六卷1—4期合刊	中华图书馆协会图书馆学季刊编辑部	中华图书馆协会发行	民国二十一年三月—十二月(1932年)	Q37.6087/T419j	武汉大学图书馆学系图书室+8	1	零售每册大洋四角	有卡	G
129	图书馆学季刊1933年第七卷1—4期合刊	中华图书馆协会图书馆学季刊编辑部	中华图书馆协会发行	民国二十二年三月—十二月(1933年)	Q37.6087/T419j	武汉大学图书馆学系图书室+5	1	零售每册大洋四角	有卡	G
130	图书馆学季刊1934年第八卷1—3期合刊	中华图书馆协会图书馆学季刊编辑部	中华图书馆协会发行	民国二十三年三月—九月(1934年)	Q37.6087/T419j	武汉大学图书馆学系图书室+1;武昌文华图书馆学专科学校藏+11	1	零售每册大洋四角	有卡	G
131	图书馆学季刊1934年第八卷1—4期合刊	中华图书馆协会图书馆学季刊编辑部	中华图书馆协会发行	民国二十三年三月—十二月(1934年)	Q37.6087/T419j	武汉大学图书馆学系图书室(1本+4,1本+8)	2	零售每册大洋四角	封面封底残缺	G

序号	期刊名	主编	出版者	出版时间	分类号/索书号	印章	复本	定价	备注	大类
132	图书馆学季刊 1935 年第九卷 1—4 期合刊	中华图书馆协会图书馆学季刊编辑部	中华图书馆协会发行	民国二十四年三月—十二月（1935 年）	Q37.6087/T419j	武汉大学图书馆学系图书室+4	1	零售每册大洋四角	有卡	G
133	图书馆学季刊 1936 年第十卷 1—4 期合刊	中华图书馆协会图书馆学季刊编辑部	中华图书馆协会发行	民国二十五年三月—十二月（1936 年）	Q37.6087/T419j	武汉大学图书馆学系图书室（1 本+4，1 本+8）	2	零售每册大洋四角	缺封面封底；有卡	G
134	图书馆学季刊 1936 年第十卷第 1 期	中华图书馆协会图书馆学季刊编辑部	中华图书馆协会发行	1936 年 3 月		武昌文华图书馆学专科学校藏+1	1	零售每册大洋四角	封面封底掉落	G
135	图书馆学季刊 1936 年第十卷第 4 期	中华图书馆协会图书馆学季刊编辑部	中华图书馆协会发行	民国二十五年十二月（1936 年）		武昌文华图书馆学专科学校藏+4	1	零售每册大洋四角		G
136	图书馆学季刊 1937 年第十一卷 1—2 期合刊	中华图书馆协会图书馆学季刊编辑部	中华图书馆协会发行	民国二十六年三月—六月（1937 年）	Q37.6087/T419j	武汉大学图书馆学系图书室+2；1 本：武昌文华图书馆学专科学校+2；1 本：武汉大学图书馆学系图书室+2	2	零售每册大洋四角	有卡	G
137	图书馆学季刊 1929 年（3）第三卷 1—4 期合刊	中华图书馆协会图书馆学季刊编辑部	中华图书馆协会发行	民国十八年六月（1929 年）	Q37.6087/T419j	文华图专图书馆	1	零售每册大洋四角全年 4 期大洋 1.5 角	有卡	G
138	图书馆学季刊 1930 年（4）第四卷 1—4 期合刊	中华图书馆协会图书馆学季刊编辑部	中华图书馆协会发行	民国十九年三月—十二月（1930 年）	Q37.6087/T419j	文华图专图书馆	1	零售每册大洋四角，全年 4 期大洋 1.5 角		G

序号	期刊名	主编	出版者	出版时间	分类号/索书号	印章	复本	定价	备注	大类
139	图书馆学季刊 1931 年(5)第⑤卷 1—4 期合刊 民众教育月刊	中华图书馆协会图书馆学季刊编辑部	中华图书馆协会发行	民国二十年三至十二月(1931 年)	Q37.6087/T419j	武昌文华图书馆学专科学校藏+8	1	零售每册大洋四角,全年 4 期大洋 1.5 角	有卡	G
140	图书馆学季刊 1932 年(6)第 6 卷 1—4 期合刊	中华图书馆协会图书馆学季刊编辑部	中华图书馆协会发行	民国二十一年三至十二月(1932 年)	Q37.6087/T419j	武昌文华图书馆学专科学校藏	1	零售每册大洋四角,全年 4 期大洋 1.5 角	有卡	G
141	图书馆学季刊 1933 年(7)第 7 卷 1—4 期合刊 附中华圕协会二次年会报告	中华图书馆协会图书馆学季刊编辑部	中华图书馆协会发行	民国二十二年三至十二月(1933 年)	Q37.6087/T419j	武昌文华图书馆学专科学校藏	1	零售每册大洋四角,全年 4 期大洋 1.5 角	有卡	G
142	图书汇报 新七号	商务印书馆	商务印书馆	民国二十六年五月(1937 年)			1			G
143	图书季刊 1939 年新第一卷 1—4 期	国立北平图书馆图书季刊编辑部	国立北平图书馆图书季刊编辑部	民国二十八年三月—十二月(1939 年)	Q37.6087T419S	武昌文华图书馆学专科学校+6	1	每期国内五角	封面掉落	G
144	图书季刊新第二卷第二期	国立北平图书馆图书季刊编辑部编印发行,袁同礼主编	国立北平图书馆图书季刊编辑部编印发行	民国二十九年六月(1940 年)		1 本:武昌文华图书馆学专科学校+1;1 本:文华图书馆学专科学校+1	2		1 本:已散	G
145	图书季刊新第五卷第一期	国立北平图书馆图书季刊编辑部	国立北平图书馆	民国三十三年三月(1944 年)		私立武昌文华图书馆学专科学校图书馆+2	1	本期实售国币三十五元		G

序号	期刊名	主编	出版者	出版时间	分类号/索书号	印章	复本	定价	备注	大类
146	图书季刊（合订本）新第四卷 1—2 期，新第五卷 1—3 期	国立北平图书馆图书季刊编辑部	国立北平图书馆	民国三十二年三、六月（1943年），民国三十三年六、九月（1944 年）		武昌文华图书馆学专科学校+2；武汉大学图书馆学系图书室+1；私立武昌文华图书馆学专科学校图书馆+3	1	国币廿九元，国币三十五元，国币五十元		G
147	图书月刊 1941 年 1 卷 1—8 期	国立中央图书馆	国立中央图书馆	民国三十年一月三十一日—十二月三十一日（1941 年）	37.6087/T419y	武昌文华图书馆学专科学校+5；私立武昌文华图书馆学专科学校图书馆+1	1	每册白纸五角，土纸四角；或白纸一元，土纸八角	有卡	G
148	图书月刊 1941 年 2 卷 1—8 期	国立中央图书馆	国立中央图书馆	民国三十年一月—民国三十二年二月（1941年）	Q37.6087/T419y	三民主义丛书编纂委员会图书室+1；武昌文华图书馆学专科学校+6；武汉大学图书馆学系图书室+1	2	一册 0.80 元或者 2.00 元	1 本为孙德安赠；有卡	G
149	图书月刊 1941 年第 3 卷 1—2 期	国立中央图书馆	国立中央图书馆	民国三十年一月—三月（1941年）	Q37.6087/T419y	武昌文华图书馆学专科学校图书馆+2	1	一册 0.80 元或者 2.00 元	第三卷第二期改正定价每本 10 元	G
150	图书月刊	三民主义丛书编纂委员会，国立中央图书馆	国立中央图书馆	民国三十年（1941 年）	G25	武昌文华图书馆学专科学校图书馆+1	1		分类号查自武汉大学图书馆；分类索引	G

序号	期刊名	主编	出版者	出版时间	分类号/索书号	印章	复本	定价	备注	大类
151	图书月刊 第二卷第十一、二期	台湾省图书馆编辑委员会	台湾省图书馆编印	民国三十六年十二月十五日(1947年)		武昌文华图书馆学专科学校藏+2	1	每册台币40元		G
152	图书月刊1947年2卷3—12期	台湾省图书馆编辑委员会	台湾省图书馆	民国三十六年四月十五日—十二月十五日(1947年)	37.6087/T419y	武昌文华图书馆学专科学校藏+14	1	每册台币20元或40元	有卡	G
153	图书月刊(合订本)1946年8月—1947年12月	台湾省图书馆编辑委员会	台湾省图书馆	民国三十五年八月十五日至民国三十六年十二月十五日(1946年)	Q37.6087/T419y	武昌文华图书馆学专科学校藏+16;私立武昌文华图书馆学专科学校图书馆+1	1	每册台币6元,40元	有卡	G
154	图书展望 1947—1949年3—10期	浙江省立图书馆	浙江省立图书馆	民国三十六年四月三十日至民国三十八年一月三十一日(1947年)	37.6087/T419z		1	法币一千元;法币一千五百元;法币一万五千元;金圆券一百元	有卡	G
155	图书展望季刊(合订本)第一期至第十期止	浙江省立图书馆	浙江省立图书馆	1946年10月—1949年1月	37.6087/T419z	武昌文华图书馆学专科学校藏(文华图专校藏本)+17	2	法币六百元;一千元;一千五百元;一万五千元;四万元;金圆券1角	1本:孙德安藏书;1本:文华图专校藏	G

序号	期刊名	主编	出版者	出版时间	分类号/索书号	印章	复本	定价	备注	大类
156	文华图书馆学校季刊 1929(1)	武昌文华图书科	武昌文华图书科	民国十八年一月—十二月(1929年)	Q37.6087/Z638x	武昌文华图书馆学专科学校藏+4	1	每期一册二角五分		G
157	文华图书馆学校季刊 1930(2)	文华图书科季刊社	武昌昙华林文文华图书科	1930年3月—12月	P020.5/W362/V.2	武昌文华图书馆学专科学校藏+3	1	每期二角五分		G
158	文华图书馆学校季刊 1931(3)	文华图书科季刊社	武昌昙华林文文华图书科	1931年3月—12月	P020.5/W362/V.3	武昌文华图书馆学专科学校藏+5	1	每期二角五分		G
159	文华图书馆学校季刊 1933(5)	武昌文华图书馆学专科学校	武昌文华图书馆学专科学校季刊社出版	1933年3月—12月	P020.5/W362/V.5	武昌文华图书馆学专科学校藏+4	1	每期三角		G
160	文华图书馆学校季刊 1934(6)	武昌文华图书馆学专科学校	武昌文华图书馆学专科学校	1934年3月—12月	P020.5/W362/V.6	武昌文华图书馆学专科学校藏+5	1	每期三角	有卡	G
161	文华图书馆学专科学校季刊 第四卷第一期		武昌文华图书馆学专科学校季刊社出版	民国二十一年三月(1932年)	Q37.6087/W356	武昌文华图书馆学专科学校藏+1;武汉大学图书馆学系资料室+1	1	每期二角五分		G
162	文华图书馆学专科学校季刊 第四卷第二期		武昌文华图书馆学专科学校季刊社	民国二十一年六月(1932年)	Q37.6087/W356	武昌文华图书馆学专科学校藏+1;武汉大学图书馆学系资料室+3	1	每期三角		G
163	文华图书馆学专科学校季刊第七卷 第一期—第四期合刊		武昌文华图书馆学专科学校	民国二十四年三月十五日—十二月十五日(1935年)	Q37.6087/Z638	武昌文华图书馆学专科学校藏+6;武汉大学图书馆学专修科图书室+2;武汉大学图书馆杂志+1	1	每期三角,大洋一元	有卡	G

序号	期刊名	主编	出版者	出版时间	分类号/索书号	印章	复本	定价	备注	大类
164	文化学习第二卷1—12	文化学习社编	华东人民出版社	1951年12月25日初版	Q37.087/W246		1		有卡	C
165	文教参考资料(丛刊 第二辑)	中央人民政府政务院文化教育委员会编印	三联书店	1950年2月20日	38.11073/Z682	文华图专实验图书馆藏书+5	1	四元五角	有卡	G
166	文教参考资料(丛刊 第三辑)	中央人民政府政务院文华教育委员会编	三联书店	1950年3月	37.379/Z687	文华图专实验图书馆藏书+5;本书承张主教海松捐赠 特此志谢 文华图专实验圕 公元 年 月 日	1	四元	有卡	G
167	文教参考资料(丛刊 第四辑)	中央人民政府政务院文化教育委员会编印	三联书店	1950年6月10日	38.11073/Z682	文华图专实验图书馆藏书+5;本书承张主教海松捐赠 特此志谢 文华图专实验圕 公元 年 月 日	1		有卡	G
168	文教参考资料(丛刊 第五辑)	中央人民政府政务院文华教育委员会编	三联书店	1950年9月	330.8/C567. V.7	文华图专实验图书馆藏书+3	1	四元	有卡	G
169	文教参考资料(丛刊 第六辑)	中央人民政府政务院文华教育委员会编	中央人民政府政务院文华教育委员会印	1950年10月	37.379/Z687	文华图专实验图书馆藏书+3	1		有卡	G
170	文教参考资料(丛刊 第七辑)	中央人民政府政务院文华教育委员会编	中央人民政府政务院文华教育委员会印	1950年11月	330.8/C567. V.7	文华图专图书馆+5	1			G

序号	期刊名	主编	出版者	出版时间	分类号/索书号	印章	复本	定价	备注	大类
171	文教参考资料(丛刊第十辑)	中央人民政府 政务院文化教育委员会编印	中国图书发行公司	1951年2月	37.079/Z687	文华图书馆学专科学校藏+9	1		有卡	G
172	文物参考资料一九五〇年第三至十二期	文物参考资料编辑委员编	中央人民政府文化部文物局	1950年3月至12月		文华图专实验图书馆藏书+6;文华图专图书馆+3;武昌文华图书馆学专科学校藏+4	1		交换;合订本;缺封底	K
173	文物参考资料第二卷第一期	文物参考资料编辑委员编	中央人民政府文化部文物局	1951年1月31日		文华图书馆学专科学校藏书+2	1	人民券五.五〇〇元	封面残缺;有卡	K
174	文物参考资料一九五一年第二卷第三期	文物参考资料编辑委员编	中央人民政府文化部文物局	1951年3月		文华图书馆学专科学校藏书+2	1	半年六期三万元,全年十二期六万元		K
175	文物参考资料一九五一年第二卷第六期	文物参考资料编辑委员编	中央人民政府文化部文物局	1951年6月		文华图书馆学专科学校藏书+2	1	人民券六.〇〇〇元		K
176	文物参考资料第八期第二卷(华东专号)下册	文物参考资料编辑委员编				文华图书馆学专科学校藏书+3	2		无封面	K
177	文物参考资料 第二卷十一期	文物参考资料编辑委员会	中央人民政府文化部文物局	1951年12月25日		文华图书馆学专科学校藏书+2	2	7000	封面封底脱落	K

序号	期刊名	主编	出版者	出版时间	分类号/索书号	印章	复本	定价	备注	大类
178	文物参考资料 一九五二年 第一期	文物参考资料编委会	中央人民政府文化社会文化事业管理局	1952 年 1 月 5 日		文华图书馆学专科学校藏书+2	3	2000	25—28，38；有卡	K
179	文物参考资料 一九五二年 第二期	文物参考资料编委会	中央人民政府文化社会文化事业管理局	1952 年		文华图书馆学专科学校藏书+2	4	2000	25—28，38；有卡	K
180	文物参考资料 一九五二年 第三期	文物参考资料编辑委员会	中央人民政府文化社会文化事业管理局	1952 年	C27	文华图书馆学专科学校藏书+2	20	2000	25—28，38；有卡	K
181	文物参考资料 一九五二年 第四期	文物参考资料编委会	中央人民政府文化社会文化事业管理局	1952 年		文华图书馆学专科学校藏书+2	2	2000	25—28，38；有卡	K
182	文物参考资料 一九五三年(29)第一期	文物参考资料编委会	中央人民政府文化社会文化事业管理局	1953 年		文华图专图书馆+2	3	3000	赠阅；徐家麟签字	K
183	文物参考资料 一九五三年(30)第二期	文物参考资料编委会	中央人民政府文化社会文化事业管理局	1953 年		文华图专图书馆+2	33	3000	有卡	K
184	文物参考资料 一九五三年(31)第三期	文物参考资料编委会	中央人民政府文化社会文化事业管理局	1953 年		文华图书馆学专科学校藏书+1	2	3000	有卡	K
185	文物参考资料 一九五三年(32)第四期	文物参考资料编委会	中央人民政府文化社会文化事业管理局	1953 年		文华图书馆学专科学校藏书+1	1	3000		K
186	文物参考资料 一九五三年 第五六期(33—34)	文物参考资料编辑委员会	中央人民政府文化社会文化事业管理局	1953 年		文华图书馆学专科学校藏书+2	2	3000		K
187	文物参考资料 一九五三年 第七期(35)	文物参考资料编辑委员会	中央人民政府文化社会文化事业管理局	1953 年		文华图书馆学专科学校藏书+2	3	3000	有卡	K

序号	期刊名	主编	出版者	出版时间	分类号/索书号	印章	复本	定价	备注	大类
188	文物参考资料 一九五三年 第八期(36)	文物参考资料编辑委员会	中央人民政府文化社会文化事业管理局	1953 年		文华图书馆学专科学校藏书+1	3	3000	有卡	K
189	文物参考资料 一九五三年 第十期(38)	文物参考资料标记委员会编	中央人民政府文化部，社会文化事业管理局	1953 年		文华图专图书馆+3	2		有卡	K
190	文史教学第六期	四川省立教育科学馆文史教学社	四川省政府教育厅	民国三十一年十一月(1942 年)			1	一元五角	无封面封底	C
191	文史杂志 第四卷第十一、十二期合刊戏曲专号	文史集志编委会	中华书局发行	民国三十三年十二月(1944 年)		私立武昌文华图书馆学专科学校图书馆+2	1	五十元		C
192	文史哲 1951 年第一到第五期 1952 年 3 月号至第六期合订本	文史哲杂志编辑委员会	山东大学文史哲杂志社	1951 年 5 月 1 日—1952 年 11 月 1 日	Q20.87/W466	文华图书馆学专科学校藏书+17	1	每册三千元	有卡	C
193	新儿童教育 第六期卷	陈鹤琴	新儿童教育社	1952 年第 8 卷 1—4 期	Q38.5/X296	文华图专实验室图书馆藏书+5；武昌文华图书馆学专科学校藏+2；文华图专图书馆+4	1		原名活教育	G
194	新观察第三卷第一至九期合订本	新观察编辑委员会	人民出版社	1951 年 12 月 1 日出版	Q42.087X249	文华图专图书馆+2	1	3000		C
195	新华社新闻稿 五月一至三十一日	新华通讯社编印	新华通讯社编印	1953 年	95q296	武汉大学图书馆学系图书室；文华图书馆学专科学校藏书	1	每月两万七千元		

序号	期刊名	主编	出版者	出版时间	分类号/索书号	印章	复本	定价	备注	大类
196	新华社新闻稿 一九五三年七月一日至三十一日	新华通讯社编印	新华通讯社编印	1953 年	95q296	武汉大学图书馆学专修科图书室+2;文华图书馆学专科学校藏书+2	1	每月两万七千元	封面脱落	D
197	新华社新闻稿 九月三十日	新华通讯社编印	新华通讯社编印	1953 年 9 月 1 日	95q296	文华图书馆学专校+2;武汉大学图书馆学系图书室+2;武汉大学图书馆学专修科图书室+2	1	每月两万七千元		D
198	新华月报(第四卷合订本)	新华月报编委会	人民出版社	1951 年 5 月—10 月	Q95/X453	文华图书馆学专科学校藏+2	1	每册一万五千元,全年12 期 18 万元	有卡	D
199	新华月报(第四卷索引)	新华月报编委会	人民出版社	1951 年 5 月—10 月	Q95/X453	文华图书馆学专科学校藏+2	1	每册一万五千元,全年12 期 19 万元	有卡	D
200	新华月报	新华月报编委会	人民出版社	1951 年 11、12 月号	Q95/X454	文华图书馆学专科学校藏+2	1	每册一万五千元,全年12 期 20 万元	有卡	D
201	新华月报 1—6 期	新华月报编委会	人民出版社	1952 年	Q95/X455	文华图书馆学专科学校藏+2	1	每册一万两千元,半年6 期 7 万 2 千元	有卡	D

序号	期刊名	主编	出版者	出版时间	分类号/索书号	印章	复本	定价	备注	大类
202	新华月报 1952 年 7—12 期	新华月报编委会	人民出版社	1952 年	Q95/X455	文华图书馆学专科学校藏+2	1	同上	有卡	D
203	新华月报 1953 年 7—12 期	新华月报编委会	人民出版社	1953 年	Q95/X453	武汉大学图书馆藏+2;武汉大学图书馆学专修科图书室+2;文华图书馆学专校+2	1	每册一万两千元 半年 6 期 7 万 3 千元		D
204	新建设 第一卷合订本	新建设杂志社;负责人费青年	新建设杂志社	1949 年 9 月 8 日—1950 年 2 月 20 日	Q20.87/X461	文华图专实验图书馆藏书 4;武昌文华图书馆学专科学校藏+3	1	每册两百元	双周刊;有卡	C
205	新建设 第三卷 1—6 期	新建设杂志社;负责人费青年	新建设杂志社	1950 年 10 月 1 日	Q20.87/X461	武昌文华图书馆专科学校藏+2;文华图专图书馆+2	1	每册四千元	月刊;有卡	C
206	新建设 1952 年 1—12 期	新建设杂志社	新建设杂志社	1952 年	20.87/X461	武昌文华图书馆专科学校藏+6	1	每册四千元	月刊;有卡	C
207	新教育 第一卷合订本	新教育社	新华书店	1950 年 3—8 月	P330.5/S538 V.1	文华图专实验图书馆藏书+2	1	每册三元五角,全年十二期三十七圆	有卡	G
208	新文字周刊 1950 年 1—67 期	上海新文字工作者协会新文字周刊编辑委员会	上海新文字工作者协会新文字周刊编辑委员会	1950 年	Q41.1/X295	文华图书馆学专科学校藏+2	1	一期八百元,全年五十二期四万元	有卡	H

序号	期刊名	主编	出版者	出版时间	分类号/索书号	印章	复本	定价	备注	大类
209	新中国大事季刊 一九四九年第四季	新中国大事季刊社编	人民出版社	1949 年	22.28088/X494	武昌文华图书馆学专科学校藏+2	1	9.6 元	创刊号;有卡	D
210	新中国大事季刊 1950 年第一季	新中国大事季刊社编	新华书店	1950 年	91.9/X494	文华图专实验图书馆藏+2	1	5 元	有卡	D
211	新中华 第三十卷合订本	新中华杂志社	中华印书局	1950 年 7 月 1 日	Q2.0/Q297	武昌文华图书馆学专科学校藏+2;文华图专实验图书馆藏书+2	1	每册 3 元	半月刊	D
212	新中华 第十三卷(上)	中华书局	中华书局	1951 年 1 月 1 日	P051S53/BCV.14P.1	文华图专图书馆+12	1	每册人民币三千元	有卡	D
213	新中华 第十三卷(下)	中华书局	中华书局	1951 年 1 月 1 日	P051S53/BCV.14P.1	文华图专图书馆+12	1	每册人民币三千元	有卡	D
214	新中华 第十四卷第一期至十二期	中华书局	中华书局	1951 年 1 月 1 日	P051S53 BCV.14P.1	文华图专图书馆+12	1	每册人民币三千元	有卡	D
215	学文化第一卷 7—12	学文化杂志社编	工人出版社发行	1951 年	37.087/X431	文华图专图书馆+2	1	每期八百元;全年 24 本 19200 元	半月刊;有卡	G
216	学文化半月刊 第十三本	学文化杂志社	工人出版社	1953 年 7 月 11 日	39.29/X431	武汉大学图书馆学专修科图书室+2	1	每本零售 1000 元;全年 24 本 24000 元	半月刊;有卡	G

序号	期刊名	主编	出版者	出版时间	分类号/索书号	印章	复本	定价	备注	大类
217	学习第一卷合订本	学习杂志社编辑委员会	三联书店	1949 年 9 月—1950 年 2 月	Q20/X431	文华图专实验图书馆藏+2	1	每册 2 元	月刊;有卡	G
218	学习第三卷	学习杂志社编辑委员会	三联书店	1950 年 10 月—1951 年 3 月	Q20/X432	文华图专实验图书馆藏+2;武昌文华图书馆学专科学校藏+6;文华图专图书馆+4	1	每册 1600 元	有卡	G
219	学习 第三卷合订本	学习杂志社	三联书店	1950 年 10 月—1951 年 3 月	Q20/X431	文华图专实验室图书馆藏书+2	2	每册 2200 元	有卡	G
220	学习 第四、五卷合订本	学习杂志社	学习杂志社	1951 年 4 月—1951 年 12 月	Q20X431	武昌文华图书馆学专科学校藏+2	1	每册 2200 元	半月刊;有卡	G
221	学习 1952 年 1—9 期合订本	学习杂志社	学习杂志社	1952 年 2 月—1952 年 12 月	Q20/X431	文华图书馆学专科学校藏书+11	1	每册 1800 元	半月刊;有卡	G
222	学习 1953 年 1—12 期合订本	学习杂志社	学习杂志社	1953 年 2 月—1953 年 12 月	Q20X431	文华图书馆学专校+2;文华图书馆学专科学校藏书+9;武汉大学图书馆学专修科图书室+2	2	每册 1800 元;全年 12 期 21600 元	半月刊;有卡	G
223	学习	学习杂志社	学习杂志社	初级版第一卷	Q20/X432	文华图专图书馆+6	1	每册 1400 元,全年 24 期 33600 元	32 开;有卡;半月刊	G

序号	期刊名	主编	出版者	出版时间	分类号/索书号	印章	复本	定价	备注	大类
224	学习译丛 1 第六号	学习译丛编委会	学习杂志社	1953 年	41.19/X431	文华图书馆学专科学校藏书+6;武汉大学图书馆学专修科图书室+2	1	每册 4000 元	有卡	B
225	训练月刊第三卷第四期	中央训练阁	中央训练阁	民国三十年十月（1941 年）		武昌文华图书馆学专科学校藏+2	1		缺封底	D
226	艺文印刷月刊 第一卷第十期					武昌文华图书馆学专科学校+2	1		无封面	D
227	艺文印刷月刊 第二卷第九期三月号	文艺印刷编委会编辑人:刘龙光	林鹤钦,艺文印刷局	1940 年		武昌文华图书馆学专科学校藏+1	1	三角	全年十二册	I
228	语文知识	上海新文字工作者协会编辑	上海东方书店出版	1953 年	Q41.087/Y843	武汉大学图书馆藏+2;武汉大学图书馆学专修科图书室+2;文华图书馆学专科学校藏书+2	1	每本 1600 元;全年 19200 元	月刊;有卡	H
229	浙江省立图书馆通讯（1950 年第 1—6 期）		浙江图书馆	1950 年			1		内部刊物	G
230	浙江省立图书馆通讯第一卷 1—6 期,第二卷 1—12 期		浙江图书馆	1950 年 7 月—1951 年 12 月	Q37.6087/Z419	文华图专实验图书馆藏书+3;文华图专图书馆+5;武昌文华图书馆学专科学校+2	1		赠阅;内部刊物;有卡	G

序号	期刊名	主编	出版者	出版时间	分类号/索书号	印章	复本	定价	备注	大类
231	浙江省立图书馆通讯 1953 年 1—12 月	浙江省立图书馆编辑出版委员会	浙江省立图书馆	1953 年 1 月 31 日—12 月 31 日	Q37.6087/Z419	文华图书馆学专科学校藏+1;文华图书馆学专科学校藏书+9;武汉大学图书馆学专修科+3;武汉大学图书馆学专修科图书室+1	1		对内刊物，仅供参考	G
232	争取持久和平,争取人民民主!	争取持久和平中文版编辑部	人民出版社	1952 年 2 月 2 日	Q31/E526	文华图书馆学专科学校藏书+2	1	每份 1000 元	共产党与工人党情报局机关报;有卡	D
233	中国科学 第二卷第一期	中国科学院	中国科学院	1951 年 11 月	Q50.087/Z636	文华图书馆学专科学校藏书+2	2	道林纸本每册 30000 元	有卡	N
234	中国青年 1949 年 16—29 期合订本	中国青年社	青年出版社	1949 年 8 月至 12 月	95/Q296	文华图书馆学专科学校藏书+2	1	250 元	周刊;有卡	D
235	中国青年 30—40 期合订本	中国青年出版社	中国青年出版社	1950 年 1 月至 6 月	P317.705/C631V.4	文华图专实验图书馆藏书+2	1	全年 24 期 48 元	双周刊	D
236	中国青年 41—50 期合订本	中国青年社	青年出版社	1950 年 6 月 17 日—10 月 21 日	Q33.3087/Z586	文华图专实验室图书馆藏书+2	1	每册 2 元	有卡	D
237	中国青年 51—60 期	中国青年社	青年出版社	1950 年 11 月—1951 年 3 月	Q33.3087/Z586	武昌文华图书馆学专科学校藏+2	1	每册 2.5 元;1600 元	有卡	D

序号	期刊名	主编	出版者	出版时间	分类号/索书号	印章	复本	定价	备注	大类
238	中国青年 1952 年 1—22 期	中国青年社	青年出版社	1952 年 1 月—12 月	Q33.3087/Z586	文华图书馆学专科学校藏书+2	1	每册 1600 元	半月刊；有卡	D
239	中国青年 1953 年 1—24 期	中国青年社	青年出版社	1953 年	Q33.3087/Z586	武汉大学图书馆藏+2；武汉大学图书馆学专修科图书室+2；文华图书馆学专科学校藏书+2	1	每册 1600 元	有卡	D
240	中国人民政治协商会议全国委员会会刊 1951 年 1—4 期	中国人民政治协商委员会秘书处编	中国人民政治协商委员会秘书处	1951 年	32.24/R145	文华图专图书馆+2；武汉大学图书馆学系专修科图书室+2	1	非卖品	非卖品有卡	D
241	中国社会经济史集刊第七卷第一期	陶孟和、梁方仲	国立中央研究院社会科学研究所	民国三十三年六月（1944 年）		中央宣传部图书+2	1	4 元		F
242	中华俄语月刊 1952 年第三卷 1—10 期	中华俄语月刊社	中华书局	1952 年 3 月—12 月	Q41.6/Z639	文华图书馆学专科学校藏书+2	1	每册 1800 元，全年 12 册 21600 元	有卡	H
243	中华俄语月刊 1953 年第四卷	中华俄语月刊社	中华书局	1953 年	Q41.65/Z636	武汉大学图书馆藏+2；武汉大学图书馆学专修科图书室+2	1	每册 1800 元	有卡	H
244	中华健康杂志 1950 年第 12 卷 4—6 期，1951 年第 13 卷 1—5 期	余新恩	中华健康协会	1950 年，1951 年	Q61/Z636	武昌文华图书馆学专科学校藏+2；文华图专图书馆+7	1	每期 3500 元，全年 12 期 40000 元	有卡	R

序号	期刊名	主编	出版者	出版时间	分类号/索书号	印章	复本	定价	备注	大类
245	中华教育界 复刊第四卷合订本	中华教育界杂志社编	中华书局	1950年1月至6月	Q38.138636	文华图专实验室图书馆藏书+2	1	半年6册 27元		G
246	中华教育界合订本（下）	姚绍华	中华书局	1950年7—12月	38.13/Z636	文华图专实验图书馆藏+2	1	半年6册 18元		G
247	中华图书馆协会会报1—6卷合刊	中华图书馆协会执行委员会	中华图书馆协会执行部	1925—1931年	37.6087/Z638XH	武昌文华图书馆学专科学校藏+2	1	每期一角	有卡；新闻纸	G
248	中华图书馆协会会报7—9卷合刊	中华图书馆协会执行委员会	中华图书馆协会执行部	1931—1934年	Q37.6087/Z638XH	武昌文华图书馆学专科学校藏+2	1	每期一角	有卡	G
249	中华图书馆协会会报10卷1期及3—6期合刊	中华图书馆协会执行委员会	中华图书馆协会执行部	1934—1935年		武昌文华图书馆学专科学校藏+2	1	每期一角		G
250	中华图书馆协会会报10卷2期、11卷3—6期、12卷1—6期合刊	中华图书馆协会执行委员会	中华图书馆协会执行部	1934年，1935—1936年、1936—1937年		武昌文华图书馆学专科学校藏+2	1	每期一角	两月刊	G
251	中华图书馆协会会报11卷1—2期合刊	中华图书馆协会执行委员会	中华图书馆协会执行部	1935年	37.6087/Z638XH	武昌文华图书馆学专科学校藏+2	1	每期一角	有卡	G
252	中华图书馆协会会报13—14卷	中华图书馆协会理事会	中华图书馆协会理事会	1938—1940年	37.6087/Z638XH	武昌文华图书馆学专科学校藏+2	1		有卡	G
253	中华图书馆协会会报15—17卷	中华图书馆协会执行委员会	中华图书馆协会执行部	1940—1941年	Q37.6087/Z638XH	武昌文华图书馆学专科学校藏+2	1		有卡	G

序号	期刊名	主编	出版者	出版时间	分类号/索书号	印章	复本	定价	备注	大类
254	中华图书馆协会会报 15—17 卷	中华图书馆协会执行委员会	中华图书馆协会执行部	民国二十九年十月（1940 年）至民国三十二年六月（1943 年）	Q37.6087/Z638XH	武昌文华图书馆学专科学校藏+2	2		有卡	G
255	中华图书馆协会会报 18—21 卷	中华图书馆协会执行委员会	中华图书馆协会执行部	1943—1948 年	Q37.6087/Z638XH	武昌文华图书馆学专科学校藏+2	1			G
256	中苏友好 第三卷第 1—22 期	中苏友好协会总会	人民出版社	1951 年 1 月	Q31.087/Z638	武昌文华图书馆学专科学校藏+2；文华图专图书馆+2	1	每册 2000 元	半月刊；有卡	D
257	中苏文化	中苏文化月刊社	中苏文化月刊社	1949 年	Q37/Z638	武昌文华图书馆学专科学校藏+2	1	200 元至 400 元不等	有卡	D
258	中学生 1953	中学生月刊编委会	青年出版社，开明书店	1953 年		武汉大学图书馆藏+2；武汉大学图书馆学专修科图书室；文华图专图书馆+2	1	每册 1500 元；全年 12 册 18000 元	无借书证	N
259	中原大学二周年纪念专刊	校刊编辑委员会编		1950 年 8 月 1 日	339.3/c632	文华图专图书馆+2；武昌文华图书馆学专科学校藏+2	1		多幅人物图片；赠阅；有卡	G
260	自然科学 第一卷第一期至第七期合订本	中华全国自然科学专门学会联合会宣传委员会 自然科学编辑委员会	中华全国自然科学专门学会联合会	1951 年 12 月 10 日	Q50.8/Z867	文华图专图书馆+2	2	5000 元；全年 6 万元	无封面	N

（二）讲义

写于 1949 年以前的文华图专讲义已很难见存，整理出来的此 20 种亦难以辨识文华图专的课程体系。我们可以看到文华图专的先生们在 1953 年并入武汉大学后，分别编有多种讲义，如 1954 年便有皮高品《图书分类法讲稿》、陈颂《图书馆学概论讲稿》、汤成武编《图书分类法》、田洪都《图书管理》、孙德安《中文图书编目法》等，其后几年递有修订、更新。先生们必有厚积薄发、信手拈来的学养，但这些 1954 年、1955 年的讲义亦必为早期教学、科研的积累和对更早讲义的修订，虽颇可一睹文华图专时期教材、讲义乃至课程的大概，但从时期划分来说已不能收入本书。

现存 20 种，28 册。

序号	讲义名	编者	学科/单位	编写年份	分类号/索书号	印章	复本	备注	大类
1	参考工作讲义 下册	吕绍虞	文华圕学专校			武汉大学图书馆学专修科;文华图书馆学专科学校教务处+1	1	油印;有卡	G
2	档案经营法	汤成武编	文华圕学专校				1	油印	G
3	俄文讲义 上册	张先模编	文华圕专校			文华图书馆学专科学校教务处+1	1	油印	H
4	俄文讲义 上册	张先模编	文华圕专校			文华图书馆学专科学校教务处+1	1	油印	H
5	俄文讲义 下册	张先模编	文华圕专校			文华图书馆学专科学校教务处+1	1	油印	H
6	俄文讲义 下册	张先模编	文华圕专校			文华图书馆学专科学校教务处+1	1	油印	H

序号	讲义名	编者	学科/单位	编写年份	分类号/索书号	印章	复本	备注	大类
7	俄文讲义 上册	张先模	文华圕专校			武汉大学图书馆学专修科;文华图书馆学专科学校教务处+3	1	油印	H
8	俄文讲义 下册	张先模	文华圕专校			武汉大学图书馆学专修科;文华图书馆学专科学校教务处	1	油印	H
9	国文讲义 下册		文华圕学专校	1949 年后		文华图书馆学专科学校教务处	1	油印	H
10	图书编目法讲义 下册		文华圕学专校			文华图书馆学专科学校教务处+1	1	油印	G
11	图书分类法讲稿 上册	皮高品编	文华圕学专校			文华图书馆学专科学校教务处+1	1	油印	G
12	图书分类法讲义	汤成武等	文华图书馆学专校	1949 年后			1	油印;多篇分类法文章合集	G
13	图书馆学教学大纲	莫斯科国立莫洛托夫图书馆学院、列宁格勒国立克鲁帕斯卡娅图书馆学院图书馆学讲座合编,北京大学图书馆学专修科译	文华图专翻印	1949 年后			1		G

序号	讲义名	编者	学科/单位	编写年份	分类号/索书号	印章	复本	备注	大类
14	图书馆与读者	沃兹涅新斯卡娅著，严华、张先模译	文华图书馆学专科学校印	1953 年 7 月	37.65/W522	文华图书馆学专科学校教务处+1	1	油印;有卡	G
15	图书目录略说	毛春翔初稿			37.8/M61		1	油印竖排	G
16	圕学实习教程第二册(未定稿)	张毓村		1951 年 7 月		文华图书馆学专科学校教务处;丹顶鹤章+1	4	油印	G
17	圕学实习教程第一分册(未定稿)	张毓村		1950 年 12 月		文华图书馆学专科学校教务处;武昌文华图书馆学专科学校藏+1	5	油印	G
18	英文文法讲义 上册	陈培凤编	文华圕学专校			文华图书馆学专科学校教务处+1	1	油印	H
19	英文文法讲义 下册	陈培凤编	文华圕学专校			文华图书馆学专科学校教务处+1	1	油印	H
20	中国通史讲义 下册	陈庆中编	文华圕学专校			文华图书馆学专科学校教务处+1	2	铅印;有卡	K

(三)毕业论文

有毕业论文 42 篇，其中图书馆学 24 篇，档案学 18 篇。另外还有学生实习作业 6 篇。

1. 毕业论文

序号	篇名	作者	专业及班级	指导老师	写作时间	总页数（含封面等）	分类号/索书号	印章	复本	备注
1	编制档案分类表之研究	黄彝仲	档案专科第一届毕业生	毛坤先生	民国三十年秋季（1941年）	66			1	
2	编制档案目录与索引研究	姚存益	档案专科第一届毕业生	毛坤先生	民国三十年秋季（1941年）	94	O29.33/Y262		1	有卡
3	次要参考资料两种	王溶	图书馆学专科		民国二十七年四月（1938年）	34	O23.8/W243	武昌文华图书馆学专科学校+1	1	有卡
4	档案标题列序法	吴崇芳	档案专科第三届毕业生	汪应文先生	民国三十二年秋季（1943年）	78	O29.3/W471		1	有卡
5	档案出纳问题	杨明润	档案专科第三届毕业生	汪应文先生	民国三十二年秋季（1943年）	104	O29.36/Y216		1	有卡
6	档案馆室各种表册用品格式	杨绮	档案专科第三届毕业生	汪应文先生	民国三十二年秋季（1943年）	122	O29.48/Y2321		1	有卡
7	档案馆室之建筑与设备	胡文福	档案专科第三届毕业生	汪应文先生	民国三十二年秋季（1943年）	60	O29.4/H511		1	有卡
8	档案装订与修补	刘美如	档案科第二届毕业	汪应文先生	民国三十一年春季（1942年）	64	O29.39/L647		1	有卡

序号	篇名	作者	专业及班级	指导老师	写作时间	总页数（含封面等）	分类号/索书号	印章	复本	备注
9	儿童图书馆的计划与设备	陈君尧	图书馆学专科第七届毕业生	毛体六先生	民国三十五年十二月（1946年）	62		私立武昌文华图书馆学专科学校图书馆+2	1	
10	儿童图书馆图书选择之研究	陈淑真	图书馆学专科			64	025.72/C391		1	
11	儿童阅读指导个人之部	周远照	图书馆学专科第七届毕业生七班	毛体六先生	民国三十五年十二月（1946年）	52		私立武昌文华图书馆学专科学校图书馆+2	1	有卡
12	儿童阅读指导集体之部	鲍威尔著，柳训楧译	图书馆学专科第七届毕业生	毛体六先生	民国三十五年十二月（1946年）	58		私立武昌文华图书馆学专科学校图书馆+2	1	
13	非常时期中图书馆学价值责任	黄孛慈	图书馆学专科			68	020.18/H663		1	有卡
14	分类编目之哲学问题	方珍	图书馆学专科第九届毕业生	汪应文先生	民国三十七年（1948年）	40		武昌文华图书馆学专科学校+3	1	
15	各国政党组织之比较	宋友冰	档案专科第三届毕业生	汪应文先生	民国三十二年秋季（1943年）	120	375.07/S666		1	有卡

序号	篇名	作者	专业及班级	指导老师	写作时间	总页数（含封面等）	分类号/索书号	印章	复本	备注
16	关于旧档之管理问题	胡佑身	档案专科第二届毕业生	汪应文先生	民国三十一年春季（1942年）	92	O29.3/H511		1	封面陈善焘题;有卡
17	国父遗教与我国图书馆建设等	张先美	图书馆学专科三班			70		私立武昌文华图书馆学专科学校图书馆+2	1	
18	抗战期间文艺书籍选目	李思义	图书馆学专科第八届毕业生	汪应文先生	民国三十六年六月（1947年）	59		武昌文华图书馆学专科学校+2	1	
19	抗战以来我国图书馆动能述要	余海兴	图书馆学专科			84	O20.91/Y684		1	有卡
20	抗战中期怎样推动图书馆的工作	熊飞	图书馆学专科一九三八级		民国二十七年（1938年）	25	O22.7/H579		1	有卡
21	空袭下之档案	黄环云	档案专科第一届毕业生	毛坤先生	民国三十年秋季（1941年）	40	O29.39/H656		1	有卡
22	论我国过去档案情形及今后国家档案馆之建立	王世芳	档案专科第一届毕业生	毛坤先生	民国三十年秋季（1941年）	62	O29.91/W243		1	有卡
23	如何接管机关中旧法管理之档卷	杨金元	档案专科第二届毕业生	汪应文先生	民国三十一年春季（1942年）	71	O29.3/Y105		1	有卡

序号	篇名	作者	专业及班级	指导老师	写作时间	总页数（含封面等）	分类号/索书号	印章	复本	备注
24	省县地方图书档案管理人员训练办法草案	何德全			民国三十二年（1943年）	82	O29.8/H373	私立武昌文华图书馆学专科学校图书馆+3；大方印：私立武昌文华图书馆学专科学校钤印	1	有卡
25	图书馆对于国家考试应考人员的帮助	罗维勤	图书馆学专科一九三八级			32	O27.3/L717	武昌文华图书馆学专科学校+1	1	有卡
26	图书馆练习生	［美］伯纳原著，张明星译	图书馆学专科第七届毕业生	毛体六先生	民国三十五年十二月（1946年）	32		私立武昌文华图书馆学专科学校图书馆+2	1	
27	图书馆练习生训练教程	The Faculty of the Library School of the University of Wisconsin 著，李景梅译	图书馆学专科第三班	徐徐行先生	民国三十三年夏（1944年）	112		私立武昌文华图书馆学专科学校图书馆+2；文华图专图书馆+3	1	
28	图书馆学校应设之课程及其内容	卢寒存	图书馆学专科			126	O28.5/L813		1	有卡

序号	篇名	作者	专业及班级	指导老师	写作时间	总页数（含封面等）	分类号/索书号	印章	复本	备注
29	图书馆阅读指导之研究	严玉文	图书博物馆学		1933年	108			1	
30	图书书目之排列及其使用法	李绪顺	图书馆学专科第七届毕业生	毛体六先生	民国三十五年十一月（1946年）	50		私立武昌文华图书馆学专科学校图书馆+2	1	
31	文华图专实验档案室筹备缘起与实施计划	丁道凡	图书专科第九届毕业生	汪应文先生	民国三十七年二月（1948年）	18			1	裁剪黏贴
32	我国档案管理之回顾与前瞻	赵继生	档案专科第一届毕业生	毛坤先生	民国三十年秋季（1941年）	66	029.04/C375		1	有卡
33	我国官制之变迁	陈恩赐	档案专科第三届毕业生	汪应文先生	民国三十二年秋季（1943年）	72	373.1/C373		1	有卡
34	西文常用参考书提要（上篇）	李忠荇	图书馆学专科第七届毕业生	毛体六先生	民国三十五年十二月（1946年）	96		私立武昌文华图书馆学专科学校图书馆+2	1	
35	西文图书目录是怎样作成的呢	刘耀华	图书馆学专科第七届毕业生七班	毛体六先生	民国三十五年十二月（1946年）	86		私立武昌文华图书馆学专科学校图书馆+2	1	

序号	篇名	作者	专业及班级	指导老师	写作时间	总页数（含封面等）	分类号/索书号	印章	复本	备注
36	学校图书馆之教室图书馆	任文瑛	图书馆学专科第七届毕业生	毛体六先生	民国三十五年十二月（1946年）	26		私立武昌文华图书馆学专科学校图书馆+2	1	
37	英国地方档案管理法	地方档案委员会原著，钟耕华、石安福译	档案专科第四届毕业生	汪应文先生	民国三十五年春季（1946年）	94			1	
38	阅读知识与图书馆阅读指导工作的实施	朱思坤	图书馆学专科第二届毕业生	徐家麟先生		94		私立武昌文华图书馆学专科学校图书馆+1	1	
39	中国图书馆史	毛英贤	图书馆学专科第七届毕业生	毛体六先生	民国三十五年十二月（1946年）	104		私立武昌文华图书馆学专科学校图书馆+2	1	
40	中文杂志索引之著录与编纂	孙德安	图书馆学专科第二届毕业生	徐家麟先生		90		私立武昌文华图书馆学专科学校图书馆+2	1	
41	专科以上学校档案分类详表索引	杜瑞青	图书专科第九届毕业生	汪应文先生	民国三十七年二月（1948年）	162		武昌文华图书馆学专科学校藏+3	1	
42	资料分类与档案分类之比较	韩光	档案专科第三届毕业生	汪应文先生	民国三十二年秋季（1943年）	76	O29.33/H182		1	有卡

2.实习作业

序号	篇名	作者	专业及班级	指导老师	写作时间	总页数（含封面等）	分类号/索书号	印章	复本	备注
1	美国 J. C. M. Hanson 氏 十九种西文编目条例比较研究 第三编 机关团体名称著录法汉译(第一部)	吴方裕译	文华图书馆学专科学校		1944 年			私立文华图书馆学专科学校图书馆+2	1	油印；缺页，仅到 36 页
2	美国 J. C. M. Hanson 氏 十九种西文编目条例比较研究 第三编 机关团体名称著录法汉译(第二部)	胡绍德译	文华图书馆学专科学校		1944 年	62			1	油印
3	图书与文献（剪辑本）	图书馆学第十届学生	文华图书馆学专科学校		民国三十八年五月（1949 年）	79			1	武昌文华圕学专科学校图十级实习之一
4	“图书月刊”索引（第一期至第八期止）	张天骧、何建初、容玉秀、杨虞华、赵贞阁昌少骞、陈静娴、陈宪章	文华图书馆学专科学校	孙德安先生	民国三十五年四月（1946 年）	97		私立武昌文华图书馆学专科学校图书馆+3	1	图书馆学专科班实习之一

序号	篇名	作者	专业及班级	指导老师	写作时间	总页数（含封面等）	分类号/索书号	印章	复本	备注
5	中文图书编目凡例	赵贞阁	文华图书馆学专科学校		民国三十五年（1946年）	21		武昌文华图书馆学专科学校+2	1	
6	中文图书编目条例 附 目录排列法	丁道凡手抄	文华图书馆学专科学校		民国三十七年四月（1948年）			小方印：道凡的书	1	私立武昌文华图书馆学专科学校图九级学生

（四）线装书

武汉大学信息管理学院所收藏的线装书，多数为文华图专的旧藏，约计有511函，4635册，《四部会要》占有相当大的比重。因我们筹备参与全国古籍整理计划，其著录要求、方法等有专门规定，故本《书目集编》除前面文华公书林、图书馆学类等略有记载外，余仅列数量，线装书的书目将另见。

附录：文华图专藏书印章选赏

从现存文献资料看，文华公书林、文华图专(以下简并合称“文华”)书刊的印章十分丰富，我们在整理过程中留意并记录者，目前已有一两百个。这些印章反映了如下几个史实：

第一，文华的藏书史、变迁史。不同印章的启用、消失时间，代表着该批图书入藏文华图专图书馆的时间，反映了文华不同的发展阶段、行政关系、机构分合等。

第二，文华的办学办馆理念。这以“文华图书馆学专科学校学生服务团巡回文库”印章为标志，有的书为学生用书、教科书，有的书兼为社会服务用书。

第三，文华办学办馆的资源来源。作为一所私立学校，其资金、物资来源大量需要社会捐赠，而友人、校友、老师的个人乃至政府、团体的收藏、捐赠印章(还有许多是题签、手书形式)，随见于各类文华所存藏书中。校/馆创办人、维持人的精勤戮力与官民各方的护教爱校之情心交手握，在这里有可见的物证。

第四，文华的对外交流情况。从印章名目看，有公私捐赠、交流、交换等；从印章反映的往来人士、机构看，涉及学者、教师、传教士、藏书家、出版商，还有中学、高校、图书馆、学术团体等，地域遍及国内、国外，可见文华公书林、文华图专对外交流之广，业界影响之丰，亦可侧见他们对图书馆及专业教育所做的宣传、推广成效卓著。

可以说，这些印章是当时中国图书馆界、教育界生态的一种投影。这些方寸间的投影，分明是穿越时空的真实之物。投影的可触可感，引领我们回味当时人的音容、情绪、趣味、匆匆身影，令人唏嘘感慨又兴味盎然。

这里把所选印章大致归类，便于理解和欣赏。

一　文华图专校印及藏书印

(一)文华公书林印章

印有“文华公书林”印章的图书一般所藏年代最为悠久，且品相较好，印刷质量、纸质、清洁度多半比较高。

武昌昙华林·文华公书林

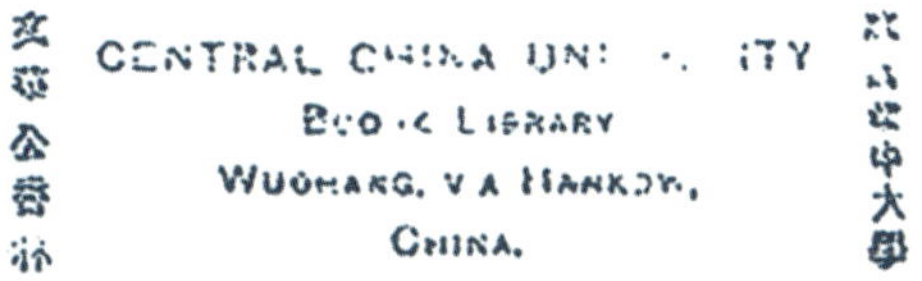

武昌华中大学·文华公书林

这是一个字迹较小、不太起眼的印章。

文华公书林·武昌(钢印)

该钢印小于“私立武昌文华图书馆学专科学校”的钢印。

武昌文华公书林

文华大学校公书林

华中大学文华公书林

文华大学校藏书室

(二) 文华图书馆学专科学校印章

1. 学校公章

湖北私立武昌文华图书馆学专科学校钤记

私立武昌文华圕学专科学校教务处

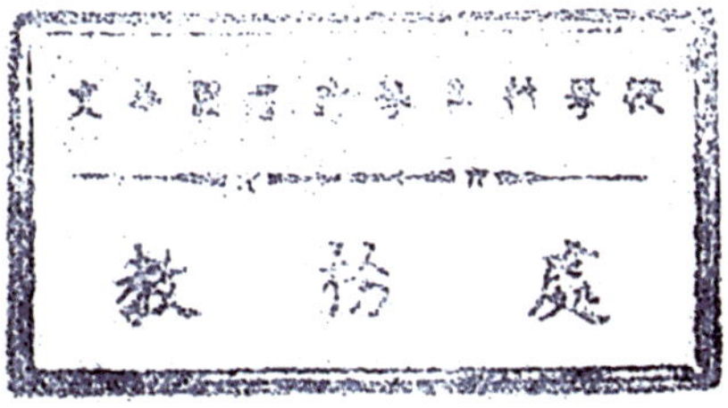

文华图书馆学专科学校教务处

私立武昌文华图书馆学专科学校 ＊学生自治会＊

私立武昌文华圖学专科学校＊学生会＊

武昌文华图书馆学专科学校参观团

2. 文华图专藏书章

文华图专图书馆

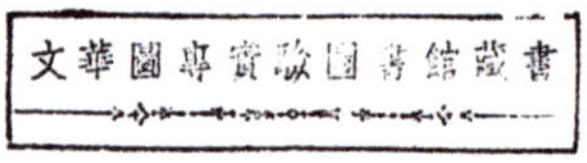

文华图专实验图书馆藏书

文华图书馆学专科学校藏书

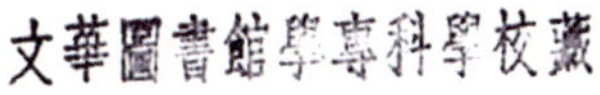

文华图书馆学专科学校藏

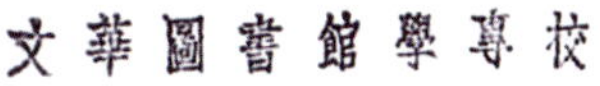

文华图书馆学专校

文华图书馆学专科学校图书馆

武昌文华图书馆学专科学校(反)

武昌文华图书馆学专科学校藏

私立武昌文华图书馆学专科学校(钢印)

私立武昌文华图书馆学专科学校图书馆

私立武昌文华图专实验圕印

私立武昌文华图书馆学专科学校教科书

文华图专学生课本

该印章所见图书多为抗战时期出版，因而纸张多较差，柔软而虚薄，且印刷粗糙。当然也有少数1938年西迁之前的收藏也被印上该印，故也可偶见纸质较好的书。

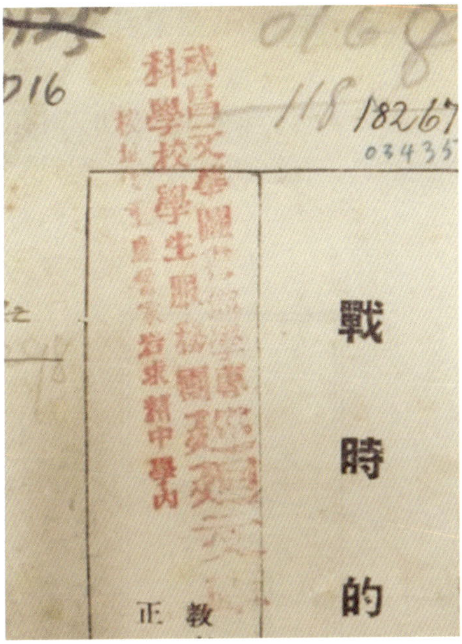

武昌文华图书馆学专科学校学生服务团 巡回文库

部分印章旁还注明“校址：重庆曾家岩求精中学内”。

××××私立武昌文华图书馆学专科学校××××××××

二 捐赠印章及手迹

除了校友沙鸥外，所有印有文华图专印章并兼有个人印记者，多为赠书，有的会用文字注明“赠送”或与图书馆“交换”，有的不注明。

(一)个人赠书

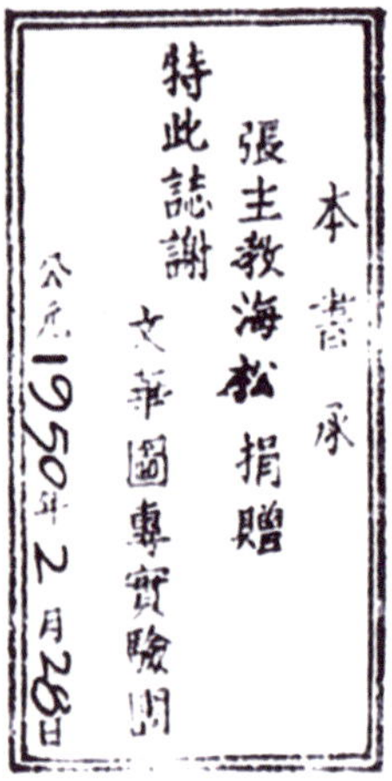

本书承 张主教海松捐赠 特此志谢 文华图专实验圕

张主教海松赠书(专章和手迹)。很多图书上有此章，可见张主教对文华图专赠书较多。详见《文华图专现存书目集编》著录表“印章”栏。还有李茂兰、熊谟英、杨瑾、邓韮华、李礼、俞名武等诸多友人、校友捐赠图书，都有此形式的印章+签名，尤以1950年文华图专三十周年庆时，校友赠送较集中、多见。

华德女士赠书

华德女士是韦棣华女士的挚友，多次为文华公书林和文华图专捐款赠书。

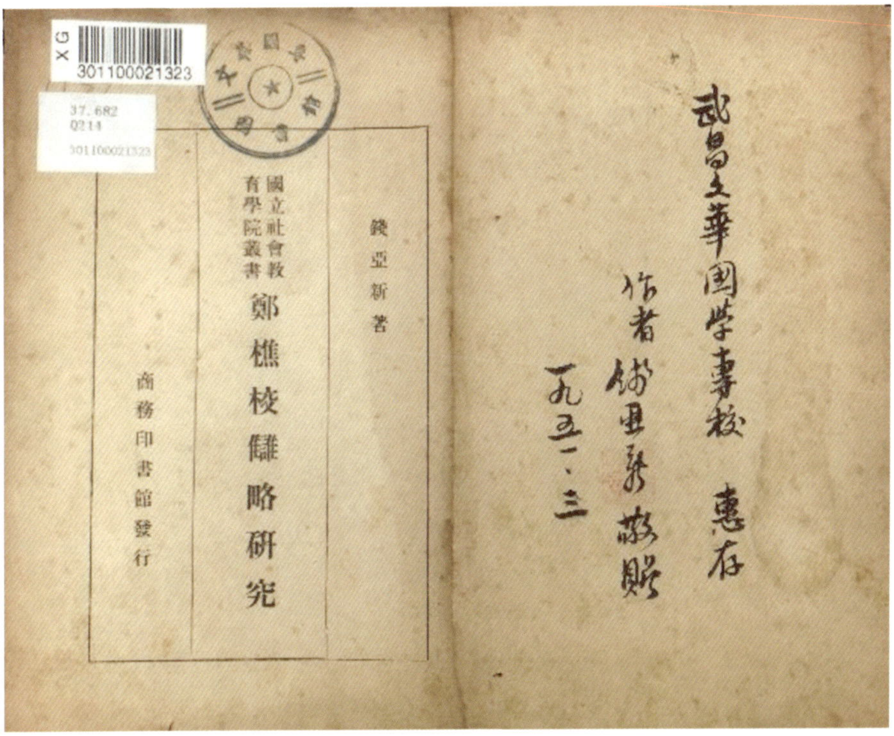

钱亚新赠书（题签+名章）

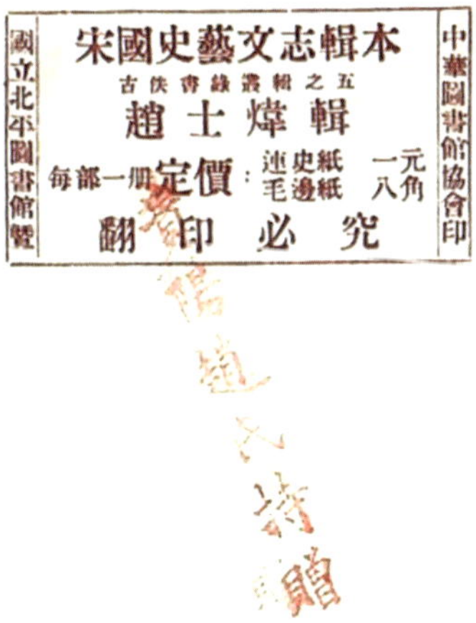

贵阳赵氏持赠

翰怡持赠

(二) 校友赠书

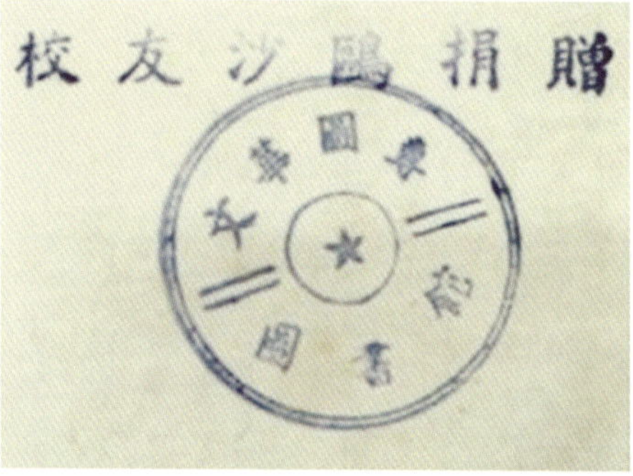

校友沙鸥捐赠　文华图书馆学专校

沙鸥赠书是在 1949 年以后，图书品相较佳，多有复本，赠书学科类型分布较广。

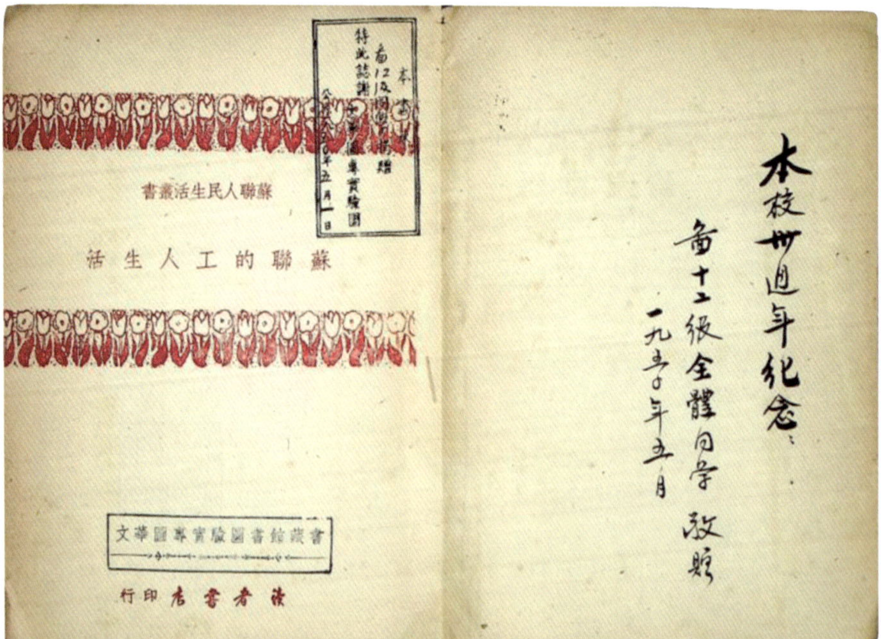

专章：图 12 级全体同学敬赠文华图专实验圕

题字：本校卅周年纪念 图十二级全体同学敬赠 一九五〇年五月

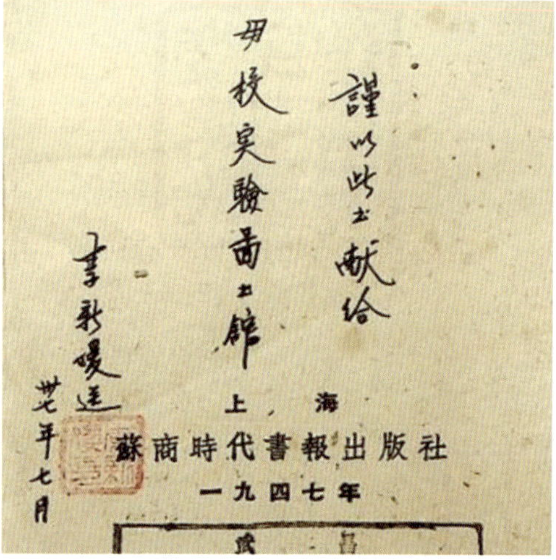

谨以此书献给母校实验图书馆 李新暖送(私章和手迹)

(三)机构赠书

上海中苏友好协会赠阅

中原大学图书馆赠

广东人民图书馆图书

華西大學圖書館贈

国立中央图书馆赠

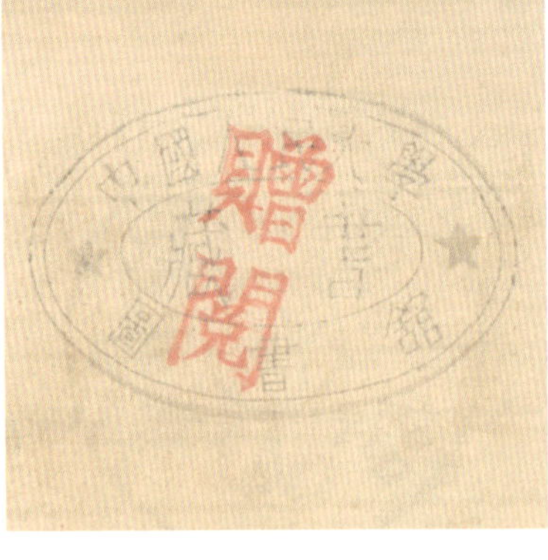

赠阅 中国人民大学图书馆藏书

中国人民大学 1949 年 12 月获批成立。

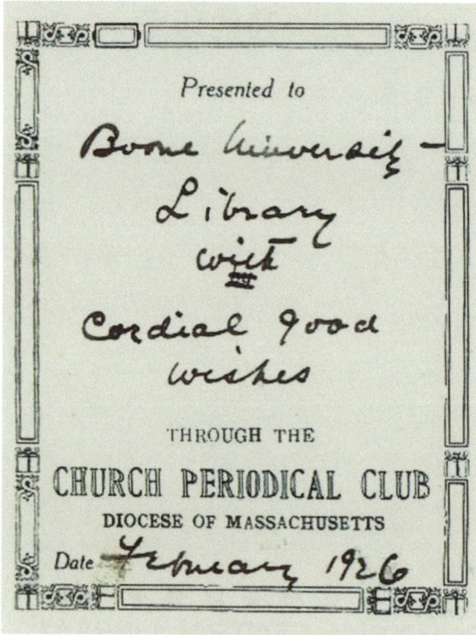

外国机构赠书签 1

外国机构赠书签 2

三　其他印章

（一）往来机构

国立中央图书馆（钢印+文字）

重庆求精图书馆

北京市图书馆

美国图书馆

United States Information Service 新闻处

西南师范学院图书馆藏

文化学院图书馆藏书

苏南文化教育学院图书馆

国立女子师范学院

尚志学会之章

中国图书发行公司武汉分公司特价部

多书可见。

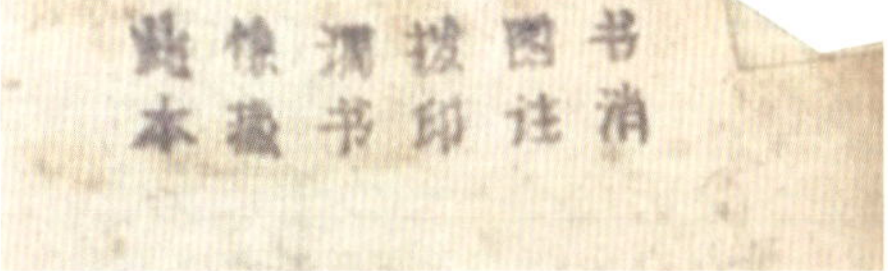

此系调拨图书本藏书印注销

新华书店资料科注销

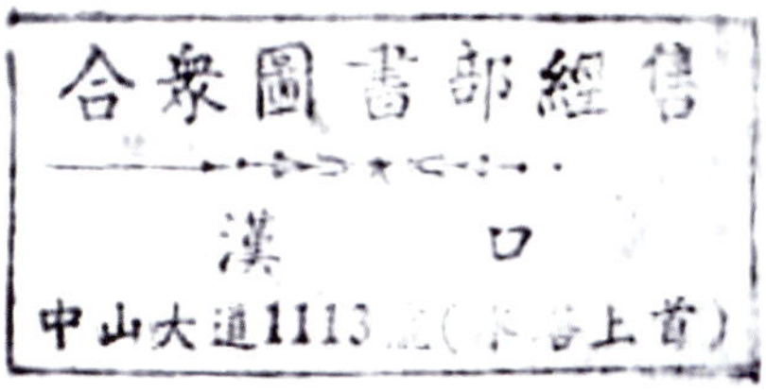

合众图书部经售

(二)纪念章、杂章

纪念列宁诞生日

著作权证

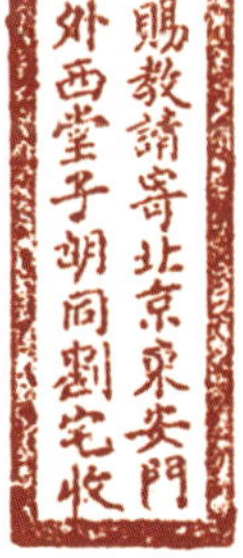

赐教请寄北京东安门外西堂子胡同刘宅收

友信

四　私人或民间机构藏书章

杜氏圕学圕

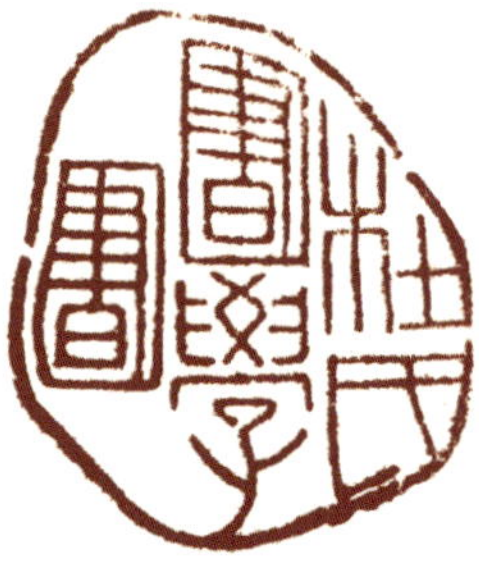

杜氏圕学圕

这两个印章在杜定友先生赠书中多见，在一书的封面、扉页、内页等处钤印。左为方形印章，右为随形印章，字体为小篆。

杜氏丛书

此印章多出现于版权页，也偶见封面处。

黄彝仲

黄彝仲1947年将所著《档案处理之理论与实际》题赠沈宝环。

刘国钧

见于：刘国钧《中国图书分类法》1936年版。

毛坤

毛体六印

江都孙氏映雪书屋德安藏书

孙德安捐赠图书。

杭州市汪西泽集藏　有得者爱之

毓村藏书

张宗艺藏书印之一。

何处之章

陈家芷 湘南 湖北

王建民印

陈同昶赠

刘兴秋

徐旭

陈邦昌

赵宏钧印

冯三昧

冀县王富晋印

赤堇山人

退一居珍藏印

（清）叶元堦，号赤堇山人，慈溪人，爱好藏书，其藏书处曰退一居，所藏书印有“赤堇山人”“退一居珍藏”“慈水叶氏退一居珍藏”等。

瀣印

王瀣(1871—1944)，民国藏书家，字伯沆，一字沆一、伯谦，晚年自号冬饮，别署檗生、无想居士。祖籍江苏溧水，1914 年供职于江南图书馆(今南京图书馆)善本部，后在东南大学、中央大学等校执教。

伯刚

润章

李佩亭章

杨昭儁督印

聚奎堂藏

盉山精舍

从古堂

丰华堂书库宝藏印

渐星收藏书籍金石之章

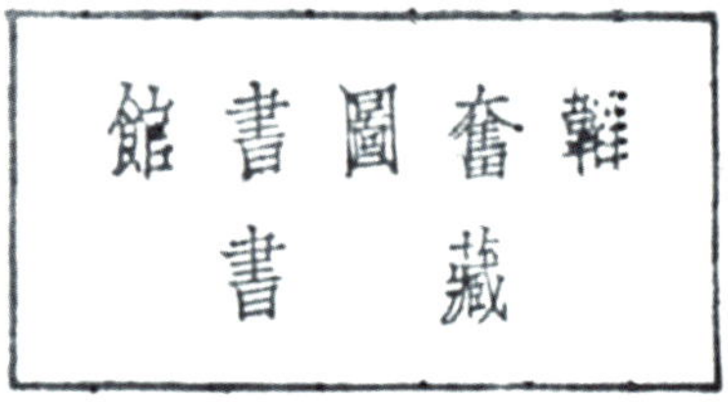

韬奋图书馆藏书

文殿阁记

文殿阁章

此印章多见于线装书。

登瀛藏书

北京琉璃厂多文阁书店

后　记

作为信息管理学院图书分馆工作规划的一部分，在2014年，我们向学院领导和武汉大学图书总馆申报建设“文华图专专藏”，这是我们图书分馆几年来建设的三个专藏中最早的一个(另外两个是“学院教师著述专藏”“保密类图书专架”)，目的是充分利用和挖掘现有藏书资源，形成并发挥院系资料室的特色功能，传承文华图专“智慧与服务”精神，服务学院蒸蒸日上的教学与科研。

做图书资料“专藏”属资源建设，是图书馆服务的基础，值得做；文华图专是近代国难连连中唯一没有中辍的图书馆学教育机构，值得敬；文华图专在业内不仅创造了诸多第一，海内外更造就了诸多知名图书馆长，其理念与实践影响了几代图书馆人，值得探究和纪念。然而，在日常采编、借阅服务工作之外开展新工作领域，对院系资料室性质的图书分馆来说，有许多条件并不具备。俗话说“万事开头难”，其实如果孜孜矻矻坚持数年，做史料研究的人都懒得去说，这个过程迷人，却难。这种难很有挑战性，对我是一个学习和提高的过程，不仅包括专业方面，也包括炼一份沉静的心。

所以，要特别感谢彭斐章、谢灼华两位德高望重的老先生的鼓励，从他们身上濡染文华图专和老一代图书馆人的精神气质；感谢数年来一直支持图书分馆工作的学院领导；感谢方卿教授、黄如花教授、王子舟教授、王新才教授、王三山教授、吴永贵教授、李明杰教授、彭敏惠老师的指导和帮助，从架构探讨，到识认篆字，各位专业教师的睿智全在润物无声中；感谢图书分馆和其他部门的同事们。尤其感谢2013级到2019级所有参与图书分馆工作的同学们，他们一届一届地递相加盟，与我一起一本一本地翻阅1万多册旧书以及书上吸附的百年陈灰。我记下了大部分同学的名字，他们是这项工作的直接参与者(以参与助管时间先后为序)：

研究生：吕琳露、朱晓婉、李楠、李瑞龙、张丽、夏春姊、戴祎璠、王佳慧、周禾深、黄椰曼、王玉琦、高晓文、李青青、杨兴飞；

本科生：翁梦娟、谢巧均、陈洁、周建伟、田月、李淑雅、张瑞娜、王沛铱。

最后必须感谢我的家人，理解我的“工作强迫症”，包容我肆意早出晚归。

当初规划这项工作时，内心确有一份责任心支撑，现在回头看，感觉那个责任心是肤浅的。当初只是想把学院的源头，也是中国图书馆学、档案学近代教育的开端，从图书收藏的角度做个清点；当初只是听说并以为所藏仅有两三千册，若以我到55岁退休的四五年时间，是可以从容完成的。而随着清理工作的推进，涉及类目越来越多，书刊资料的情况也越来越复杂，它似乎成了一项看不到头的工作。数不清的业余时间投进去，尤其在2018年申报“文华图专史料整理与研究”项目获学院批准后，有了对完成时间的要求以及比“清点”更高的成书要求，更激励我没休没止地投入其中。

今年6月先后来帮忙的学生及年轻同事陈文典、李文文，忍着蚊叮尘熏，或核对或扫描因疫情暴发，不得不居家隔离、不能上班，从而无奈余下的史料，学生做了四天，说了三个字“太枯燥”，对我而言，已如养孩子一般有了情感和牵挂。宽慰并重要的是，在困难时刻得到了他们的帮助，感受到了武汉大学信管院这个强大平台坚实的支持力量。现在看来，在我60岁退休前是可以有个较完整的交代了。

我虽对疲劳比较钝感，但想收手打住也想过不止一次；曾不止一人问我：“这么旧的书谁还会看?”“费这么大精力有什么用?”“你是热爱吧?”以我的迂腐，只是觉得应该有始有终。面对历百年留下的看得见的文化风景，好奇；作为一名图书馆员，想给做相关研究的学者们提供点基础资料，尽本分；凡做一事就应该知其然亦知其所以然，于是做业务做成了研究。最终，作为一支自己把自己射出去的箭，在研读相关档案、史料中，在记录、整理、保存前人的工作成果中，对韦棣华女士、沈祖荣校长等筚路蓝缕者、继往开来者、持守不渝者形成了影像、感情和深深敬意。

严　红

2020年7月2日星期四

图书在版编目(CIP)数据

文华图专存留文献书目集编/严红主编 .—武汉：武汉大学出版社，2020.9

武汉大学信息管理学院百年纪念丛书/方卿，傅兴荣主编

ISBN 978-7-307-21753-9

Ⅰ.文…　Ⅱ.严…　Ⅲ.专业学校—图书目录—武汉　Ⅳ.Z812.263.1

中国版本图书馆 CIP 数据核字(2020)第 161972 号

责任编辑:詹　蜜　黄河清　　责任校对:汪欣怡　　整体设计:涂　驰

出版发行：**武汉大学出版社**　(430072　武昌　珞珈山)

(电子邮箱：cbs22@whu.edu.cn　网址：www.wdp.com.cn)

印刷:武汉市金港彩印有限公司

开本:787×1092　1/16　印张:38　字数:1226 千字　插页:2

版次:2020 年 9 月第 1 版　2020 年 9 月第 1 次印刷

ISBN 978-7-307-21753-9　定价:198.00 元

版权所有，不得翻印；凡购我社的图书，如有质量问题，请与当地图书销售部门联系调换。

更正表

“文华公书林”书目中漏录 10 本图书，现补录如下。同时“前言”中文华公书林统计总数应为 95 册；类目统计应为 101 种，95 册。

序号	书　名	作者	出版者	出版时间	分类号/索书号	印章（类型+数量）	复本	价格	备注	类号
1	Boone University Library Catalogue			约 1910—1911 年	91.34/B644	椭圆：文华大学校藏书室 1；文华大学校公书林	1		其中一本仅剩封面和第 1 页；有卡	
2	Catalog Rules Author and Title Entries	Committeesof the American Library Association, The (British) Library Association	American Library Associaticn Publishing Board Bostcn	1908 年	37.645/A512 /e.2	文华图专图书馆 + 4；椭圆：华中大学文华公书林 +2	1		有卡	G
3	Interlibrary Loans	James A. Mcmillen	New York: The H. W. Wilson Company	1928 年	O25.6/M167	武昌昙华林·文华公书林 +2	1	￥4700	有卡	Z
4	The American Public Library	Arthur E.Bostwick	D.Appleton And Co.	1929 年	37.661/B657a /c.2	私立武昌文华图书馆学专科学校图书馆 2；武昌昙华林·文华公书林+3	1	￥28200	小 32 开精装，前后有缺页，现存470p；黑白插图；有卡	
5	The Book Review Digest	Marion A. Knight, Mertice M. James, Matilda L. Berg	New York: The H. W. Wilson Company	1928 年	R/O15/B742 /V.23	椭圆：私立武昌文华图书馆学专科学校图书馆+4；椭圆：华中大学文华公书林+1	1		有卡	Z

续表

序号	书　名	作者	出版者	出版时间	分类号/索书号	印章（类型+数量）	复本	价格	备注	类号
6	The China Bookman Vol.XIX No.10			1936 年		武昌文华公书林	1			
7	丛书书目汇编	沈乾一编	上海医学书局	民国十七年正月（1928 年）	R/O81.03/S.429	椭圆：华中大学文华公书林 +4	1	￥38800	竖排	Z
8	索引式的禁书总录	陈乃乾著	上海国光印刷所印，北平富晋书舍发行	民国二十一年一月（1932 年）	R/O18.8/C383	武昌昙华林·文华公书林+1；冀县王富晋印+1	1	大洋二元	上下册合订；宣纸竖排；有卡	Z
9	现代图书馆经营论	马宗荣著	华学艺社出版，商务印书馆发行	民国十七年初版（1928 年）	37.62/M143	椭圆：私立武昌文华图书馆学专科学校图书馆+1；武昌昙华林·文华公书林+2；椭圆：华中大学文华公书林+3；文华图专学生课本+2	1	大洋壹元	学艺汇刊；有卡	G
10	引得第十号（艺文志二十号综合引得第一册）	引得编纂处	北平西长安街和记印书馆代印	1933 年 1 月	目/91.21/Y244	武昌昙华林·文华公书林+1；武汉大学图书馆藏+3	1	￥5600	有卡	G